安田　政彦　編

生活と文化の歴史学　8

自然災害と疾病

竹林舎

本シリーズは、主に日本の古代から中世にかけての時代を対象として、「生活と文化」という言葉で括られうるいくつかのテーマを設定し、それぞれのテーマが内包する諸問題に関する最新の歴史学の研究成果を論集としてまとめたものである。

「生活と文化の歴史」というテーマは、往々にして政治史・社会経済史などのような既存の歴史学の分野に対置されて理解されがちである。しかしこのシリーズにおいては、「生活と文化」を政治や社会経済といった問題とも直接に切り結ぶ人間の営みととらえ、それ自体が歴史の変化の要素であることを直視した論考を集めることを意図した。

人間の様々な「生活と文化」の具体相としては、信仰・呪術・年中行事・神事・仏事・富裕・貧困・戦争・ライフサイクル・災害・疾病・移動・漂泊などといった事柄をとりあげ、それらの歴史的変遷の検討を通して、従来にはない切り口から歴史像の再構成を目指すものである。そのような方法によって、このシリーズの企画が、全体史として過去を複元する成果の一つとなれば幸いである。

監修　上杉和彦
編集協力　小峯和明
小嶋菜温子

目　次

Ⅱ 文学にみる自然災害と疾病

Ⅴ　自然災害・疾病と絵画

はじめに

安田　政彦

本書は「生活と文化の歴史学」というシリーズの一巻として刊行されるものである。「『生活と文化』を政治や社会経済といった問題とも直接に切り結ぶ人間の営みととらえ、それ自体が歴史の変化の要素であること」を直視するという主題のもとに、本書では自然災害と疾病を扱う。災害・疾病も人々の生活に与えた影響は大きく、時には歴史的変遷にも大きく関わってきた。本書では、そうした点を念頭に置きながら、災害・疾病と人との関わりをさまざまな視点から論じていく。

疾病を自然災害とともに扱うのは、医療の未発達な前近代においては疾病の流行によって大勢の人が亡くなり、人智をもってしても対応しきれなかったのであり、疫病の流行などは自然災害と同様に認識されたであろうからである。従って、疾病もまた自然災害の一つとして論ずることとしたい。また、疾病に関連して療養や医薬の視点から論ずることも可能であろう。

さて、近年の様々な自然災害や疾病は人々の生活を脅かし、社会に様々な形で影響を与えている。こうした現状にあって、過去の災害や疾病の状況を顧みることは意義のあることと考える。

昨年（二〇一五年）には阪神淡路大震災から二十年の節目を迎えた。その一方で、東北大震災（二〇一一年）からは五年目を迎え、今年には熊本地震が起こっている。阪神淡路大震災は都市部を襲った巨大地震としては関東大震災以来の災害であり、人々の救済にボランティアが活躍したことから、ボランティア元年ともいわれた。東北大震災は昭和三陸地震（一九三三年）以来の未曾有の大津波が大きな被害をもたらしたことで注目を集めたが、原発事故の問題もあって、未だに復興にはほど遠いのが現状であろう。熊本地震は前震と本震がほとんど同じ震度七をもたらすという、これまでに我々が経験したことの無い被害を蒙ったもので、現在に至るまでの被災者の方々のご苦労は言うまでもない。近年の巨大地震被害を取り上げただけでも、政治・経済、人々の生活に与えた影響の大きさが知られるのだが、もちろん自然災害は地震だけではない。

噴火災害では、一九九一年に雲仙普賢岳の噴火によって四十三名の死者・行方不明者と九名の負傷者を出す惨事をもたらした大火砕流の被害のほか、五十八名が死亡するという、噴火災害史上、戦後最悪を記録した御嶽山噴火（二〇一四年）があり、三十六年ぶりに爆発的噴火を起こした阿蘇山噴火（二〇一六年）など、近年は噴火活動も活発化しているようにみえる。

台風被害や洪水・集中豪雨被害も時には大きな被害をもたらした。大きな被害をもたらした台風としては室戸台風（一九三四年）、枕崎台風（一九四五年）、伊勢湾台風（一九五九年）が昭和の三大台風として知られるが、近年でも、九十八人の死者・行方不明者を出した平成十六年台風第二十三号（二〇〇四年）、さらには平成二十三年台風第十二号（二〇一一年）による豪雨被害は「紀伊半島豪雨」、「紀伊半島大水害」とも呼ばれ、土砂崩れによって発生したせき止め湖による二次災害を防ぐために多大の努力が払われた。集中豪雨被害では、愛知県名古屋市およびその周辺で起こった豪雨災害である東海豪雨（二〇〇〇年）、二〇一四年八月豪雨に伴い発生した大規模な土砂災害で、広島県広島市北部の安佐北区や安佐南区などの住宅地が壊滅的被害を受けている。台風十八号の影響で起こった集中豪雨は、鬼怒川の堤防を決壊して広範囲に水没した「関東・東北豪雨」（二〇一五年）は、その映像とともに記憶に新しい。

こうした近年の大災害は、長い日本の歴史上においては特に珍しいものとはいえない。日本列島が地震火山帯上にあり、台風の通過地域に属していることから、古代以来、頻々と繰り返されてきた事象であり、そのたびに人々は大きな被害を受け苦しみ、そこから復興を果たしてきたのである。

近年の日本では旱魃や飢饉はみられないが、世界的にみれば、二〇一一年の東アフリカ大旱魃、約百万人が餓死したエチオピア大飢饉（一九八四年）があり、現在もサハラ砂漠以南のアフリカの飢餓人口の割合は高く、四人に一人が栄養不良だとされる。飢饉は何らかの災害・疫病の流行を背景に起こる場合が多いが、前近代においても同様の事態はしばしば起こっていたのである。また、疾病では海外でエボラ出血熱が流行し（二〇一四年）、国内ではデング熱が七十年ぶりに発症したというニュースが伝えられた（二〇一五年）。社会がグローバル化して世界各地の固有の疾病も日本人に無関係ではなくなってきた。古代や中世においても海外からの疫病の流行はみられたし、天然痘の流行などは周期的に大きな惨禍をもたらしてきた。こうした疾病は現代医学の力で解決出来る見通しではあるものの（天然痘は一九八〇年にＷＨＯが地球上からの痘根絶宣言を発している）、人々を憂えさせるには充分な出来事ではある。

ところで、古代・中世における災害史・疾病史研究は近年ようやく進展してきたようにみえる。古くは、荒川秀俊の『災害の歴史』（至文堂、一九六四年）や『饑饉の歴史』（至文堂日本歴史新書、一九六七年）など通史的概説書が触れる程度であったし、荒川秀俊・宇佐見龍夫『日本史小百科 22 災害』（近藤出版社、一九八五年）のように総覧的書誌の中での個別事例の紹介があった。また、荒川秀俊による『日本旱魃霖雨史料』、『日本高潮史料』（クレス出版、二〇〇二年）、司法省刑事局編による『日本飢饉誌』［復刻版］（海路書院、二〇〇四年）、藤木久志編『日本中世気象災害史年表稿』（高志書院、二〇〇七年）などが相次いで刊行され、年表風に災害を把握することが容易となった。そうした中で、二〇〇二年には『国立歴史民俗博物館研究報告』において「共同研究 日本歴史における災害と開発Ⅰ」が刊行され（九六号）、二〇〇四年には「同Ⅱ」が刊行され（一一八号）、古代・中世の災害研究も個別研究が進展してきた。地震研究においては寒川旭『地震考古学』（中公新書、一九九二年）が刊行され、考古学でも個別巨大地震の研究が進展している。古代災害史においては、特に東北大震災以後、大地震や津波に関する研究が進んできた。

二〇〇〇年代に入って、北原糸子編による『日本災害史』（吉川弘文館、二〇〇六年）や北原糸子・松浦律子・木村玲欧編『日本歴史災害事典』（吉川弘文館、二〇一二年）など、災害研究の成果が一定の水準に達するなかで、古代・中世の災害が論じられるようになった。保立道久『歴史のなかの大地動乱』（岩波新書、二〇一二年）、北村優季『平安京の災害史：都市の危機と再生』（吉川弘文館、二〇一二年）のほか、吉川弘文館歴史文化ライブラリーでは清水克行『大飢饉、室町社会を襲う！』（二〇〇八年）、矢田俊文『中世の巨大地震』（二〇〇九年）、安田政彦『災害復興の日本史』（二〇一三年）などが刊行され、古代・中世の災害研究も個別研究の進展とともに、新しい段階に至ろうとしている。

また、疾病史研究は服部敏良による『奈良時代医学の研究』（東京堂、一九四五年）、『平安時代医学の研究』（桑名文星堂、一九五五年）、『鎌倉時代医学史の研究』（吉川弘文館、一九六四年）や『王朝貴族の病状診断』（吉川弘文館、一九七五年）など、個別事例研究があり、新村拓『日本医療社会史の研究――古代中世の民衆生活と医療』

（法政大学出版局、一九八五年）を経て、近年ではより幅広い視点からの研究が進展している。

こうした災害史・疾病史研究の進展を受けて、本書では新しい視点から各専門の研究者による著作を試みた。以下では構成と各論考について若干の紹介をする。

本書は大きく五つに分類している。第一部は記録にどのように災害・疾病が記されてきたのか、そこからどのような事実を読み取ることが出来るのかを論じている。古代・中世の災害・疾病の記録はかなり限定的であり、近世の災害史のように豊富な史料から災害を復原し、疾病を論ずるというのはなかなか難しい。まずは、限られた記録から災害や疾病の被害の実態を明らかにすることが必要になってくる。そのうえで、その影響などを考察することになる。ここでは『古事記』『日本書紀』、『続日本紀』以下の五国史、平安時代の日記、中世の日記を対象とした。表題で六国史としながら、『日本書紀』を別に立てたのは、『日本書紀』の史料的性格が以下の五国史と大きく異なるからである。ただし、一般に馴染みのない「五国史」を表題とすると分かり難いことを恐れ、あえて「六国史」としている。小林健彦は、古代天皇不豫に見る災害観を、歴代天皇の罹患、崩御記事ごとに分析し、死にも繋がり得る疾病や疫病が、当時においてどの様な認識の許に置かれていたのかを明らかにする。安田政彦は、『日本三代実録』にみえる災害記事を検討し、記事記載の特徴を明らかにするとともに、貞観期や元慶・仁和期の災害状況を明らかにしている。中西康裕は、『続日本紀』以降の五国史を対象に疫病の発生状況を分析し、疫病大流行時の国家的対応を論じる。京樂真帆子は、藤原道長の『御堂関白記』を題材として、平安貴族たちがその日記にどのような天気・気象を記録すべきものだと考えていたのか、降雨や大風といった現象をどう解釈し、どのような対応をしたのか、その生活史の一端を明らかする。丸山裕美子は、古記録にみえる病名と『医心方』とを比較検証し、摂関期の病は、基本的に『医心方』において分類される疾病と対応していることを明らかにする。中村直人は、伏見宮貞成親王の『看聞日記』を素材として、十五世紀前半における自然災害と疾病についての記事を読み解く。それぞれの史料的特徴を踏まえつつ、災害記事から明らかになる事実を分析し、あるいは疾病記事を読み解いており、興味深い論考が並んだものと思う。

第二部では文学にどのように災害・疾病が取り上げられてきたのかを論じた。公的記録が災害・疾病の事実を記載したものであるとすると、文学は人がそれをどのように認識し、題材として取り込んだかを示すものであろう。小村宏史は、『古事記』における災厄という要素は、王権神話という装置をかたちづくるもののひとつとして機能していると指摘する。芝波田好弘は、『方丈記』の前半部に記された、安元の大火・治承の辻風・福原遷都・養和の飢饉・元暦の大地震と称される五つの災害記事について、福原遷都を除く四つの災害は、仏法の原子論でいう四大種の異変に基づく天災として記されていることを明らかにする。内田美由紀は、『源氏物語』『伊勢物語』『平家物語』における自然災害の描写がどのような意図のもとに表現されているのかを明らかにする。物語にみる自然災害は、人々の歴史認識が物語に反映し、人々の歴史の受け止め方次第で物語作者による描かれ方が変化したことを明らかにしている。太田敦子は、『源氏物語』「若紫」巻冒頭の場面にみえる光源氏の瘧病を題材に、光源氏の瘧病がいかなる物語文脈の中で語られ、物語が何を語り出しているのかを明らかにする。文学にみえる災害の記述は多くはないので、かなり厳しいテーマであったのではないかと思う。しかしながら、どのような文脈で、どのような意図のもとに表現されているか等、かなりおもしろい論考が揃ったと思う。

第三部では災害・疾病と神仏との関わりに焦点を当てた。古代・中世において神仏の影響には大きなものがあり、人智を超えるような災害・疾病はその排除に神仏を頼るだけでなく、原因そのものでもあった。大江篤は、「怪異」認識システムの確立を明らかにするとともに、神津島の噴火を取り上げ、噴火の認定に神祇官の卜部が深くかかわっていたことを明らかにする。若井敏明は、災害と神仏との関係について、その原初的なあり方を明らかにする。災害は神を怒らせるツミによって引き起こされるというのが、古代人の災害観のひとつであったという。細井浩志は、律令国家期に新たな疾病認識がもたらされ、一方では社会条件の整備が疫病の大流行をもたらし、その相互作用により疾病認識が形成される経過の一部を検討する。神仏との関わりについては『古事記』や『日本書紀』の記述においても触れるところがあるが、ここではより直接的に論じており、人々がどのように災害・疾病を認識していたのかが明らかにされたと思う。

第四部では地域における災害・疾病を論ずる論考を配置した。災害・疾病はその史料的制約から京・畿内における状況が比較的詳しいが、当然、地方においても発生した。近年の考古学的成果からもそれは少しずつ明らかになってきている。そうした点に鑑み、東北と九州という辺境の地、鎌倉時代の政治的中心であった鎌倉を対象に論じている。渕原智幸は、古代東北史研究の上で特に重要と思われる災害事例にしぼって考察し、疫病が歴史に与えた影響や中央の対策実施などについて論じる。柴田博子は、七世紀から九世紀後葉における、古代九州における災害のなかでも地震と火山活動を中心に、その様相や被害、政府の対応などを検討する。赤澤春彦は、中世前期における鎌倉でどのような災害や疾病が発生し、いかに対処されていたかを分析する。また、風害の実態と幕府の対策として、幕府が陰陽師に行わせた風伯祭について検討する。

第五部では、文献に偏りがちな歴史像を絵画的視点からも言及した。美術史的成果によって、絵巻物等にみる自然災害・疾病について検証し、人々に与えた影響を見る側の視点から明らかに出来ればと考えた。

稲本万里子は、「伴大納言絵巻」の応天門の火災の場面に安元の大火との関連性を指摘し、「信貴山縁起絵巻」の風は治承の辻風が契機になったからではないかと推測する。絵巻とは、記憶の表象であるという。山本聡美は、「粉河寺縁起絵巻」に表された病と仏教的な罪業観、救済の思想との関係について論じる。災害そのものが絵巻に表現されているものは皆無といってよいなかで、非常に難しいテーマに挑んでいただいた。それにも関わらず、絵巻の中に災害や疾病との関連性を読み解くことが出来ることを示していただいた。

以上、五部にわたって、様々な視点から古代・中世の災害・疾病を論じている。古代に偏しているのは、編者が中世史に馴染みが薄かったからに他ならない。その点はお詫び申し上げたい。また、各研究者が各自の専門的力量を駆使して執筆された力作が揃ってはいるものの、もし、何らかの瑕疵があるとすれば、それもまた編者の力不足によるものである。

本書の目的とするところは、上述のように、自然災害・疾病の具体像を再現し、そのうえで、当時の政治、社会に与えた影響等に言及するといった環境史的視点から論ずることにあるのだが、多角的な切り口によって、歴史環境史的に自然災害・疾病を論ずることが出来たのではなかろうか。

Ⅰ　記録にみる自然災害と疾病

日本書紀に見る自然災害と疾病

小林　健彦

はじめに

日本（列島）は南北に細長い弧状を呈しており、又、列島部分の幅も狭い。つまり、国土面積が狭い割には水面に接する距離が長くなり、その分、大雨、洪水、土石流や、津波、高潮、高波等の「水」に関わる災害の影響を、直接的に、短時間内に於いて受け易い環境であると言える。島、半島部に特有の環境である。それだけではなく、日本の大部分の地域は、環太平洋造山帯（火山帯）の一角を成していて、地震活動や火山噴火の影響をも被る。地球規模に於いても、日本は自然災害に依る影響を短期的、直接的、周期的に受け易い地域なのである。そうした自然条件下に在る日本では、中国や韓半島で作成されていた在外文献等に記載されているものは除き、文献史資料に依る限り、ある事象の確認がなされるのは、基本的には漢字の使用法が中国大陸、韓半島より伝来した以降に限定される。漢字そのものは、倭の五王の頃（五世紀）、中国大陸の東晋や宋より直接的に日本へ齎されたものの他、百済が五世紀に、次いで新羅が六世紀段階に於いて、中国式の官僚制度を導入したことに伴って漢字文化が拡大したが、ほぼ同時期には、韓半島を経由して日本居住民の間にもその使用が広まっていった可能性が高いものと考えられる。

平成二十八年（二〇一六）三月一日、福岡県糸島市教育委員会は、同市内東部の瑞梅寺川と、川原川とに囲まれた平坦部に所在する「三雲（みくも）・井原（いわら）遺跡」に於いて、その廃棄物土坑内より、弥生時代後期（一～二世紀）のものと推定される、硯の破片一個体が出土したと発表した。[注1] 同遺跡は、所謂、「魏志倭人伝」に記載のある、伊都国王都の所在地であったものと比定されており、中国前漢時代より韓半島北部に設置された、楽浪郡産のものと同形式の土器も五〇点以上が出土している。硯の表側には、実際に使用されたような凹部分が確認された。以上のような状況よりは、当該硯片が実用品であって、破損した為に廃棄されていたことが推測されるのである。弥生時代の硯の発見は、島根県松江市乃白町、乃木福富町、浜乃木町所在の田和山遺跡（環濠集落遺跡）に次いで、国内で二例目とされるが、そこでは、平成十年に、弥生中期頃の地層より、硯、研石の破片が出土していたのである。

『三国志』巻第三十（「魏書」烏丸鮮卑東夷伝　第三十　倭人の条）、所謂、「魏志倭人伝」[注2] では、「自二女王國一以北、特置二一大率一、検二察諸國一、畏二憚之一。常治二伊都國一、於二國中一有レ如二刺史一。王遣レ使詣二京都一、帯方郡、諸韓國、及二郡使倭國一、皆臨レ津捜露、傳送文書賜遣之物詣二女王一、不レ得二差錯一」と記し、伊都国沿岸部に於いて、外交文書の伝送手続きや、外交上交わされる物品の検査等の行為を行っていたとしている。つまり、使い古された硯の出土や、「傳送文書」と言った記載よりは、文字が当時の倭国の内、少なくとも、九州北部地域に於いては使用され始めていたことが類推されるのである。その文字も、他の文物、文化、それから、疫病等と同様、

（北部）九州より、時間的経過と共に東進していくのであるが、そのルートが瀬戸内海経由のものだけではなく、海人集団に依り、日本海沿岸伝いに東進して越国へと至るルートの存在に就いても、想定されるであろう。そのことは、田和山遺跡よりも、紀元前後のものと見られる硯、研石の破片が出土していたことにより、裏付けられる。

三雲・井原遺跡出土の硯に対しては、それを以って、倭国の文字、言語文化が、弥生時代には既に、当所で始まっていた可能性の高いことが示唆されるとする見解もある。倭国と中国王朝や楽浪郡、帯方郡、韓半島諸国との間で交わされた外交文書等が、伊都国で作成されていた可能性も指摘される。当該事例よりは、外交、行政の場面に限定はされるものの、文字、文章を使用した組織運営がなされ始めていたことが看取されるのである。そのことは、「不得差錯」と言う表現法にも表されているのであろう。つまり、それ以前の口頭等による事務手続きではなく、文字情報を駆使したからこそ、誤りが無くなったのである。「日本書紀　巻十　應神天皇」応神天皇十六年（二八五）春二月条に記述されている、「師之」倭国へ招来されたとする、百済国の王仁による、「千字文」の伝来が、俄かに信憑性を帯びてきた、と言う見方もし得る可能性がある。時間的整合性より、王仁や千字文と言ったその内容は間違いではあるものの、西暦二八五年という時期に、漢字が倭国の中枢部（畿内）へと伝播していたことには、十分な合理性があるものと考えられるのである。

ただ、総体的文字認知以前の段階に於いては、倭国では、既に筆者が指摘してきた如く、自然災害（の被災）に関わる情報、とりわけ、子孫に対する警鐘的情報に就いては、語部（かたりべ）による読み聞かせ、地名情報として残存させる、神話や説話、伝承の中に、分かり易い形式で残して置き、示唆とする、等の手法が採用されていたものと推測を行ったのである。日本に於ける自然災害自体の発生は、日本居住民（日本人とは言い難いかもしれない）等が、この地に住むようになる遥か以前より存在していたはずであるが、それが、「災害」＝悪いもの→駆逐するべき対象としての「鬼」、祀り、慰撫するべき対象としての「神」、等として、当地居住者等によって認識され、日本に居住する上での克服対象とされるに至ったのは、古代王権確立の時期と、それ程の時間的差異が無いように推測される。

それは、古代王権にとって、人民を安んじ、彼らを支配して行く上では、自然現象として起こる数々の事象、つまり、災害を災害として、人民に災いを為すものであるという認識に立って処理する必要性に迫られたからでもある。筆者が従前より指摘を行ってきたように、王権にとっては、そうした災害事象をも、ヤマト王権によって都合よく編成されていた、神話等の中に取り込みながら、支配論理の確立、その被支配民への周知徹底、そして、管理を一元的に実施し得る正当的、正統的な政権としての、自らの立場を説明したのである。[注3]又、ある場合には、即ち、王権の手ではどうしても対処不可能な災害であったような場合には、それが時の天皇による、「朕之不徳」として表明され、そうした、疫病をも包括した自然災害に対処し得る、唯一絶対の存在も又、王権政府であると説明されたのである。更には、そうした理論武装だけではなく、飢民に対しては賑給を量加する等、救済の物理的実体を伴った隠恤（いんじゅつ。いたみ憐れむこと）をすることこそが「固レ本厚生」（『続日本後紀　巻一　仁明天皇』[注4]天長十年（八三三）五月二十八日条）であるとした点が、当時の為政者の民衆に対する一般的な認識であったとも言えるであろう。決して昔のことだからと言って、被災者を放置していた訳でもないのである。厚生労働省の如く、現在でも広く使用される「厚生」という語は、当時でも民衆の生活を豊かにし、健康的な生活を守るという意味合いで使用されていたことには注目するべきであろう。勿論、この「厚生」という考え方は、後の律令政府や権門勢家側より見るならば、国家経営、領域（荘園）経営の為の主要な税収源、収入源を、安定した人民の生活の中より確保することに他ならなかったのである。

本稿で主たる素材として取り上げる「日本書紀」は、舎人親王等により養老四年（七二〇）五月二十一日に完成し、奏上された日本初の歴史書「日本紀」であるが、後世に書写され続けていった数々の古写本等によって、その内容や一部の発音が今日に伝わるのみである。いまだひらがなが出現する以前の段階であり、国語脈や日本語の漢字音表記が入ること無く、文体は比較的純粋な漢文であるとされる。「続日本紀　巻十　聖武天皇」[注5]天平二年（七三〇）三月二十七日条には、「陰陽醫術（中略）曜暦（中略）諸蕃異域。風俗不㆑同。若無㆓譯語㆒。難以通㆑事。仍仰㆓粟田朝臣馬養。播磨直乙安。陽胡史真身。秦忌寸朝元。文元貞等五人㆒。各取㆓弟子二人㆒令㆑習㆓漢語㆒者。詔並許㆑之」という記載があるが、奈良時代の朝廷としても、陰陽道、医学、天文学の専門家、その後継者育成は国家的な急務であると認識されていたらしく、同時に中国語、漢語に通じた専門家についても同様な状況であった。つまり、当時の日本社会に在っては、少なくとも、公式の場面では、在来の日本語による表記、発音、和訓ではなく、先進的な中国語、漢語の運用法が重要視された結果、この十年前に完成していた日本書紀自体も、そこで採用されていた文章の起草者や文自体、そして、その内容に至る迄、中国文化やその思想による強い影響を受けていたとすることができるであろう。

筆者は既に、古代に於ける自然災害や、疾病の様相、そして、それらに対する様々な人々による認識、対応等に関しては著作を刊行している。[注6]本稿では、「日本書紀」を主たる素材としながら、とりわけ、死にも繋がり得る疾病や疫病が、当時に於いてどの様な認識の許に置かれていたのかを追究するが、特に、「天皇不豫」に際しての事例を中心としながら、検討を加えることとする。何故、天皇不豫を素材としなければならないのか、と言う理由についてであるが、原初より古代当時に於ける人民に依る疾病対処の実態を窺う事は、文献資料上の制約が大きく、推測の上の推測という形になってしまうと、実態とはかけ離れた研究になりかねない。そうであるならば、比較的、定期的に出現するはずの代替わりに関わる天皇不豫～崩御にかけての過程が、サンプルとしては抽出し易く、又、その記述内容の信憑性検証作業は別として、比較的詳細に記述されていることからも、それらを元にしながら、人民の疾病対処についても、或る程度の推量が行えるのではないかと考えたのである。

一　古代天皇不豫に見る災害観――日本書紀巻十五まで――

日本書紀三十巻の内、巻三（神武天皇）より巻三十（持統天皇）に渡って、各巻末には歴代天皇の薨去事象、又、不豫（罹患）より崩御に至る迄の経緯が、何らかの形で記されている。天皇の場合には、その死因が戦死や事故死、災害死、暗殺といった可能性は、余人と比較した場合に於いては、極めて低いものと考えられるが、巻二十一に記される崇峻天皇暗殺の事例等を除いては、その死因の殆んどは病死、自然死であったものと類推されるものの、古い段階（全三十巻の内でも前の方の記事）に於けるその実態は、日本書紀編纂段階に於いて類推され、又、創作、脚色されていたものも多いと見られ、正確な死因の確定は困難であろう。ここからは、日本書紀に於ける記述を元にしながら、疾病死したと見られる天皇の諸事例より、出来得る限り正確な形での、当時の疾病観や死生観、当該時期に於ける対災害観を垣間見ようとするものである。尚、紙面の都合より、事例の抽出と検討は、纏まった内容を含んだ巻、天皇に限った。

（1）巻一～巻二（神代）、巻五（崇神天皇）迄は、特段、病状や死因の記載が無い為、省略する。

（2）巻六（垂仁天皇）：「九十九年秋七月戊午（子）朔（乙巳朔戊午）。天皇崩㆓於纏向宮㆒。時年四十（三十九、三十）歳」とあり、病状や死因の記載は無い。ただ、同九十年（西暦紀元後六一）二月条には、三宅連の始祖であるとされる田道間守（タヂマモリ）が、垂仁天皇の命を受けて常世国へ、「非時香菓（箇俱能許能未、トキジクノカグノミ）」を求めにいくという記事が出現する。同記同天皇三年三月条によれば、田道間守は倭国に来帰した新羅国の王子天日槍（アマノヒホコ）の四世孫であるとしている。日本書紀編纂者は、非時香菓を橘に比定している。常世国は、想像上の「神仙秘區（ヒジリノカクレタルクニ）」であって、実在する場所ではないであろうが、そこは、「絶域（ハルカナルクニ）」であって、「萬里（トホク）蹈㆑浪。遙度㆓弱水㆒（ヨハノミ、ウナハラ）」処に在るとされる。つまり、島国である倭国にとっては、常世国は海外に所在する地であるということになるであろう。俗人の容易に近づく事の出来る場所ではなく、田道間守は十年もの時間をかけて、同垂仁天皇百年（七一）三月辛未朔壬午条では、漸く本土（モトノクニ）に戻ってきたものの、既に前年七月に天皇は崩御しており、彼は天皇の陵で叫哭いて、そこで自殺したとされる。菓子神としての信仰も有する田道間守であるが、彼が賚物（マチモテイタルモノ）非時香菓は「八竿八縵（ヤホコヤカケ）」の状態で齎されたらしい。葉の付いていないものと、付いている状態のものとが、それぞれ八つずつである。「八」は、日本古代に於ける聖数であるが、[注7] この場合には雌雄を表現している可能性もある。天日槍の子孫であった田道間守が派遣されたことより、非時香菓が韓半島に植生するものと考えられていたことも想定される。

垂仁天皇は、崩御のちょうど十年前には自らの死期、或いは、その不治の病状を察知し、不老長寿の仙薬としての非時香菓を韓半島、中国大陸等より得ようとしていたことも推定される。そのことは、彼の享年である四十歳という現実的な年齢と、前代の崇神天皇の享年百二十歳、後代の景行天皇の享年百六（百四十三）歳、成務天皇の百七歳との整合性よりも窺うことは出来よう。この話題の真偽は別として、崇神天皇、垂仁天皇、景行天皇、成務天皇期に於ける、時間的調整役として、整合性を図る目的で以って、当該逸話がここに挿入されていたことが考えられる。

（3）巻八（仲哀天皇）：「九年春二月癸卯朔丁未。天皇忽有㆓痛身（ナヤミタマフヿ）㆒。而〔明日（クルツヒ）〕崩。時年五十二。即知。不㆑用㆓神言（カムコト）㆒（而）早崩。一（書）云。天皇親伐㆓熊襲㆒中㆓賊矢㆒而崩（也）」とあり、日本書紀では仲哀天皇が神罰を受けて早世したとする。別の一書（天書か）によれば、前年九月条に記された熊襲との負戦に於いて、熊襲の放った矢が当たったことによる負傷が原因で薨去したとしている。現実的には、矢を受けたことによって、傷口より細菌が体内へ入り、菌血症を引き起こして重度の感染症に至ったものと推測される。つまり、即死ではないものの、戦死である。日本書紀の記述では、彼の皇后である神功皇后の神託に対して、「疑之情」や「不信」を持ったが為にそのような結果へと至り、更には、「新羅役」（三韓征伐）があったとは言え、殯（モガリ）は行ったものの、葬ることが出来なかったとしている。「神言」が王権に超越した存在であるとし、天皇であっても、それに従わなければ、死に至るという認識を示すのである。

（4）巻九（神功皇后）：「六十九年夏四月辛酉朔丁卯。皇太后崩㆓於稚（ワカ）櫻宮㆒。時年一百（歳）」とあり、病状や死因の記載は無い。日本書紀中、単独の巻としては、唯一となる皇后の事績である。そこでは、三韓征伐がその主要な内容となっており、特に疾病に関わる記述は無い。ただ、夫死去の年（仲哀天皇九年）の十二月条戊戌朔辛亥条には、「生（アレマス）二譽田（ホムタ）天皇於筑紫一。故時人號（ナツケテ）二其産（ミウブ）處一曰宇瀰（ウミ）也」とあって、神功皇后が韓半島への出征滞在先である筑紫に於いて、仲哀天皇の御子（応神天皇）を出産するのである。その産所が「宇瀰（ウミ）」と呼ばれるように至っていた背景には、神功皇后が同条（「如鹿角以無（ウツケタル）實（寶）」）にある「鹿角」、「令レ拝二鹿角（ツノカ）笥飯（ケイヒ）大神一」（神功皇后摂政十三年春二月丁巳朔甲子条）に見える「笥飯大神」、つまり、日本海沿岸部の内、越国最西部に当たる若狭湾沿岸部地域以西に於ける、「海」や「海人」の掌握を通じた形での、山陰地方の支配が完了していたことを強調する目的が存在したものと推測されるのである。それと共に、人の体液や血液の塩分濃度が約〇・八五パーセント、七・三±〇・〇三の弱アルカリ性であって、魚類の体液と全く同じ濃度であること、更には、母体の羊水が海水とほぼ同じ成分を持ち、約〇・八五パーセントの塩分濃度であることと、単なる偶然の一致であるということも、中々言い難いかもしれない。人類、少なくとも、霊長類が進化した約八千五百万年以上にも渡る過程を経ても尚、羊水は原始地球の海水とほぼ同じ塩分濃度を保持し、いずれも弱アルカリ性の液体であるという共通項を持っているのである。「宇瀰（ウミ）」の語には、そうした、「海」を媒介とした人体、海人、王権との紐帯が示唆されているのではないであろうか。

（5）巻十一（仁徳天皇）：「八十七年春正月戊子朔癸卯。天皇崩」とあり、病状や死因の記載は無い。ただ、同六十七年条には、次の動物に関した二件の記述がある。①は、仁徳天皇六十七年（三七九）十月庚辰朔丁酉条に記される鹿に纏わる逸話である。仁徳天皇薨去の、ちょうど二十年前より開始された陵墓（大仙陵古墳）築造に際して、突然、野中より役民の中へ走り入り、そこで「仆死」した鹿の話である。皆がその「痍（キズ）」を探していたところ、鹿の耳より百舌鳥（モズ）が飛び去ったことより、その陵を「百舌鳥耳原（ミミハラ）」と称するようになったとする故事である。②は、同年是歳条に見える「大虬（ミツチ）」の記事である。その虬は、吉備中国の川嶋河に生息しており、路人（ミチユクヒト）がそれに触れ、多くの人々が死亡したとしているのである。そこで、笠臣の祖である縣守（アカタモリ）が派淵（フチ）に於いて、その強力（コハシ）を以って虬を退治しようとするのであるが、最初、瓢を水中へ沈めて捕獲しようとするものの、果たせず、斬ろうとした水虬は鹿に化けたとする。遂には、虬の党類をも全て斬り、その河水は血に変わり、その水を縣守淵と號たというものである。源順撰の日本最初の分類体百科辞典である、「二十巻本　倭名類聚鈔　巻第十九[注8]」の「鱗介部第三十　龍魚類第二百三十六」（九三〇年代の成立）によれば、「虬龍」の項目を立てて、「文字集略云、虬、音球、龍之有角、青色也」としており、虬とは、角の生えた青色をした龍であり、それは想像上の小動物であって、実際には、中国地方を中心として広く生息しているオオサンショウウオか、或いは、ニホンマムシ、ヤマカガシ等の有毒性の蛇であるものと見られるが、有毒であるとしていることより、後者である可能性が高いであろう。

　そして、ここでは「妖氣（ワザハヒ）稍動」→「叛（ソムク）者一二（ヒトリフタリ）始起」→「天皇夙（はやく）興（オキ）、夜（オソク）寐（寢）」→「輕賦（ミツギ）、薄斂（ヲサメモノ）、以寛二民萠一（オムタカラ）。布レ徳（イキホヒ）施レ惠（ウツクシ）」→「振（スクフ）二困窮一。弔レ死（モ）、問レ疾（ヤモ、ヤムモノ）、以養二孤孀（ヤモヲヤモメ）一」→「政令（マツコト）流行（シキナカレ）。天下太（大）平（タヒラギ）。廿餘年無レ事矣」という段階を経ながら、同天皇崩御に至る二十年間余りの天下太平の時期が現出した、とする彼の治世の経緯を示しているのである。人民の疾病も、そして死も、天皇による徳の修正によって、如何様にもなる、つまりは王権の管理下に入ったとする認識を、ここで始めて示したのである。①と②の事例共に、鹿に纏わるエピソードではあるが、こうした動物による害を、殊更に天皇崩御の直前に掲載した意図は何処に在ったのであろうか。知られるところでは、奈良県奈良市春日野町に所在する春日大社では、春日神の一柱である武甕槌命が、白鹿に乗って当地（鹿道（ろくどう）の辻）へ降臨したという伝承を残していることより、鹿を神使としている。この他、鹿島神宮（茨城県鹿嶋市宮中、祭神は武甕槌命）に於いても、その社名が示す如く、鹿を神使と位置付けているし、厳島神社（広島県廿日市市宮島町、祭神は宗像三女神）でも鹿を神使としており、これらの地に於いては、現在でも神鹿として鹿が保護されているのである。その比較的大型で、尚且つ、枝分かれした角を有することが、（権）力や、生命力の源泉であると見做されていた可能性もあろう。

（6）巻十二（履中天皇）：「六年（中略）三月壬午朔丙申。天皇玉體不㆑悆（オホミヤマヒシタテ、オホムヤマヒシタマヒ）。水土不㆑調（ヤクサミタマフ）。崩㆓于稚櫻宮㆒。時年七十（或六十四）」とあり、病状や死因の記載は無いものの、病死であったことを明示するのである。水土不調とは、陰陽の不調和を示しているものと推測されるが、五行思想により、生命の源泉としての泉（水）と、それを元に万物を育成するとした土との調和が崩れたとするが、具体的な病名は判断することが出来ない。古訓「ヤクサミ」を体臭と解し、死因を感染症であるとする見解もあるが、それは寧ろ、罹患した結果として病床に臥した、と捉える方が整合性はあろう。

（7）巻十三（允恭天皇）：「四十二年春正月乙亥朔戊子。天皇崩。時年若干（八十一、六十八、六十、八十）」とあり、巻末部分では、その病状や死因の記載は無い。享年に関しても、古写本に依って相当な開きがある。ただ、「八」が古代に於ける聖数であることより、又、「日本書紀」同月条に記される、允恭天皇崩御を聞いた新羅王が貢上したという「調船（ミツキフネ）八十艘、及種種樂（ウタマヒ）人八十」の記述よりも、古写本にある八十一、六十八、八十歳の享年には信憑性が無いかもしれない。死生観に於いても、聖数「八」が大きく反映されていたものと見られるのである。允恭天皇は、成年以前に於いては、「仁惠（ウツクシヒマシヒマシ）儉（謙）下（ヘリクダリ玉ヘリ）」とあって、他者への配慮があり、謙虚であったとしているが、美麗な容姿であった可能性もある。その死因に関しては、本巻冒頭に於いて、「及レ壯（ヲトコサカリ）篤病（オモクミヤマヒテ）。容止（ミヤフルマヒ）不レ便（モヤモヤモアラズ）」と記され、その外見に大きく影響を与える疾病（篤疾）に罹患していた可能性を示唆するのである。更に、同じ即位前紀には、允恭天皇が元々病弱であって、当初に於いては即位自体を固辞していた事情を記すが、そこでは「久離（カカリ）二篤病一。不レ能二歩行一。且我既欲レ除レ病。獨非二奏言一。而密破レ身治病、猶勿レ差（イユルコト）。由レ是先皇責之曰。汝雖レ患レ病。縱（ホシイママニ）破レ身。不レ孝孰（イツレカ）甚二於茲一矣。其長生之。遂不レ得二繼業（アマツヒツギシラスコト）一」として、自立歩行が困難であった症状を記す。歩行障害には、歩行中枢系、伝達機能系、錐体外路系、小脳系、骨・筋肉・関節系、認知機能系等の障害が起因するとされるが、同三年（四一四）正月条では、新羅国へ遣使をして良醫（クスシ）の派遣を求めている記事があり、同八月条には、新羅国より派遣された医師（金波鎮漢武紀）が、直ぐに天皇の治療に当たり、「未經二幾時一。病已差（イエヌ）也。天皇歡レ之。厚賞（タマモノ）レ醫（毉）以歸二于國一」として、天皇の病状が程無く回復したとあることより、その歩行障害の原因が、骨・筋肉・関節系の外科的な要因であった可能性を示唆するのである。

中国に起源を持つ鍼灸医学の倭国への伝来は、漢方薬方よりも早く、六世紀初頭には伝播したとされる。允恭天皇の治療に用いられた手法は明らかではないものの、倭国の医学が、ただ神仏に祈るだけの霊的医学、呪術医学より一歩抜け出し、「医学」（技術）と言えるものに昇華する契機は、韓半島より伝来した「韓医方」の存在であった。この金波鎮漢武紀の来日以降、「（朝鮮）半島在来の経験医学が先進大陸医学に同化し、その意味ではやはり二番煎じの大陸医学の亜流」[注9]としての韓医方が、いくつかの経路を経ながら、倭国に伝えられ、浸透して行ったのであろう。古代の日本に於ける医師、医薬書、薬といった先進的医療科学は、いずれも海外（中国大陸、韓半島）より導入されたものであり、その治療の対象とする人々とは、初期段階に於いては民衆ではなく、通常は為政者であったのである。[注10]

（8）巻十四（雄略天皇）：雄略天皇紀即位前紀には、「天皇産而神（アヤシキ）光満レ殿。長（ヒトトナリ）而伉健（タケクマシマスコト）過レ人」とあって、彼が怪しいまでに屈強の人物であると記す。そして、結末部では「廿三年秋七月辛丑朔。天皇寝疾（ミヤマヒ）不レ預。詔。賞罰支度。事無二巨細一。並付二皇太子一。八月庚午朔丙子。天皇疾彌甚。與二百寮一辭訣（ワカレ給テ）。並握レ手歔欷（ナゲキタマフ）。崩二于大殿一。遺二詔於大伴室屋大連。與東漢掬（ヤマトアヤノツカ）直一曰。（中略）不レ謂（オモハ）。遘疾彌留（ヤマヒシアツシシテ）至二於大漸（トコツクニ）一。此乃人生常分（コトワリ）。何足二言及一」として、①二十三年七月段階に於いて、執務不能状態となり、皇太子白髪（シラカ）皇子に実務を託さざるを得ない状況となったこと、②翌八月丙子には、病状がより重篤となり、群臣と、手を握りながら、今生の別れをしたとする。その直後に大殿で崩御したのである。つまりは、大往生ということである。臨終の様子が比較的詳細に描写されているのは、前代との対比の上で、重要性があったものと推測される。更に、③「遺詔」として、遺言の内容が伝わっているのも初めての事例である。そこでは、思いも寄らずに病状が深刻化してしまい、遂には大漸（トコツクニ）に至る、とする思想である。大漸とは、後には帝王の病状が重篤化することを意味したが、ここでは、そこへ付された古訓（トコツクニ）に従うならば、死後の世界（常つ国）に至ると解すべきであろう。それは人間としては避けられない運命であり、自然の摂理であるとしている点よりは、この時期に於ける疾病処理が、一連の流れとして、粛々と行われているということが言い得るのかもしれない。当該雄略天皇紀に於ける人間の終末処理が、その点に於いては、非常に典型的で、尚且つ、推奨される形で描かれていた可能性はあろう。そうした死生観は、実在可能性の高い、人間天皇としての素顔が顔を見せる一部分でもあったのである。

更に、雄略天皇紀に於いては、特筆するべき出来事が、薨去の前年（雄略天皇二十二年、西暦四七八）七月条に記載される。それは、浦島太郎の説話であり、そこには、「丹波國餘社（ヨサ）郡管川（ツツカハ）人水（瑞）江浦嶋子乗レ舟而釣。遂得二大龜一便化二爲女一。於レ是浦嶋子感（タケリテ）以爲レ婦相逐〔（遂）シタカヒテ〕入レ海。到二蓬萊山（トコヨノクニ）一歴二覩（メグリミル）仙衆（寰）〔ヒジリ〕一。語在二別（コト）巻（小書爲分注）一」とする記事が登載されている。つまり、浦島太郎が、船に乗って釣りをしていたところ、出現した大亀に案内されて海底世界、所謂、龍宮城（蓬萊山）へと至り、そこで一定の時間を過ごすとしたものである。[注11] この伝承には、神仙思想や、漢籍による影響が濃厚であるとされるものの、何故、このタイミングに於いてそれが掲載されたのであろうか。同年正月には皇太子として、雄略天皇第三皇子の白髪皇子（清寧天皇）が立てられ、とりあえず、皇位の継続性が担保されており、天皇不豫の記事が出現する次年七月の、ちょうど一年前に当たる、この年の七月に於ける浦島説話の登載である。これらの客観的事象よりは、同二十二年前半段階に於いて、既に雄略天皇の病状が、かなり深刻な状態に陥っていたことが類推されるのである。浦島説話のこの時点に於ける掲載には、神仙思想→不老長寿、にも繋がり得る話題をここに掲載するだけの必然性が有ったものと解されるのである。「舟」、

「海」という、ヤマト王権の版図拡大基盤を構成した語を物語中に配し、更には、長寿の生き物であり、東アジア世界では、冊封的国家間秩序を表し、高位の印でもある「亀趺」にも使用される「龜」に案内をされるというシーン設定、神仙境であった「蓬萊山」（仙人が不老不死の妙薬を作っているとされた、中国山東地方の東海中に在ったとされる神山）へ「トコヨノクニ」の古訓を与えていることよりも、それは窺えるであろう。

（9）巻十五（清寧天皇）：「五年春正月甲戌朔己丑。天皇崩二于宮（トツミヤ）一。時年若干」とあり、病状や死因の記載は無い。ただ、同天皇即位前紀には、「天皇生（アレマシナガラ）而白髪（ミクシシロシ）。長（ヒトトナリ）而愛レ民（オホムタカラ）。大泊瀬（ハツセ）天皇（雄略天皇）於二諸子（ミコタチ）中一特所二靈異（クシビアシフ、クシビアヤシ）一。廿（二十）二年立爲二皇太子（ヒツキノミコト）一」とあって、生まれながら白髪であったとする。ここでは、頭髪以外の異常が記録されてはいないので、この文の通りであったとするならば、皮膚を除く、頭髪のみの色素欠乏であったのかもしれない。当該症例は、常染色体劣性遺伝に依るアルビノの可能性を示唆し、それは、メラニン色素を生成するのに必要とされる酵素（チロジナーゼ）の働きが活発ではない時に出現するとされる症状ではあるものの、清寧天皇の事例に在っては、軽度のものと推定され、本人も、周囲の人々も、それが疾病であるという認識は持っていなかった可能性が高いであろう。

むしろ、そのことに対して、何らかの「靈異」を感じ取った父帝によって、彼の立太子が成された、とも受け取る事の出来る記述をしており、とりわけ、そこには「白色に関わる当該期に於ける認識」が、大きく反映されていた可能性が有る。前述した春日大社では、春日神の一柱である武甕槌命が、白鹿に乗って当地〔鹿道（ろくどう）の辻〕へ降臨したという伝承を残している他、「日本書紀　巻八　仲哀天皇」仲哀天皇元年（紀元後一九二か）十一（二）月条では、日本武尊と神功皇后の子である仲哀天皇が、「父王（日本武尊）既崩之。乃神霊（ミタマシヒ）化（ナリテ）二白鳥（シラトリ）一而上レ天」として、父王の陵墓の池に、父王の生まれ変わりとしての白鳥を放して飼い、父王を偲ぶことを思い付き、諸国に対して白鳥の俾貢を命じたとする記事がある。「日本書紀　巻廿二　推古天皇」推古天皇六年（五九八）十月戊戌朔丁未条にも、越国より「白鹿一頭（シロキカセキヒトツ）」が都へと献じられている記事がある。同七年九月条にも、百済国より貢上された動物の内に、「白雉（キキス）一隻」が含まれていたのである。又、白雉改元等も、長門国より献上された雉の色目が、吉祥、吉兆であると判断された所以からである。但し、「日本書紀　巻廿二　推古天皇」推古天皇二十年是歳条には、「自二百済國一有二化來者（ヲノツカラマウケルモノ）一。其面身（ムクロ）皆斑白（マタラナリ）。若有二白癩（ハタ）者一乎。悪（ニクム）三其異二於人一欲レ棄二海中嶋一。然其人曰。若悪二臣（ヤツカレ）之斑皮（ハタ）一者。白斑牛馬不レ可レ畜二於國中一」とあって、百済国よりの渡来人の皮膚が斑白状であった為に、ハンセン病の一種であるとされた白癩ではないかと疑われ、島へ移送、隔離されたという記事がある。人の皮膚の色が白色であっても、その形状が斑であった場合には、疫病罹患者として処理されていたことが窺われるのである。しかも、その判断基準は動物の中に在っても、人間のみに限定されていたのである。既にこの時点では、或る種の病気が伝染するのではないか、という認識を持っていたことが類推される。更に、「日本書紀　巻廿九　天武天皇」天武天皇二年（六七三）三月丙戌朔壬寅条では、備後国の国司が同国亀石郡で自ら白雉を捕獲して貢上した結果、当郡に於ける全ての課役の免除が行われた他、大赦も実施されたとしており、同四年正月丙午朔壬戌条にも、「大倭國貢二瑞（アヤシ）鶏一。東國貢（献）二白鷹一。近江國貢二白鵄（トヒ）（鵄）一」、同九年三月丙子朔乙酉条に「攝津國貢二白巫鳥（シトト）一。巫鳥。此云（言）二芝苔々一」、「日本書紀　巻三十　持統天皇」持統天皇三年（六八九）八月辛巳朔辛丑条に「詔二伊豫捴領

（スヘヲサ）田中朝臣法麿等一曰。讃吉國御城郡所レ獲白鸗（シハクラメ）。（宜）二放養一焉」等とあって、やはり、瑞鶏や白鷹、白鵄、白巫鳥、白鸗等の貢上記事が見られるのである。いずれも、「白」に関係した動物に対する伝統的「靈異」観の反映であろうが、諸国の行政官等は競ってそれらの「靈異」探索に当たり、それは国家的なレベルに於ける吉兆として認識されていたのである。

とりわけ、「日本書紀　巻三十　持統天皇」持統天皇六年九月癸巳朔癸丑条に「越前國司獻二白蛾（ヒヒル、シロキヒ）一。戊午。詔曰。獲二白蛾於角鹿郡浦上之濱一。故増二封笥飯神廿（二十）戸一。通（カヨハス）前」とあるのは、越前国の国司より献上された白蛾に対して、持統天皇自身が詔を発し、角鹿郡浦上之濱という具体的な場所を指定し、白蛾の捕獲を命じているのは、それが気比社との関連性の中で考慮されたからであろう。白という霊妙な色を持った蛾の出現は、気比の神による何らかの意思表示であるとして、当社に対して二十戸の神戸を加増したのである。敦賀と言う場所や気比社が、古来、王権との深い繋がりを有してきたこともその理由としては存在したであろうが、それ以上に、そこが日本海に面した、都にとっての鬼門であったことが、殊更に天皇が反応した理由に他ならないのである。

しかし、清寧天皇の治世が実質四年余で終了し、然も「時年若干」とされたことと、アルビノとの間に、何らかの因果関係が有ったことも、全く排除することは出来ないのかもしれない。更に、人、取り分け皇族身分に在った者でさえ、その他の人々とは異なる外見的身体特徴が名に反映されていたことは、そうした、疾病をも包含した異常が、人に対する差別的な意識には影響を与えてはいなかったとすることが出来得るのである。このことは、被支配層の人々にも適応させることが可能であろう。

二　古代天皇不豫に見る災害観 ――日本書紀　巻十九より――

（10）巻十九（欽明天皇）：「三十二年夏四月戊寅朔壬辰。天皇寝疾（ミヤマヒシテ）不レ豫（モヤモヤモアラズ）。皇太子向レ外不レ在（ハベリマサズ）。驛馬（ハイマハセテ）召到。引二入臥内（ヲホトノ）一。執二其手一詔曰。朕疾甚。以後事屬レ汝。汝須打（伐）二新羅一。封二建（ヨサシ）任那一。更（又）造（遣）二夫婦一。惟如二舊日一。死（ミマカルトモ）無レ恨レ之。是月（日）天皇（寝）遂崩二于内寝（オホトノ）一。時年若干」とあり、病床に臥してから、崩御するまでの時間が短かったことが窺える。しかも、その病状は深刻であって、起き上がることも困難であったことが推測される。そこで、皇太子（第二子であった、次代の敏達天皇）に対して遺言をし、後事を託しているので、意識自体ははっきりとしていたらしい。その意味に於いては、臨終に際し、親が子に対してその行く末を心配し、非常に人間味が感じられる死生観を表現しているのである。ところで、欽明天皇紀十四年六月条には、百済国へ派遣している軍に従って渡韓していた「醫（クスシ）博士。易（ヤク）博士。暦博士」に対しては、輪番で往来するように命じており、更に、「卜書（ウラノフミ）。暦本（コヨミノタメシ）。種種藥物（クスリ）」を倭国へ戻る還使へ付送させるようにも指示をしている。つまり、倭国内には渡来人を主体として、医学に関した教授者の存在は見て取ることが出来得るものの、当該期に必要とされていた薬剤については、その多くの物の調達先が韓半島や、そこを経由した中国大陸であったことが窺えるのである。即ち、それらの物品は船来品ということとなり、必然的には、民衆の治療に対して、積極的に用いられるものではなかったことが推定されるのである。

（11）巻二十（敏達天皇）：「十四年秋八月乙酉朔己亥。天皇病彌留（オモリ）崩二于大殿一」とあり、病状や死因の記載は無い。ただ、その直前に記される記事より推測し、敏達天皇の死因が疱瘡（天然痘）であった可能性を指摘しておく。その記事とは、仏教の受容を巡る事象の中に於いて出現するものであり、日本書紀上に於いては疫病発生を知らせる初見事例である。「日本書紀　巻廿　敏達天皇」敏達天皇十四年（五八五）二月戊子朔辛亥条に記された、「蘇我大臣患レ疾。問二於卜者（ウラヘ）一。卜者對言。祟（祟）二於父（カソ）時所レ祭（イハヘシ）佛神之心（ホトケノミココロ）一也。大臣即遣二子弟（ヤカラ）一奏二其占狀（ウラカタ）一。詔曰。宜レ依二卜者之言一。祭二祠父神一。大臣奉レ詔禮二拜石像一。乞（是、非）延（ヲヘ）二壽命一。是時國行（オコリテ）二疫疾（ネヤミ、エヤミ）一。民死者衆（オホシ）」、とする記事は、蘇我稲目の子である、嶋大臣蘇我馬子が何らかの病気に罹患した時の様子を記したものであるが、同六月条に「馬子宿禰奏曰。臣之疾病（オモリ）。至レ今未レ愈（イエ）。不レ蒙二三寶之力一、難レ可二救治一」とはあるが、それ自体が疫病であったのか、どうかははっきりとしないものの、罹患後も、ほぼ通常の行動をとっていることより見て、その可能性は低いのではないかと考えられる。時期的には、欽明朝に於ける仏教公伝（五五二年十月・壬申伝来説に依る）の直後に該当し、当該記事の前後に於いても、仏教（導入）を巡る記事が多く記される。そうした状況下に於ける疫病流行の記事であることより、その扱いには政治的、宗教的な状況の反映を除去する等、幾多の留保も必要となるであろう。「不蒙三寶之力、難レ可二救治一」とした記載法よりは、蘇我馬子が自らの罹患事例を引き合いに出しながら、未だ未だ仏教導入が十分ではないことの論拠としていることに注目したい。それを受けて、敏達天皇は馬子に詔し、餘人を排した形での「獨行佛法」を奨励していたのである。「日本書紀」の記述に従うならば、前年の九月には、百済国より渡来した鹿深臣某が、弥勒石像一軀を、佐伯連某が仏像一軀を日本へ齎し、それらを馬子が、自邸東方に造営した仏殿に安置したとする出来事があった。更に、播磨国にいた高麗恵便（コマノエビム）を師として、唐よりの渡来人であった鞍部村主司馬達等の十一歳になる娘嶋を、出家させて善信尼とし、更に、漢人夜菩の娘豊女を禅蔵尼、錦織壺の娘石女を恵善尼として、この三尼を崇敬した。そして、「元興寺縁起」によれば、同十四年二月十五日に、馬子は豊浦前に塔柱を起てて大会を営み、「日本書紀」敏達天皇十四年二月戊子朔壬寅条では、大野丘の北に塔を起て、司馬達等が、恐らくは、その来日以前より所持していた仏舎利を、その塔の柱頭（ハシラカミ）に蔵めた、としている。未だ、火葬の習慣が一般的ではなかった当時、仏舎利を頂点とした遺灰崇拝思想が、倭国へ齎された瞬間であったのかもしれない。司馬達等は、大和国高市郡坂田原に草堂を営んで本尊を安置し、それに帰依礼拝したとあることよりも、仏教の日本への拡大事業に、馬子の支配の下に従事した人物であると推測される。つまり、馬子主導で仏教に対する具体的な支援を開始したのが、同十三年後半～同十四年初頭にかけての出来事であるということになり、その直後に於ける疫疾の流行、という構図である。勿論、疫病流行が事実であった可能性も高いが、それ以上に、先の日本紀の一節にある、「崇（崇）二於父（カソ）時所レ祭（イハヘシ）佛神之心（ホトケノミココロ）一也」、とした記述に、如何なる意味が込められているのかを検討する必要がある。蘇我馬子は、この時に何らかの病気に罹患したらしいが、それは、上述したように、当時流行していた疱瘡ではなかったものと推測される。「日本書紀　巻十九　欽明天皇」欽明天皇十三年（五五二）十月条には、「國二行（ヲコリテ）疫氣（エヤミ）一。民致二夭（アカラシマニ）殘（死）一。久而愈々多。不レ能二治療（ヲサメイヤス）一」とあり、「令集解　巻九　戸令」[注12]にも「悪疾」として、「能注二染於傍人一。故不レ可二與人同床一也」の記載をしており、「故」の副詞で以って、伝染と隔離とを関連付けていることよりも、既に発症した患者と接触することで、その病気が伝染するという認識を持っていたことは十分に窺うことが出来得る。八世紀初頭段階でも、或る種の病気が人から人へと感染する（飛沫、接触、空気感染等）、という認識はあったらしい。そうした状況の中、馬子は卜者に自らの疾患に就いて尋ねている。疾患に際して、「問二於卜者一」という行為が、古代当時には、科学的、医学的、政治的な意味合いに於いての、病気への対処法の一つであったとすることができる。それは、病気自体の治癒を目指すと言うよりも、その発生理由や意義を、卜占に依り究明し、その拡散や、再発を封じることであったものと考えられる。この手法は、民衆に依る疾病対処法というよりも、寧ろ、為政者に依って支持された、疾病への最も合理的と見做された対処法ではあろう。

（12）巻二十一（用明天皇）：「二年夏四月乙（己）巳朔丙午（子）。御二新嘗（ニハナヒキコシメス）於磐余河上一。是日天皇得レ病（ヲホムミココチソコナヒ玉ヒテ）還二入（カヘリヲハシマス）於宮（トツミヤ）一。（中略）何背二國神一敬（ヰヤヒム）二他（アタシ）神一也。（中略）天皇（之）瘡（ミヤマヒ）轉（イヨイヨ）盛。將レ欲レ終（ウセタマヒナント）時。鞍部（クラツクリヘ）多須奈（タスナ）司馬達等子也。進而奏（マウシテ）曰。臣（ヤツコ）奉二爲（ヲホムタメ）天皇一出家（イヘテシテ）脩（ヲコナハム）レ道。又奉二造丈六佛像（ミカタ）及寺一。天皇爲レ之悲慟（マトヒタマフ）。今南淵坂田寺木丈六佛像。挾（狹）侍菩薩是也。癸丑。天皇崩二于大殿（オホトノ）一」とあり、病状や死因に就いての記載が見られる。二年足らずでその治世が終了していた原因である。先ず、即位後七か月後、彼は磐余宮に近接をしていたとされる磐余池に流入する河川の河上に於いて、新嘗祭に臨席していたところ、既にこの時点で天然痘を発症していたらしく、中途に於いて退席し、御所に戻っていたというので、その症状は高熱や頭痛等の初期症状段階（前駆期）に在ったことが推測される。天然痘の致死率は、variola major では約二〇～五〇パーセント、variola minor では約一パーセント以下であるとされ、その主たる死亡原因はウイルス血症によるものであって、一週目後半期～二週目にかけての時期に死亡事例が多いとされる。十一病日頃より結痂期に入るとされるので、[注13] 用明天皇の症例に在っては、そこまで、持ち堪えることが出来なかったということになろう。用明天皇自身は、「思欲歸三寶」とする方向へ向かっていたらしいが、そこには仏教導入を巡る、物部守屋大連、中臣勝海連対蘇我馬子宿禰大臣の政治路線対立も有ったものの、結果として蘇我氏に敗北した、物部守屋大連、中臣勝海連が主張したとされるところの「背二國神一敬（ヰヤヒム）二他（アタシ）神一」と言う論理には、用明天皇が罹患した原因をそこに転嫁する意図も見え隠れする。つまり、日本書紀編纂者としては、用明天皇が発した「詔」の在り方（内容や、発し方）自体に瑕疵が有った為に、政治的混乱を生じさせ、その結果として天皇は疱瘡に罹患した、という論調である。

更に、用明天皇の臨終の様子が描かれていることも特質として挙げられるであろう。天皇の病状は益々深刻となり、「將レ欲レ終（ウセタマヒナント）時」を迎えるのであるが、司馬達等の子である鞍部多須奈は天皇の為に出家して「脩道」したという。「道」の語よりは、道教や仏教的要素も見て取ることが出来得るが、人が通過儀礼として行なうべき宇宙の普遍的法則、道徳的規範と言った、中国由来の思想の存在が色濃く反映されているのである。その後、彼は天皇の為に他神である処の丈六の仏像（挾（狹）侍菩薩木造）と、それを安置する為の寺（南淵坂田寺）とを奉造したのである。ここには、この後の日本に於いて、仏に導かれ、見守られながら極楽往生をするといった、伝統的仏教観の原型を見て取ることも出来るのである。

（13）巻二十二（推古天皇）：「三十六年春二月戊寅朔甲辰。天皇臥病（ミヤマヒシタマフ）。三月丁未朔（中略）壬子。天皇痛（イタムタマフコト）甚之不レ可レ諱（アヤウシ）。（中略）癸丑。天皇崩之。時年七十五（三）。即二殯

（モカリス）於南庭（ヲホニハ）一。夏四月壬午朔辛卯。雹零（アラレフル）。大如二桃子一。壬辰。雹零。大如二桃子一。自レ春至レ夏旱之（ヒテリス）。（中略）秋九月（中略）始起（赴）二天皇喪（哀）禮（モノコト）一。是時群臣各誄（シノヒコトマウス）二於殯宮一。先レ是天皇遺二詔於群臣一曰。比年（トシコロ）五穀不レ登（ミノラ）。百姓太飢。其爲レ朕興レ陵以勿二厚葬一。便宜レ葬二于竹田皇子之陵一」とあり、推古天皇の発病より、崩御、そして、簡略化された葬送儀礼に関しての記述がある。日本書紀の記述によるならば、彼女の発病は二月甲辰であって、翌三月壬子条には激痛が止まないとの記事が有り、同癸丑条に至って崩御したとあるので、発症してから一か月余で死に至ったことになる。これだけの記述よりその死因を推測することは困難ではあるが、次の舒明天皇（田村皇子）即位前紀（巻二十三）には、推古天皇より田村皇子や山背大兄王等への遺言、遺命、遺詔、遺勅の内容が詳細に記される中、そこに「時天皇沈病（ミヤマヒマセリ）不レ能レ覩（ミソナハスヿ）レ我」とする記載があることより、臨終の間際には、殆んど視力を失っていたことが分かる。重度の糖尿病であった可能性も示唆されるであろう。この頃になると、死期を悟った現天皇に依る遺言等が成される様になったのには、皇統の断絶を意識した行為として、その点に於いては、非常に現実的な対応であったとすることが言い得るのかもしれない。推古天皇の事例に在っては、更に、その死後に於いて行なわれる葬送儀礼や築陵に関しても、近年に於ける五穀不登や飢饉の発生を理由として、簡略化するように遺詔しており、日本書紀編纂者は、現実的な為政者の姿として、天皇像を設定するように変化をしていたことが窺えるのである。

おわりに

以上、本稿では、日本古代に於ける疾病や自然災害発生、それにかかわる対災害観の醸成に関し、古代日本語に於いて、それがどの様に表現され、又、対処の対象とされていたのかについて検証を試みた。そもそも、「日本書紀」巻四には、第二代綏靖天皇～第九代開化天皇に至る八人の天皇の事績が一つの巻に収められているのは、初代の神武天皇の場合を除き、日本書紀編纂担当者もその事績が良く分からなかった、編纂当時に在っても、文字資料としての記録は元より、口碑や伝承の確認もままならなかった為であろうが、そのことは、第十代以前の天皇の実在可能性が、既に日本紀編纂当初に於いて、社会常識的、書誌学的、伝承的にも否定されていたことになるのかもしれない。神武天皇、孝安天皇、崇神天皇の如く、当時として百歳を超える享年もさることながら、実在し得なかった天皇に対して、流石にその生没年や病状、死因等を記載すること自体が、編纂者に依り憚られたものと推測をする。これに対して、巻五以降の記述が俄かに詳細となり、文自体の分量も増え、基本的に一つの巻を一代の天皇の治世で構成していることより、巻四と巻五との間には、明らかな隔絶が存在しており、巻五（崇神天皇）以降が実在、実際の王権、天皇家の歴史と言うことになるのかもしれない。

確かに、日本紀に於ける天皇の罹患や崩御は、その尊厳を維持する目的により、或る種の美化、脚色、曲筆等が入っている可能性を全く排除することは出来ない。しかし、そうかと言って、七二〇年当時としても、それを意識し過ぎた結果、余りにも真実（伝承、口碑、諸記録等により裏付けられた情報）よりかけ離れてしまった記述にした場合、読み手側としては余りにも滑稽であり、国家により編纂された正史としても著しく尊厳や信頼性を欠き、講演、学習するに堪えないストーリーであると受け止められる可能性を孕んでいたものと推測される。そうであればこそ、天皇の罹患、崩御に関しては、その記述をそのままには受け入れられないにしても、一定程度の根拠に基づく客観的な事象が包括されている可能性はあるものと推定されるのである。更に、敏達天皇期以降に在っては、仏教導入を巡る世界観が、天皇不豫に対しても大きな影響を与えていたことを窺う事が出来たのである。そうした状況は、用明天皇紀や、本稿では字数制約の関係で触れることが出来なかった、巻三十（持統天皇紀）に於いて顕著であり、とりわけ後者に於いては、皇太子軽皇子（文武天皇）に譲位する直前の時期に於ける持統天皇の病気平癒に関して、神祇への班幣と、寺（薬師寺）や仏像への帰依との狭間で、王権自身が揺れ動いていた形跡が認められたのである。

注

1　「西日本新聞」（株式会社　西日本新聞社）二〇一六年三月二日付朝刊、「弥生時代の国内最古級すずり出土　倭人伝の記述裏付け　糸島市」記事参照。

2　水野祐氏『評釈　魏志倭人伝』（(株）雄山閣）、二〇〇四年十一月、鳥越憲三郎氏『中国正史　倭人・倭国伝全釈』（中央公論新社）二〇〇四年六月、石原道博氏編訳『新訂　魏志倭人伝　他三篇　――中国正史日本伝（1）――』（株式会社　岩波書店）一九八五年五月、に依る。

3　小林健彦『災害対処の文化論シリーズ　V　～浪分けの論理、水災害としての津波～』〔DLMarket Inc（データ版）、シーズネット株式会社・製本直送.com の本屋さん（電子書籍製本版）〕二〇一六年三月一日、初版発行、参照。

4　国史大系本『続日本後紀』（吉川弘文館）一九九三年四月、に依る。

5　国史大系本『続日本紀　前篇』（吉川弘文館）一九九三年四月、に依る。

6　小林健彦『災害対処の文化論シリーズ　I　～古代日本語に記録された自然災害と疾病～』〔DLMarket Inc（データ版）、シーズネット株式会社・製本直送.com の本屋さん（電子書籍製本版）〕二〇一五年七月一日、初版発行、参照。

7　日本古代に於いて、数字の「八」が意味したことに関しては、前掲小林健彦『災害対処の文化論シリーズ　V　～浪分けの論理、水災害としての津波～』の「3．京都府北部、福井県沿岸地域に於ける浪分けの論理」――註（42）参照。

8　国立国会図書館所蔵本（請求記号　WA7―102）、に依る。

9　杉本勲氏編『科学史』体系日本史叢書19（山川出版社）一九九〇年十月、三七頁参照。

10　小曽戸洋氏「漢方医学の受容と変遷」（『日本漢方典籍辞典』（大修館書店）一九九九年六月）、同氏『漢方の歴史―中国・日本の伝統医学』（大修館書店　あじあブックス）一九九九年六月、八五～一〇二頁参照。

11　前掲小林健彦『災害対処の文化論シリーズ　V　～浪分けの論理、水災害としての津波～』の「3．京都府北部、福井県沿岸地域に於ける浪分けの論理」参照。

12　国史大系本（第二十三巻）『令集解　前篇』（吉川弘文館）二〇〇〇年八月、に依る。

13　ＮＩＩＤ国立感染症研究所「天然痘（痘そう）とは」（国立感染症研究所感染症情報センター　岡部信彦氏）、に依る。

『日本三代実録』の災害記事

安田　政彦

はじめに

東北大震災が起こって五年になる。未曾有の大津波が多くの人命を奪い、多くの家屋を破壊した。そのおりに報道された一千年前の大津波地震は『日本三代実録』（以下、『三実』と記す。）に記録されている。[注1]

過去の災害を知ることは防災のうえでも有益であるが、『三実』には大災害のみならず多くの災害記事をみることが出来る。そこには『三実』の編集方針があり、どのように記録されたかを読み解くことによって、当時の災害状況とその影響を正確に把握出来るのではなかろうか。

以下では、『三実』にどのような災害記事が記録されているのか、それはどのような特徴をもって記録されたのかを明らかにし、『三実』の記述する時代が、どのような時代であったのかの一端を明らかにしたい。

一 『日本三代実録』にみえる地震記事

1 大地震

『三実』が記載する清和朝から光孝朝までの約三〇年間には、大きな地震が六例も記載されている。そこで、まず大地震の記述とその特徴を述べる。

越中・越後大地震は貞観五年（八六三）に起こったもので、[注2]「壊二民廬舎一。圧死者衆。」とあり、「水泉涌出。」とあるから噴砂を伴った激しい被害地震であったことが想像される。その後も「毎日常震。」とあるので、余震がかなり続いたものであろうが、『理科年表』[注3]には詳細の記載がない。この年は「地震」の記載が他に六例のみで、多いとはいえない。ほかの災害記事では大風被害が二例簡潔に記載されるのみで、多くは咳逆病の流行に紙幅が費やされている。のちの被害大地震に比べれば、他の関連記述もなく、極めて簡単な記載といわざるをえない。

播磨国大地震は貞観十年に起こっている。[注4]『理科』では、マグニチュード（以下、Mと記す。）七程度としており、被害地を播磨・京都とするのだが、「京都では垣屋に崩れたものがあった。山崎断層の活動によるものか？」とみえる。京都の被害は『三実』にはみえないが、播磨国の報告では、「諸郡官舎。諸定額寺堂塔皆悉頽倒。」とある。この年には「地震」記事が二〇例もみられるのだが、これが都で感じた播磨国大地震の影響であろうか。隣国摂津国でも地震後に「小震不レ止」[注5]という状態であったから、多くの地震記事は余震であろう。この巻（巻一五）では、その他の災害記事はほとんどなく、地震記事が目立つ。貞観十年二月二一日～十一月二三日は『類聚国史』等で補った部分であり、あるいはもっと災害記事があった可能性もあるが不明である。

陸奥国大地震は翌貞観十一年に起こった。

この地震については個別研究もあり、[注6]東北大震災のときに報道され、一般に広く知られるようになった。『理科』では、M八・三としており、城郭・倉庫・門櫓・垣壁など崩れ落ち倒潰するもの無数で、地割れが起こり、津波が多賀城下を襲って「溺死者千許。」とみえる。[注7]

九月には従五位上紀朝臣春枝を地震使に任命しており、[注8]十月には天皇が詔して「責深在ㇾ予。」と述べている。[注9]詔では、地震使と国司がともに臨撫し、死者を埋葬し、賑恤し、「被害太甚者」は租調を免除せよとしており、地震使の掌務内容が知られるとともに、朝廷に少なからぬ衝撃を与えたことがわかる。この年は「地震」記事そのものは、六例ではあるが、同年に起こった肥後国風水被害とともに、十二月の伊勢大神宮、石清水神社への告文でも触れられており、[注10]地震・大風雨関係記事が長文なため、災害記事の分量としては、かなり多い。そのため、その他の災害記事はほとんどみえないが、貞観十二年二月の公卿奏には、「去年炎旱。」[注11]とあるので、災害記事が圧縮されていることがわかる。

出雲国大地震は元慶三年（八七九）十月廿七日条と元慶四年十月廿七日条にほとんど同文が記載されている。重複と考えられるが、『理科』は元慶四年を採用してM七程度と推測している。どちらが正しいか俄には判断できないが、「境内神社仏閣官舎及百姓居廬、或転倒、」とあり、国境内の被害に限定されること、周辺の国からの報告がみえないことなどから、直下型の地域地震であった可能性が高く、「地震」記事が一二例ある元慶三年や元慶四年大地震とは別の地震と解釈したい。[注12]

元慶四年大地震は元慶四年十二月に起こった。[注13]『理科』はM六・四とする。「大極殿西北隅竪壇長石八間破裂。宮城垣墻、京師廬舎頽損者往々甚衆矣。」という大きな被害を出したが、人的被害はみえない。前年の元慶三年には「地震」記事が一二例あるが、同年三月と十月に「地大震動」「地大震[注14]」とあり、元慶四年大地震の前震とみられる。元慶四年にも「地震」記事は二八例の多きを数える。本震以外にも「地大震」「地大震動」といった記載が四例も記載されており[注15]、前震・余震ともに大きなものがあったことがわかる。元慶四年前半の巻三七（〜六月）では地震記事以外に祈雨記事などもみられるが、後半の巻三八（七月〜）では地震以外の災害記事はほとんどみられない[注16]。元慶五年も一五例の「地震」記事がみえ、長らく余震が続いたものとみられるが、元慶五年もほかに賑給記事が三例[注17]あるのみで、他の災害記事はみえない。このように、元慶四年後半から元慶五年にかけては、多くの「地震」記事を配するのだが、それだけ元慶大地震が貴族にとってインパクトのあるものであったことを示していよう。ただし、それ以外の災害がなかったということにはならない。

ところで、二八例の地震記事は詳細な記事が多く、「夜」「是夜」「此夜」「是日」といったものから、「子時」「自辰至丑」「戌一剋」「辰時」といった発生時刻を記載するものなど、また、「二度」「惣五度」「二動而止」など回数を記載するなど、地震の様子がよくわかる。地震記事が多く配されているのは、清和太上天皇崩御[注18]による政治不安を暗示している可能性があり、それによって他の災害記事が割愛された可能性も考えられるのではないか。

仁和大地震は仁和三年（八八七）七月[注19]に起こっている。『理科』はM八〜八・五とする南海トラフ沿いの巨大地震と思われるものであった。光孝天皇は仁寿殿を出て紫宸殿南庭に御し、大蔵省に命じて、七丈幄二つを立てて御在所とした。建物の倒壊甚だしく、「圧殺者衆。有㆓失神頓死者㆒」ったという。「海潮張陸、溺死者不㆑可㆓勝計㆒。其中摂津国尤甚。」とみえ、津波が襲い、摂津国の被害が甚大であった。この年の「地震」記事は他に一四例みえるが、「昼夜地震二度」「昼地震三度」「地震五度」などと記載され、「未時」など発生時刻を記載する記事も六例ある。この年は、ほかにも霖雨や洪水災害などもあり、あまりにも多くの地震記事は回数を示すことで多少とも圧縮されたものであろう。この年は、光孝天皇崩御の巻であり、その関係もあってか、地震を詳細に記載することで、その政情不安を表現したことも考えられる。

2　地震記事にみる特徴

ここでは、『三実』における地震記事の特徴的な事象について述べる。

まず、地震記事の記載形式について気付いた点を述べる。

「地大震」という記載は巻三にみえるが、巻六・九・一三・一六・三五・三八・五〇では「地大震動」と記載され、一文字多い。『日本文徳天皇実録』（以下、『文実』）では、巻九に「地大震」、『日本後紀』（以下、『後紀』）では巻一五・三五・三六・三七に「地大震」、『続日本紀』（以下、『続紀』）では巻一一に「地大震」とみえる。大地震がそれほど多くはないのであるが、『続紀』以降の四国史では「地大震」が一般的記載であり、「地大震動」は特有の記載であることがわかる。

また、巻一一では「是夜。地震」という記載がある。ほかに巻一五・一六・三八・五〇にみえる。また、巻二二・二九・三四・三五・三八・四〇・四六・五〇では「夜地震」とある。巻四八では「夜分地震」。巻二三・三八には「是日地震」という記載がある。「夜地震」という記載は、『続紀』巻八にもあり、『後紀』巻一九、『文実』巻九にもみえる。「是日地震」は『続紀』巻三七に三例みえる。「是夜。地震」は『文実』巻七にある。以上からみれば、決して新しい記載ではないことがわかる。「地震」記事に変化を持たせようとするものであろう。

その点で、発生時刻を記載する例では、巻二六に「酉時」とあり、巻二八では地震記事三例すべてにみえ、

「地震」記事に変化を持たせようとするという意図ではない。巻二九にも一例あり、巻三〇では唯一の地震記事に「辰漏上四刻。地大震。[注20]」と詳細な記述がなされている。巻三二にも一例、巻三五には「午一剋、地大震動。四剋亦震[注21]」として大地震と余震をかき分けている。巻三八では四例、巻三九・四二・四五・四九に各一例、巻四八に二例、巻五〇では五例のほか、「昼夜」として地震回数を記載する例（「昼夜地震二度」）が三例（仁和三年八月壬寅朔条、他。）ある。

発生時刻は『続紀』巻三五・四〇に各一例あり、『後紀』巻三三にも二例、巻四〇に二例みえる。地震回数を記載する例は、『後紀』巻三五に五例、巻三九に一例みえる。

従って表記としては新しくないのだが、巻二六以降の地震記事はそれ以前に比較してより詳細になっていることが指摘出来る。巻五〇は地震記事が多いことから記述に変化をもたせたともいえるが、巻四八は四例中の二例であり、巻四五は唯一例であるなど、必ずしも地震記事の多さに関わらない。『三実』の後半巻担当の編者が、地震記事を出来るだけ丹念に書こうとした表れではなかろうか。

『三実』の編纂が前半と後半で異なるということまで、この事例を敷衍することは出来ないが、地震記事に限っていえば、前半の巻と後半の巻では若干の方針を異にするところがあったように思われる。

次に地震記事と巻数との関係で、その特徴をみておく。

地震記事が目立って多いのは巻四（貞観二年）・六（貞観四年）・一五（貞観一〇）・三八（元慶四年七月～十二月）・五〇（仁和三年正月～八月）であるが、貞観一〇年、元慶四年、仁和三年については、大地震の章で触れたので、ここでは、特に大地震の被害記録がみえない貞観二年と貞観四年の巻について述べる。

巻四（貞観二年）には大地震の記載はなく、一二例の地震記事がある。坂本太郎氏は『三実』序文に「祥瑞天之所レ祚二於人主一、災異天之所レ誡二於人主一。理燭二方策一、撮而悉載レ之。」とあることを取り上げ、「序文に称されていることは実行されていると見てよい。」と述べているのだが[注22]、地震記事の多寡は編纂の意図に左右されることがあることは以前に指摘した。[注23]その点からみて、特に世情不安を示す記事はなく、地震記事で演出すべき事項はみえない。有感地震が多かったという事実を丹念に記録したようにみえる。巻六では十一月に「地大震動」とあり[注24]、一七例の地震記事がみえる。巻四・六いずれも霖雨・大水などの被害が記載されているが、大きな災害記事はみえない。

ついで、巻六（貞観四年）には十一月に「地大震動[注25]」とあり、この年正月からずっと地震記載がみられる（一七例）。貞観二年にも一二例、同三年にも七例の地震記載があるので、貞観二年から四年にかけて有感地震が頻発していたことがわかる。地震が多かったのは事実ではあるが、貞観四年がとりわけ多く記載されているのは、同年三月に施行された貞観新制[注26]との関連を考えるのは行き過ぎであろうか。この法令は、京戸の徭分を全免し、畿内諸国の雑徭を三十日から十日に減らし、不足分は雇役する、雑徭減免のかわりに田租を倍にする等であったが、二年後の貞観六年正月に旧法に復してしまった[注27]ものである。この貞観新制は伴善男の立案[注28]かとされ、とすれば、応天門の変（貞観八年）で没落した伴善男が主導した貞観新制のイメージダウンを図る意味もあって、この年の地震を頻繁に記載することで、この年そのものが不安定であったことを示したものではなかろうか。

以上、地震記事について特徴的な点をみてきた。前半の巻と後半の巻で記載にやや異なる点がみてとれる。地震の記載数からは、世相不安との関係も窺われるが、『三実』の時代に地震が多発したことは否めない。年次的には貞観初年、同十年、十一年、元慶四年、仁和三年に地震記事が集中するが、播磨大地震や越中・越後地震、関東大地震、出雲地震など全国の大地震が記録された他、元慶大地震や仁和の南海大地震など京師に直接被害をもたらした大地震がみられ、『三実』が記載する三〇年弱の間に、立て続けに大きな地震があったことがわかる。地震の活動期であったように思われる。

二　『日本三代実録』にみえる大災害

大地震については先に述べたので、ここでは、その他の大災害（水・旱・疫病・噴火）についてみていく。

1　大水害

特に目を引く風水害では、貞観十一年に起こった肥後国大風雨があげられる。[注29]「飛レ瓦抜レ樹。官舎民居顚倒者多。人畜圧死不レ可二勝計一」といい、「潮水漲溢。漂二没六郡一」したという。十二月の伊勢大神宮や石清水神社への告文に「肥後国《尓》地震風水《乃》在《天》[注30]」とあるので、大型台風の襲来とともに地震とそれにともなう津波、あるいは高潮が襲った被害とみられる。この災害の被害は人屋にとどまらず、「水退之後。捜二摭官物一。十失二五六一焉。自レ海至レ山。其間田園数百里。陥而為レ海」という、政府の収納に直接関わる重大事であった。陸奥国大地震のように地震使は派遣されていないが、その後、貞観十一年十月廿三日勅で、徳政を施すことを述べ、大宰府をして「其被害尤甚者」の救済と埋葬を行わせている。古老が言うには「如レ此之《比》古来未レ聞」（告文）という大災害であったようである。それは、告文に「異常《奈留》地震」といわれた陸奥国大地震と比肩するものと認識されたのである。

ついで貞観十六年八月の大風雨[注31]は新訂増補大系本で九行を費やし、珍しく被災した人の逸話を記載している。

宮城の銘木をことごとく吹き倒し、内外官舎・人屋を破壊し、京邑は浸水して「暴長七八尺」にも及んだ。「貞観十三年大雨水」、「去年京師大雨雹」、「今年洪水」は高岑寺の仏像の祟りだといわれたという。「貞観十三年大雨水」は、貞観十三年閏八月[注32]におこった大雨による「河水暴溢」で、「京師道橋流損者衆。壊二人廬舎一不レ知二其数一。」とある。十一日条には、「霖雨未レ止。東京居人遭二水損一者卅五家百卅八人。西京六百卅家三千九百九十五人。賜二穀塩一各有差」とあり、洪水後も雨は止まず、被害にあった者が多かったのである。この年は「地震」記事以外にほとんど災害記事を記載しておらず、かえって、この大雨洪水被害の大きさが浮き立っている。また、「去年京師大雨雹」は、貞観十五年五月三日条に「雷電雨雹。其大如二鶏子一。或如二梅実一」とあるもので、異常な雹が降ったことがみえる。こうした異常気象ともいえる事象が時の人に強い印象を残したものであろう。

なお、「今年洪水」は、「増二於嘉祥元年一六尺有余」[注33]ともある。嘉祥元年（八四八）の洪水は『続日本後紀』嘉祥元年八月辛卯条に「洪水浩々。人畜流損。河陽橋断絶。僅残二六間一。宇治橋傾損。茨田堤往々潰絶。故老僉曰。倍二于大同元年水一。可二四五尺一」と述べるもので、約三〇年ぶりの大洪水であったのである。九月には、柏原山陵に「申謝風水之災」[注34]し、東西京で風水損の甚しき者三千一百五十九家に倉廩を開いて賑給している。[注35]巻二六（貞観十六年七月～十二月）は、ほかに開聞岳噴火の記事や「参河因幡両国秋風水」などがみえるものの[注36]、「地震」記事は四例と少ない。うち一つが「酉時。地大震動」[注37]というものであるが、巻二五（貞観十六年正月～六月）には九例の「地震」記事がみえることを勘案すると、「地大震動」の前震がこの年初来頻繁にあったにも関わらず、災害記事は大風雨記事に多くを割いたために、割愛された可能性が考えられる。

2　旱魃被害

旱魃の被害が多く記載されているのは、貞観八年である。貞観八年は応天門の変が起こった年であるが、飢（疫旱）賑給の記事が一三例と他巻に比べて多くみえる。巻一二（～五月）に京師、尾張以下四か国、巻一三（六月～）では、伊勢以下八か国がみえる。[注38]貞観八年六月に「天下大旱。」とみえ、[注39]六月の告文[注40]にも「比來渉レ旬《天》不レ雨《之天》」とあるように、この年は激しい旱魃とそれにともなう飢饉疫病が広まっていたことがわかる。他の災害記事はほとんどみられないのだが、これら多くの飢（疫旱）賑給記事は応天門の変の騒擾による世情不安を災害記事で示したものではなかろうか。

貞観八年後半の旱魃は、翌九年に影響をもたらした。貞観九年二月には、「是年。内外倹乏。人庶阻飢。就レ中畿内特甚。[注41]」とあり、また、「去年之旱。京邑飢倹。」ということで、「賑二恤東西京乏絶之人一」がなされている。[注42]右大臣藤原朝臣良相の抗表[注43]では、「承二去年旱倹之弊一。（中略）百官俸乏。帑藏已空。」と述べており、四月には、「内外飢饉」ということで、米価が騰貴し、西京に常平所が置かれており、[注44]前年の旱魃が京師に飢饉をもたらし、国用に不足する憂いがあったのである。貞観八年の旱魃がいかに大きな影響を及ぼしたかが知られよう。

ついで、貞観十七年には祈雨記事が五例記載されている。年初に冷泉院が燃え、翌日に至っても「火猶未レ滅」という状態であった[注45]が、これは消火活動の未熟もあろうが、乾燥していたことに一因があるのではなかろうか。[注46]「不レ雨数旬。農民失レ業」といい、七月以降、「霖雨不レ止[注47]」とみえるが、この年は旱魃の年であったといえよう。

同様に祈雨記事が多いのは、元慶元年である。

元慶元年は三月までが巻三〇、四月から六月までが巻三一、以降が巻三二に編集されている。五月に祈雨記事が四例あり、是月「大旱」[注48]とみえる。ほかの災害記事はない。長文の記事があり、割愛された可能性もあるが、二か月間の記事なので、大旱であったことのみであろう。巻三二では、暴雨記事もあるが、七月には「比月炎旱」とあり、[注49]諸社への告文にも「頃月不レ雨《之天》、百姓農業皆焼損《太留》由、」とみえる。[注50]長文の記事もあるが、任官や女叙位等の記事で省略がみられるので、他の災害記事が割愛されているとは考え難い。元慶元年は旱魃の年であったとみられる。

翌元慶二年は六月までが巻三三、七月以降が巻三四である。巻三三では、元慶の乱の長文の飛駅奏言が三つも載録されているが、災害記事は多い。その多くは去年の旱魃による飢饉で、京畿内、ことに河内・和泉が甚だしいとみえる。[注51]元慶元年にもほとんど同文の記載があるが、[注52]この年には二月に「以二去年旱損一民多飢餓也」との理由で、勅して備前国不動穀一万斛を河内国に運充した記事があり、五月には「大和国去年大旱、百姓飢饉。」とのことで、詔して賑給を加えた記事、[注53]その他にも賑給記事が五例みられることから、正月廿七日条との整合性が高いので、元慶二年の記事とみられるのである。

この年は四月にも「炎旱殊甚、農夫棄レ耒。」、六月にも「自二去月一至レ此、亢陽不レ雨。」[注54]との記事があり、旱魃であったことが知られる。巻三四では、八月には先月に一転して雨が止まず、祈止雨があり、九月には紀伊国で風雨落雷の被害があったことがみえる。[注55]災害記事としては多くないが、これは元慶の乱の飛駅奏言などに割いたためであろうか。

このように、陽成天皇は即位早々の元慶元年、二年と続けて旱魃に悩まされたことが知られるのである。

3　富士山噴火

富士山噴火は貞観六年に起こった。貞観六年は、五月までが巻八、六月以降が巻九である。巻八では駿河国からの富士山噴火の報告が記され、巻九では甲斐国の富士山噴火の報告及び関連記事がみえる。そのほかにも各国の優復記事などもみえるが、この年は富士山噴火記事が災害記事の大方を占めている。

駿河国の報告[注56]によれば、山は一、二里四方ほど焼け、光炎は高さ二〇丈ばかりに及んだといい、十数日たっても噴火は納まらなかったという。「大山西北。有二本栖水海一。所レ焼岩石。流埋二海中一。遠卅許里。広三四許里。高二三許丈。」と述べる。一方、甲斐国の報告[注57]によれば、「埋二八代郡本栖幷剗両水海一。水熱如レ湯。魚鼈皆死。」といい、剗海が分断して、西湖と精進湖になった。富士山大噴火のすさまじい様子が簡潔に伝えられているのだが、被災状況についてはほとんど伝えられていない。わずかに、甲斐国の報告が「百姓居宅。与レ海共埋。或有レ宅無レ人。其数難レ記。」とあるのみである。この後の東北大地震で地震使が派遣されたり、諸社奉幣や告文を奉ったりしたことと比較すれば、きわめて淡泊な記載である。朝廷は八月に入って、占いの結果、「浅間名神禰宜祝等不レ勤二斎敬一之所レ致也」として、甲斐の国司に奉幣鎮謝するよう指示したことがみえるのみである[注58]。

延暦期の富士山噴火[注59]でもその記事は簡潔であり、富士山が大噴火したという衝撃の大きさは朝廷に影響を及ぼすほどのことではなく、人的被害もそれほど大きくなかったことが、簡潔な国司の報告の記載という形をとったものではなかろうか。この年十二月の駿河国の報告[注60]では「年来疫旱」で駅子・伝子が集まらず、柏原駅家を廃したいとして許されているのだが、そこには富士山噴火の直接的影響を読み取ることは出来ない。

貞観六年にはこの富士山噴火の記事以外には、加賀出雲両国疾疫、五畿内並山陽南海道で疫癘が蔓延しているという記事、下総国五郡が年来の水旱で復を賜った記事などがみえる[注61]ぐらいで、災害関連記事は少ない。

この年は清和天皇の元服での上表文[注62]や円仁卒伝[注63]、など長文記事もあり、天皇の元服ということで、災害記事は圧縮されたことも考えられる。巻九では賜姓貫付記事[注64]が多く、「地大震動[注65]」とあるが、巻六[注66]のように多くの「地震」を記載していないのも、富士山噴火に関する駿河国・甲斐国の言に災害記事を費やしたものとみることができよう。

4　疫病

疫病の記事が顕著なのは、貞観五年（巻七）である。正月には朱雀門等で大祓が行われたが、「自二去年冬末一至二于是月一。京城及畿内畿外。多患二咳逆一。死者甚衆矣[注67]。」と記す。三月にも、「今春咳嗽流行。人多疫死。」ということで名神に班幣が行われ[注68]、五月には有名な御霊会が神泉苑で行われるのである。「近代以来。疫病繁発。死亡甚衆。」といい、「今茲春初咳逆成レ疫。百姓多斃[注69]。」と述べられるように、この年春の咳逆病流行はすさまじいものがあった。この年は疫病の年であった。なお、この咳逆病については、佐伯有清『伴善男[注70]』一九三頁以降にも描写されている。

翌六年正月（巻九）には、「加賀出雲両国疾疫。」とあるほか、十一月十二日条に「勅令下二五畿内并山陽南海両道一。預鎮二謝疫癘一。兼転中読般若大乗上。以三神祇官奏二言彼諸国可レ有二天行一也。」とあり、地方にも疫癘が広まるのではないかと恐れたのである。京師での記載はみえないが、貞観七年四月五日条には、「去年天下患咳逆病。今年内外疫気有レ萠。」とあるので、この年に至っても未だ終息していなかったようである。この年冬に太政大臣藤原良房が重病に陥ったこととともに、貞観五・六年に咳逆病流行は政局にも少なからず影響を与えた重大事であったといえる。

三　年次別にみる災害状況

1　清和朝

以下、水旱害を中心に、年次別に災害状況を概観する。すでに地震ほか大災害に関しては述べたので、ここでは霖雨・旱魃を中心とした水旱記事に焦点をあてる。

貞観元年には、武蔵ほか五か国に賑給がなされており、主に東日本の天候が去秋から不順であったことがわかる。[注71] しかし、天安二年（八五八）、貞観元年に災害記事は少なく、これは巻一（天安二年八月～十二月）が清和天皇即位にともなう叙位任官記事[注72]で大半が占められていること、巻二（貞観元年正月～五月）にも、神階叙位や真雅抗表、皇太后願文、安倍安仁薨伝など長文記事[注73]が少なくなく、そのため災害記事が割愛されたものであろう。七月詔では、「頃年水旱不レ時。」とあり、[注74] 昨年来天候不順であったのであろう。

貞観二年は六月に「自二五月一霖雨。至レ是大水。[注75]」とあり、九月には「風雨未レ止。都城東西両河洪水。人馬不レ通。諸国浜海之地。潮水漲溢。人畜被レ害。[注76]」とみえ、大雨による洪水と沿岸部の高潮が知られる。そのほか、大風被害もみえるが、いずれも単年度の被害であったようで、翌年に関連記事はみえない。翌三年には、昨年来の地方の災害、賑給記事がみえる。[注77] なお、この年。防鴨河使・防葛野河使を廃止し、山城国の管轄としているのだが、[注78] 昨年度の洪水はあったものの、貞観初年に氾濫洪水がそれほど大きな被害を出さなかったことも一因であろうか。

貞観四年では、四月の大雨、六月には「自二去五月一霖雨。京邑飢饉。[注79]」で賑給が施された。九月には、一転して、「京師人家井泉皆悉枯竭。」により、勅して神泉苑の水を汲ませている。[注80] この年前半は霖雨、後半は旱魃被害とみられる。ただし、「井泉皆悉枯竭。」は、十一月の地震の前兆とも考えられる。

貞観五年では、二月・七月に大風、六月に霖雨[注81]の記載があるが、三月十五日に五畿七道諸国に下した詔には、「加以春雨未レ遍。水泉涸乏。」とあり、春先の雨水不順や旱魃もあったが、それは記事にはみえない。翌六年は、五月に、霖雨で賑恤を加えた記事[注82]がみえるが、災害記事の多くは富士山噴火の記事である。翌七年には、五月に「是日。淫霖猶未レ止。」とみえ、六・七月には大風被害がみえるもの[注83]の、災害記事に乏しい。

以上、貞観初年は天候不順ではあったものの、疫癘以外は、大きな被害は出なかったものとみられる。

貞観八年は賑給記事、旱魃記事が多く、大旱魃であったことは先に述べた。そうした中で、四月に京師は「自レ朔至レ今。霖雨未レ止。」という状況があったことがわずかにみえる。[注84] 翌九年も昨年来の旱魃が続いたが、五月には「自二去四月一霖雨不レ止天。」とみえ、「大雨洪水。往還難レ通」[注85]という状況になり、「宮城京邑病苦死喪者衆。」という有様となった。「自二去月一迄二此月一霖丁雨。人頗苦之。」とあり[注86]、五・六月は霖雨被害が大きかったことがわかる。翌十年は、淡路の飢饉のほか、霖雨記事がみえるくらいで[注87]、多くの地震記事で占められるが、もっと災害記事があった可能性もあることは前述した。

貞観十一年は、六月十七日告文に「頃間有二旱災一」とあり、九月九日には「秋稼不レ登」をもって重陽が停止されている。新羅海賊の記事とともに、陸奥国大地震、肥後国の大風雨がこの年の重大事であったのだが、貞観十二年二月廿日条に「去年炎旱。農民失望」とあるので、この年は旱魃であったことが知られる。

貞観十二年は、正月～三月が巻一七、四月～十二月が巻一八という変則的な巻別となっている。巻一七では、ほとんど災害記事はみえないが、二月に諸王季禄を減じており、前年来の旱魃が収益に大きくひびいていることがうかがわれる。[注88]なお、巻一六〜一八は個別の災害記事よりも詔勅、告文等で示す場合が多い。巻一八では、六月に祈止雨が二度。京師は、「頻月淫霖。京師飢饉。[注89]」とみえ、この年は水害の年であったといえようか。また、七月紀には河内国水害がみえるが[注90]貞観十三年三月廿六日条には、「河内国去年水旱。」とあるので、旱魃でもあった。その他の災害記事は少ない。この年二月に皇親数に準じて王禄の受給者数を定めたが[注91]、八・九年以降の旱魃による収益減少も少なからず影響しているのであろう。

以上、貞観八年から十二年にかけては、霖雨被害もあるものの、旱魃被害が顕著であり、政策にも影響を及ぼすほど深刻であったものとみられる。

貞観十三年は巻一九（〜五月）の分量が他に比べて少なく（約半分の分量）、ほとんど、災害記事はみえない。出羽国が鳥海山噴火[注92]を伝えているのが目につく程度である。四月に藤原良房が准三宮となったこともあり関係記事が長く[注93]、災害記事が押さえられたことも考えられる。巻二〇では、六月十三日勅から、ほぼ全国的に旱魃であったことが知られる。京師では、この年が水難の年であったことは先に述べた。この巻は、撰貞観式記事、太皇太后崩伝及び喪服議など長文の記事[注94]が多いことも、他の災害記事がほとんどみえない一因であろう。

貞観十四年では、巻二一（〜六月）は渤海関係記事が多い一方で叙位任官記事は省略されている。咳逆病と尾張国の旱魃の記事[注95]がみえるが、災害記事は圧縮された可能性があろう。巻二二は七月の祈雨、八月に大風雨の記事などがみえるが、藤原良房没後の基経の抗表・上表、勅答[注96]に多くの紙幅を割いており、災害記事は少ない。地震記事が多いこと（一三例）をもって、良房の没を暗示しているのであろうか。

貞観十五年は、陸奥国の不熟、請雨記事[注97]以外に災害記事はみえない。任官叙位等で省略しているわりには、それほど長文記事はない。この点から、災害自体が少なかった可能性がある。何よりも、十一月詔に「往年減省之物。自今以後。仍レ旧莫レ減。」[注98]とみえ、この年は収穫の期待がもてた年であったと思われる。ついで、翌十六年も、閏四月七日告文に「天下平安」とあるように、災害はほとんどなかったか。霖雨や「京邑飢」とはあるが、[注99]全体として平穏な半年であった。しかし、七月に開聞岳の噴火[注100]があり、また、未曾有の大水害が起こっていることは前に述べた。

貞観十七年は、年初に冷泉院が燃え、その関係記事が若干分量を占める。六・七月にかけて雨が降らなかったが、七月末には一転して霖雨となる。[注101]この年は全体として旱魃被害が考えられる。

貞観十八年では、巻二八（〜五月）は叙位任官や薨伝に省略記事がある中で大極殿火災関連の記事[注102]が豊富である。三月には「霖雨。至レ今未レ止。」といい、「霖雨。京城人飢。賑給之。[注103]」とあるが、概ね災害記事は少ない。巻二九（〜十一月）では、六月に京師飢饉などが知られるのみである。[注104]しかし、元慶元年紀に「去年亢旱。京師及畿内諸国飢饉。河内和泉為二尤甚一。」とあるので、[注105]畿内を中心に旱魃被害が大であったことがみえる。ただし、ほとんど同文の記事が元慶二年にも掲載されており、これは元慶二年の記事を採るべきであろうことは先述した。巻三〇の貞観紀は十二月分のみであり、災害記事はみえない。基経抗表[注106]を全文掲載したこともあるが、陽成即位との関連で、不徳を示すような災害記事を割愛した可能性もあろう。

以上、貞観期を、年を追って水旱の災害を中心にみてきた。

貞観初年は天候不順、風水被害などのほか、地方の災害記事もみえるが、単年度の災害であったとみられ、大きな災害には見舞われていない。貞観五年には春の咳逆病流行がすさまじく、翌年にかけて疫病の年であった。貞観八年には賑給記事が突出して多く記載されているが、翌九年にかけて旱魃が襲い、九年には京師に飢饉をもたらし、国用に不足する憂いがあるほど深刻であった。貞観十一年も旱魃で、翌年の収益にまで影響を及ぼし、諸王季禄が減じられた。貞観十三年にも、ほぼ全国的に旱魃、京師では水難の年であった。このように、貞観中期は旱魃が顕著であり、国用に不足を来すほどであったのである。貞観十五年は収穫の期待がもてた年となり、翌年も、水害が目につくものの、平穏であったといえる。貞観十七年は再び旱魃被害が大きかったようである。

清和朝は、その前期に咳逆病流行に悩まされ、中期以降に旱魃で大きなダメージを受けたのであり、特に九年から十一年が凶年であった。割と平穏であったのは二年ほどしかなかったのである。

2　陽成・光孝朝

以下、陽成紀をみていく。

元慶元年・二年が旱魃の年であったことは先に述べた。翌三年は地震記事は多いものの、他の災害記事は少ない。災害記事が少ないのは、長文の飛駅奏言のためであろう。任官記事が省略されていることから、災害記事も省略された可能性はある。大極殿が完成したこともあり、[注107]災害記事は割愛されたか。

元慶四年は、巻三七（〜六月）では、五月に大雨で祈止雨が一例あるが、祈雨が四例みえ、[注108]旱魃傾向にあった。ほかの災害記事はみえない。巻三八では、地震以外の災害記事はない。巻三七では任官叙位に省略がみられるが、長文の記事も多い。[注109]また、巻三八は元慶大地震で地震記事が突出して多い。この年は清和太上天皇が崩御したこともあり、関連条文が長い。[注110]それによって他の災害記事が割愛された可能性が高い。

元慶五年は、霖雨、賑給記事はあるが、[注111]概して災害記事は少ない。それほど長文の記事はないので、災害が少なかった可能性がある。高丘親王伝[注112]など長文記事があるが、やはり元慶五年は災害が少なかったためであろう。

翌六年も五月に霖雨記事があるが、[注113]ほかの災害記事はない。陽成天皇の元服関係記事を中心に長文の記事がある。六月以降にも災害記事に乏しい。この巻でも遍昭起請七条[注114]など長文の記事があるが、やはり陽成天皇元服の年[注115]であったことは注意されてよい。その結果、災害記事が割愛された可能性もあろう。

元慶七年は六月までが巻四三、以降元慶八年二月までが巻四四である。巻四三ではそれほど長文の記事が収録されているわけではないが、叙位除目に省略がみられる。飢民賑給などが知られるのみで[注116]、目立った災害はなかったようである。巻四四は陽成天皇の退位記事[注117]がみえるが、災害記事は少ない。陽成天皇退位記事が長いので災害記事は割愛されたことも考えられる。

元慶八年は三月から五月までが巻四五、以降十二月までが巻四六である。巻四五では賑給記事が一例[注118]で、きわだって災害が厳しいという印象はない。光孝天皇即位が記載されていること、太政大臣についての諮問で埋められていることなど、長文の記事が原因であろう。巻四六には災害記事はない。任官叙位記事も少ない。概ね元慶八年は災害がなかったか。光孝天皇即位年であることから、災害記事を割愛したものであろうか。

以上、元慶年間は、その前半に旱魃傾向がみられるが、後半は霖雨等の記事はみえるものの、元慶大地震を除いては、概ね災害は少なかったかのようである。ただし、各巻に長文の記事が多いので、それによって災害記事が圧縮された可能性も否定できないが、大きな災害に悩まされることはなかったとみられる。

仁和元年は、五月に霖雨が止まず賑給している。珍しく告文を記載しているが[注119]、他には災害記事はみられない。七月に祈雨[注120]がみえるが、全体として大きな災害はなかったのであろう。翌二年は、任官記事がかなり分量を取っている。五月に大雨、六月には霖雨により賑給、八月にも霖雨、洪水で祈止雨。夏に雨被害があったが[注121]、目立った災害はみられない。ついで、仁和三年も任官記事がかなり豊富。五・六月の霖雨飢饉、洪水、七月に「祈止霖雨」、八月の大風雨、賀茂・葛野川氾濫などの水害[注122]、がみえる。光孝天皇崩御の巻であり、その関係もあってか、仁和の南海大地震記事が詳細に記載されたものであろう。

仁和年間も雨被害等はみられるものの、全体として大きな災害はみられない。仁和三年の南海大地震による地震記事が目に付く程度である。

以上、清和朝が疫病・旱魃に悩まされたのに比して、陽成朝・光孝朝は、それほど大きな災害を蒙っていないようである。このことは政局運営にあたっても、藤原良房の時代よりは基経の時代の方が容易であったことを推察させる。

おわりに

『三実』は、他の国史に比して記事が詳細になった分、災害記事も豊富で記述も詳細になった部分はあるが、長文の記事も多く、巻によっては、そのため災害記事が割愛されたのではないかと思われる箇所もある。

そうしたことを念頭においてみても、『三実』の時代は大災害が多く、激動の時代であったことは否定できない。特に政治に影響を及ぼしたのは水旱疫病災害であったと思われるが、貞観五年の疫病、貞観中期の旱魃などが注目される。

最後に国別にみた災害記事について述べておく。

地域別に災害に関連してみえる国名をみると、ほぼ全国的にみられる。これは『三実』が全国にわたって記述していたことのあらわれである。地域別にみると、「京師」が多いのは当然であるが、ついで畿内諸国の記事が多い。これも畿内という地域柄当然であろう。そのほか幾分顕著なのは、東海道と山陰道の諸国である。東海道は国数も多いのであるが、富士山噴火や関東大地震などもあって、関連記事がみえる。そうしたなかで、山陰道の出雲が突出して多いのが目につく（六例）。出雲地震もあるが、旱疫飢饉などの賑給記事などで、とりわけ疲弊していたということであろうか。しかし、出雲地震が出雲国内のみの地域的地震であったことなども考え合わせると、特に出雲に関して詳細であるように思われる。あるいは、編者の中に出雲に強く関心を抱く者があったのであろうか。

一方で、南海道と西海道の諸国に関しては記事が少ない。西海道は大宰府管内であり、大宰府からの言上でみえる国々だが、肥後国大風雨のような大きなもの以外は管内で処理されたであろうから、記事としては割愛されたのであろう。しかし、南海道は合計で三例と記事が少ない。

こうしてみると、『三実』の時代は、畿内及び東海道、山陰道に比較的災害が顕著であったようである。この時代を勘案すれば、一度ぐらいは何らかの災害の影響で賑給を蒙ることは当然ともいえようが、半数ほどの国の名がみえないことから、大災害はあったものの、全般的にみれば、比較的安定した時代であったといえるのかもしれない。

注

1 最近、享徳三年（一四五四）にも同様の大津波が襲ったことが明らかになった。一千年に一度ではなく六百年に一度の大災害であったことになる（二〇一六年三月七日産経ニュースWEB版）。

2 貞観五年六月十七日戊申条（出典は特に断らない限り『日本三代実録』。以下同じ。）

3 二〇〇七年WEB版（国立天文台編、丸善株式会社）。以下、『理科』と記す。

4　貞観十年七月十五日丙午条。

5　貞観十年閏十二月十日己亥条。

6　柳澤和明「『日本三代実録』より知られる貞観十一年（八六九）陸奥国巨大地震・津波の被害とその復興」（『歴史』一一九、二〇一二年十月）。「発掘調査より知られる貞観十一年（八六九）陸奥国巨大地震・津波の被害とその復興」（『史林』九六―一、二〇一三年正月）。斎野裕彦「貞観十一年陸奥国震災記事と自然災害痕跡研究」（『市史せんだい』二三、二〇一三年九月）。三上玲子「文献史料からみた貞観地震に関する一考察」（『市史せんだい』二二、二〇一二年十一月）。伊藤一允「貞観十一年「陸奥国地大振動」と十和田火山についてのノート」（『国史研究』一〇〇、一九九六年三月）、など。

7　貞観十一年五月廿六日癸未条。

8　貞観十一年九月七日辛酉条。

9　貞観十一年十月十三日丁酉条。

10　貞観十一年七月十四日庚午条。十月廿三日丁未条。十二月十四日丁酉条。同廿九日壬子条。

11　貞観十二年二月廿日壬寅条。

12　『理科』でも、「この日京都でも強く感じたというがこの地震とは無関係で、規模ももっと小さかったとする説がある。」と紹介している。

13　元慶四年十二月六日乙丑条。

14　元慶三年三月廿二日壬子条。十月十四日庚午条。

15　元慶四年四月二日乙酉条、十二月四日癸未条、同十二日辛卯条、同廿二日辛丑条。

16　元慶四七月三日乙卯条に「終日大雨。」とある。

17　元慶五年三月廿三日辛未条、六月十四日庚寅条、十一月廿六日庚午条。

18　元慶四年十二月四日癸未条。

19　仁和三年七月卅日辛丑条。

20　元慶元年三月十一日壬子条。

21　元慶三年三月廿二日壬子条。

22 坂本太郎著作集第三巻『六国史』二一五頁（吉川弘文館、一九八九年）。
23 拙稿「『続日本紀』にみえる地震記事」（『続日本紀研究』第三〇〇号記念号、一九九六年四月）。
24 貞観四年十一月三日丁卯条。
25 貞観四年十一月三日丁卯条。
26 貞観四年三月廿六日甲午条。
27 貞観六年正月廿八日乙卯条。
28 佐伯有清『伴善男』一六九頁（吉川弘文館、一九七八年）。
29 貞観十一年七月十四日庚午条。
30 貞観十一年十二月十四日丁酉条、廿九日壬子条。同十二年二月十五日丁酉条。
31 貞観十六年八月廿四日庚辰条（巻二六）。
32 貞観十三年閏八月七日庚戌条。
33 貞観十六年八月廿四日庚辰条。
34 貞観十六年九月五日庚寅条。
35 貞観十六年九月七日壬辰条。
36 貞観十六年七月二日戊子条。十一月廿七日壬子条。
37 貞観十六年十二月廿九日癸未条。
38 貞観八年四月七日辛巳条、五月八日辛亥条、同十七日庚申条、同十九日壬戌条、六月甲戌朔条、同十三日丙戌条、同廿一日甲午条、七月四日丙午条、同十四日丙辰条、八月二日甲戌条、同廿三日乙未条。
39 貞観八年六月廿八日辛丑条。
40 貞観八年六月廿九日壬寅晦条。
41 貞観九年二月十三日癸未条。
42 貞観九年二月十七日丁亥条。
43 貞観九年二月廿三日癸巳条。

44 貞観九年四月廿二日辛卯条。
45 貞観十七年正月廿八日壬子条。同廿九日癸丑条。
46 貞観十七年五月十二日癸巳条にも「木工寮火」とみえる。
47 貞観十七年六月廿三日甲戌条。七月廿六日丙午条。
48 元慶元年五月是月条。
49 元慶元年七月三日壬寅条。
50 元慶元年七月十九日戊午条。
51 元慶二年正月廿七日癸亥条、「去年亢旱、京師及畿内諸国飢饉。河内和泉為二尤甚一」。
52 元慶元年正月廿七日己亥条。
53 元慶二年二月廿八日甲午条。五月八日癸卯条。
54 元慶二年四月卅日乙未条。六月三日丁卯条。
55 元慶二年八月十八日辛巳条。九月廿八日庚辰条。
56 貞観六年五月廿五日庚戌条。
57 貞観六年七月十七日辛丑条。
58 貞観六年八月五日己未条。
59 『日本後紀』延暦十九年六月癸酉条、同二十一年正月乙丑条。
60 貞観六年十二月十日癸亥条。
61 貞観六年七月十一日乙未条。十一月十二日乙未条。廿二日乙巳条。
62 貞観六年正月七日甲午条・新訂増補国史大系本で一〇行、以下同じ。
63 貞観六年正月十四日辛丑条・五八行。
64 貞観六年八月八日壬戌条・一六行、同十日甲子条・七行、同十七日辛未条・八行。
65 貞観六年十月十二日乙丑条。
66 貞観四年十一月丁卯条に「地大震動」とあり、その前後で十六の「地震」を記載する。

67 貞観五年正月廿七日庚寅条。
68 貞観五年三月四日丙寅条。
69 貞観五年五月廿日壬午条。
70 吉川弘文館人物叢書。一九七八年。
71 貞観元年四月七日壬辰条。
72 貞観元年正月十三日庚午条・一五行。二月十三日己亥条・一二行など。
73 貞観元年正月廿七日甲申条・五二行、三月十九日乙亥条・一六行、四月十八日癸卯条・三七行、同廿三日戊申条・二〇行。
74 以上、貞観元年八月九日壬辰条。同年六月四日戊子条。七月十三日丙寅条。
75 貞観二年六月三日壬午条。
76 貞観二年九月十五日壬戌条。
77 貞観三年五月廿一日甲午条、六月九日壬子条、八月十七日戊午条。
78 貞観三年三月十三日丁亥「停二防鴨河葛野河二使一。隷二山城国一」。
79 貞観四年四月二日庚子条、六月十八日乙卯条。
80 貞観四年九月十七日癸未条。
81 貞観五年二月十四日丁未条、七月廿一日辛亥条。六月是月条。
82 貞観六年五月廿五日庚戌条。
83 貞観七年五月廿九日己酉晦条。六月十六日乙丑条、七月十七日丙申条。
84 貞観八年四月是月条。
85 貞観九年五月三日辛丑条。同四日壬寅条。
86 以上、貞観九年五月廿九日丁卯晦条。
87 貞観十年六月三日乙丑条。同年五月是月条、九月七日丁酉条。
88 貞観十二年二月廿日壬寅条。
89 貞観十二年六月十日辛卯条、同廿二日癸卯条。六月十七日戊戌条。

90　貞観十二年七月二日壬子条。
91　貞観十二年二月廿日壬寅条。
92　貞観十三年五月十六日辛酉条。
93　貞観十三年四月十日丙戌条。同十四日己丑条・一一行。同十八甲午条・一五行。
94　貞観十三年八月廿五日己亥条・一九行。九月廿八日辛丑条・七行。十月五日丁未条・六二行。
95　貞観十四年正月廿日辛卯条、三月七日丁丑条。四月十九日戊午条。
96　貞観十四年十月十日丁未条・二二行。十月十三日庚戌条・二三行。
97　以上、貞観十五年三月廿日甲申条。五月廿三日丙戌条。
98　貞観十五年十一月十三日甲戌条。
99　貞観十六年五月是月条、五月六日癸巳条。
100　貞観十六年七月二日戊子条。
101　以上、貞観十七年正月廿八日壬子条。六月廿三日甲戌条「不レ雨数旬。農民失レ業。」等。七月廿六日丙午条。
102　貞観十八年四月十日丁巳条、同十一日戊午条・十五行。五月八日甲申条・八行等。
103　貞観十八年三月廿一日己亥条。三月是月条。
104　貞観十八年六月十九日甲子条。七月十一日丙戌条。同廿三日戊戌条。
105　元慶元年正月廿七日己亥条。
106　貞観十八年十二月甲辰朔条・一〇行。同四日丁未条・八行。
107　元慶三年十月八日甲子条。
108　元慶四年五月廿二日乙亥条。同十六日己巳条、廿日癸酉条、六月廿二日甲辰条、廿六日戊申条。
109　元慶四年正月五日己丑条・七行。六月十七日辛丑条・五行。三月廿六日甲午詔・一一行、など。
110　元慶四年十二月四日癸未条・三一行。
111　元慶五年六月十四日庚寅条、同三月廿三日辛未条。
112　元慶五年十月十三日戊子条・一七行。

113 元慶六年五月廿九日庚午条。
114 元慶六年六月三日甲戌条・二八行。
115 元慶六年正月二日乙巳条。
116 元慶七年三月廿七日癸巳条、六月廿二日丙辰条。五月廿二日丁亥条。
117 元慶八年二月四日乙未条・一九行。
118 元慶八年三月廿二日癸未条。
119 仁和元年五月十四日戊戌条。
120 仁和元年七月十三日乙未条。
121 仁和二年五月十日戊子条、六月十三日辛酉条、八月七日癸丑条。
122 以上、仁和三年六月十一日癸丑条「自㆓去五月㆒霖雨、至㆑此未㆑止。」、六月廿七日己巳条「水潦奔溢、人不㆓通行㆒。」七月十五日丙戌条。八月廿日辛酉条「鴨水葛野河、洪波氾溢、人馬不㆑通」。

六国史にみる疫病

中西　康裕

はじめに

医療技術や衛生環境が発展した現代社会にあっても、流行病や伝染病の脅威は我々の身近なところに潜んでいる。今から一〇〇〇年以上も前の古代社会にあっては、それらの驚異はより深刻であり、社会に与える影響もより甚大であったことは、容易に想像できるであろう。ここでは、まず平安時代前期までの六国史にみえる疫病（流行病、伝染病）の発生情況を概観し、大規模な疫病への対策と社会への影響を窺い、そして古代の人々の疫病に対する考え、そしてその変化について検討したい。

一　疫病の発生情況

1　『続日本紀』

六国史とは『日本書紀』（以下、『書紀』と略す）に始まり、以下『続日本紀』（『続紀』）、『日本後紀』（『後紀』）、『続日本後紀』（『続後紀』）、『日本文徳天皇実録』（『文実』）、『日本三代実録』（『三実』）の六つの国史を指す。六国史の対象は神代から平安時代前期の仁和三年（八八七）に及ぶ。すべて古代国家によって編纂されたとはいえ、それぞれの目的や性格は大いに異なり〔坂本一九七〇〕、一様に論じることはできない。ここでは国史別に項目を立てることとする。また、『書紀』には疫病の具体的な発生情況を記述するところはない（「疫病」の語が用いられる記事は出てくるので、後に取り上げる）ため、『続紀』から検討する。

『続紀』は、文武天皇が即位した文武元年（六九七）から桓武天皇の延暦十年（七九一）までの九代九十四年余りを四〇巻とする。奈良時代と若干の前後の時代が該当し、九代のうち四代が女帝（重祚が一人）である。『続紀』の編纂には複数の段階があり〔笹山一九九九〕、それに応じて編纂方針が異なるので、一つの史書とはいえ巻によっては内容が異なるところもある〔中西二〇〇二〕。

『続紀』には、

・越後国言レ疫。給二医薬一救レ之。〔文武二年三月丁卯条〕

・紀伊国疫旱。賑二給之一。〔天平十九年（七四七）四月己未条〕

のように、疫病を伝える簡単な記事がある。前者は越後国司から疫病発生の報告があって薬を支給して救ったことが分かり、後者は紀伊国で疫病と日照りが発生したため「賑給」したことが記されている。「賑給」とは食料などを支給して民の苦を救うものであり、疫病発生においては食料と共に薬も支給されたであろう。それぞれ一〇文字ばかりの記事であるが、意味するところは同じでも表現が異なっていることに気づかれるであろう。表現の差違は、『続紀』の編纂段階の相違によるものである。

このような『続紀』の疫病記事については、既にいくつかの先行研究がある〔福原二〇〇〇、董二〇一〇〕ので、ここではそれらを参考にして論を進め、さらに新たな視点を提示したい。『続紀』には、第1表にあげたように多くの疫病関連記事がある。記事によっては一国のみを記したもの、あるいは一五国も列挙したものがある。一国、二国でも、続けて記事があると、複数の国で疫病が発生していたことが分かる。近接している複数の国で疫病が発生している場合は大流行とみてよいであろう。

福原栄太郎氏は疫病に関連した記事をあげられて七五例とされているが、第1表では関連記事は対応の列に記したり、国名（地域名）が記載されていない場合は省略したため、数は福原氏のカウントとは合わない。董科氏は同じ疫病流行に関する記事が複数ある場合には同一の疫病とされて、流行（エピデミック）が三八回、大流行（パンデミック）が一一回とされ、合計四九回の疫病の発生とされた。ただ、何故か董氏は№50を延暦四年のものとされている。また天平十三年の国分寺建立詔の「疫癘」を大流行の発生とカウントされているが、これは天平九年の疫病を指しているので無効であろう。また宝亀五年（七七四）と延暦元年にも大流行があったとされるが、これらの記事も具体的な発生国名を記していないので、流行か大流行かの判断はできないであろう。

また、疫病は一旦沈静化した後、再度流行することもある。これを一回とするか二回とするかで数値は大きく変わってくる。一国で流行り出したものが広域化した場合、最初の一国をどうみるかでも数値は変わる。客観的

第1表　『続日本紀』にみえる疫病の発生情況

No.	天皇	年月日	西暦	国名（もしくは地域）	飢・疫	対応
1	文武	文武2・3・7	六九八	越後	疫	給医薬救之
2		2・4・3		近江、紀伊	疫	給医薬療之
3		4・12・26	七〇〇	大倭	疫	賜医薬救之
4		大宝2・2・13	七〇二	越後	疫	遣医薬療之
5		2・6・7		上野	疫	給薬救之
6		3・3・17	七〇三	信濃、上野	疫	給薬療之
7		3・5・16		相模	疫	給薬救之
8		慶雲1・3・29	七〇四	信濃	疫	給薬療之
9		1・是年夏条		伊賀、伊豆	疫	並給医薬療之
10		2・是年条	七〇五	諸国20国	飢疫	並加医薬賑恤之
11		3・閏1・5	七〇六	京畿、紀伊、因幡、参河、駿河		給医薬療之
12		3・4・29		河内、出雲、備前、安芸、淡路、讃岐、伊予	飢疫	遣使賑恤之
13		4・4・25	七〇七	丹波、出雲、石見	疫飢	詔加振恤／奉幣帛於諸社。又令京畿及諸国寺読経焉。
14	元明	4・12・24		伊予	疫	給薬療之
15		和銅1・2・11	七〇八	讃岐	疫	給薬療之
16		1・3・2		山背、備前	疫	給薬療之
17		1・7・7		但馬、伯耆	疫	給薬療之
18		2・1・21	七〇九	下総	疫	給薬療之
19		2・6・9		上総、越中	疫	給薬療之
20		2・6・26		紀伊	疫	給薬療之
21		3・2・11	七一〇	信濃	疫	給薬救之
22		4・5・7	七一一	尾張	疫	給医薬療之
23		5・5・4	七一二	駿河	疫	給薬療之
24		6・2・23	七一三	志摩	疫	給薬救之
25		6・4・3		大倭	疫	給薬救之
26	聖武	天平5・是年条	七三三	左右京、諸国	飢疫	並加賑貸
27		7・8・12	七三五	大宰府		奉幣彼部神祇。為民禱祈焉。又府大寺及別国諸寺。読金剛般若経。仍遣使賑給疫民。幷加湯薬。

No.	天皇	年月日	西暦	国名（もしくは地域）	飢・疫	対応
28		9・4・19	七三七	大宰府から天下諸国	疫瘡	詔奉幣於部内諸社以祈禱焉。又賑恤貧疫之家。幷給湯薬療之。
		9・7・5		大倭、伊豆、若狭	飢疫	賑給
		9・7・10		伊賀、駿河、長門	疫飢	賑給
29		19・4・14	七四七	紀伊	疫旱	賑給之
30		天平勝宝 1・2・11	七四九	石見	疫	賑給之
31	孝謙	8・4・29	七五六	左右京、四畿内		遣医師。禅師。官人各一人於左右京四畿内。救療疹疾之徒。遣従五位下日下部宿禰古麻呂。奉幣帛于八幡大神宮。
33	淳仁	天平宝字 4・3・26	七六〇	伊勢、近江、美濃、若狭、伯耆、石見、播磨、備中、備後、安芸、周防、紀伊、淡路、讃岐、伊予等15国	疫	賑給之
34		4・4・27		志摩	疫	賑給之

No.	天皇	年月日	西暦	国名（もしくは地域）	飢・疫	対応
35		6・8・19	七六二	陸奥	疫	賑給之
36		7・4・10	七六三	壱岐	疫	賑給之
37		7・5・16		伊賀	疫	賑給之
38		7・6・27		摂津、山背	疫	賑給之
39		8・3・6	七六四	志摩	疫	賑給之
40		8・4・4		淡路	疫	賑給之
41		8・8・9		山陽南海二道諸国	旱疫	
42		8・8・11		石見	疫	賑給之
43	称徳	宝亀 1・6・24	七七〇	京師	飢疫	賑給之
44		1・7・18		但馬	疫	賑給之
45	光仁	3・6・14	七七二	讃岐	疫	賑給之
46		4・5・15	七七三	伊賀	疫	遣医療之
47		11・3・20	七八〇	駿河	飢疫	遣使賑給之
48		11・5・12		伊豆	疫飢	賑給之
49	桓武	延暦 4・5・27	七八五	周防	飢疫	賑給之
50		9・是年	七九〇	京畿	豌豆瘡	翌年五月、以天下諸国頻苦旱疫。詔停節宴。

なはずの数値が、とらえ方によっては変動するのである。ここでは「少ない方」で見積もってみたい。

第1表を参照して、大流行の発生情況を概観しておきたい。大流行に対する対応は後述する。№4～№9の大宝二年（七〇二）から慶雲元年（七〇四）を最初の大流行とみたい。記載されている六国は近接する国々である。

次に、慶雲二年の№10から翌年の№17に、駿河から石見・伊予の広域で発生したものを大流行とみたい。先のものの翌年であり、№12に先の国々と接する駿河があるので、連続したものとみることも可能であろうが、発生地域が西に移っているので別ものととらえておきたい。この時の疫病は、場所を移し、№17の和銅元年（七〇八）七月まで流行している。

№26の天平五年は左右京と諸国とあり、大流行があった。詳細は不明であり、次の№27と連続する可能性もある。

№27の天平七年と№28の天平九年の疫病は大流行で間違いないが、連続したもの（再発）か別ものとするかで見解が分かれている（後述）が、一先ず別個のものとしておく。天平七年のものは大宰府管内で発生したもので、「豌豆瘡〈俗曰㆓裳瘡㆒〉」すなわち天然痘であった。天平九年は大宰府から発した「疫瘡」で、都をはじめ全国に及び甚大な被害があった。

№31の天平勝宝八歳（七五六）は左右京と四畿内の「救㆓療疹疾之徒㆒」と広域での発生のようにもみえるが、これは当時聖武太上天皇が不予に陥っており、徳政の一環としての処置で、疫病があったわけではない。

№33の天平宝字四年（七六〇）には美濃から伊予までの一五国で発生し、翌月には№34志摩からも報じられている。

天平宝字七年の№36から翌年の№42までは、伊賀から石見までの国名が上がっている。№36の壱岐と№37の伊賀では遠く離れているので、同一とは言えないかもしれないが、この間に挙げられた国は畿内と山陽・南海道と固まっているので、大流行と判断してよいであろう。

№50の延暦九年のものには「京畿」とあるだけであるが、対応欄に記したように翌年五月には「天下諸国」とあり、これも大流行であったと考えられる。

以上、『続紀』の記事から大流行した疫病の情況を概観した。大宝二年、慶雲二年、天平五年・七年・九年、天平宝字四年・七年、延暦九年に大流行しており、史料上は八回の大流行が確認されたわけである。このほか二一回（二三国）の流行があった。『続紀』が九十四年余りを対象としていることから、疫病の発生は約三年に一度の割合で、そのうち、おおよそ十二年に一度は大流行があったとみられることになる。

疫病が発生しない、もしくはあまり発生しない期間がある。董氏はそれを疫病の間欠期とされ、その期間を七一四年～七三二年、七四二～七五九年の二期間ととらえられ、気象（気温）の変動との関連性を論じられている。関連諸学問の成果を取り入れた興味深い視点である。ただ、素朴に思うのは十七年、十八年という長期間、本当に疫病の発生はなかったのであろうか。現在でも、ほぼ毎年のように各種の流行病や伝染病が報じられている。現在とは人の移動の情況がまったく違うとはいえ、はるかに衛生環境の悪い古代において、疫病が発生しない期間がそう長く続いたのであろうか。

2 『日本後紀』

次の『後紀』は、桓武天皇の延暦十一年から淳和天皇が退位する天長十年（八三三）までの四代四十一年を四〇巻とする。残念なことに『後紀』の写本は現在一〇巻分しか伝わっていない。そのため『類聚国史』（以下『類史』）や『日本紀略』などから逸文を収集し、研究の糧に当てているのであるが、隔靴掻痒の感は免れない。とはいえ、『類史』は散逸する以前の『後紀』をみて、事項別に編纂されたものであるので、ここでは伝存する部分については『後紀』を、欠失する部分については『類史』を検討したい。

『類史』巻一七三災異の中に疾病の項目があり、六国史の疫病関連記事が網羅されている。これに信をおけるかどうかが前提の問題であるが、管見の限りでは、疾病の項目で『続日本紀』と比較すると、完全に網羅しているといってよい。一点だけ、『続紀』と異同があった。『続紀』和銅元年三月乙未条では、

山背備前二国疫。給薬療之。

とある記事が、『類史』では

山背、備後、備前三国疫。給薬療之。

と、『続紀』にはない「備後」が入り、「二国」が「三国」となっている。頭注によれば「三」は「二」とする写本もあり、何よりも国順が違う。国史においては官司や国には厳格な記載の順序があり（『延喜式』の記載順を援用すればよい）、本来ならば「山背、備前、備後」の順に記載されなければいけない。官司の場合に官制の変革によって移動することはあるが、この三国の順が変動することはなく、国史に国順が異なる記事がある場合には編纂者のミス、写本段階の誤写ということが考えられる。『類史』の編者である菅原道真がそうしたミスを犯すとは考えられないし、写本にも「二」とあるものもあるので、これは写本段階で混入したものと判断できよう。つまり、『後紀』の欠失部分について『類史』を用いることは疫病の項目に関していえば、問題はないのである。

本題に戻って、『後紀』の期間の疫病の発生情況を第2表にまとめた。出典の欄を見ていただくと明らかであるが、すべて『類史』からである。『後紀』の残存部分には、疫病関連の記事はあるが、具体的な発生情況を知

第2表　『日本後紀』の期間の疫病の発生情況

No.	天皇	年月日	西暦	国名（もしくは地域）	対象	対応	出典
1	桓武	延暦13・8・5	七九四	安房	疫		類聚国史
2	平城	大同2・12・25	八〇七	京	疫者	遣使賑給	類聚国史
3		3・1・7	八〇八	京	疫病百姓	遣使賑給	類聚国史
4		3・1・12		京	病人	遣使将医薬	類聚国史
5	嵯峨	弘仁13・7・8	八二二	甲斐	疾疫	遣使賑給	類聚国史
6		14・2	八二三	「天下大疫」「□海道尤甚。」			類聚国史
7		14・5・5		伊賀	飢病	賑給	類聚国史
8		14・7・19		長門	旱疫	免当年庸	類聚国史
9		〃		美濃、阿波	飢病	賑給	類聚国史
10		14・7・20		参河、遠江	旱疫	免当年庸／翌年遠江に給穀	類聚国史
11	淳和	天長1・3・1	八二四	美濃	飢病	賑給	類聚国史
12		3・8・27	八二七	左右京	飢病及被水害	賑給	類聚国史
13		7・4・26	八三〇	大宰管内、陸奥出羽等国	疫癘		類聚国史
14		9・5・27	八三二	左右京	病	賑給	類聚国史

る記事がなかったのである。

　この時期、一四の疫病発生記事があるが、大同二年（八〇七）のNo.2〜No.4は京を中心に起こったもので、翌々年の九月までいくつかの関連記事がある。当初は京内だけであったものが、次第に拡大し諸国に広がったようである。

　No.6〜No.10は一連のもので、これも大流行と判断できる。『後紀』の残存部分にも関連記事がある。No.6の弘仁十四年（八二三）には「天下大疫。死亡不レ少。□海道尤甚」とあり、大流行があった。肝心な部分が欠けているが、「海道」とつくのは七道のうち東海道、南海道、西海道の三つであり、最後の西海道は「大宰府管内」などと称される場合が多いので、東海道か南海道の可能性が高い。No.5が大流行の先駆けとすれば東海道の蓋然性が高くなる。この大流行はNo.7〜No.11にみえる諸国に広がっている。六カ国のうち伊賀・参河・遠江の三国は東海道、阿波国は南海道である。国数でいえば、やはり東海道であろうか。

次いでの大流行は、№13の天長七年のものである。大宰府管内と陸奥出羽二国と都から離れた場所での大流行であった。「疫癘流行、夭死稍多」とあるので年若い人々の死亡が多かったことを示している。

以上のように、『後紀』及び『類史』から、この期間の疫病の発生は六回、そのうち大流行は三回である（№5は大流行の先駆けとした）。頻度でいうと、約七年で一度の発生、大流行は約十三年に一度ということになる。『続紀』と比べると大流行の頻度はほぼ同じであるが、流行は約三年に一度から約七年に一度と倍以上の低出現率となるようにみえる。しかしながら、実はこれはあてにならないのである。『後紀』が疫病の発生を逐一記事として掲載していないのである。例えば、『文実』仁寿三年（八五三）二月是月条に、

京師及畿外多患二皰瘡一。死者甚衆。天平九年及弘仁五年有二此瘡患一。

とあり、弘仁五年に「皰瘡」が大流行したことが記されている。『後紀』は弘仁五年七月から翌年十二月までの巻二四は伝存するが、疫病があったことを窺わせる記事はない。六月までは逸文となるが、逸文の中にも疫病を窺わせる記事はない。他の国史に偶々記述があるため弘仁五年に疫病が大流行したことが知られるのである。

『後紀』が疫病発生記事を網羅していない理由について、三つの仮説を立てておきたい。まず、弘仁五年中に死亡した五位以上の官人の数も多くはないことから、弘仁五年の疫病は京を除く地方で大流行したものであるため、国史である『後紀』は記事としなかったのではあるまいか。反対の事例としては№2～№4の京での疫病であり、京以外への広がりは不明ながらも、都での被害は甚大であったようで、いくつもの関連記事が掲載されている。

また、№8と№10には「免二当年庸一」とあり、『続紀』ではみられなかった対応が行われている。その他の場

合は不明であるが、賑給や給医薬という従来の対応とは異なった場合に記事となっているのではないだろうか。通常の賑給などでの対応しかとらなかった場合には、記事として採録しないという方針があったのではないだろうか。

そして、国家の対応についての記述も変化の傾向がある。やや長くなるが、京での発生であった大同二年に始まる疫病の対応をまとめると以下のようになる。大同二年十二月二十五日、それ以前に京で疫病が流行っていたため京中を賑給する使者が出された。翌年の正月七日にも同様の賑給のあと、十二日には医薬が病人の元に送られた。十三日には街頭の死者を埋葬するために人を派遣し、大寺と畿内七道諸国で大般若経の読経を命じ、また病民に米塩などを支給した。二十六日には冬季であるため綿を支給している。二月四日には、地方から京にやって来た人の中で、帰路で発病したり、死亡したり場合に、適切な看護もしくは埋葬を諸国に命じている。まだ疫病は下火にならないようで、二十四日には名神に祈禱し、三月一日には諸国で仁王経を講説させている。五月五日には節会の一つである馬射が疫病を理由に停止され、八日には再び病の人々を治療するために人が遣わされている。十日には詔が出され、疫病が諸国に広まっていることを述べ、疫病が発生した国の調を免じ、国司に命じて医薬をもって救うように命じ、また大乗経典を転読するように命じている。その後は沈静化したようであるが、影響は甚大で、大同四年九月三日には「旱疫」のため脚夫を京で使役することを停止している。

京を中心とした疫病であったため、その対応は詳細すぎるほどであり、『続紀』の簡略な記事とは様相が異なる。一方では、五月五日の馬射を停止したなど、恒例行事の停止などといった記事も混ざってくる。ここから逆に考えると、地方で起こった疫病に対しては通常の対応を行うが、それは結果的には国史の記事とはならない。京で起こった疫病に関しては詳細に記事とし、また貴族社会への影響があれば記事とする、ということではないだろうか。場合によっては、平安貴族は地方民衆の動向をないがしろにして、自分たちの社会を優先させたとみる見解も生じようが、地方においてもこれまでと同じ対応をしていないわけではないのではないだろうか。記事の有無だけで判断できるものではないのである。なお、疫病と国家行事との関連でいえば、『続紀』の最後の疫病を伝える記事（№50）の眼目が「翌年五月……詔停二節宴一」であることが注目できる。

3 『続日本後紀』

四番目の『続後紀』は、仁明天皇の一代記で、天長十年の即位から嘉祥三年（八五〇）の十七年余を二〇巻に記している。

『続後紀』からは第3表にあげたように、疫病の発生がみられる。

№1で遠江での疫病が、№3～№7北陸道を中心に広まる大流行となったようで、№7の左右京まで継続したとすると三年以上も継続的に流行していたことになる。さらに、発生場所が特定できないため表には記載していないが、「疫癘間発」（承和三年（八三六）七月癸未条・同四年六月壬子条）、「諸国疾疫」（承和六年閏正月丙午条）の語がみえ、対応を示している記事があるので、四年近くも継続的に発生していた可能性もある。長期に及ぶので、別の疫病が続発したと考えるのが妥当であろうか。

№8の大宰府管内で発生した疫病は、「勅。筑前。筑後。肥前。豊後等五ケ国。頻年遭レ疫。死亡者半。蘇息之輩。既疲二造船一。就レ中択二窮貧一者。給復一年。」とある。これ以前に（恐らくは発病者の）「半ば」が死亡したという大変な表現であるが、何時のことか分からない。また、記事の主眼は遣唐使の乗る船を造った人々の労をいたわるところであるが、疫病の被害にも言及しているものである。

第3表　『続日本後紀』・『日本文徳天皇実録』・『日本三代実録』にみえる疫病の発生情況

No.	天皇	年月日	西暦	国名（もしくは地域）	飢・疫	対応	出典
1	仁明	天長10・3・27	八三三	遠江	飢疫	賑恤之	『続日本後紀』
2		10・5・28		京師五畿七道諸国	飢疫	賑給	
3		10・閏7・24		越後	疫癘	糶糴	〃
4		承和1・1・25	八三四	加賀	疫癘	賑給之	〃
5		2・8・1	八三五	佐渡	飢疫	賑恤之	〃
6		2・12・20		能登	旱疫	賑給之	〃
7		3・5・24	八三六	東西両京	病苦	賑給之	〃
8		5・4・13	八三八	筑前、筑後、肥前、豊後等5国	疫	復一年	〃
9	文徳	仁寿3・2・是月	八五三	京師及び畿外	皰瘡	復／三月に穀蔵院の籾塩を支給	『日本文徳天皇実録』
10		3・5・22		美濃	皰瘡	出穀二一〇〇斛	〃
11		3・9・14		大宰府管内	皰瘡	出穀三万八七〇〇余斛	〃
12	清和	貞観3・8・17	八六一	長門	疫癘	賑給之	『日本三代実録』
13		3・8・是月		京か？	赤痢		〃
14		4・7・2	八六二	常陸国河内・信太・鹿嶋・那賀・多珂5郡	水旱疾疫	給復二年	〃
15		5・1・27	八六三	京城及畿内畿外	咳逆	賑給	〃
16		5・2・21		大和、和泉	飢疫	賑給之	
17		6・7・11	八六四	加賀、出雲	疾疫		〃
18		8・閏3・14	八六六	美作	飢疫	賑給之	〃
19		8・5・27		備前	旱疫	以正税十万束仮貸窮民。	〃
20		8・6・1		伊勢、因幡	飢疫	賑給之	〃
21		8・10・8		備中国哲多・英賀2郡	旱疫	給復二年	〃
22		（7年と8年）		隠岐	疫	（貞観12年8月5日条による）	〃
23		12・10・25	八七〇	伯耆国河村・久米・会見・日野4郡	疫	優復	〃
24		14・1・20	八七二	京	咳逆		〃
25		15・12・2	八七三	大宰府廓中	飢疫	賑給之	〃
26		18・7・11	八七六	丹後、美作	飢疫	賑給絶乏戸	〃
27	陽成	元慶3・5・13	八七九	上総	災疫		〃

仁明天皇は即位直後から疫病の対策に追われていたことになるが、第3表では在位の後半は疫病発生の記事がない。次代の文徳天皇即位後の十五年ほど疫病がなかったように見受けられるのである。しかるに、承和十年正月には、「勅。如レ聞。疫癘間発。夭死者衆。」との記述がある。前後に具体的な発生情況を示す記事はなく、もしくは天長十年から承和四年の疫病を指しているのかもしれないが、六年前の出来事に「如聞」では違和感を覚える。発生場所は不明ながら、この直前にも疫病が発生していたと捉えた方が良さそうである。

したがって、『続日本後紀』の時期には、二度の大流行があったと想定できる。『続後紀』でも京以外での疫病の発生（大流行とは至らなかったもの）については記されていないが、理由は『後紀』と同様であると判断できよう。

4 『日本文徳天皇実録』

次の『文実』は、名前どおり文徳天皇の一代記である。嘉祥三年（八五〇）から天安二年（八五八）までの八年半を一〇巻で記している。

仁寿三年の大流行のみを伝える。(2)で引用した史料である。次いで種々の対策を記し、五月には№10の美濃、九月には№11の大宰府管内での対応を記している。美濃と大宰府が記された理由は、「出穀二千一百斛」「出穀三万八千七百余石」と、両所では賑給にあたっておそらく不動倉の開用が行われたためであろう。通常の対応をしたであろう他の諸国には記していない。

『文実』では大流行が一度あったことが分かるのみである。

5　『日本三代実録』

最後の『三実』は、清和・陽成・光孝の三代の天皇の天安二年から仁和三年まで二十九年を五〇巻で記している。

貞観三年（八六一）の№13は「京邑往々李華或実。又患二赤痢一者衆。十歳已下男女児染二苦此病一。死者衆矣。」とあり、前半は疫病記事ではないが、後半の疫病に関しても京で発生したものとみられる。人口の多い京では度々疫病が発生している。№13の一年後の冬には、「咳逆」「咳嗽」が流行りだした。№15「賑二給京師飢病尤甚者一。自二去年冬末一。至二于是月一。京城及畿内畿外。多患二咳逆一。死者甚衆矣」（貞観五年正月二十七日条）とあり、二月には大和・和泉で賑給が行われ（№16）、三月には七道諸国の名神に班幣を行うが、「今春咳嗽流行。人多疫死。」とその理由を述べている。貞観七年の記事に「去年天下患二咳逆病一。」とあるので、この疫病は発生から足かけ三年たった貞観六年まで治まらなかったようである。

貞観八年には、病名は窺えないが吉備を中心に大流行した（№18〜22）。№23に示したように貞観十二年条には、

免二除隠岐国貞観七八両年疫死百姓三千一百八十九人一。（貞観十二年八月五日条）

貞観八年には国名が上がっていない隠岐で、前年の貞観七年から疫死者が出ていた。そうとなれば、さらに前年の貞観六年七月に出雲での疫病がみえる（№17）ので、この疫病の発生はそこまでさかのぼるのかもしれない。右にあげたように、隠岐での死者三一八九人にものぼり、大変な被害であった。古代では疫病による死者の数が判明する唯一の事例である。疫病より後にできたものであるが、『倭名類聚抄』では隠岐は四郡一一郷で構成されている。人口について、董氏は六五〇〇〜一万二〇〇〇人、今津勝紀氏は一郷あたり一〇〇〇人と仮定し

て一万一〇〇〇人と想定されている〔今津二〇〇九〕。奈良時代を中心とした人口では、澤田吾一氏の八八〇〇人がある〔澤田一九二七〕。これらの数値から少なくとも二六％、多くみると四九％もの死亡率となり、壊滅的な情況に陥っていたことが想定できる。注意しておきたいことは、このような甚大な被害があったにもかかわらず、貞観七年もしくは八年の記事には隠岐の疫病が一切触れられていないのである。右に引用した貞観十二年史料、末尾の「人」以下に脱文があるのだが、おそらくは出挙稲の免除を指示したものと考えられるが、そこで初めて我々は貞観七、八年の隠岐の疫病被害が甚大であったことを知るのである。

№24貞観十四年にも京で再び「咳逆」が流行った。死亡する者も多く、「人間言。渤海客来。異土毒気之令レ然焉。」と前年末に加賀に着いた渤海使がもたらしたものと人々は噂していたようである。前年十二月十一日に渤海使が加賀に来着した記事がある。この日付が来着の日なのか、加賀からの報告が京に届いた日なのか分からないが、朝廷の対応は、十四年正月六日に存問使が派遣されることが決まった。疫病が流行りだした頃には渤海使は加賀にあり、京には姿を現していないのである。疫病は「そと」から来るものとの考えが、この「咳逆」を渤海使と関連させたのであろう。

『三実』では№27の元慶三年（八七九）以降、疫病に関する記事はなくなる。八年近くも疫病が発生しなかったというのではなく、疫病記事を採録しなかったものと捉えるべきであろう。

以上、『続紀』以降の国史から疫病の発生情況を概観した。『続後紀』以降の国史にあっては、京を中心とした記事で構成されており、地方での疫病は何らかの理由がないと記載されていない。そのため全国的な疫病の発生情況を五つの国史から窺うことはできない。『続紀』と『後紀』から、全国的にみれば、少なくとも大流行は十

二、三年に一度の割合で発生し、地域もしくは国単位での流行は三年に一度の割合であったと判断できるであろう。また『続後紀』以降の三つの史書が伝える京での疫病発生は合計六回であり、おおよそ十年に一度の割合で疫病が発生していることになる。人口が多く、しかも地方との人の往還が頻繁な京であるから、疫病が発生すると被害が拡大することは容易に想像できることであろう。

二　疫病への対応と疫病の影響

古代の史書にみえる疫病の具体的な病名について分かるものは少ない。その中で、「疫瘡」「疱瘡」とあるのは、麻疹（はしか）もしくは天然痘である。どちらも発疹が現れる。麻疹の場合には発病後の発疹が赤色をしていることから「赤斑瘡」とも呼ばれ、天然痘の発疹は豆粒状となるため「豌豆瘡」「裳瘡」ともいう。麻疹も天然痘も発病初期の症状はよく似ており、また一度罹ると二度と罹らないことも同じである。古代の史料では病状は詳しくは記していないし、単に「疫瘡」とのみあった場合には、麻疹なのか天然痘なのかの区別はつかない。天然痘の致死率の高さは周知の通りであるが、麻疹も重症化して肺炎や脳炎を併発して重篤になる場合もある。悪性の麻疹が流行することもある。特に麻疹は悪性のものでなくとも、成人してから罹患すると重症化する傾向がある。現在では、天然痘は世界から撲滅され（一九八〇年ＷＨＯの宣言）、麻疹はワクチンの接種により発生数は少なくなったとはいえ、二〇〇七年には大学生を中心に大流行したことは記憶に新しい。天然痘は中央アジアを起源として世界に広まった〔酒井二〇〇八〕ので、中国や朝鮮との通交の結果として列島にもたらされたものである。発生の頻度としては、数十年に一度であろうか。時代とともに天然痘の流行の間隔は短くなったという。麻疹は江戸時代には二六〇年間で一三回の大流行があった〔酒井二〇〇八〕ので、おおよそ二十年に一度の割合で発生していた。発生頻度の関係もあって、麻疹は子供の頃にかかることが多い病と言えよう。

次に、「赤痢」は今と同じ赤痢である。『三実』にみえる「咳逆」「咳嗽」は悪性のインフルエンザであろうか。

現代では疫病も早期に医療機関で適切な処置を受ければ重篤化することもないが、医療技術の未熟な古代社会にあって、いかなる対応を行ったのかをみていきたい。

まず、医療制度から。律令官制では、天皇専属の医療機関として内薬司が、官人の医療機関として典薬寮があった。医疾令25典薬寮合雑薬条に、

典薬寮。毎レ歳量二合傷寒、時気、瘧、利、傷中、金創、諸雑薬一。以擬二療治一。諸国准レ此。

と毎年必要となるであろう薬をあらかじめ調合しておくように定められていた。「傷寒」は寒気からくる病で熱病のこと、「時気」は季節による病、「瘧」はマラリヤの類い、「利」は下痢、「傷中」は内臓疾患、「金創」は刀などによる傷と解されている〔服部一九四五〕。末尾に「諸国准レ此」とあるので諸国にいた国医師たちも薬を準備していたが、本来は赴任した国司たちのためのものであろう。こうして準備されていた薬が疫病発生時に人々にも支給されたのであろう。

なお、神祇令3季春条に定める「鎮花祭」は、大神神社と狭井神社で行われる祭祀で、春に花の飛散する時に、疫神の四方に分散し、疫病を起こすのを鎮遏するために行うものである。疫病の予防と言ったところである。

薬の支給も含めて、前節で抽出した疫病が大流行した時の対応をみていきたい。第4表は発生年次別にしたもので、疫病への対応を一覧したものである。以下、発生年次は疫病が最初に報じられた年で表記する。同時にそれぞれの疫病によって、どのぐらいの被害があったのかを窺うために、官人たちの死亡者数を示した〔刑死は除

第4表　疫病への対応と影響

		医薬	賑恤賑給	大祓	奉幣など	読経など	大赦	その他	死亡者数 前年	死亡者数 当年	死亡者数 翌年
①	大宝2年	○							5	2	1
②	慶雲2年	○	○	○	○	○		大儺	0	4	2
③	天平5年		○						1	1	2
④	天平7年		○			○	○	道饗		4	0
⑤	天平9年	○	○		○	○	○	度九七八人		12	2
⑥	天平宝字4年		○						4	7	3
⑦	天平宝字7年		○						5	2	5
⑧	延暦9年								11	6	3
⑨	大同2年	○	○	○		○			5	0	6
⑩	弘仁5年								0	4	5
⑪	弘仁14年		○		○	○			5	4	4
⑫	天長7年					○			7	9	5
⑬	天長10年	○	○			○			4	3	7
⑭	承和10年								8	5	2
⑮	仁寿3年	○	○		○	○	○		9	14	10
⑯	貞観3年								7	3	
⑰	貞観4年		○	○	○					1	14
⑱	貞観8年								5	4	8
⑲	貞観14年		○	○	○	○	○	度八〇人	3	6	0

く。また僧侶も除外した）。比較のために、当該年の前後一年の分も示した。

①大宝二年　越後ではじまり、上野、信濃、相模、伊豆、そして伊賀で医薬を支給したことのみを伝える。

②慶雲二年　諸国二〇カ国で飢疫があったことからはじまり、慶雲三年になって京畿内ほか四カ国での疫病が記され、「禱㆓祈神祇㆒」があり賑恤も後に行われる。慶雲三年是年条には「天下諸国疫疾、百姓多死。始作㆓土牛㆒大儺。」とある。「儺」は「おにやらい」で悪鬼を外に追い払う追儺（節分の豆まきにつながる）のことである。さらに翌年には大祓、諸社への奉幣、寺での読経が行われた。

③天平五年　年の終わりに「是年。左右京及諸国飢疫者衆。並加㆓賑貸㆒。」とあるのみで、詳細は不明である。

④⑤天平七年と天平九年　天平七年五月に

「災異頻興」と大赦と高年などに賑恤を行ったのが疫病の発生に関係するものかと思われる。翌日には宮中と大安・薬師・元興・興福の四寺で大般若経の転読が行われた。八月に入ると大宰府での疫死者が多いとのことで、大宰府の神祇に祈禱し、かつ大宰府の大寺と諸寺で金剛般若経を読ませ、賑給と「湯薬」の供与を行った。また長門から平城京までの諸国司には道饗祭を祀らせた。道饗祭とは外敵や悪霊の侵入を防ぐ神を祭るものである。閏十一月には再度の大赦と賑恤が行われた。『続紀』の天平七年の最後には「是歳。年頗不レ稔。自レ夏至レ冬。天下患二豌豆瘡一〈俗曰二裳瘡一。〉夭死者多。」とある。

天平九年は正月に遣新羅使が帰朝し入京したが、大使阿倍継麻呂は津島（対馬）で病死、副使大伴三中は「染レ病不レ得二入京一」という有様であった。大伴三中ら四〇人は三月末になって拝朝している。翌月の藤原房前の死亡のあと『続紀』には死亡記事が続出する。当初は大宰府管内で奉幣と賑恤が行われていたが、五月には宮中で大般若経の読経があり、これ以前から山川に祈禱し神祇を祭っていたが効力がないとして、さらに大赦と賑給を行った。その後も疫死者は増え、賑給・大赦、神祇への祈禱や読経を繰り返し行うも、結局は「是年春。疫瘡大発。初自二筑紫一来。経レ夏渉レ秋。公卿以下天下百姓。相継没死不レ可二勝計一。近代以来未二之有一也。」というさまであった。死亡者数は奈良時代では最多の一二名を数え、福原氏は官人の四割から五割に及んだと想定されている。

天平七年の疫病と天平九年の疫病の関連性について。天平七年の疫病については『続紀』に「豌豆瘡」「裳瘡」とあるので天然痘であることに問題はないが、天平九年のものは「疫瘡」「疫癘」とあるのみである。従来は、天平九年の疫病も七年と同様の天然痘と判断されていたが、野崎千佳子氏は天平九年の疫病は「赤斑瘡」すなわち麻疹であるとされた〔野崎二〇〇〇〕。関連史料を詳細に検討され傾聴に値する見解であるが、死亡者数の多いこと、それは決して若年層ではないことが気になる点である。本節冒頭で略述したように、多くの場合麻疹は子供の頃に罹り、これまた多くの場合命に関わることはなく、その後終生麻疹に罹ることはない。天平九年の最初の死亡者となった藤原房前は亡くなった時には五十七歳である。房前は幸いにして五十七年間麻疹に罹らなかったのかもしれないが、そうした人々が多かったのであろうか。多くの人々が子供の時に麻疹に罹っていたとするならば、これほどまで死亡者が出るものであろうか。それに対して、天然痘も一度罹患すると二度とは罹らないが、発生頻度が麻疹の数分の一とみられるので、六十年ぐらいの人生であれば、死ぬまで罹患しないこともある。それだからこそ、天然痘に対する免疫力のない人々が感染して甚大な被害が生じるのである。ただ、関連史料において「赤斑瘡」の語も見えることから、天平九年の疫病については天然痘と麻疹が同時発生したと理解することはできないだろうか。

⑥天平宝字四年　三月に伊勢以下一五国の疫病が報じられ賑給を行った。この時期、光明皇太后が不予となっており、その延命祈願が行われているので、疫病対策とははっきり分かるものでは五月に賑給が行われている。これ以外に関連する記事はないが、後の⑧から逆推すると、天然痘の流行であったようである。死亡者数も前後の年の倍近くある。

⑦天平宝字七年　四月の壱岐嶋での発生記事を皮切りに諸国で続々と疫病が発生している。対応としては賑給であったが、九月に「勅曰。疫死多レ数。水旱不レ時。神火屢至。徒損二官物一。此者。国郡司等不レ恭二於国神一之咎也。」と疫病などの原因を、国郡司が国つ神を敬わないためと叱責している。

⑧延暦九年　前年に桓武の母高野新笠が、九年には皇后藤原乙牟漏が亡くなり、また皇太子安殿が重病に陥るなど、桓武の周辺では凶事が続いていた。早良親王の祟りとして対応することになるのだが、この九年は「秋冬。京畿男女年卅已下者。悉発豌豆瘡。〈俗云裳瘡。〉臥疾者多。其甚者死。天下諸国往々而在。」（是年条）と

あって、全国的に疫病が大流行していた。三十歳以下が罹患したと言うことから、おそらく三十数年ぶりの天然痘の流行であったであろう。延暦九年から三十年前といえば、ちょうど⑥の天平宝字四年頃となる。左右京と畿内、坂東諸国で田租が免じられているが、これ以外に具体的な対応は知られず、翌年五月の節宴が停止になったことは前述した。九年の死亡者数は六名とやや多いが、前年の一一名は天平九年に匹敵する数である。

⑨大同二年　前節で詳述したので省略。

⑩弘仁五年　前節で述べたように、『後紀』及び逸文に疫病の発生を具体的にした記述はない。唯一、班田制に関連した勅で、「大同以来。疾疫間発。」〔『後紀』弘仁五年七月己巳条〕とあるのみである。

⑪弘仁十四年　二月に始まり三月には東大寺で薬師法が行われ、以下個々の国々に賑給や免庸がある。翌年の天長元年四月には十五大寺と諸国で大般若経を読ませ、五月には諸国の諸神に「疫気」を謝している。

⑫天長七年　大宰府と陸奥・出羽を中心とした発生であるが、全国に及んだようで、四月諸国の国分寺で金剛般若経を転読させている。五月には大極殿で大般若経を転読させている。同九年まで読経を行った記事が出てくる。死亡者数は九名と多い。

⑬天長十年三月　⑫が何時終息したのか分からないうちに、天長十年に疫病対策の記事が出てくる。三月に大極殿で大般若経転読、五月に賑給、六月に「加薬致斎」とある。

⑭承和十年　詳細は不明である。

⑮仁寿三年　二月に疱瘡の発生を伝える記事があり、三月には大極殿で大般若経転読と穀倉院の籾塩が支給され、四月には使者が伊勢大神宮に遣わされ、賀茂祭も停止となった。月末に出された詔では、大赦と調庸未進の免除、医薬の支給を命じている。前年の五月に亡くなった都貞継の卒伝に「患二悪瘡一卒。」〔『文実』仁寿二年五

月戊子条」とあり、疫病の発生は前年であったのであろう。仁寿三年には「疱瘡」で亡くなったことが記されている伝が三つ出てくる。死亡者数は最多の一四名であり、かなりの被害であったことが分かる。前後三年間の死亡者数の合計も群を抜いて多い。

⑯貞観三年　「赤痢」と唯一出てくる記事が一つあるだけで、詳細は不明である。

⑰貞観四年　「咳逆」の流行である。四年の冬に発生し、翌五年になってから様々な対策が講じられた。正月に大祓が行われ、同時に賑給の記録もある。五月に行われた御霊会では、「近代以来。疫病繁発。死亡甚衆。天下以為。此災。御霊之所レ生也。」と御霊と疫病が始めて結びついた。ここでは発生年で区切ったが、今回のピークは貞観五年であり、最多の一四名の死亡記事があった。

⑱貞観八年　詳細は不明である。

⑲貞観十四年　正月に大祓が行われ、三月には藤原良房が「咳逆」を患っていることが明らかとなる。そのため、得度・大赦・賑恤、神仏への祈りなど様々なことが行われたが、九月に良房は亡くなる。

三　「疫病」観

ここまでは疫病に対する古代の人々の考え、その変化を窺い対応の意味するところを考えてみたい。具体的な発生情況が分からないため引用していない『書紀』であるが、疫病の記事は崇神五年条に「国内多二疾疫一、民有二死亡者一、且大半矣。」とあるのが初見である。同七年には、倭の地域神である大物主神が崇神の夢に出てきて大田田根子に自身を祭るように言われ、その通りに大物主神を祭る祭主とし、あわせて「八十萬群神」を祭ると国内の疫病は収束した。信ずべくに足りない記事であるが、『書紀』の編者、すなわち古代の人々にとって、「疫病」は「神の怒りの現れ」として捉えていたことが分かる。その「神」とは特定の神ではなく、国内の諸神すべてが疫病を起こし得るというのである。

次に、『書紀』で「疫病」が出てくるのは、仏教の受容をめぐる記事である。欽明十三年（五五二）、百済の聖明王は仏像と経典を献上して仏教の信仰を勧めてきた。欽明はこれを喜んだが、受容の是非は群臣たちとの合議で決することとなった。蘇我稲目は受け入れを主張したが、物部尾輿と中臣鎌子は「我国家之、王㆓天下㆒者。恒以㆓天地社稷百八十神㆒。春夏秋冬、祭拝為㆑事。方今改拝㆓蕃神㆒。恐㆓致国神之怒㆒。」と反対した。天下に王（きみ）とするのは百八十神を祭ることを勤めとしており、蕃神を祭ると「国つ神」の怒りをかう、というものである。反対意見を聞いた欽明は、仏像などを蘇我稲目に授け試みに礼拝させた。その後国中で疫病が大流行し、物部尾輿と中臣鎌子の意見を容れて仏像を難波の堀江に流し棄て、向原の寺も焼き尽くしたところ、天皇の住む大殿に火災が起こった。敏達天皇の時代には、蘇我馬子が仏像を請い石川の宅を仏殿としていたところ、敏達十四年（五八五）に馬子は病となった。卜ったところ「仏神」の祟りであるとでたので、仏教を信仰して命を長らえようとした。その時、国内では疫病が大流行した。物部守屋と中臣勝海は疫病は蘇我氏の仏教信仰が理由だとして、敏達の許しを得て仏像と仏殿を焼き捨てた。そうしたところ、今度は敏達と守屋が「瘡」を患うこととなってしまった。この「瘡」とは天然痘のことであるといわれている。そのため今度は、仏像を焼いた罪だとの声が人々から上がったという。馬子は精舎を建て信仰を復活させ、一方の敏達はそのまま病のため崩御してしまう。

仏教の公伝は、『書紀』の五五二年説も、五三八年とする『元興寺伽藍縁起幷流記資材帳』の説も、現在では後世の仮託であるとされており、右に紹介した出来事はそのまま史実ではないであろう。崇排仏論争も蘇我氏と物部氏の権力闘争が姿を変えたものである。この時に疫病が発生したか否かは分からない。古代の人々の疫病に関する考えとして、欽明の時の話からは、「国つ神」の怒りによって疫病が発生したこと。敏達の時の話では、「仏神」すなわち外来の神が疫病をもたらしたようにもみえるが、話の構成としては、①蘇我氏の仏教信仰、②国内での疫病、③仏像などの焼却、④敏達と守屋の罹患の順であり、「仏神」は④に作用しているだけなのである。外来の神がもたらしたものとは考えていないのである。

したがって、疫病は「国つ神」の怒りによるものと人々は考えていたことが『書紀』から読み取ることができる。

宝亀年間から、疫病の対策というより予防として疫神を祭る記事が出てくるようになる。初出の記事では「京師四隅、畿内十堺」(『続紀』宝亀元年(七七〇)六月甲寅条)で祭ったとある。疫神が外部から侵入するのを防ぐ祭であり、集団の境界で行われたのである。

桓武天皇の時代に、早良親王をはじめとするの祟りが人々の畏怖の対象となる。当初、祟りは個人を対象としていたが、疫病なども祟りの表れと認識していくようになる。貞観五年の御霊会で疫病との関連がみえるのが六国史では最初である。ただ、『日本霊異記』中巻第一話には長屋王の骨を土佐国に流したところ、その国の人々が大勢亡くなった。それは「親王の気」によるという説話がある。「親王」は正しくは「王」であり、「疫」や「祟」の語は用いられていないが、意味するところは同じであろう。

最後に、疫病の対策での神と仏の関係について触れておきたい。疫病への対処で読経や転読は先に見たように慶雲二年から現れるが、仏教による防疫が全面的に打ち出されるのは天平十三年の国分寺建立の詔(『続紀』天平十三年三月乙巳条)である。

詔曰。（中略）朕以二薄徳一。忝承二重任一。未レ弘二政化一。寤寐多慚。古之明主皆能二先業一。国泰人楽。災除福至。修二何政化一。能臻二此道一。頃者年穀不レ豊。疫癘頻至。慙懼交集。唯労罪レ己。是以、広為二蒼生一、遍求二景福一。故前年、馳レ駅増二飾天下神宮一。去歳、普令下天下造二釈迦牟尼仏尊像、高一丈六尺者、各一鋪一。并写中大般若経各一部上。自二今春一已来。至二于秋稼一。風雨順序。五穀豊穣。此乃、徴レ誠啓レ願。霊貺如レ荅。載惶載懼、無二以自寧一。案レ経云。若有下国土講宣読誦。恭敬供養。流二通此経一王上者。我等四王。常来擁護。一切災障。皆使二消殄一。憂愁疾疫。亦令二除差一。所願遂レ心。恒生二歓喜一者。（下略）

この頃不作が続き、疫病も頻繁に起こったが、前年には天下の神宮を修造し、去年には諸国に一丈六尺の釈迦仏像を造り大般若経を書写させたところ、今春は秋に至るまで気候は順調で豊作であった。金光明最勝王経には、この経を敬い流布させる王がいたならば我ら四王が常にやって来て擁護し、一切の災いや障害は消え去り、憂愁や疾疫も除くと述べている。そこで国分寺・尼寺を建立して、全国的に仏教信仰を推し進めようとする詔である。仏教の力により国を護る鎮護国家の思想であるが、外敵から国を護るのではなく、天候不順や疫病といった災害から護ることを意図しているのである。時代は下るが、例えば承和元年の記事に「疫癘頻発。疾苦稍多。仍令下二京城諸寺一。為二天神地祇一。転中読大般若経一部。金剛般若経十万巻上。以攘二災気一也。」（『続後紀』承和元年四月丙午条）とあって、災気を除くための転読である。そして、承和二年の詔には「勅曰。如レ聞。諸国疫癘流行。病苦者衆。其病従二鬼神一来。須下以二祈禱一治上レ之。又般若之力不可思議。宜レ令下二十五大寺一転二読大般若経一。拯二夫沈病一兼防中未然上焉。」（『続後紀』承和二年四月丁丑条）と、疫病は鬼神がもたらすもので、それを防ぐための読経である。

『書紀』から窺えた疫病は国つ神の怒り、これが鬼となって疫病を外部の世界から持ち込んでくる（疫神）。疫病は外部の人との接触によりうつるが、それは疫神の仕業なのである。外部に対する内部とは、国、郡、郷（里）、村落、イエといった各種のレベルがある。疫神を防ぐために外部との境界で祀り、さらに仏の力によって除去しようというものである。これは、天つ神と国つ神が上下関係になく、さらに地域神である国つ神を統合的に抑えることはできないことを前提として、仏教という新たな力による統合的抑制をはかろうとしたのである。

おわりに

十世紀前半に成立した日本最古の分類体漢和辞書である『倭名類聚抄』（『倭名抄』）には、「疫」を「えやみ」「ときのけ」と読み「民が皆病む病」と注している。「ときのけ」は「時気」とも書き、これは季節によって流行するところからのいわれであろう。「えやみ」はやや説明を要する。本居宣長の『古事記伝』では、『倭名抄』を参照し、「彼役に差されて立つに似たる故なるべし」と注している。これは医疾令25典薬寮合雑薬条義解に、「時気者。時行之病。」とし、さらに、

一名㆓疫癘㆒。言陰陽之気不㆑和、致㆓其病㆒。譬如㆑役㆑人。故曰㆓疫癘㆒也。

とある。誰にでも課せられる「役」から転じて、「皆がかかる病」との意味である。このように古くからある解釈であるが、こだわって言えば、これは妥当な解釈ではないように思われる。「役」は誰しもが課せられるかというと、そうでもない。成年男子に課せられるのが原則だからである。人手が足りない時や、特殊な情況では、子供や老人、女性までが動員の対象となったであろうが、貴族をはじめ有位者は役が免除されているからである。一方、疫病は性別・年齢・身分を問わず罹患するものである。疫病は「皆がかかる」ものであって、役は必

ずしも「皆にかかる」ものではない。

言うまでもなく、疫病すなわち伝染病や流行病は人を介して感染する（動物を介しての伝染病もあるが日本古代ではそうしたものの流行はない）。そうであるから、古代の人々は疫病を「国つ神」の怒りとおそれ、これを鎮めることに努めた。そして他の集団で起こった場合には、これが流入しないように祭り、祈ったのである。「他の集団（すなわち外部）から来た（病）人と接触すると病がうつる」もの、すなわち「縁」を結ぶことによって感染すると認識していたのではないだろうか。

勅撰の注釈書である『令義解』の注釈である「えやみ」の「え」は「役」ではなく、「縁」ではないかと憶測しただけであるが、問題提起として本稿の結びとしておきたい。

〔参考文献〕

坂本太郎『六国史』（一九七〇年、吉川弘文館）。

笹山晴生「続日本紀と古代の史書」（新日本古典文学大系『続日本紀』一解説、一九八九年、岩波書店）。

中西康裕『続日本紀と奈良朝の政変』（二〇〇二年、吉川弘文館）。

福原栄太郎「天平九年の疫病流行とその政治的影響について」（『神戸山手大学環境文化研究所紀要』四、二〇〇〇年）。

董科「奈良時代前後における疫病流行の研究」（『東アジア文化交渉研究』三、二〇一〇年）。

今津勝紀「古代の災害と地域社会」（『歴史科学』一九六、二〇〇九年）。

澤田吾一『奈良朝時代民政経済の数的研究』（一九七二年復刻、柏書房。初版は一九二七年）。

酒井シヅ『病が語る日本史』（二〇〇八年、講談社学術文庫。原本は二〇〇二年）。

服部敏良『奈良時代医学史の研究』（一九四五年、吉川弘文館）。

野崎千佳子「天平七年・九年に流行した疫病に関する一考察」（『法政史学』五三、二〇〇〇年）

平安貴族社会における気象災害

――『御堂関白記』の天気・気象の記録――

京樂　真帆子

はじめに

平安時代における災害史に関する研究は、多くの蓄積をもつ。[注1]そこで、本稿では、自然災害の中でも、気象の変化によって引き起こされる気象災害に注目してみたい。つまり、長雨や大雨などがもたらす洪水や干天による旱魃などを取り上げることにする。

平安貴族日記を使ってこうした気象災害を分析するのには、災害の実態を明らかにしていく他にもう一つの意図がある。それは、平安貴族たちがその日記にどのような天気・気象を記録し、降雨や大風といった現象をどう解釈し、それに対応したのか、その生活史の一端をも明らかにしたいと考えるからである。

本稿は、晴れ、曇り、大雨、大風といった天気や気象[注2]の記録をひもとき、異常気象が引き起こす災害について考える。故に、この他の自然災害、たとえば火山噴火や地震については分析の対象から外すことにする。[注3]

また、本稿では、分析の対象を『御堂関白記』に絞ることにする。それは、自筆本が現存しているからである。日記の記者藤原道長が、気象をどのように記録したのかを、その筆致からも確認していきたい。[注4]

試みに、『御堂関白記』における天気・気象記事を概観してみよう。

長徳四年（九九八）七月から寛仁四年（一〇二〇）六月まで、欠落部分がありながらも現存する『御堂関白記』には、自筆本、写本あわせて三八一五日分の記事がある。そのうち、天気・気象について記録するものは、[注5]九九六日分の記事である。割合にして、二六・一パーセントとなる。[注6]つまり、道長はその日記に必ずしも天気を書き記さない、ということである。

では、残された記録にはどのような傾向があるのだろうか。天気・気象記録の延べ数を見てみよう。これは、一日の中での天気の変化、たとえば、朝は晴れたが午後から雨が降ったというものも、それぞれ「晴れ」、「雨」にカウントすることにしよう。

すると、九九六日分の記録のうち、晴れの記録がのべ一九〇箇所であるのに対して、雨はのべ七一三箇所となる。[注7]すなわち、藤原道長は降雨に大きな関心を寄せ、日記に記録していることがわかる。[注8]

こうした天気・気象記録について本稿では、以下のように分析していく。まず、『御堂関白記』にどのように天気・気象が記録されているのかをまとめたい。つまり、藤原道長がどういう天気・気象を日記に記録すべきものだと考えていたのか、を確認するのである。次に、降雨などに対して、どのような対応をしたのかを確認する。さらに、気象災害に対する対応をまとめていきたい。

一　『御堂関白記』と天気・気象

1　気象の表現

『御堂関白記』には、天気や気象がさまざまな語彙で表現されている。

たとえば、藤原道長は降雨の表記を使い分けた。『御堂関白記』寛弘四年（一〇〇七）三月二十日条は、「雨下、従去三日後、不雨下、深雨」とする。これは、今日二十日は雨が降った、三月三日から雨が降っていなかったが、今日は激しい雨が降った、という記事である。同じ降雨を藤原行成は、単に「雨」[注9]と書き記していることと比較すると、道長は雨を詳細に記録していることがわかる。

『御堂関白記』には、降雨に関する様々な表現が見られる。「雨下」[注10]や「雨降」[注11]というのは降雨の事実を述べるものであるが、「小雨」[注12]や「大雨降」[注13]といった表現は雨の量を示している。なかでも、藤原道長は「深雨」[注14]という表現を好んで使う。これは、激しい雨を表す言葉であるが、藤原実資の日記『小右記』では、寛仁四年（一〇二〇）三月二十三日条に一回使われるだけである。実資は激しい雨を示す時には、「甚雨」[注15]や「冒雨」[注16]という言葉を使う。逆に、道長はこれらの言葉をあまり使わない。また、道長は、激しい降雨を「射るが如し」と表現する。[注17]これも、『小右記』には見られない言葉である。

こうしたことから、同時代に生きる貴族といえども、日記に記される天気や気象の表現には個性が表れることがわかる。

もう一つ注目したいことは、『御堂関白記』には天気が時刻とともに記録されることが多い、という点である。

一例を挙げよう。『御堂関白記』寛弘元年（一〇〇四）十月十四日条に「従子時許深雨下至巳時、午時人々参入、未時御出」とある。これは、松尾行幸の日の記事で、激しい雨が子時（午前〇時）から巳時（午前十時）まで降ったが、人々は雨が止んだ後の午時（午後〇時）に参入し、また、一条天皇は未時（午後二時）に出発した、ということである。つまり道長は、降雨の影響を受けずに行幸が実施されたことを記録したいので、それぞれの時刻を書き記しているのである。

一方、藤原行成は、同じ日の日記に「午時雨晴、参内、行幸松尾」と書き記している。[注18]行幸が降雨の影響を受けなかったことはこの記事からも推測しうるが、道長の記録とは違って降雨に対する緊張感がみられない。道長にとっては、雨が降った時刻、雨が止んだ時刻が重要なのである。

以上述べてきたように、『御堂関白記』には、記者の道長の関心の高さを反映して、天気や気象に関する情報が細かく、豊かに残されていることがわかる。

2　記録の方法

では、藤原道長は、天気をどのように日記に記しているのであろうか。自筆本を確認してみよう。

通常、道長は、具注暦の天界線より下から日記の記事を書き始める。時には暦注に重ね書きすることはあるが、[注19]頭書として記事を書くのは、本稿で以下注目する天気と「物忌」[注20]である。たとえば、『御堂関白記』寛弘六年（一〇〇九）八月八日条より続くいくつかの記事は、その日の天気が具注暦の欄外に頭書として記されている。[注21]本文と筆跡が同じであるので、道長が自身が書いたものである。

しかし、文字の書き具合などから、後刻の補書の可能性が疑われる。たとえば、「雨下」という気象記事のみの同年八月九日条と「雨下」と頭書した下に「参大内、候籠御物忌」と日記を記した翌日十日条の頭書の書き方を見ると、筆跡および墨付きが一致しており、この二つの頭書は同じ時に補書されたものに見える。

また、同年九月五日条に注目すると、「雨降」との頭書に続けて「欲陣定、雨下」とあり、降雨の情報が重なっている。これも頭書がのちの補書であることを物語っているだろう。

こうしたことを考え合わせると、道長が日記本文を書いた後に、天気や物忌みの情報を書き加えたものと推測される。墨付きの状況から、これらの情報は一度にまとめて加筆された可能性がある。とすると、自らの記憶をたどって天候を書き記したとも考えられるが、むしろ何かの典拠を横に置いて天候を書き写したとする方が自然であろう。[注22]

もう一つ注目したい記述がある。それは、『御堂関白記』寛弘七年（一〇一〇）正月十六日条の裏書きへの天候記事の誤記である。本条の裏書き末尾に「時々雨降而晩」とあり、それを抹消している。この文章は同じ裏書きの正月十五日条の末尾にあり、「時々雨降而晩景天晴、月色清明」とし、さらに文章が続いている。これは、道長が十五日条の裏書きに天候情報を加筆しようとし、誤って十六日条の裏書きに加筆し始め、間違いに気づいて抹消し、正しく十五日条の裏書きに書き直した、ということである。この加筆が十六日以降に行われたことは、すでに存在する十六日条の裏書きの末尾に書き誤ったことから明白である。[注23]

このことから、道長は天気を後から加筆することがある、ということがわかる。また、『御堂関白記』には天気のみを記録する日が少なくない。[注24]これは、当日には日記を記さなかったところへ、後日、典拠を元に天候情報を加筆していった、と推測されよう。

こうした目で自筆本を見直すと、日記末尾に記された天候情報のうちいくつかは、筆跡は道長本人の物であるが、墨付きの様子から後日の加筆である可能性を疑うべきものが散見する。たとえば、『御堂関白記』寛弘七年正月二十三日条の文末の「出間小雨降」という部分は、ちょうど行頭にあり、また、墨の様子が前行と違っている。

かつて、桃裕行氏は『猪熊関白記』自筆本を検討し、「天候記事が必ず毎日あり、日中の変化までも厳密に記されている」ことに気づいた。[注25] さらに、天候記事とその他の日記との筆跡が異なることから、「家実は恐らく、人をして先づその日の天候を書かせた後、自らその日記を書込んだのではないか」としている。

道長は、天候情報を他人に書かせることはしなかったが、何かの典拠を持って、また自分の記憶を整理しながら、後日に加筆することがあったのである。

3　気象の解釈

平安貴族は、気象現象に対して様々な解釈を行った。

寛弘七年秋の長雨の例を見てみよう。『御堂関白記』では、寛弘七年九月三日条に夜からの降雨を記録し、その後、四日条、六日条、九日条、十一日条、十三日条、十四日条に降雨の記録がある。

こうした長雨に対して、九月十四日に占いが行われた。その結果、この長雨の原因は、「未申」の方角の神の祟りである、とされた。そこで、ミヤコの未申の方角にある大原野神社付近を捜索し、葬送所を捜査して、祓えをさせた。その効果があったのか、十六日は「天気晴好」であった。

しかし、二十一日にはまた大雨が降った。これを道長は、「五六日の間は天気が良く、人々（「衆人」）が悦んでいたのであるが、また雨が降った。人の憂いでこれに過ぎるものはない」としている。「衆人」や「人」が指す範囲が問題ではあるが、降雨に関心を持つのは個人的な興味からではないことがわかる。

このように、異常な気象現象に対しては陰陽師の占いによって解釈が示され、為政者たちは対策を講じる。[注26]だからこそ、天気は日記に記録されたのである。

以上、『御堂関白記』から読み取ることができる天気や気象現象についてまとめてきた。平安貴族日記には、記者の関心に応じて、様々な気象が記録されることがわかる。中でも、道長は晴天を好み、降雨を気にし、克明に記録する。[注27]日記などの古記録から当時の天気や天候を復元するその前提として、天気がどういう目的で、どのように記録されたのかを考慮する必要があることが理解されよう。

二　降雨への対応

本章では、気象現象の中から降雨を取り上げ、雨降りが貴族たちの生活にどのような影響を与え、また、貴族たちがどのような対応を取ったのかを見ていきたい。

1　道行き

寛弘七年（一〇一〇）六月、宇治からの帰り道に風混じりの雨に降られた道長一行は、「人々落入泔甕如鼠[注28]」という有様になった。道長自身の移動手段は明記されていないが、宇治への往来には舟を使うことが多い。[注29]その舟に雨を避けることができる屋根があったのかどうかは不明であるが、風を伴う降雨に、一行はまさに濡れ鼠になってしまったのである。[注30]

このように、外出の際に降雨に見舞われると、行動に影響が出ることは必至である。それゆえに、道長は外出予定がある時には天候を気にしている。

『御堂関白記』寛弘二年（一〇〇五）二月十日条

従二夜部一雨下、午時許有二晴気一、従二申時許一又下、酉許晴了、戌時渡二東三条一、（後略）

この日は、道長が新造の東三条第へ転居する日であった。そのため、降雨の状況が気になったらしい。雨は昨夜から降り続き、昼頃にいったん晴れる気配が見えたが、また申刻（午後四時）に降り始め、酉刻（午後六時）にやっと晴れた。道長の転居が戌刻（午後八時）に行われたところから見ると、夜の移動が計画されており、いつ雨が止むのかが関心の的であったと推測される。[注31]

さて、寛弘三年九月の土御門第行幸は、雨に翻弄された。

『御堂関白記』寛弘三年（一〇〇六）九月二十二日条

辛酉、卯一刻参内、有二雨気一、上卿皆参入、同二刻乗レ輿出レ宮、着二洞院東大路一間、雨下、右近中将実成仰二笠宣旨一、入二於西門一、着二寝殿一給、此後雨止、東宮参給、貢二御馬十疋一、左六・右四給レ之、此後又雨下、待レ雨間、御二馬場殿一、（中略）召二上卿一間、雨下、内侍臨二南階一、左近中将頼定告二此由一、王卿不レ着二幄下一、依二深雨一立二西廊馬道一、（中略）次召二伶人一、御遊数曲、此間雨止、（後略）

天皇が寝殿に着く頃には雨が止んだが、馬を引き出している間に再び降り始めた。この日の行幸のハイライトは、競馬である。そこで雨が止むのを待ったが降り止まず、やむなく天皇は雨を押して馬場殿へ移動することになった。当初、王卿たちは馬場殿の横にしつらえた幄で天皇の召しを待つ予定であったが、降雨のため、屋内の西廊で待機することになった。雨を押しての競馬であったが、それが終了し、御遊に儀式が移る頃に雨は止んだ。このように、屋外の行事は降雨の影響を直接受けてしまう。

ここで、行列と笠の使用について確認しておこう。

『御堂関白記』寛弘三年九月二十二日条に見えるように、行幸の移動中に雨に降られた一行は、「笠宣旨」を受けている。これは、笠を用いよ、あるいは、用いても良い、との宣旨であろう。『西宮記』にも、行幸途中での降雨では、次将が勅をうけたまわって笠を使う、とある。[注32]

寛弘四年（一〇〇七）の春日詣でも、道長は雨にあった。出立する頃からすでに雨模様であったが、木津を出立する頃に雨が降ってきた。しかし、笠を使うには及ばない、との判断がされた。[注33] 翌日の社頭参拝の時にも雨が降ってきたが、笠を使うかどうかはそれぞれに判断がなされた。[注34] また、寛弘六年（一〇〇九）の中宮行啓では、降り続いていた雨が出発時には止んだので、笠は使わなかった。[注35]

このように、外出の際には笠の用意があり、降雨の状況に応じて使用されることがわかる。[注36]

行事の際に天候を気にするのは、儀式を運営し、参加する貴族ばかりではない。賀茂祭の行列については、それを見物する人々にとっても当日の天候は重大な関心事であった。

『御堂関白記』寛弘四年四月十九日条

乙酉、従レ朝天陰、巳午時許雨下、衆人歎間、未初程天晴、無二雲気一、万人為レ喜、（中略）雨晴事致二神威一也、（後略）

雨が降って落胆し、晴れて歓喜する人々の姿が目に浮かぶ。そして、雨を降らせたり、晴れをもたらすのは、神の威力である、と解釈されている。

さて、行幸の中止についての議論がある。

『御堂関白記』長和二年（一〇一三）九月十一日条

庚子、従レ朝雨、以二頭弁一令レ奏、依レ雨可レ被レ止二行幸一、仰云、度々件行幸止、雨宜レ有如何、奏云、件行幸三日以前雨時停止、何況乎当日甚雨也、雖レ有二晴気一非レ可レ有、

三条天皇は行幸への意欲を見せたが、八省院行幸は当日が晴れていても三日前に降雨があれば中止する、ましてや、今日のように雨が降っているときは中止である、と道長が説明している。注37

以上見てきたように、降雨は屋外での移動に大きな影響を与える。そのため、天候の回復を待ったり、雨具の用意をしたり、時には外出の中止を決定する。降雨は平安貴族たちの行動を規制するのである。

2 雨儀

降雨が儀式に影響を及ぼさないように、天気の変化を読み取り、予測し、儀式運営に反映させていくことが貴族たちには必要であった。

『御堂関白記』寛弘四年（一〇〇七）三月三日条

（前略）辰時許大雨下、水辺撤レ座、其後風雨烈、廊下座雨入、仍対内儲レ座間、上達部被レ来、就レ座、（中略）申時許天気晴、水辺立レ座、（後略）

道長の土御門第での曲水の宴である。当初は水辺に座が用意されていたが、降雨のためにそれを撤収した。さらに風が激しくなり廊下にも雨が降り込んだため、対の内に座を設けた。その後、雨が止み晴れてきたため、当初の予定通り、水辺に座を設けて曲水の宴を行うことができた。

このように、降雨に対応して変更される儀式次第を雨儀と呼んだ。注38 雨儀は主として二つの方法がとられる。

まず、儀式の場を屋外から雨を避けることができる場所へ移動させる、ということである。

『御堂関白記』長和二年三月二十三日条に見える、親王元服儀における場所変更を検討しよう。[注39]

『御堂関白記』長和二年三月二十三日条

（前略）立レ座従二下長橋一欲レ進間雨下、仍相定於二仁寿殿一廂拝舞退出、（中略）左右近奏二楽舞一間雨下、仍仁寿殿廂四人幷立舞、（後略）

本来は清涼殿の東庭で行われるべき拝舞および楽舞[注40]が仁寿殿庇で行われている。これは、東庭に近い、清涼殿に面した西庇で行われたということであろう。

二つ目が、儀式中の移動経路を屋外から屋内に変更する、ということである。

『御堂関白記』長和二年二月七日条

参二大内一、奏二官奏一、今年初度也、参上間雨小降、退下間猶下、仍従二殿後一着二陣座一、史尚用二晴路一、（後略）

ここから、内裏の通路には、晴路と降雨の際に用いる道とがあることがわかる。[注41] 官奏の儀式次第を載せる『西宮記』巻七の頭書には、「雨儀大臣経南殿後、史自軒廊入南殿下云々」とあり、雨儀の経路が記されている。

以上見てきたように、降雨にあたって儀式を挙行するためには、雨儀として雨に濡れない会場および通路が使用された。[注42] 儀式そのものが延期されたり[注43]、中止されたりすることもあった。[注44]

なお、雨が降っても、晴儀が用いられた例もある。

『御堂関白記』寛弘元年正月十四日条

（前略）時々雨雪降、式・弾以二晴儀一、布施堂雨儀、（後略）

これは、御斎会結願の儀式で、この日は雨交じりの雪が降った。[注45] 『江家次第』巻第三「正月丙御斎会始」によると、式部省と弾正台の官人は、八省院において龍尾道の前を渡って東西廊の座に着す。雨の日は東西廊を経てその座に着く、とあるので、これが雨儀で、結願の日も同じ経路が取られたと考えられる。そして、この日の雨交じりの雪では、人の移動には雨儀を使う必要はないとの判断がなされたことがわかる。

一方で、布施堂とは、儀式終了後に僧侶への布施が渡される場所のことであるが、こちらは雨儀がとられた。『北山抄』巻第一「年中要抄上正月御斎会畢并殿上論議事」によると、布施堂は、晴れの日には八省院昌福堂に、雨の日には小安殿に設定された。つまり、この日は、渡される布施を雨から守るために雨儀すなわち小安殿で行われた、ということであろう。[注46]

以上、平安貴族たちが日々の降雨にどのように対応してきたかを見てきた。では、降雨が災害をもたらした時はどうするのか。章を改めて見ていこう。

三　気象災害への対応

1　長雨・大雨

雨が適当な量で降ることは歓迎される。殊に、干天が続いた後の降雨は、まさに恵みの雨として歓迎される。

『御堂関白記』長和五年（一〇一六）六月十二日条

甲申、通夜雨下、天下慶尤盛、時々終日雨、

この年は干天が続いたので、六月八日に祈雨奉幣がなされ、[注47]翌九日には早速雨が降った。[注48]しかし、十日は朝に降っただけで、[注49]十一日は曇り空から時々雨が降ってくる、[注50]という状況であった。それゆえに、十二日の夜通しの降雨は天下が歓迎することなのであった。寛仁二年（一〇一八）においても、降雨を「下人」たちの喜びと記録している。[注51]

しかし、長雨などで雨量が増えると、災害が発生する。

『御堂関白記』寛仁元年（一〇一七）六月二十九日条

丙申、午上天晴、未時許大雨、風吹、雷電数声、欲レ詣二法興院一、人来云、詣無二可レ居所一潤者、不レ詣、（中略）去今月間雨連日、晴日少、世間病死者尚有、

この年は、雨が多かった。『御堂関白記』にみえるだけでも、六月三日・五日・九日・十一日・十二日・十三日・十四日・十五日・十六日・十七日・二十二日・二十六日・二十七日・二十八日の降雨が記録されている。[注52]この日も夕方より大雨となり、道長は水がついたと聞いて法興院参詣を中止した。さらに道長は、長雨による病死者の存在を気にしている。

さらに七月二日には「京極辺如海」と表現される事態が生じる。洪水である。そのため、「欲詣法興院、院内前大路水深不詣、参入人々如渡海」[注53]となった。

こうした洪水に対して、為政者たちは対策を講じていた。鴨川に新たな水路の建設を行い、水量の安定化を図ったのである。

『御堂関白記』長保六年（一〇〇四）三月十日条

（前略）入夜信行朝臣来、令レ申云、鴨河新堀方以二申時一移レ水、如レ瀧落、旧流不二水行一者、

鴨川の横に新たな流路として堀を掘削し、本流から水を引き入れた。水は瀧のように堀に流れ落ち、旧流路

（鴨川）には水が行かなくなった、という。これは、人工の川（堀）を造営して、水量のコントロールをはかったということであろう。この堀は、「従一条至近衛御門末」[注54]とあるので、南北一条分の長さであったことがわかる。こうして水路を二本にすることで、鴨川の水量は下がるはずである。道長自身も、水の取り入れ口を実見しに出かけている。[注55]

但し、この取り入れ口が「瀧」と表現され、かつ旧路に水が行かない、とされているところに不安が残る。つまり、鴨川の流水を本流と堀とに分割することにこの工事が成功しているようには見えないのである。

果たして、この意欲的な新しい試みは、五月二十七日から続く長雨に耐えきれなかった。『御堂関白記』寛弘元年六月二日条に「不停雨、見鴨河新堤所々破」とあり、決壊してしまったようである。「新堤」とは「新堀」に対応するものであろう。旧流路と水量を分けることができずに新堀に集中して流入した水は、新たな堤を破壊してしまったと考えられる。治水工事は、失敗に終わったのである。[注56]

さて、雨が続くと、止雨を祈って読経を行ったり、[注57]奉幣使を発遣するという記事が見られる。[注58]

『御堂関白記』寛弘五年（一〇〇八）八月四日条

立㆓丹生・貴船使㆒、留㆑雨祈、是従㆓去六月朔㆒、日々雨下、為㆑農尤作㆑慶、今月猶下、依㆑可㆑有㆑損也、

止雨の祈りの使いが、丹生川上社と貴船社に遣わされた。六月一日より雨が降り続いているというが、『御堂関白記』からは確認できない。先述したように、道長は自分の記録ではなく、他人の手による記録を元に降雨の状況を把握しているのである。なお、『日本紀略』同年八月八日条によると、長雨を占うために軒廊御卜が行われている。

また、この記事には、降雨の意味が説かれている。即ち、降雨自体は農業にとって喜ぶべき事であるが、長雨

は逆に損をもたらす、という認識である。道長は、農業維持のために止雨の祈りを行うのだ、としている。

平安京では、水害が多かったことはすでに指摘されている。[注59]それゆえ、為政者たちが水害対策を講じる機会も多いわけで、藤原道長の日記にも水害記録が多く見られるのである。

2　干ばつ

『御堂関白記』長和五年（一〇一六）五月十二日条

乙卯、従二夜部一通夜雨降、日来久不レ雨、

久しぶりに雨が降った、と道長が言うが、『御堂関白記』を見る限り、確かに四月二十六日条に降雨が記録されて以来であるから、十五日ぶりの雨である。

道長など平安貴族たちは、雨が降らない時期が続くと、干ばつを予想するらしい。

『御堂関白記』長保六年七月十日条

壬辰、日来不二雨下一、参内、主上於二庭中一有二御祈一、候レ宿、

天皇が庭中で捧げた祈りは、祈雨であろう。『御堂関白記』に実際に記録されている状況を見る限り、雨は六月八日以来、降っていない。[注60]道長自身も、のちに「今年有旱魃事」[注61]や「従去六月十日不雨下七十余日」[注62]と記録するように、この年は干天が続いた。

こうした中で道長は、六月九日以降七月一日まで、立て続けに「天晴」と記録していく。[注63]七月二日からはしばらく天候記録がなく、そして、十日に雨が降らない、と指摘する。ただ、六月十九日条に「午後暮立」とあるのを「夕立」と同義であるとするならば、降雨があったと解釈できる。

こうした記録の状況から、道長が「天晴」と記録するのは干ばつを予想して雨を待ち、天候の状況に注意を払っているのだと推測される。

干ばつが予想される中で、天皇も祈りを捧げ、また祈雨の読経が各所で行われた。

『御堂関白記』長保六年七月十一日条

癸巳、今朝被二御夢一、飲酒御覧せり者、即奏云、雨下歟、酉時許奏、天気宜、退出後、午後小雨下、有二事威一、有二雷声一、

天皇も雨が降らないことを心配していたらしく、十一日に夢を見た。その夢は雨の予知夢であると解かれ、天皇は機嫌を良くした。そして、実際に小雨ではあるが、雨が降った。

この日より、『御堂関白記』は、降雨のみならず晴れについても、毎日のように天候を記録していく。[注64] 天候の状況に敏感になっているらしい。実際に雨が降ることもあったが、[注65] やはり干天の傾向は続いた。

そこで、祈雨の対策がとられた。たとえば、七月十四日には、安倍晴明が五龍祭を奉仕した効果が表れ、夜になって大雨が降った。[注66] 晴明はその功を報いられ、被物を賜った。

また、貴族たちはこの干天が平安京だけの現象なのかどうか、諸国はどうであるのかを気にした。

『御堂関白記』寛弘元年八月十一日条

(前略)御読経間、雖二雨下一非二大雨一、諸国如云々、有二下所一云々、従二六月十日一未二大雨下一、時々如レ形為二夕立一、

「降っているところもある」という回答に照らし合わせると、「諸国如」とあるのは「諸国如何」の書き誤りであろう。[注67]

また、旱魃は貴族たちの日常生活にも影響を与えた。[注68]

『御堂関白記』寛弘元年十一月七日条

丁巳、渡二土御門一、日者依レ無二井水一、渡二枇杷殿一、掃レ水出、仍還来、従レ夏旱猶同、京中井水四条以北尽、至二鴨河辺一同、河三条以北尽、上下人入二枇杷殿一、水用之、（後略）

旱魃の影響で、京内の井戸が干上がってしまった。北が高く南に低い平安京の四条以北で井戸水が涸れ、道長も左京一条にある土御門第よりわずかに南にある枇杷殿へ転居を余儀なくされている。この日、土御門第の井戸を掃ってみたところ、水が出てきたので、枇杷殿から戻ることにした、という。旱魃が京での生活用水確保に大きな影響を与えることがわかる。四条以北は道長以外にも上級貴族が多く居住する地域であるので、複数の屋敷を所有する貴族は転居することでこの旱魃による渇水に対応したのであろう。

鴨川の水自体も三条以北では涸れてしまっているので、京に暮らす人々も水の確保に困っている。そこで、道長は自邸を開放し、人々に水を提供した。貴族邸宅の井戸に都市住人たちが集う様子は、藤原実資の小野の宮の事例などが説話に見える。[注69]特にこうした災害時において、貴族は身分の差を越えて、同じ都市に暮らす住人と協力して課題に対応したということである。

3　その他の気象災害およびその対応

最後に、その他の気象災害についてその対応を確認しておこう。

①冷害

雪に対する国家的対策は存在しなかったが、降雪および寒気がもたらす被害については、認識があった。

『御堂関白記』寛仁二年（一〇一八）四月一日条

（前略）今日間桜花猶盛開、年来之間無レ及二四月時一、若是二月間寒気盛、依二氷雪烈一歟、此二月三月間牛馬多以斃、京并外国如レ此云々、是又依二天寒一云々、

二月三月の間に、京でも地方においても、牛馬が死んでしまう被害が多発した、という。

②大風

『御堂関白記』長和二年（一〇一三）八月一日条に、相撲抜出の際に、風が吹き、張筵が飛ばされ、柱が折れそうになる、という事態が生じた。そこで、張筵を撤収するということになった。[注70]

『御堂関白記』長和四年（一〇一五）五月二十二日も風が強く、文章博士菅原宣義の屋敷が転倒し、倒壊建物が掘り起こされ、宣義が救出されている。[注71]

この他、『御堂関白記』長和五年（一〇一六）八月十一日条、寛仁元年（一〇一七）二月十九日条、寛仁三年（一〇一九）二月二十三日条にも、風の被害が記録されている。

③落雷

落雷も被害をもたらした。

『御堂関白記』長保二年（一〇〇〇）四月七日条

未時白雨、雷音大也、豊楽院外弁西招昭俊堂神落、有二神火灰一也、此後大雨、戌時天晴月明、亥時宮入給、

（後略）

この日は夕方以降、めまぐるしく天候が変わった。落雷によって、豊楽院の建物に着火している。

この落雷による火災については、『日本紀略』同日条も記録し、また、『権記』同日条でも、消火活動に奔走す

る人々の姿が描かれている。[注72] そして、『日本紀略』同年四月二十三日条には、この火災の意味を知るために占いが行われたこと、また、五月六日条に奉幣使が派遣されたことが記録されている。

しかし、道長の関心はこの火災にはなく、その後の大雨であった。それは、娘の彰子が立后後に初めて入内する予定であったからである。[注73] 雨が止んで月明かりが出た後で彰子が移動することができたことに、重点が置かれている。『栄華物語』巻第六に描かれるように、彰子の入内は、「御輿の有様より始、何事も新しき御有様にて」という華麗なものであり、それゆえに天候が気になったのであろう。

この他、『御堂関白記』寛仁元年六月二十三日条が、落雷による火災被害を記録する。前日の二十二日、降雨とともに雷鳴がとどろいた。[注74] そして、南の雲のその先に火が見えたが、火災の場所はわからなかった。翌日（二十三日）に林懐僧都がやってきて、昨夜の落雷で山階寺の塔に火がつき、東金堂と地蔵堂が焼亡した、と知らせてきた。そこで道長は発願し、東金堂の再建を約束した。道長は一族ゆかりの寺の被害に私財を投じることにしたのである。

この他、『御堂関白記』寛仁元年七月七日条にも、落雷被害が記録されている。

落雷にはもう一つの解釈があった。それは、虫を殺す効果がある、とするのである。

『御堂関白記』寛仁元年八月五日条

　庚午、深雨、雷有レ声、虫悉死無レ愁云々、（後略）

この翌日、蝗虫の害による諸社奉幣が行われている。[注75] このことから、蝗虫被害がすでに道長に伝えられており、雷によってそれが思い起こされたのだと解釈できる。が、道長が雷によって蝗虫が死ぬ、と考えていたことは興味深い。

おわりに

本稿では、天気・気象の記録状況を確認し、天気の変化に翻弄される平安貴族の生活史の一端を明らかにしてきた。日記を見る限り、彼らの関心は自分たちの生活圏である平安京内の天気・気象に集中している。その中で、長雨や大雨が平安京に災害をもたらすこと、それ故に、平安貴族たちは降雨の状況に敏感になっていたことを指摘した。これは、十一世紀以降、平安京の都市生活を脅かすものとして霖雨が目立つようになるとする櫛木謙周氏の指摘と呼応する。[注76]

一方で、天気の変化に応じて儀式次第を変更するなど、平安貴族の対応は様式化されていった。そして、都市住人の生活と命を守るために必要な災害対策を講じることが求められていた。平安貴族は、都市住人の一員として、都市災害への対応の責任を負うていたのである。

注

1　平安時代における災害史研究の最新の成果に、北村優季『平安京の災害史――都市の危機と再生』（吉川弘文館、二〇一二年）がある。また、本稿が注目する気候については山本武夫『気候の語る日本の歴史』（そしえて、一九七六年）、吉野正敏『古代日本の気候と人びと』（学生社、二〇一一年）などが、また、古気候復元研究のための基礎史料として、水越允治編『古記録による11世紀の天候記録』（東京堂出版、二〇一四年）が、方法論に関する最新の成果に吉村稔「古日記天候記録のデータベース化とその意義」（『歴史地理学』第五五号、二〇一三年）、中塚武「高分解能古気候データを用いた新しい歴史学研究の可能性」（『日本史研究』六四六号、二〇一六年）がある。

2 本稿では、晴れ、曇り、雨などを天気、大雨、霖雨などを気象、これらを総称して天候・気候と呼ぶが、厳密に区別するわけではない。

3 たとえば、『御堂関白記』には、寛弘四年（一〇〇七）十二月二十一日条などに地震が記録されているが、気象災害に比較するとその数は少ない。なお、『御堂関白記』にみえる災害については、倉本一宏『藤原道長の日常生活』（講談社現代新書、二〇一三年）などに言及がある。

4 『御堂関白記』の自筆本は、『陽明叢書　記録文書篇　第一輯　御堂関白記　一　自筆本』・『陽明叢書　記録文書篇　第二輯　御堂関白記　二　自筆本』（思文閣出版、一九八三年）で確認した。以下、特に注記をしない。

5 本稿では、「晴」、「雨」など明確に天気・気象を記録するもののみを分析対象とする。たとえば、「月明」（『御堂関白記』長保二年〈一〇〇〇〉正月十三日条など）という表現からは、この時は夜空に雲がなく、雨も降っていないことがわかるが、分析対象からは外す。

6 自筆本と写本とを比較してみると、自筆本は一一五四日分の記事中三〇〇日分に天気・気象が記録され（二六・〇パーセント）、写本については、二六六一日分の記事中六九六日分に天気・気象の記録がある（二六・二パーセント）。自筆本と写本では、天気・気象記録の残存状況に大きな差は無い。

7 晴れには「晴気」（晴れに向かう天気）を、雨には「雨気」（雨が降り出しそうな天気）を含めずに数えた。また、一日の内で、まず小雨を記録し、そこから大雨に変化したことを記録している場合には、雨を二箇所記録している、と数えた。こうした数え方で、道長がどの天気に関心を持っているかがわかる。

8 後述するように降雨は儀式次第の変更をもたらすので、「儀式を主催する地位」にある道長は「より神経過敏に天候記載を無意識に」行っていたとする指摘もある（蘭香代子「日記に内在する無意識の心理について――御堂関白記における雨の記述を中心にして――」『駒沢女子大学研究紀要』第一九号、二〇一二年）。

9 『権記』寛弘四年三月十九日条。行成は十九日条冒頭に雨を記録するが、これは十九日の夜半から二十日にかけての降雨で、『御堂関白記』二十日条と同じ雨を記録していると考えられる。

10 『御堂関白記』長保元年（九九九）閏三月五日条など。

11 『御堂関白記』長保元年三月一日条など。

12 『御堂関白記』長保二年（一〇〇〇）二月十一日条など。

13 『御堂関白記』長保元年五月三十日条など。

14 『御堂関白記』長保元年五月五日条など。

15 『小右記』天元五年（九八二）三月二日条など。『御堂関白記』においても、「甚雨」は寛弘三年（一〇〇六）十一月二十一日条などで使用されるが、その頻度は「深雨」には及ばない。

16 『小右記』永祚元年（九八九）九月十四日条など。この「冒雨」という表現は、現存する『御堂関白記』には見られない。

17 『御堂関白記』寛弘九年（一〇一二）三月十一日条に「雨降、昼夜如射」とある。この他にも、『御堂関白記』寛仁元年（一〇一七）五月十六日条、同年五月二十五日条に同様の表現がある。

18 なお、同じ行幸を記録する『日本紀略』同日条は、「天皇行幸松尾社」とするのみで、天気については言及しない。

19 『御堂関白記』寛弘二年（一〇〇五）五月六日条、寛弘六年八月六日条など。

20 『御堂関白記』において、寛弘六年八月・九月の頭書に「物忌」が見られる（八月二十四日条など）。

21 管見の限り、自筆本において、寛弘六年八月八日条・八月九日条・八月十日条・八月二十二日条・九月三日条・九月四日条・九月五日条・九月九日条・十一月二十九日条・十二月二日条・十二月四日条、寛弘八年（一〇一一）四月二日条、寛弘九年正月四日条は、天候記事が欄外に書かれている。また、寛弘八年五月十八日条は、天候記事を冒頭部分の傍書として加筆している。さらに、寛仁二年（一〇一八）正月五日条は、頭書として天候記事を書くが、これも後日の加筆である可能性がある。なお、大日本古記録は、このうちの寛弘六年九月四日条・同年九月九日条を頭書（行頭補書）としない。確かに文字は日記本文と同じ時に書かれたものに見えるが、文字の位置は頭書にある。このことから、頭書の可能性が極めて高いと考える。なお、九月六日条・九月七日条・九月八日条については、判断を保留したい。

22 道長は自らの日記に天候を記録していないにもかかわらず、何日間雨が続いた、といった気象情報を示すことがある（『御堂関白記』寛弘五年八月四日条など）。このことからも、だれかが克明に天候を記録し、それを提供していたとも考えられるのではなかろうか。

23 「道長がかならずしも毎日、日記を記していたとは限らない」こと、具注暦を「文机に拡げっぱなしにして、毎日巻いていないのではないかとの疑い」があることは、倉本一宏『藤原道長「御堂関白記」を読む』（講談社選書メチエ、二〇一三年）で指摘されている。

24 『御堂関白記』長和五年六月九日条など。

25 桃裕行「古記録零拾」（『桃裕行著作集　第五巻　古記録の研究（下）』思文閣出版、一九八九年、初出は一九七〇年）。

26 この他、冬の雷（『御堂関白記』寛弘二年十一月二日条）、虹（『御堂関白記』長和四年閏六月十日条）についても、陰陽師の占いにより解釈がなされ、対策が講じられた。

27 藤原道長が曇りを気にすることもあった。それは、雲が日蝕や月蝕の観察を妨げるからである。寛弘六年九月十六日条によると、子時までは晴れていたのだが、月が欠け始める丑時から黒い雲に覆われ、月蝕を見ることができなかった、という。なお、日蝕が確認できなかった時は、「暦家」の過失である、とする（『御堂関白記』長和二年十二月一日条）。平安貴族たちが日蝕および月蝕に大きな関心を寄せていたからこそ、当日の天候は関心が持たれ、克明に記録がされるのである。

28 『御堂関白記』寛弘七年六月十六日条。

29 『御堂関白記』寛弘元年（一〇〇四）閏九月二十一日条など。

30 なお『御堂関白記』長和二年（一〇一三）九月二十七日条に「待晴」とあるように、降雨の際にはしばらくとどまって晴れを待ち、雨が上がった後に移動する、ということを行う。濡れないためである。

31 「道長は雨が嫌い」であると、倉本一宏前掲注23著書に指摘がある。なお、昼間の晴れ間について記すときに、一旦は「巳」（午前十時）としたのを消して「午」に直していることが、自筆本から見て取れる。道長の晴れ間を待つ気持ちが、時刻の記録をいったんは早まらせたのであろうか。

32 『西宮記』巻八「行幸」に、「京内、（中略）雨降者、五位已上着市女笠雨衣、於途中雨降者、次将奉勅令載簦」とある。

33 『御堂関白記』寛弘四年二月二十八日条に、「雨小々下、不及取笠」とある。

34 『御堂関白記』寛弘四年二月二十九日条に、「此間雨小下、或取笠、或不取」とある。

35 『御堂関白記』寛弘六年六月十九日条に、「従子時雨下、而御出間止、不用笠」とある。

36 『御堂関白記』には見えないが、輿や牛車にも雨皮という雨具がある。外出の際に携行された。『輿車図考』にその装着風景が描かれている。

37 『御堂関白記』長和二年十二月十一日条でも、雨により中和院行幸が中止になっている。

38 雨儀については、満田さおり「平安宮内裏の土庇と雨儀——平安宮内裏の空間構成と儀式に関する歴史的研究　2」（『日本建築学会計画系論文集』第七七巻第六七七号、二〇一二年）などを参照した。

39 この他、『御堂関白記』長和二年三月二十七日条（石清水臨時祭試楽）、『御堂関白記』長和二年八月二十七日条（皇女五十日の儀）、長和四年（一〇一五）七月七日条（乞巧奠）、寛仁元年三月九日条（石清水行幸）、寛仁元年三月十九日条（石清水臨時祭試楽）などを場所変更の雨儀としてあげることができる。

40 『西宮記』巻十一「親王元服」。なお、『小右記』同日条には、降雨の状況によって楽舞の場所が変更されたことが記されている。

41 本条の解釈については、山中裕編『御堂関白記全注釈　長和二年』（高科書店、一九九七年）に詳しい。なお、「晴路」に対して「雨路」という言葉は、管見の限り見当たらない。

42 この他、雨儀がとられたことがわかる例は、『御堂関白記』長保六年正月二十四日条（除目）、寛弘元年九月九日条（重陽）、寛弘五年（一〇〇八）正月七日条（白馬節会）、長和五年（一〇一六）二月一日条（即位奉幣使発遣）、長和六年（一〇一七）正月七日条（白馬節会）などがある。

43 『御堂関白記』寛弘元年十二月二十六日条など。

44 降雨を理由する儀式の中止には、『御堂関白記』寛仁二年（一〇一八）正月元日条（拝礼）、寛仁二年十一月二十七日条（賀茂臨時祭の御神楽）などがある。

45 雪儀というものは存在しないが、儀式が降雪の影響を受けた事例として、『御堂関白記』長和二年十二月十五日条の賀茂社行幸がある。

46 この他、『御堂関白記』長和元年十二月十五日条に、「時々雖雨下用晴」とあり、除目の儀において降雨の中でも晴儀が用いられたことがわかる。

47 『御堂関白記』長和五年六月八日条。止雨や祈雨のための奉幣については、並木和子「平安時代の祈雨奉幣」（二十二社研究会編『平安時代の神社と祭祀』国書刊行会、一九八六年）、岡田千毅「日本古代の祈雨・祈止雨儀礼について——祈（止）雨特定社をめぐって——」（『関西学院大学　人文論究』四三巻二号、一九九三年）などを参照した。

48 『御堂関白記』長和五年六月九日条。『小右記』同日条、『左経記』同日条にも降雨の記録がある。
49 『御堂関白記』長和五年六月十日条。
50 『御堂関白記』長和五年六月十一日条。
51 『御堂関白記』寛仁二年四月二十六日条。
52 『御堂関白記』寛仁元年六月二十九日条が「晴日少」とするように、六月で晴天が確認できるのは、一日（「天晴」）、十日（「晴気」）、二十三日（「天晴」）、二十九日（「天晴」）であり、そのうち二十九日は未時より大雨となっている。
53 『御堂関白記』寛仁元年七月二日条。
54 『御堂関白記』長保六年五月十一日条。藤原道長が鴨川の治水工事に積極的にとりくんだことは、勝山清次「平安時代における鴨川の洪水と治水」（『三重大学人文学部文化学科研究紀要　人文論叢』第四号、一九八七年）に詳しい。
55 『御堂関白記』長保六年三月十二日条。
56 『御堂関白記』寛弘七年七月八日条にも「京辺」に洪水が起こり、堤が破損したことが記録されている。
57 『御堂関白記』寛弘七年九月六日条など。
58 『御堂関白記』寛弘六年八月十八日条など。
59 北村優季、前掲注1著書、など。鴨川の治水については、渡辺直彦「防鴨河使の研究」（同著『日本古代官位制度の基礎的研究増訂判』吉川弘文館、一九七八年）などを参照した。
60 山中裕編『御堂関白記全注釈　寛弘元年』（高科書店、一九九四年）は、こうした天候の状況を「この年の梅雨は陽性だったらしく」、「梅雨明けまでは豪雨が続き、それ以降は炎暑となった」とする。
61 『御堂関白記』寛弘元年八月二十二日条。
62 『御堂関白記』寛弘元年八月二十四日条。
63 「天晴」と記録するのは、六月九日から七月一日までの二十二日間で二十日分の日記である（「天晴」という天候記録がないのは、六月十七日と六月二十八日）。
64 七月十二日から八月十一日までの三十日間で、十五日分の記事に天候が記録されている。
65 『御堂関白記』寛弘元年七月十二日条など。

66 『御堂関白記』長保六年七月十四日条。
67 山中裕、前掲注60編著も「如（何）」と解釈している。
68 旱魃は、宮廷行事にも影響を与えた。たとえば、中宮の大原野行啓が「旱魃」を理由に延期されている（『御堂関白記』寛弘元年八月二十二日条）。延期のきっかけは、或る者の夢想で、安倍晴明らに占わせた上で、延期を吉とする判断がなされた。
69 『古事談』巻第二―三九、など。
70 『小右記』同日条にも、大風による被害の状況が記録されている。
71 『御堂関白記』長和四年五月二十二日条。
72 『権記』は、この日の未時の雨についても「未刻暴雨大雷」と記録しており、降雨の時刻については『御堂関白記』の記述と一致している。
73 『権記』長保二年四月七日条。
74 『御堂関白記』寛仁元年六月二十二日条。
75 『御堂関白記』寛仁元年八月六日条。
76 櫛木謙周「平安京の展開と都市の生活」（『岩波講座日本歴史　第五巻　古代五』岩波書店、二〇一五年）。

平安日記にみる疾病

――摂関期の貴族の疾病と中国医学――

丸山　裕美子

はじめに

『枕草子』一八一段「病は」には、

病は、胸、物の怪、あしの気（脚気）、はてはただそこはかとなくて物食はれぬ心地

とある。[注1]つづけて、「十八、九ばかりの人の…歯をいみじう病みて」と歯痛に苦しむ若い女性の様子を記し、さらに、胸を病む上品な女性の風情を描く。清少納言の感覚では、疾病といえば、胸病、「物の怪」、脚気、食欲不振、それに歯痛（虫歯か歯周病であろう）であった。

胸病と並んであげられる「物の怪」は、平安時代の疾病の代表格であり、「加持祈禱」による調伏がその対処

法であった。一方で、「物の怪」以外の疾病に関しては、典薬寮の医師たちを中心として、中国医学（いわゆる漢方）に基づく治療も行われていた。

そもそも中国医学においても、その薬学基本テキストである『本草経集注』巻一序録に、

但、病亦別有㆘先従㆓鬼神㆒来者㆖、即宜㆘以㆓祈禱㆒祛㆖㆑之。雖㆑曰㆑可㆑祛猶因㆓薬療㆒致㆑益。

とあるように、[注2]病には「鬼神」（日本の古代社会でいうところの「物の怪」にあたるとみてよいだろう）によって引き起こされるものがあって、その場合は、「祈禱」によって祛《はら》うのが適切であると明記されている。そして祈禱によって祛う場合も、「薬療」によって、より効果が増すことを述べている。

『本草経集注』は、古代日本の医学教育を規定する医疾令において、まず学ぶべき必修のテキストであった。[注3]延暦六年（七八七）以降は『本草経集注』にかわって『新修本草』が正規のテキストとなったが（『続日本紀』同年五月戊戌条）、『延喜式』段階でも読むべき医経として『新修本草』は『大素経』につぐ中経に位置付けられ、三一〇日の学習が義務付けられていた。[注4]つまり、平安時代の医学においては、祈禱と医療（中国医学）とは併存するものであり、典薬寮の医師たちは、祈禱を排除することなく、医療面での治療を担っていたのである。

さて、「物の怪」以外の疾病について、清少納言は代表的なものとして、胸病と脚気と食欲不振、歯痛しか記さない。けれども摂関期の男性貴族の日記には、より多くの具体的な病名が記されている。服部敏良『王朝貴族の病状診断』[注5]や新村拓氏の一連の検討[注6]に詳しいが、いまざっと順不同で列記してみると、以下のような疾病が確認できる。[注7]

風病、胸病、腰病、足病、脚気、咳病、気上、痢病（赤痢・疫痢・下痢）、霍乱、時行、瘧病、熱物・腫物、傷病、痔、淋病、癩、瘡、疱瘡（裳瘡）、赤斑瘡、福来病、癰腫、鼻垂、眼病、突目、近目、歯疾（歯痛）、寸白、二禁、堅根、飲水病、渇病、不食病、狂病

これらの病名が、現在のどの疾病にあたるのかを正確に見極めるのは困難で、それぞれの具体的な症状に応じて推測するしかないのだが、十世紀前半に選された十巻本『和名類聚抄』巻二（二十巻本では巻三）「病類」「瘡類」や、[注8]十世紀後半に撰進された『医心方』三十巻が[注9]参考になる。

本稿では、摂関期の日記（古記録）にみえる平安貴族の疾病について、当該期の医学・医療（中国医学）における位置づけを確認し、その上で、貴族らの疾病に対する対処や医療（中国医学）の実態を明らかにしたいと思う。その際、とくに『医心方』を参考にするが、それは『医心方』が平安時代の中国医学の集大成であったと考えるからである。『医心方』そのものの普及は、天皇家・摂関家と医家（丹波家）などごく限定されたものであったであろうが、[注10]『医心方』の中に集成された中国医学――中国の本草・医書――の知識は、平安時代の医師に共有されていたと考えるからである。

一　摂関期の疾病と『医心方』

『医心方』は、針博士丹波康頼（九一二〜九九五）が、唐の王燾の『外台秘要方』（七五二年成立、全四十巻）に倣い、

疾病ごとの治療法を中国六朝・隋・唐代の本草・医書を網羅・博捜して編集したもので、永観二年（九八四）に撰進された。[注11] 康頼の曾孫で「日本の扁鵲」と謳われた丹波雅忠（一〇二一〜一〇八八）が、永保元年（一〇八一）に撰した『医略抄』一巻が、『医心方』の抜粋であることを考えても、『医心方』は、平安時代の医学知識の集大成であったと言っていいであろう。『医心方』の引用する中国六朝・隋・唐の本草・医書は、中国宋代の改訂を受けておらず、古代日本に舶載されたままの姿を保っていることも重要である。

医師ではない平安貴族の日記の場合、具体的な病名を記さずに、単に「病」「病む」、「悩事」「悩む」、あるいは「所労」、「心神不例」「心神不調」「心神不覚」といった記述が多いのだが、病名としてあげられるものは、そのほとんどが『医心方』に対応する病名がある。

次頁表は『医心方』の編目・内容とそれに対応する摂関期の日記にみえる疾病、医療である。

以下に代表的な疾病について、『医心方』によりつつ概略する。『医心方』の編目順に記し、あわせて『和名類聚抄』に載る和名をあげる。承平年間（九三一〜九三八）に源順（九一一〜九八三）が二十代で撰した『和名類聚抄』（十巻本）巻二には、身体に関する名称が集成されており、そのなかには病気の名称を網羅した「病類」、外傷や瘡腫の名称を集めた「瘡類」が含まれている。また二十巻本『和名類聚抄』巻十二には「香名類」「薬名類」が載せられ、薬として丹薬・膏薬・丸薬・散薬・湯薬・煎薬がそれぞれ各種あげられている（十巻本には「薬名類」はない）。丸薬だけをとってみても、六九種が載せられていて、源順の医学知識の深さをうかがうことができる。和名は原則カタカナで表記する。

風病　『医心方』巻三に風病の諸症状と治療法が載る。「風気」によっておこるさまざまな疾患・症状を指し、風邪（かぜ症候群）だけではなく、中風、神経痛、リウマチ（リューマチ）などを含むとされる。頭痛を主訴とす

表　『医心方』の構成と摂関期の日記にみえる疾病・医療

巻	『医心方』各巻の内容	摂関期の古日記にみえる疾病・医療
1	概論、服薬、合薬、諸薬和名	服薬、合薬、本草
2	鍼灸	針治、灸治、明堂図
3	風病（頭風・中風・癲病・狂病）	風病、頭風、癲病、狂病、呵梨勒丸
4	髪（白髪・禿）、面（面皰・黒子・鼻皶）	二禁
5	耳・目・鼻・口・歯耳病、眼病、突目、鼻病、鼻垂、歯疾	耳病、眼病、突目、鼻病、鼻垂、歯疾
6	胸・心・腹・腰・肝・肺・脾・腎	胸病、腹病
7	性病、痔、寸白、寄生虫	痔、寸白
8	脚気	脚気
9	咳嗽（咳病・喘息）、胃反、不食	咳病、気上、不食
10	積聚・水種・黄疸	腹病
11	霍乱、痢病	霍乱、下痢、赤痢、血痢、疫痢
12	消渇、淋病、大小便不通	飲水病、渇病、淋病
13	虚労	（所労）
巻	『医心方』各巻の内容	摂関期の古日記にみえる疾病・医療
14	瘧、傷寒（時行）、豌豆瘡（疱瘡）	瘧病、時行、疱瘡
15	癰疽、癧（カタネ）	癰、堅根
16	丁創、腫瘤・瘻	熱物、腫物、蛭飼
17	悪瘡、痣、疵	瘡、疵
18	外傷（創腫、金創、骨折）	足病（骨折）
19	服石・服丹	金液丹、鍾乳丸、紅雪、紫雪
20	服石による副作用	
21	婦人諸病	
22	妊婦諸病	
23	出産	
24	出産（占相）	
25	小児	（赤斑瘡）＊追記
26	延年・避邪魅方	
27	養生	
28	房内	
29	食禁、酒禁、中毒	
30	五穀・五菓・五宍・五菜	

る場合は、「頭風」と称した。頭風は十巻本『和名類聚抄』巻二「病類」（以下『和名抄』「病類」と記す）に「カシライタキヤマヒ」とみえ、俗に「ヅフウ」というとある。『病草紙』には、ふるえながら碁を打つ「風病の男」が描かれており、これは神経系の疾患と考えられている。[注12]

なお『医心方』では、癩病（ハンセン病）や癲狂なども「中風癩病」「中風癲病」「中風狂病」として風病に分類される。

二禁　『医心方』巻四は、頭髪や面貌にあらわれる疾病を載せるが、そのうち「面皰瘡」には、「和名爾支美（ニキミ）」とあって、これは平安時代の日記や物語に「二禁」と表記されるもので、現在のニキビやオデキにあたる。『和名抄』「瘡類」に「痤」を「ニキミ」と読み、「小癤」と説明する。ただし、日記にみえる二禁は、顔面ではなく腰や背に発生し、飲水病（糖尿病）と併発する例が多く、服部敏良氏が指摘するように、癰（腫瘍）も含んでいたと考えられる。[注13]

耳病　『医心方』巻五には聾、耳鳴り、耳に異物が入った場合の治療法などが載る。『和名抄』「病類」には、耳の病気として、「聾（ミミシヒ）」と「聹耳（ミミタリ）」が見える。

鼻病　『医心方』巻五にはさまざまな鼻の疾患の症状と治療法が載る。『和名抄』「病類」には鼻の病気として「塞鼻（ハナヒセ）」が、「瘡類」には「皶鼻（ニキミハナ）」が見える。後者は『医心方』では巻四の面貌の疾患として載せられている。『源氏物語』に登場する末摘花が「赤鼻」（石榴鼻、皶鼻）であったことはよく知られ、『病草紙』には、親子で鼻の頭が黒い「鼻黒の男」が描かれている。その他、日記類に頻出する「鼻引」や「鼻垂」などの症状は、軽い鼻風邪を指すのであろう。

眼病　『医心方』巻五には、「目不明」「清目（白内障）」「雀盲（夜盲症）」「目膚翳（飛蚊症）」などの眼病の症状と治療法が載り、『和名抄』「病類」にも、「盲（メシヒ）」の他、「清目（アキシヒ）」「近目（チカメ、近視）」「目翳（ヒ）」「雀盲（トリメ）」など多くの眼病が見える。『病草紙』には、針による治療を受ける「眼病の男」が描かれており、白内障の手術であろうと考えられている。三条天皇の譲位の直接的なきっかけが、眼病であったことはよく知られていよう。

藤原隆家は、「突目《つきめ》」に苦しみ（『御堂関白記』長和二年〈一〇一三〉正月十日条）、大宰府にいる宋の医僧に眼病の薬を求め（『小右記』長和三年六月二十五日条）、治療のために自ら望んで大宰府赴任を希望している（『小右記』長和二年二月十四日条）。「唐の人はいみじう目をなんつくろひはべる」（『栄花物語』巻一二）というのがその理由であった。突目は目を突いたためにおこる外傷で、傷が化膿して潰瘍になったのであろう。

歯病　『医心方』巻五にはさまざまな歯病の症状と治療法が載り、『和名抄』「病類」には、「齵歯（オソハ、八重歯）」「歴歯（ハワカレ）」「齲歯（ムシカメハ、虫歯）」がみえる。『病草紙』には、歯周病により歯がぐらついた「歯の揺らぐ男」の姿が描かれている。『枕草子』一八一段「病は」は、十八、九歳の若く美しい女性が「歯をいみじう病みて」、痛みのあまりに額髪を涙で泣き濡らした様子を記す。虫歯か歯周病による歯痛がひどかったのであろう。抜歯または加持が主な対処法であった。

胸病　『医心方』巻六には胸痛や肺・心臓の疾患と治療法が載り、結核などの肺の疾患だけでなく、呼吸器疾患や心臓の疾患も含んでいたと思われる。『枕草子』にもみえる胸病であるが、『和名抄』には立項されていない。

寸白　『医心方』巻七に「治寸白方」が載る。そこに引用された『病原論（諸病原候論）』には、「九虫内之一虫是也、長一寸而色白」とあり、長さが一寸で色が白いことから「寸白」と称したものらしい。現在の条虫であるとされる。『和名抄』「病類」では「蚘虫（回虫）」の項に、「今案、一名寸白」とあり、俗に「カイ」「アクタ」というとある。『和名抄』は回虫としているのだが、いずれにせよ寄生虫によるさまざまな症状、貧血、腹痛、腫物などをさしていったらしい。『医心方』には檳榔子や胡桃子、薏苡仁を使用する治療法がみえるが、『小右記』や『左経記』からはその実践が確認される。『今昔物語集』には、貧血と浮腫に苦しむ五十歳ばかりの女性が、典薬寮で寸白と診断されて治療を受けたところ、一〇メートルに及ぶ虫が出てきたことが記されている（巻二十四―八）。ただし日記の事例を検討すると、実際には寄生虫による疾病ではない場合も、寸白と診断されることがあったようである。

脚病　多くは脚気（ビタミンB1欠乏症）のことを指し、『医心方』巻八「脚気」に症状と治療法が載る。『和名抄』「病類」の「脚気」の項に、「脚病」ともいい、俗に「アシノケ」というとある。

咳病　『医心方』巻九に症状と治療法が載る。「咳逆」「欬嗽」とも記され、『和名抄』「病類」には「欬嗽」の項で、「咳」を「シハフキ」と読む。咳を主な症状とする呼吸器疾患である。風邪（かぜ症候群）やインフルエンザ・百日咳などの流行性の呼吸器感染症の場合と、気管支喘息などを指す場合とがあったと思われる。平安時代のインフルエンザの流行としては、貞観四年（八六二）・同五年・同六年に連年みえ、十世紀以降では、延喜二十年（九二〇）、延長元年（九二三）、正暦四年（九九三）・寛弘七年（一〇一〇）・長和四年（一〇一五）などに大流行している。[注14]

霍乱　『医心方』巻十一に霍乱の症状と治療法が載る。『和名抄』「病類」には俗に「シリヨリクチヨリコクヤマヒ」というとあり、下痢と嘔吐を主症状とする急性胃腸炎と考えられている。『病草紙』には、縁側で四つん這いになって口から嘔吐し、尻から下痢をする「霍乱の女」が描かれている。

痢病　『医心方』巻十一に痢病のさまざまな症状と治療法が載る。『和名抄』「病類」には「痢」を「クソヒリノヤマヒ」といい、ほかに「𤺋」をあげて「赤痢」と「白痢」を載せ、赤痢を「チクソ」、白痢を「ナメ」という。下痢の症状一般をいうが、下痢のみを主症状とするものを痢病、血便を主とするものを赤痢、粘膜便を主とするものを白痢と称し、伝染性・流行性のものは疫痢と称した。

瘧病　マラリアであると考えられ、悪寒と高熱の発作が間欠的に繰り返される。『医心方』巻十四に症状と治療法が載り、『和名抄』「病類」には俗に「エヤミ」「ワラハヤミ」というとある。一日おきに「温気」や「熱発作」が記録される場合もみえるが、これは三日熱マラリアの典型的症状である。日記にみえる瘧病への対応としては、加持祈禱が一般的であったらしい。

時行　養老医疾令（25）条には、典薬寮が毎年さまざまな病気に対する薬を処方することが規定されているが、そのなかに「時気」の薬が含まれている。[注15]この時気について、医疾令本条の義解は「時気は時行の病」であるという（『政事要略』巻九十五所引）。つまり時行は時気＝「トキノケ」＝疫病、流行病である。また『医心方』巻十四の引用する『葛氏方』には、傷寒・時行・温疫の三者は同一とある。広義には疫病・流行病を指し、狭義には熱性伝染病の一種をいうと考えられるであろう。

『小右記』長和四年（一〇一五）七月十二日条によると、藤原資平が夜半突然体調を崩した際には、下痢（痢病発動）と頭痛・高熱（頭打身熱）で非常に苦しい（心神甚苦）状況であり、「時行」を疑っている。「時行（時疫）」なのか「邪気（物の怪）」なのかを陰陽師に繰り返し占わせており（『小右記』同日条、翌十三日条）、時行は邪気（物の怪）と混同しがちであったことがわかる。

飲水病　「渇病」とも記される。糖尿病のことを指すと考えられる。『医心方』には「飲水病」という表記はみえないし、『和名抄』も「飲水病」では立項されていない。口が渇き、そのため多量の水を飲むところからそう呼ばれたもので、『医心方』巻十二に載せる「消渇」「渇利」がこれにあたろう。「消渇」はのどが渇いて小便が出なくなる症状をいい、「渇利」はのどが渇いて多尿となる症状をいう。『和名抄』「病類」では「消渇」を「カチノヤマヒ」と読む。

藤原道長がこの疾病を患っていたことはよく知られているが、遺伝的要因も大きく、道長の親族では藤原伊尹・道隆・伊周など他にも多くの貴族が飲水病に苦しみ、亡くなっていたことが確認される。服部敏良氏はその原因を、糖質を多く含む濁酒の摂取過多によるものと推測している。[注16]

疱瘡　疱瘡は『和名抄』「瘡類」に『類聚国史』を引用して、仁寿二年（八五二）の「疱瘡流行人民疫死」を記し、「此間（日本では）」これを「裳瘡（モガサ）」というとする。その瘡のかたちが豌豆に似ることから、「豌豆瘡」ともいい、現在の天然痘のことを指す。『医心方』巻十四に「治傷寒豌豆瘡法」が載る。なお赤斑瘡のことを「赤疱瘡」ともいうが、これは麻疹のことをいう。

日記や史書には「疫癘」「天下疾疫」とだけ記されて、それが天然痘なのか麻疹なのか、あるいは別の疾病なのかわからないことも多いが、摂関期には、天延二年（九七四）、正暦四年（九九三）～五年と寛仁四年（一〇二〇）に流行したものが、天然痘（疱瘡・痘瘡・裳瘡）であったと考えられている。こうした疫病が一旦流行すると、老若男女を問わず多くの死者が出て、京内道路に死骸が満ちることになる。朝廷の対応としては、諸社に奉幣し、諸寺や大極殿で仁王経あるいは大般若経を転読するのが一般的であった。

癰　『医心方』巻十五に「治癰疽方」が載る。『和名抄』「瘡類」には「癰」「疽」があげられるが、どちらも和名は載せられていない。悪性の腫瘍と考えられる。

堅根　『和名抄』「瘡類」には「癧」の和名として「カタネ」を載せるので、堅根（固根とも書く）は、癧を指すとみてよい。『医心方』巻十五にも「治痤癤法」を載せ、傍書に「カタネ」とある。癰との区別は明らかではないが、悪性ではない腫瘤をいったものか。

熱物　たんに発熱をいう場合もあるが、日記では、熱を持った腫物のことを指すことが多い。例えば、『御堂関白記』寛仁二年（一〇一八）三月二十六日条では、東宮敦良親王の脛に「小熱物」があったため、医師が召されて診断している。医師の見立てではたいしたことはないとのことで、もししばらく治らないようなら牛矢（牛の糞）や雄黄をつけるよう指示している。『医心方』巻十五「治癰疽未膿方」などには、そうした腫物の治療法として、牛矢を焼いて擣き篩い卵白と和えて塗る処方が載っている。

赤斑瘡　「赤裳瘡」「赤疱瘡」とも記されるが、疱瘡（天然痘）ではなく麻疹のことと考えられている。唐以前の医書にはみられず、『医心方』では、小児の疾病について記す巻二十五に追記のかたちで「赤斑瘡」の治療法が記されている。摂関期には、長徳四年（九九八）と万寿二年（一〇二五）の流行が著名である。[注17]

二　摂関期の貴族の日記にみる疾病と医療（中国医学）

第一章でみた疾病に対する治療は、典薬寮の医師が主に担っていたが、摂関期には丹波氏と和気氏が医道の家を確立させつつあった。[注18]『続本朝往生伝』巻一には、一条天皇のときに優れた人材が輩出したことを記すが、「医方」として、丹波重雅と和気正世があげられている。その他に、清原氏、惟宗氏や菅原氏などがあり、増渕徹氏が指摘するように、医道の家の確立とそれぞれの医家に属する医師たちによる臨床例の積み重ねが、『医心方』や舶載された中国医書とともに、この時代の医療を形つくっていたと考えられる。[注19]

さて、摂関期の日記をみていくと、記主によって、疾病に対する認識や対応が異なることに気づく。そこで、以下では、日記ごとに疾病と治療について、中国医学との関係に留意しつつ具体的に検討していこう。摂関期をやや広くとって、十世紀前半の『貞信公記抄』以降、『九暦抄』『御堂関白記』『小右記』『権記』『左経記』『春記』をとりあげる。

1　藤原忠平・師輔の場合――『貞信公記抄』と『九暦抄』

『貞信公記抄』は抄出であるから、忠平の疾病の詳しい症状や病名はほとんど記されていない。脚気や痔に悩まされていたことはみえるが（延長三年〈九二五〉二月廿四日条・同四年二月十四日条）、他には単に「病」や「所労」とのみある。しかし注目されるのは、丹薬や石薬（鉱物系の薬）の服用がみられることである。金液丹・紅雪・鍾乳丸の名がみえ、従容散（宍蓯蓉散）にも鍾乳（石）を入れている。[注20]

金液丹・紅雪・鍾乳丸は、いずれも『医心方』巻十九に、「服金液丹方」「服石鍾乳方（鍾乳丸を含む）」「服紅雪方」が載せられており、金液丹は、二十巻本『和名類聚抄』巻十二「薬名類」にも丹薬としてあげられている。丹薬や石薬は、万病に効く仙薬ととらえられていた。具体的な成分や処方はよくわからないのだが、例えば紅雪は朴消（硫酸ナトリウム）を主成分とし、朱砂を加えるので紅色をしていたものらしい（『本草綱目』）。紅雪は唐では皇帝が臣下に下賜した例が知られる（『文苑英華』巻六三〇・六三一など）。

金液丹は、夙に淳和天皇や仁明天皇が服用していたことがみえる著名な丹薬である（『続日本後紀』嘉祥三年〈八五〇〉三月癸卯条）。『貞信公記』では、延喜二十年（九二〇）五月、忠平の妻源傾子が痢病を患った際、十八日に「二丸又二丸」、廿二日に「又一丸」、廿五日にもまた服させており、同時に修善も行っている。忠平自身も、延長二年（九二四）三月十七日に「金液丹始服㆓三丸㆒」とあってから、十八日に四丸、十九日に五丸と連日複数服用しており、四月十四日には「丹六十丸服了」とある。約一か月で六十丸を服用したことになるが、『医心方』には、「今案、……此養生之丹、不㆑可㆓多服㆒云々」とあり、多用はこの後、次第に避けられるようになったと思われる。

紅雪の服用は、藤原師輔にも認められる。『九暦抄』天暦二年（九四八）六月十七日条には、「丑刻服㆓紅雪三両・紫雪三両㆒、而微微也。仍辰刻又服㆓紫雪二分㆒、捨五度」とみえ、また同三年三月廿一日条には、「寅刻服㆓紫雪二分・紅雪四両三分㆒、捨六度。似㆑快」とある。紫雪も紅雪と同様の石薬で、『医心方』巻十九に「服紫雪方」が載り、『和名抄』に「紫雪丹」がみえる。紅雪・紫雪の服用により、捨（瀉、下痢）の効果を得ている。強力な下剤として使用していたものらしい。

興味深いのは、『新猿楽記』において、海商という設定の八郎真人が扱う唐物リストには、紅雪・紫雪・金液丹がみえることで、つまりこれらの丹薬・石薬は高級な輸入薬であった。献上された紅雪が「頗る古い」という記述が古記録にみえたり、献上や贈答がとくに記録されるのも、[注21]通常入手が困難な薬であったからであろう。

2　藤原道長の場合――『御堂関白記』と『小右記』

藤原道長の疾病に関しては、飲水病（糖尿病）を患っていたこと、時折、胸病（心臓神経症か？）の発作に見舞われていたこと、晩年は眼病（糖尿病性網膜症か？）に悩まされていたこと、最期は下痢と背中にできた癰（腫瘍）の苦しみのなかで亡くなったことなどが知られていよう。[注22]『栄花物語』の描く道長の最期はかなり美化されたものであった。

ただし『御堂関白記』には道長の病について、あまり詳しい記述はない。本人が重い病を患っているときに記述がないのは当然であろう。一方、同時代を生きた藤原実資の日記『小右記』には、道長の病状が伝聞も含め、詳細に記録されている。政治情勢を左右する権力者の病状について、一喜一憂さまざまに判断しつつ情報収集に努めるのはこれまた当然のことであろう。道長の主な病歴は以下の通りである。[注23]

三十三歳のとき、腰病を患っている。致仕の上表を提出し、出家の意向もあったというから、かなり深刻であったのであろう。三十九歳で霍乱を経験する。この後しばらく大きな病の記録はないが、四十七歳の寛弘九年（一〇一二）五月末から病悩し、内覧と左大臣を辞する表を提出している。日吉社の祟りであるとか、人魂が道長第から出たとか、鵄が死んだ鼠を道長の前に落とした、道長が法性寺に入るときに蛇が落ちてきた、春日社に怪異があったなど、実資はさまざま伝聞を記しているが、瘧であったらしい。

五十歳で打橋から足を踏み外して落下し、左足を損傷、おそらく骨折で、約二か月の治療を受けた。五十一歳の長和五年から飲水病の症状があらわれるようになる。口が渇き昼夜の別なく水を飲み、気力も衰えていたらしい。五十三歳のとき、胸病（心臓神経症か）に襲われる。数度の発作があり、高い叫び声をあげて苦しみ、この後もしばしば発作をおこしている。この頃から眼病にも悩まされているが、おそらく糖尿病性網膜症であろう。昼夜とも視力が減退し、仏道修行のため絶っていた魚食を再開している。五十四歳で胸病により出家、膝の所労もあった。なんとか持ち直したが、万寿四年（一〇二七）十月に痢病、十一月には背中に乳垸ほどの大きさの腫物（瘡）ができた。和気相成の診断では、毒が腹中に入ったとのことであった。陰陽師は招魂祭を行い、十二月には背中の腫物に丹波忠明が針を施すが甲斐なく死去した。六十二歳だった。

以上が主だった病歴であるが、この他にも、風病・咳病に罹患したり、熱物（腫物）ができたりといった記録がある。道長が「望月の歌」を詠んだのは、寛仁二年（一〇一八）十月のことであったが、この頃道長は、胸病の発作と糖尿病性網膜症による視力低下に悩んでいた。望月はすでに欠け始めていたのである。

さて、先述のように、『御堂関白記』には、道長自身の病についての詳細な記述や、服薬などの記録は少ない。最晩年の記録がないのは当然としても、寛弘九年六月に到仕の表を提出するほど重く病んだ一か月間の『御堂関白記』自筆原本は全くの白紙である。このときは重病であったために記載がないのであろうが、一方で、周囲は飲水病をうたがうほど気力が衰えていた長和五年五月にも「有悩事」とは記されているが（『御堂関白記』同年五月八日条）、具体的な病名・医療は記されず、儀式や政務をこなしていることが記される。

しかしこの時、『小右記』長和五年五月二日条では、道長の症状を「飲水数々、不レ可二暫禁一云々」と記した後、同月十日条には、道長自身の語ったこととして、

雖不レ服二丹薬一、年来豆汁、大豆煎、蘇蜜煎、呵梨勒丸等不断服レ之、此験歟

と記されているのである。『御堂関白記』には、呵梨勒丸服用の記事は二回しかみえないが、実際には常用していたらしい。丹薬はおそらく副作用を警戒して服さず、豆汁、大豆煎、蘇蜜煎、呵梨勒丸を不断に服用しているのは、健康を気遣っていること、おそらく医師の処方をうけていたであろうことをうかがわせる。呵梨勒丸については次節で詳述するが、大豆煎も蘇蜜煎も『医心方』にみえる。大豆煎は、『医心方』巻八「脚気腫痛方」に手足が腫れた際の治療薬として載り、蘇蜜煎は、『医心方』巻十三「治虚労五労七傷方」に、「治諸渇及内補方」として載る。

もちろん、大豆煎や蘇蜜煎という処方名は上記の治療に限定されるものではない。また同じ蘇蜜煎といっても

医書により処方には異同があるが、「蘇（乳製品）」と「蜜（蜂蜜）」を主原料とする煎薬で、「渇」による虚労を補う処方であることは認めてよい。『医心方』巻十二「治消渇方」の「今案渇家可レ食物」の筆頭に「蘇蜜煎〈治消渇補内〉」があげられていることも注目すべきで、『御堂関白記』には記述がないが、道長は飲水病（糖尿病）＝消渇の治療（中国医学による）を受けていたことがわかるのである。

3　藤原実資の場合――『小右記』

藤原実資の『小右記』には、病と医療について、詳細な記録が残されており、夙に服部敏良・新村拓氏らにより具体的な検討がなされている。近年は増渕徹氏が実資と医師との関係に注目して考察を深め、実資は典薬頭清原滋秀、後には専ら和気相成・相法と丹波忠明に受診し、彼らの専門知識を聞きつつ自らの判断で治療を選択していたことを明らかにされた。[注24] 和気相成は侍医などを務めた人物であるが、小野宮家の「家人」でもあった。

ここでは『小右記』から知られる実資の病と医療のなかで、呵梨勒丸を常用していたことについて着目したいと思う。『小右記』によると、実資は永延元年（九八七）～長元三年（一〇三〇）までの長期にわたって呵梨勒丸を常用していたことが知られる。

呵梨勒（訶梨勒）は、東南アジア・南アジア原産のシクンシ科の植物の果実で、『新修本草』巻十四「木部下品」に収載される。『金光明最勝王経』除病品には、呵梨勒は一切の病を除く「薬の中の王」であると記されている。しかしおそらく単独で使用されたわけではなく、「呵梨勒丸」という丸薬のかたちで服用されたものと思われる。

例えば永延元年（九八七）六月九日条には、「赤痢猶未レ癒、仍服二呵梨勒丸三十丸一、三四度快瀉、其後無二殊事一」

とあり、同十一日条には、「服二呵梨勒丸一、数度瀉、已有二其験一、赤痢已止、典薬頭朝臣来云、今日能瀉者、明日不レ可レ服者」とある。医師（典薬頭）の指導のもと、一度に二十丸とか三十丸を服用している。「暁更」に服用したという記録も頻出する。

また正暦四年（九九三）五月廿四日条には、

昨日明杲已講示送云、日来有二所労一、生薑煎・呵梨勒丸等令二合薬一、可二馳送一者、仍生薑煎令レ作、今朝付廻下送也、至二呵梨勒丸一、無二牽牛子一、不レ能レ作之由、自二典薬頭許一示送之

とある。呵梨勒丸に必要な牽牛子がなくて薬を調合できない旨を医師（典薬頭）が伝えてきている。

呵梨勒丸は、『医心方』巻三「治一切風病」に、

録験方云、帝釈六時服呵梨勒丸方

右呵梨勒者具二五種味辛・酸・苦・鹹・甘一、服无レ忌、治二一切病一…

呵梨勒皮八分、檳榔人八分、人参三分、橘皮六分、伏苓四分、芒消四分、狗脊三分、豉四分、大黄八分、干薑十二分、桃人八分、牽牛子十三両、桂心八分

凡十三味咬咀下篩、以レ蜜丸如二梧子一、服二廿丸一、食前以二温酒若薄粥汁一服、平旦得二下利一良

とある。先にみた『小右記』の呵梨勒丸についての記録は、牽牛子が必要であること、二十丸という単位で服用

すること、平旦以前の食前に服用すること、瀉剤の効果があることなど、『医心方』の処方――『録験方』の処方と効果――に一致していることが確認できるのである。一度に二十丸、三十丸、多いときには六十丸も服用しており、医師の調合・指導のもと、風病だけでなく、痢病や所労の場合にも服用していた。先にみた藤原道長も呵梨勒丸を服用していたが、これはやはり「一切病」に効果があるとされていたからであろう。

『小右記』によると、実資は呵梨勒丸のほか、檳榔子、雄黄の服用、紫金膏、麻子散、支子汁、薏苡湯、葛根湯、柳葉・桑葉・地菘葉・蓮葉湯による洗治、服韮、灸治、針治、蛭食など、『医心方』に載る処方を実行していることが知られ、また大宰府滞在の大宋国医僧より小児病薬、目病薬を入手している（『小右記』長和三年六月二十五日条）。

前稿で指摘したように、上記のうち、紫金膏は唐代の医書にはみえず（『医心方』にもみえない）、宋代の『太平聖恵方』が初見である。『太平聖恵方』は宋太宗の勅撰による医書で全百巻、淳化三年（九九二、日本の正暦三年）に成立した。巻六十七「治一切傷折膏薬諸方」に紫金膏の処方が載っている。この膏薬は『新猿楽記』の海商が扱う唐物リストに金液丹や紅雪とともにあげられており、摂関期には高価な新薬（製剤）として、中国から輸入していたものと思われる。実資はこうした最新の中国医学も入手していたのである。

4　藤原行成の場合――『権記』

『権記』においては、本人の疾病に関して、灸治は行っているものの、服薬はほとんど行っていない。例えば、長徳四年（九九八）三月十六日条では、行成は気上を患っていたのだが、「深念㆓本尊㆒、有㆑頃平復」とあり、また同年七月十六日条では、悶絶状況の中、強力者が腸を引き出す夢をみたが、不動尊を念じて験があったことが記されている。また「芥子焼」を行ったり、「不動調伏法」を修したり、どのような疾病であれ、「邪気所為」として、もっぱら加持に頼っている。

とはいえ、寛弘六年（一〇〇九）九月九日条では、

此夜夢、故典薬頭（清原）滋秀真人令レ服二紅雪於予一、入二厚朴汁一飲レ之

とあって、故典薬頭清原滋秀の治療を受け、紅雪を厚朴汁に入れて飲んだという夢をみている。清原滋秀は、藤原実資の診療にもあたっていた人物である。先述のように、紅雪は高価な輸入薬で、おそらく簡単には入手することができなかった。倉本一宏氏が指摘するように、行成の願望が夢にあらわれたということかもしれない。[注25]

前日（九月八日）には、「此日、読二本草一。（丹波）為世宿祢」とある。医師の指導を受け、本草を学んでもいたのだが、実際には加持祈禱が対応の中心であったということなのであろう。

5　源経頼の場合――『左経記』

『左経記』からは、万寿三年（一〇二六）五月四日条の後一条天皇の寸白治療に関する記述をみてみよう。

付二医師（和気）師成申一、行二寸白治一、仍以二徒志王根湯一令レ洗給云々、兼令レ付二応黄・便郎子等一給

『大日本史料』は、「徒志王根湯」の「王」を「玉」と校訂し、頭書には「薏苡根湯」とする。[注26]「薏苡」は、『本

草和名』に「和名都之太末(ツシタマ)」とあるから、『大日本史料』の指摘するように、これは「薏苡根湯」のことであろう。また『大日本史料』は「応黄」を「雄黄」とし、「便郎子」を「檳榔子」とする。従うべきであろう。

この記事で注目されるのは、後一条天皇の寸白に対する処方が、『医心方』にみえる治療と全く一致するということである。すなわち、『医心方』巻七の「治寸白方」には、

今案、酢研二雄黄一付レ之。又方、酢研二檳榔子一付レ之

とあり、また「治蛔虫方」には、

録験方治薏苡湯方　薏苡根二斤、洗細切、以二水七升一煮得二三升一

とある。『左経記』の記述がこれらの処方によっていることは間違いない。しかし、経頼は本草の薬名「薏苡」を知らず、「雄黄」「檳榔子」も音を漢字で当てて記しているわけで、藤原実資が本草の知識を正確に有していたのと対照的である。もっとも、翌日五月五日条では、「干藍」「訶梨勒」「五香湯」など正確に記している。ちなみに五香湯は、腫瘍の著名な治療薬で、『医心方』では巻十六「治毒腫方」に、沈香・青木香・薫陸香・丁香・麝香の五香による処方が載っている。

6　藤原資房の場合——『春記』

藤原資房も実資と同じく、疾病と医療について詳しい記録を残している。ここでは、女児の病と治療についてみてみよう。実資はかつて最愛の娘千古が左の人差し指を鼠にかじられ出血した際、和気相成の治療を受けている。『小右記』万寿二年（一〇二五）十一月廿八日条に、

依二侍医（和気）相成申一煮二甘草一傅（付）二其汁一、又云、猫矢焼灰傅良者、甘草有レ験、仍不レ傅二猫矢一、痛苦平癒

とある。その十四年後、『春記』長暦三年（一〇三九）十月四日条によると、資房もまた、最小女児の後頸下に熱物ができた際に和気相成の診療を仰いでいる。

即遣召（和気）相成了、少時相成来、見二小児一云、熱物也、能々可レ令レ冷レ之、但不レ可レ有二巨害一者也、支子汁磨解二大黄一可レ傅レ之、以二蓮汁一可レ洗、又時々以レ石可レ冷者、…相成帰去了、即送二大王（黄）一、如二彼説一令二療治一也。…今夜小児終夜令二洗治一、殊無二増減一

その後も連日相成の診断を仰ぎ、引き続き薬を付けるよう指示されている。一旦治癒した後、再び頭に熱物ができた際にもすぐに相成に書状を送るものの、相成が外出していて帰っておらず、夜明け頃に到ったことで安堵

している（『春記』長暦三年十一月六日条）。

摂関期の医療においては、女性が場合は医療よりも加持祈禱が優先される傾向があり、「女性に対する医学的治療にはハードルがあった」と評価される。[注27]確かに女性が医療を受けた記録は少なく、『栄花物語』に藤原詮子の病悩の際のこととして「殿（藤原道長）、今は医師に見せさせたまふべきなり、…とたびたび聞えさせたまへど、医師に見すばかりにては、生きてかひあるべきにあらず、と心強くのたまはせて、見せさせたまはず」（『栄花物語』巻七とりべ野）と記されるように、女性は医師の診療を受けるくらいなら生きていても仕方がないという感覚であったらしい。しかし一方で男性は、積極的に医師の治療を受けており、女性であっても小児の場合、親は医師に診療させている。

もちろん、女性が医療を受けた記録もあるのだが（『長秋記』長承二年〈一一三三〉八月廿八日条の斎院（恂子内親王）の治療や『玉葉』安元二年〈一一七六〉六月十一日条〜七月八日条にみえる建春門院二禁の治療、『今昔物語集』巻廿四「行典薬寮治病女語第七」「女行医師家治瘡逃語第八」「嫁蛇女医師治語第九」など）、限定的であったことは認められる。

おわりに

冒頭でみた『枕草子』で、清少納言は胸病、「物の怪」、脚気、食欲不振、歯痛を疾病としてあげていた。そしてつづけて、その治療について、胸の病を患う女房のために、天皇が祈禱を行う僧を遣わしていることが記されている。

これまでに先学が明らかにしてきたように、摂関期の病に対しては、医療と祈禱、陰陽師による占いや祭祀が併用されていた。病に罹った際には、医師の診断を受け、とくに外傷や腫瘍などについては、針灸や洗治をはじめ積極的な医療が行われた。そして『小右記』万寿二年（一〇二五）八月二十八日条に侍医丹波忠明の言として、「医療術なし、神仏に祈り申すべし」とあるように、医療に効果がない場合は、神仏に祈る。またはじめに触れたように、そもそも病が「物の怪」「邪気」によるものであった場合――陰陽師の占卜による――には、僧による「加持祈禱」が行われ、疫病の場合は、朝廷は諸社に奉幣し、諸寺や大極殿で仁王経あるいは大般若経を転読するのが一般的であった。服薬の日時の吉凶の占いは、陰陽師が関与し、いよいよ危篤となると陰陽師による「招魂祭」が行われた。平安時代の医療は、医師だけではなく、陰陽師や密教僧などが支えていたのである。

本稿ではそうした社会背景を踏まえたうえで、摂関期の日記にみえる病と医療、とくに中国医学との関連について、『医心方』を参照しつつ、具体的な実態を検証してみた。摂関期の病は、基本的に『医心方』において分類される疾病と対応していることを明らかにし、貴族たちが受けた医療が、『医心方』に載る中国の本草・医書に記された医療と一致することを確認した。

日記にみえる病と医療は、それぞれの記主によって、医学知識・関心に差があること、摂関家では輸入薬である丹薬や石薬の使用が顕著であること、藤原道長は自らの病や医療について詳しく書かないが、実際には中国医学にもとづく医療を受けていたこと、藤原実資や資房はかなり専門的な中国医学の知識を持っており、最新の薬の輸入も行っていたこと、逆に藤原行成や源経頼の医学知識はあやふやなところがあり輸入薬などの入手も困難であったことなど、摂関期の貴族の病と医療の実像が描けたのではないかと思う。

注

1　『枕草子』は新編日本古典文学全集（小学館）を使用した。

2　『本草経集注』序録は、龍谷大学善本叢書16上山大峻責任編集『敦煌写本　本草集注序録・比丘含注戒本』（法蔵館、二〇〇七年）の写真版による。

3　養老医疾令（3）条に「医生、習二甲乙、脈経、本草一」とあり、同（4）条に「医針生、初入レ学者、先読二本草、脈決、明堂一。読二本草一者、即令レ識二薬形薬性一」とある。律令は日本思想大系『律令』（岩波書店）による。

4　日本における本草テキストの変遷については、拙稿「律令国家と医学テキスト――本草書を中心に――」（『法史学研究会会報』一一、二〇〇七年）を参照のこと。

5　服部敏良『王朝貴族の病状診断』（吉川弘文館、一九七五年）。他に同『平安時代医学の研究』（四版、吉川弘文館、一九九四年、初版は一九五五年）も参照。

6　新村拓『古代医療官人制の研究』（法政大学出版局、一九八三年）、新村拓『日本医療社会史の研究』（法政大学出版局、一九八五年）、とくに後者に所収の「藤原実資の病気とその対応行動――平安貴族と治病修法・祭法」（初出は一九七三年）。

7　使用した古記録は、『貞信公記』『九暦』『小右記』『御堂関白記』（以上、大日本古記録）、『権記』（寛弘七年まで、史料纂集）、『権記』『左経記』『春記』（以上、史料大成）である。

8　『和名類聚抄』は京都大学文学部国語学国文学研究室編『諸本集成　倭名類聚抄』（臨川書店、一九六八年）を使用する。

9　『医心方』は影印本『国宝　半井家本医心方』一～六（オリエント出版社、一九九一年）を使用する。

10　拙稿「平安中期後期の医学と医療」（『日本史研究』六一九、二〇一四年）、以下「前稿」はこれを指す。

11　『医心方』については、杉立義一『『医心方』の伝来』（思文閣出版、一九九一年）、及び半井家本医心方附録『医心方の研究』（オリエント出版社、一九九四年）所収論文に詳しい、小曽戸洋「医心方」（『中国医学古典と日本』塙書房、一九九六年）も参照。

12　前掲注5服部敏良『王朝貴族の病状診断』一一頁。なお『病草紙』については、医学の症例集としての写実性を高く評価する見方と、特異な虚構のイメージでとらえる見方とがある。前者は佐野みどり「病草紙研究」（『風流 造形 物語――日本美術の構造と様態』スカイドア、一九九七年、初出は一九八一年）、後者として加須屋誠「病草紙研究――「美術史」と「他者」」（『仏教説話画の構造と機能――此岸と彼岸のイコノロジー』中央公論美術出版、二〇〇三年）、同『生老病死の図像学――仏教説話画を読む』

（筑摩選書、二〇一二年）がある。本稿はその写実性を評価する立場をとる。西山良平「『病草紙』の歴史学」（『杏雨』九、二〇〇六年）も参照。

13 前掲注5服部敏良『王朝貴族の病状診断』五八～六七頁。

14 富士川游『日本疾病史』（平凡社（東洋文庫）、一九六九年）二四八～二五一頁。他に董科「9～10世紀日本におけるインフルエンザ流行の基礎研究」（『古代文化』六二―三、二〇一〇年）も参照。

15 養老律令（25）条は「典薬寮、毎歳量二合傷寒、時気、瘧、利（痢）、傷中、金創、諸雑薬一、以擬二療治一」と規定する。傷寒・時気・瘧・痢・傷中・金創のための薬が常備すべきものとされていた。

16 前掲注5服部敏良『王朝貴族の病状診断』三二頁。

17 前掲注14書一六九～一七九頁。なお「赤斑瘡」の名称は、早く天平九年（七三七）の太政官符（『類聚符宣抄』巻三「疾疫」）にもみえるが、このときの流行は麻疹ではなく、痘瘡であったと考えられている。『医心方』巻二十五小児の部分に追記のかたちで掲載されているということは、成立時の『医心方』にはなく、その後の長徳四年か万寿二年の大流行を受けて記載された可能性がある。

18 前掲注6新村拓『古代医療官人制の研究』二九五～二九九頁。

19 「平安中後期における貴族と医師」（京都橘大学女性歴史文化研究所編『医療の社会史――生・老・病・死』思文閣出版、二〇一三年）八頁。

20 紅雪は『貞信公記抄』延喜十一年（九一一）九月廿九日条、延長三年（九二五）十二月十日条、鍾乳丸は延喜十一年十月十一日条、延長三年三月十七日条、金液丹は延喜廿年五月十八日・廿二日・廿五日条、延長二年三月十七日・十八日・十九日条、同年四月十四日条、他に開肉散（同年七月五日条）、従容散（宍蓯蓉散）（同年七月廿五日条、同年九月十二日条）、大棗丸（延長三年三月十七日条）など。丹薬や石薬が中心である。

21 『小右記』長和三年（一〇一四）三月十七日条。他に、『春記』長暦三年（一〇三九）十月五日・六日条には、藤原資房の舅にあたる源経相の治療のために、藤原頼通から紅雪が送られている。高価で希少な輸入薬であったからこそ、こうした薬の贈答が意味をもったのである。道長も藤原公季のもとに紅雪を送ったり（長和元年九月九日条）、三条天皇に紅雪を献上したり（同年十月二十九日条）、娘の尚侍威子に差し入れたり（寛仁二年九月二十日条）している。

22 前掲注5服部敏良『王朝貴族の病状診断』一七四～一八九頁。また土田直鎮『王朝の貴族』（中央公論社（中公文庫）、一九七三年）などにも詳しい。

23 道長の病歴については、順に、胸病『大日本史料』二編―三、八五頁（『日本紀略』『小記目録』『本朝本粋』『栄華物語』など）、霍乱『御堂関白記』寛弘元年七月二日条・『小右記』同月三日条、瘧『小右記』長和元年六月六日条～七月五日条、骨折『御堂関白記』長和四年閏六月十九日条～、飲水病『小右記』長和五年五月十日条・十一日条など、胸病『御堂関白記』寛仁二年四月九日条・『小右記』同月十日条・『小右記』同年閏四月二十四日条など、眼病『御堂関白記』寛仁三年二月六日条・『小右記』同月九日条など、胸病『小右記』寛仁三年三月十八日条、痢病『小右記』万寿四年十月二十八日条など、腫物『小右記』万寿四年十一月二十一日条、同年十二月二日条、同月六日条。

24 前掲注19増渕徹論文、四～七頁。

25 倉本一宏『平安貴族の夢分析』（吉川弘文館、二〇〇八年）一二〇頁

26 『大日本史料』二編―二三、六八頁。

中世公家日記と自然災害・疾病

中村　直人

はじめに

本稿は、中世公家日記における自然災害と疾病の記載内容とその特色について確認することを目的とする。具体的には、貞成親王『看聞日記』を素材とし、その内容に基づきながら、同日記の執筆された十五世紀前半における自然災害と疾病について述べていく。

『看聞日記』の著者である伏見宮貞成親王［応安五年（一三七二）～康正二年（一四五六）］は、北朝の崇光院流に属する皇族である。崇光院の後、北朝の皇統は崇光院の弟後光厳天皇の系統に継承された。崇光院の息栄仁親王は即位の可能性を絶たれ、崇光院流は傍流の家系となった（伏見宮家）。栄仁の息である貞成は、長らく菊亭今出川家において生活を営み、応永十八年（一四一一）に伏見御所で四十歳にして元服し、そのまま伏見の地で生活するようになった。『看聞日記』はこの伏見在住中の応永二十三年（一四一六）正月に起筆された。

『看聞日記』は、応永二十三年から文安五年（一四四八）まで、三十三年間にわたって執筆された。このうち、応永三十三年～正長元年、永享十一年、同十二年、嘉吉二年、文安元年～同三年分が欠巻であり、文安四年・同五年分は内容的に別記である。以下、本稿では、まとまった記載のある応永二十三年から嘉吉三年分までを扱うこととする。

伏見在庄期における貞成は、京への関心が強く、京と伏見を往来する伏見宮家の関係者から京の情報を得ては、伏見庄の出来事とともに日記に書き留めている。その内容は多岐にわたり、興味深い巷説風聞の数々が記載されるなど、同時期の公家日記に比して精彩を放っている。その後、正長元年（一四二八）七月に貞成の息彦仁王が践祚すると状況が変わり、貞成は天皇の父として遇されるようになる。そして永享七年（一四三五）十二月、貞成は居を京の一条東洞院の邸宅に移し、その後も京に住み続けた。[注1]

以上の背景を念頭に置きつつ、以下、自然災害（地震、旱害、水害）、自然災害と関わりのある飢饉、そして疾病について、『看聞日記』の記載を基に検討する。[注2]

一　地震

『看聞日記』には、毎年のように地震の記事がみられる。発生した年と回数（発生日数で計算）は、応永二十五年（二回）、同二十六年（一回）、同二十七年（二回）、同二十八年（三回）、同二十九年（一回）、同三十一年（四回）、同三十二年（一三回）、永享二年（一回）、同三年（二回）、同四年（一回）、同五年（一一回）、同六年（七回）、同七年（二回）、同八年（二回）、同九年（一回）、同十年（七回）、嘉吉三年（三回）、となる。大規模な地震は見られないが、中小規模の地震が頻発していた様子がうかがえる。

応永三十二年（一四二五）は地震が多発した年である。前年の十二月五日に「近比大動也」と貞成を驚かせた地震があったのち、しばらく地震はなかったが、翌応永三十二年中頃から頻発するようになる。閏六月十七日、暁の寅刻に大地震が発生した。同日中に小動が二、三回あり、午刻にも小地震があった。この大地震は龍神動・凶動と判断され、地震占文には種々凶事と出た。その後も毎日のように小動が続き、七月一日は地震、翌二日には数度に及ぶ大地震が発生した。二日の大地震は閏六月十七日の大地震よりも「大動」であった。

その後、八月四日に小地震、同七日に地震（二回）、同九日・十月二十四日と小地震が続き、十一月五日にはまたもや大地震が発生した。『看聞日記』同日条には、

巳剋有㆓大地震㆒、所々築地崩、以外大動也、火神動、占文不㆑軽、公家・仙洞・武家殊更御慎之由、陰陽道占申云々、

とあり、築地が崩れるほどの揺れであった。この五日の地震は、実際の被害が記録されたことから、一連の地震における本震であったと思われる。その後も同十日・十六日・二十二日・十二月十一日・同十六日と、余震と思われる地震・小地震が続いた。このうち本震のあった直後の十一月十日の地震では「大声」があり、亀山将軍塚が鳴動した。「大声」とは地鳴りのことであろうか。こうして一連の地震は終了した。

『看聞日記』では地震の規模を「大地震」「地震」「小地震」と区別している。「大地震」とある場合も、築地が崩れるなどの具体的被害は記載されないのが普通であり、現代社会における大地震とは意味が異なる。また、

地震は揺れの規模にかかわらず、金翅鳥動・帝釈動などと性格付けがなされている。「酉時有二大地震一、帝尺動也」「辰刻小地震、金翅鳥動也」のごとくである。[注3]

地震動は、発生した時刻や星宿の二十八宿などにより、金翅鳥動・帝釈動（天王動）・龍神動・火神動・水神動に区分された。このうち帝釈動（天王動）だけが吉動とされ、その他は凶動と認識された。吉動が起こると五穀豊穣で天子に吉事があり万民は安穏、凶動では旱魃・五穀不熟となり天子が凶にあたるとされる。地震動に性格を与える考え方は、もともとは仏典（『大智度論』）に基づくものであり、これを陰陽道が採り入れて中世社会では一般化した。[注4]

地震動の判断は、ある程度は個人でも可能であるが、公的には陰陽師による占いによって確定された。占いを担当したのは安倍氏と賀茂氏である。両者はそれぞれ占いの結果を地震勘文（占文）に記載し、これを幕府・朝廷へ勘進した。地震勘文の内容は、地震動の区分と、それがもたらす吉凶事である。凶動の場合は、兵革・病事・飢饉・火災・旱魃・口舌などの災いが起こるとされ、慎むべきことが記される。人々は地震が発生すると、その吉凶と、凶動であるならばその意味するところを知りたがった。

地震の発生に対して国家は、変異祈禱の一つである地震祈禱（地夭御祈）を実施した。その手順は、安倍・賀茂両氏が勘進した地震勘文の内容をうけ、室町殿から諸寺社・護持僧に対して祈禱命令が出され、実行に移される。[注5]地震の規模が小動の場合は祈禱は行われず、大動（大地震）のときに多く行われた。

地震祈禱の内容については『満済准后日記』に詳しい。同書によると、前出の応永三十二年閏六月十七日の大地震では、翌十八日に地動御祈として一壇を勤修すべき旨が伝奏広橋常寂（兼宣）から醍醐寺に伝えられ、同寺では二十日より愛染護摩以下の修法が開始された。修法は通常、七日間前後で結願するが、今回は修法中に地震が連続したため、八月二十八日まで継続された。同日、巻数が内裏・仙洞・室町殿に提出され修法は終了した。十一月五日の大地震では、賀茂在方が勘進した占文に「兵革病事等専在レ之、宮室ニ有レ驚」とあったためか、護持僧の各本坊において大規模な修法である五壇法が九日より執行された。対応の段階を最大に引き上げたのである。醍醐寺では五壇法に加え、室町殿御祈として愛染護摩・降三世護摩・閻魔天供、内裏様御祈として仏眼護摩、仙洞様御祈として不動護摩などが修され、十二月二日に結願した。[注6]

災異（天体運行の異変である天変、地震、飢饉、疫病流行など）は、為政者の不徳と神の祟りによるものと観念された。この災異を消除するには仏神事と徳政の興行が必要であった。そこで国家は諸寺社へ祈禱を命じるなどして、あるべき秩序の回復を図ったのである。[注7]地震については、寺社における地震祈禱や陰陽道の天地災変祭が行われた。なお、義持・義教期には、変異・祈雨などの国家的祈禱の主導権は室町殿が掌握した。[注8]

二　旱害と水害

表1は、『看聞日記』執筆期間にみられる炎旱・洪水の発生年を示したものである（＊印＝『満済准后日記』『師郷記』で補う）。毎年のように炎旱と洪水が発生しており、なかには炎旱と洪水が交互に発生する年もみられる。

応永二十七年（一四二〇）の炎旱は、大規模な飢饉（応永の飢饉）の原因となったことで知られている。以下、『看聞日記』の記述を中心に、炎旱の経過についてみていく。

まず四月十九日と五月六日に祈雨奉幣が行われた。[注9]四月中旬には雨不足が懸念されていたことがわかる。五月二十日には、炎旱のため、祈雨奉幣とともに諸寺において祈禱が行われた。その験あってか二日間ほど雨が降っ

表1 『看聞日記』執筆期間にみられる炎旱・洪水の発生年

応永二五年	（一四一八）	炎旱（四月、六月）
応永二六年	（一四一九）	洪水（八月、九月）
応永二七年	（一四二〇）	炎旱（四月〜七月）
応永二八年	（一四二一）	洪水（七月）・炎旱（九月〜十二月）
*応永二九年	（一四二二）	渇水（六月）
応永三〇年	（一四二三）	霖雨・洪水（五月、七月、八月）
*応永三一年	（一四二四）	洪水（四月、五月）
応永三二年	（一四二五）	洪水（六月、七月、八月）
*応永三三年	（一四二六）	洪水（六月、八月）
*応永三四年	（一四二七）	洪水（五月、七月、八月、九月）
*永享元年	（一四二九）	洪水（五月）・炎旱（六月）
*永享二年	（一四三〇）	炎旱（五月）洪水（八月）
永享三年	（一四三一）	霖雨・洪水（五月）
永享四年	（一四三二）	炎旱（六月〜七月初）
永享五年	（一四三三）	炎旱（五月、六月下旬〜七月初）
永享六年	（一四三四）	炎旱（三月、七月）・洪水（四月）
永享八年	（一四三六）	炎旱（五月〜閏五月初、六月）・洪水（七月）
永享九年	（一四三七）	霖雨・洪水（五月、六月）
永享一一年	（一四三九）	洪水（四月、七月、八月）・炎旱（六月）
嘉吉元年	（一四四一）	洪水（五月）
嘉吉三年	（一四四三）	炎旱（五月、八月）・洪水（五月、九月）

たが、その後はまた晴天が続き、同三十日には「炎旱過法、民周章誠不便也」という状況になった。

六月に入ると、炎旱は「近来如レ此無二炎旱一」といわれるほどに深刻化し、「天下飢饉」の報も入って来るなど、危機的状況を呈してきた。六月一日、「四ケ大寺」による祈雨祈禱が始行された。[注10] 同十五日、貞成は伏見庄が水不足となったことから、隣接する九条家領（東九条庄）から伏見庄に用水を分けてもらうべく、関白九条満教と掛け合っている。在地における水不足は深刻であった。同二十七日、貞成は「炎旱非二只事一、御祈禱雖レ被レ行無二其験一、春日大明神御祟云々」と記している。事実、六月に降雨があった日は、『看聞日記』の記載から判明する限り、七日・八日の二日間だけであった。

明けて七月二日より神泉苑で孔雀経御読経が始行された。[注11] その日のうちに雨が降ったが、翌日から晴天が続き、世間では貴船大明神の御祟との噂が立った。[注12] 雨は同月末ころからようやく降るようになり、炎旱は一応終息したものとみられる。この長期にわたる炎旱は大規模な飢饉に結果し、大量の餓死者と病死者を出すことになる。

応永二十七年の炎旱は長期にわたる厳しいものであったが、炎旱そのものはしばしば発生している。たとえば永享五年（一四三三）は五月と六月下旬から七月初旬にかけて炎旱、同六年は三月と七月が炎旱であった。この両年の炎旱は西日本の各地を範囲としたようで、伏見宮家領の若狭国松永庄では百姓らが列参して干損を現地代官に訴え、同家領の備中国大嶋保は「備《中》州炎旱両年相続、地下払塵散々事」という状況であった。[注13] なお、永享五年の六月は寒冷であったらしく、『満済准后日記』には「此間冷気超過、頗如二暮秋一也」とある。[注14] この年が飢饉であった事実は確認されないが、冷害も予想される。

この他にも、干損・飢饉といった具体的被害の明示されない、比較的短期間の炎旱は、実際には毎年のように発生したものと思われる。炎旱への国家的取り組みについては、諸寺社への祈雨奉幣、顕密寺院・五山寺院による祈雨祈禱、神泉苑の祈禱などの宗教的対応がみられる。地域における請雨祈禱は各地でみられたであろう。[注15]

次に洪水について述べる。永享九年（一四三七）五月十五日、暁からの雨により洪水が発生した。同二十五日には霖雨により「大洪水」が起きた。京では諸方の橋が落ち、止雨奉幣が行われた。次いで六月十五日、前夜からの大雨によりまたも洪水が発生した。伏見では田地の多くが浸水する「廿余年以来大洪水」となった。貞成は「去年炎旱、当年洪水、天災之至万民周章」と歎いている。

嘉吉三年（一四四三）五月の洪水では、京の市街地が浸水した。この年は四月から雨不足で五月には炎旱となった。そこで五月九日に丹生川上社・貴船社への祈雨奉幣と諸寺諸山の祈雨祈禱が行われ、[注16] 十二日夜から十三日にかけて雨が降った。ところが今度は雨続きになる。十七日より断続的に雨天となり、二十日には甚雨が終日終夜降った。そして「大洪水」となった。

　甚雨終日終夜降、大洪水、今出川小路まて大水流云々、在家之内へ水入、炎旱之後又洪水、凶年顕然万民周章也、

　鴨川から溢れ出た水は今出川小路まで流れて在家が浸水した。二十一日には、河原が洪水で渡ることが困難な状態であること、一条室町では釘抜が流され小路は大水でひどい有様であることなどが貞成に報告された。二十二日には、洪水により河原では多くの人が「流死」したとの報が伝えられた。また『建内記』によると、二十日の洪水では室町殿の惣門内に上方から水が川のごとく流れ来て、女人両人が流されたという。[注17]

　鴨川の流水量は普段はさほどではなく、徒歩で渡ることができるが、降雨後は急激に増水する特色がある。「洛中大夕立、河原洪水、人家流云々」[注18]とあるように、霖雨でなくても急速に増水し、洪水となることが多い。洪水になると広い河原に立つ家屋がよく流された。また賀茂川と高野川が合流する一条附近は、洪水の起こりやすい場所であった。洪水被害の原因としては、市街地が鴨川の氾濫原にまで拡大したこと、中世後期の鴨川の河床が堆積物により上昇したことなどがあげられる。[注19]前者は災害の人為的側面を示している。

　京南郊の伏見も頻繁に洪水に見舞われた。前面に広がる巨椋池に宇治川・木津川・桂川が合流するので、大雨が降ると洪水が発生しやすい地域である。伏見の村々はしばしば洪水により大きな被害を出した。「洪水以外出、三栖在家水中ニ成、土民逃散云々、田地損亡民間周章」「地下洪水近来無二如レ此事一、言語道断云々、水郷家とも皆流云々」のごとくである。[注20]前出の永享九年六月の洪水はおよそ二十年来の大洪水であり、同年九月九日の

御香宮祭礼は「地下水損之間散々事」となった。田地の水損により年貢の納入も滞る。伏見庄には長講堂六月八日供米が賦課されていたが、水損で納入がたびたび困難に陥っている。[注21]

三　飢饉

応永二十七年（一四二〇）から翌二十八年にかけて、大規模な飢饉が発生した。応永の飢饉である。以下、当飢饉の内容について述べていく。[注22]

応永二十七年の四月ころから続いた炎旱は、六月に入っても止む気配がなかった。六月七日、祇園会の中止が貞成のもとに伝えられた。「天下飢饉」が理由である。結局、祇園会は結構されることになったが、飢饉がすでに現実のものとなっていることが看取される。七月十七日、将軍義持の命により、八朔礼物の贈答が天下飢饉のため停止されるとの報が流れた。

その後、飢饉に関する記述はしばらく見られない。翌応永二十八年正月十五日、伏見庄では例年のごとく村々が松拍を催した。けれども、「風流無二指事一、当年天下依二飢饉一、民力微弱之間、如レ形表二祝着一云々」とあるように、飢饉で在地社会が疲弊したので、村々の風流は簡素化された。飢饉の影響は確実に人々の間に広まっていたのである。

二月に入ると、多数の餓死者が出る事態となった。『看聞日記』二月十八日条には、

抑去年炎旱飢饉之間、諸国貧人上洛、乞食充満、餓死者不レ知レ数、路頭ニ臥云々、仍自二公方一被レ仰、諸大

名五条河原ニ立二仮屋一引二施行一、受レ食酔死者又千万云々、今春又疫病興盛万人死去云々、天龍寺・相国寺
　引二施行一、貧人群集云々、

とあり、去年の炎旱と飢饉により生活困難となった多数の飢民が、周辺諸国から京へ流入し、京が飢民と餓死者で充満した状況を伝える。彼らが京を目指して移動したということは、京には食糧が相応に蓄積されていたことをも示している。

　このような危機的状況に直面した将軍義持は、諸大名に命じて五条河原に仮屋を建て、飢民への施行を実施した。天龍寺や相国寺などの五山寺院も施行を行った。施行には飢民が群集したが、食物を口にした者の多くが「酔死」してしまったという。極度の飢餓状態にある人間の悲劇である。そして春になると疫病が広がり、さらに多くの人々が死去していった。

　今回の飢饉では、社会的対応として施行と施餓鬼がみられた[注23]。施行は食糧の供与、施餓鬼は追善仏事である。まず応永二十八年二月に、諸大名および五山寺院による施行が行われた（前述）。幕府としては、首都に充満する飢民を放置することは難しかったのであろう。

　次に同年六月、「人民死亡為二追善一」に、五山以下の寺々において施餓鬼が行われた。執行を命じたのは将軍義持と思われる。伏見庄でもこの動向をうけて、にわかに地下で勧進がなされ、同十五日、大光明寺において大施餓鬼が催された[注24]。

　翌応永二十九年九月六日、京の五条河原において大施餓鬼の開催が企画された。この大施餓鬼は、前年の飢饉と疫病による大量の死者を追善するため、死骸の骨で六地蔵を造り大石塔を立てて供養するものである。「往来

囉斎僧」と称される無縁の勧進僧たちが勧進・主催する点に特色がある。彼らの活動の背景には、死者の追善を求める民衆の姿があった。大施餓鬼は勧進興行の形式をとり、読経の会場には桟敷が設けられ、室町殿を含む多くの人々が見物する予定であった。しかし勧進僧と河原者の喧嘩や大風雨などで中止となり、山と積まれた勧進施物は五山の施餓鬼に流用されることになった。[注25]

応永の飢饉にさいして行われた施行と施餓鬼は、同じく多数の飢民が京に流入した寛正の飢饉においてもみられる。寛正の飢饉では、勧進僧願阿弥が将軍義政の許可のもとで勧進し、寛正二年（一四六一）二月六日から晦日にかけて、六角堂前に設けた仮屋において大規模な施行が行われた。施行では大鍋子十五口で毎日八千人分の粟粥が用意され、日々数十人規模で発生する死者の遺体処理も並行して行われた。次いで三月末から四月にかけて、義政の命により、五山寺院による施餓鬼（施食会・水陸会）が四条橋・五条橋などで営まれている。[注26]

ところで、飢饉が発生する要因の一つに、流通機構の問題があげられる。永享三年（一四三一）六月から七月にかけて、京を中心に飢饉が発生して餓死者が出た。[注27]このときの飢饉は、米価格の高騰を期した米商人が、諸国から京への運送路（七口）を塞いで米の流通を止めたことが原因と考えられている。[注28]つまり人為的に引き起こされた飢饉であった。京の住人の生活は、諸国から七口を経由して運送される食糧・物資に依存していたので、七口を塞がれると食糧・物資不足となり、場合によっては飢餓状態に陥るのである。

また、飢饉が餓死に直接繋がるわけでもない。嘉吉三年（一四四三）七月二十四日、五条坊門室町辺の火事の報に接した貞成は、

此間連夜焼亡、皆強盗所為云々、天下飢饉、悪党充満、世之土蔵悉所レ取質物、又徳政之怖畏云々、仍飢饉

忽餓死勿論也、疲労之身可二如何一候哉、失二術計一時節也、

と、付火強盗が続発するのは人々が飢饉で「疲労」しているからであり、そのため飢饉はたちまち餓死に繋がると述べている。流通の途絶や買い占めなどによって京の物価が高騰すると、経済的余力のない困窮者から飢饉状態となり、餓死者も出る。

応永の飢饉が旱魃という自然災害を背景とするように、自然災害は凶作をもたらし、飢饉を誘発する。しかしながら、飢饉の被害が餓死者を出すほどに拡大するには、人為的な要因、すなわち都市の構造、流通、支配体制のあり方などが大きく作用している。[注29] 人為的に発生した飢饉への注意が必要である。

四　疾病と治病

1　疾病の流行

表2は、『看聞日記』執筆期間における疾病の流行について示したものである（＊印＝『満済准后日記』『建内記』『康富記』で補う）。

三日病とは、従来は風疹（三日麻疹）とされてきたが、近年は流行性感冒（インフルエンザ）と考えられている。[注30] 死に到ることは少ないが、中世を通してしばしば大流行した。応永二十四年の流行では、貞成と親しい今出川公行や貞成の近習田向長資が罹患している。応永三十一年の疱瘡（天然痘）の流行では将軍義量が罹患、嘉吉元年の赤斑瘡（麻疹）の流行では後花園天皇が罹患している。風気の示す範囲は広いが、多くの場合は風邪を指

表2 『看聞日記』執筆期間における疾病の流行

応永二三年	（一四一六）	三日病（六月）
応永二四年	（一四一七）	疱瘡（正月）・世病気（春～閏五月）・三日病（七月）
応永二七年	（一四二〇）	風気（三月、十月）
応永二八年	（一四二一）	世間病（三月～）
応永三〇年	（一四二三）	諸人病悩（十二月）
応永三一年	（一四二四）	疱瘡（正月）
応永三二年	（一四二五）	風気（八月）
＊正長元年	（一四二八）	三日病（四月～五月）
永享四年	（一四三二）	三日病・痢病（八月）
＊永享五年	（一四三三）	風気・痢病（閏七月）
永享七年	（一四三五）	世間病（五月）
永享一〇年	（一四三八）	世間病（五月～七月）
＊永享一一年	（一四三九）	腫物（正月～二月）
嘉吉元年	（一四四一）	赤斑瘡（三月～四月）・風気（五月）
＊嘉吉二年	（一四四二）	三日病（八月）

す。「世間病」の場合、疾病の内容は不明である。

流行性の疾病（疫病）が蔓延すると、どのようなことになるのだろうか。以下、応永二十八年（一四二一）の疫病流行について確認する。[注31]

前年の応永の飢饉の影響は年を越えると深刻化し、「今春又疫病興盛万人死去」とあるように、飢饉で疲労した人々の間で疫病が流行し、その多くが病死した。貞成の居住する伏見庄でも二月末までに石井村で多くの病者が出た。三月には「世間病事以外流布」との状況をうけ、貞成邸では疫病の侵入を防ぐ措置として、陰陽師による祈禱（屋固・身固）が実施された。四月に入ると「洛中病事興盛以外」という状況に至り、内大臣大炊御門宗氏・大内記東坊城元長が「件病気」により没した。同二十三日には椎野寺主（貞成の異母兄弟）が、疫病が流行する嵯峨から伏見へ避難してきた。二十六日には北畠（木造）俊康・中山満親の死が伝えられた。

このように疫病は飢民をまず襲い、やがて公家社会に波及した。公家のなかでは、とりわけ菊亭今出川家の被害が甚大であった。

四月二六日　菊第政所諸大夫三善興衡・同息女、死去。
三〇日　今出川公富（公行嫡孫）、風気。疫病流布を鑑み他所へ退出。
五月一六日　三善興衡遺跡を継承した藤衡、存命不定の病気。
一九日　菊第青侍宗親、世間病気により死去。
二二日　今出川公富息女、死去。今出川公富、痢病再発。
晦日　三善藤衡、死去。
六月二日　諸大夫重徳、病気。
六日　今出川公行・近衛局（公行室）・公行息女、病気。
一一日　今出川公富室、死去。政所関係者、これまでに十七人死去。
一四日　今出川公行、死去。
二七日　今出川公富、本復。八月九日、所労により死去。

今出川家は、当主の公行、公行の嫡孫公富とその室・息女らが死去した。また、同家政所の三善興衡と藤衡（興衡兄弟）が病没し、残るは興衡末子の小童一人ばかりとなり、政所一流は存続の危機に直面した。結局、今出川家は「家中家僕上下廿八人死去」という大きな痛手を負い、家門の存続が危ぶまれる事態に陥った。当主一族は勿論のこと、家政を支える政所一流までも失い、同家は根底から打撃を受けたといえる。重要な家芸である四絃の相承も断絶が懸念された。

嘉吉元年（一四四一）の赤斑瘡の流行も公家社会を直撃した。京に居を移した貞成の周辺でも被害が続出し、後花園天皇（貞成息）、貞常（同）・性恵（貞成息女。死去）・ちよちよ（同息女）ら貞成の子女、貞成近習の庭田重賢・四条隆富、今出川教季らが罹患した。女中たちも次々と罹患・退出したので、貞成の御所は「無人計会」の有様となった。[注32]

それでは次に、疫病流行への社会的対応についてみていく。

三日病が流行した応永二十三年（一四一六）、「殊病人ニ施二利生一」との理由から、桂地蔵に多くの貴賤が参詣した。やがて地蔵の霊験は芝居であることが発覚し、関係者は禁獄されるが、それでも人々の参詣熱は衰えることがなかった。[注33]当時、治病を願う人々に対して神仏の利生が説かれ、寺社参詣が大いに流行した。また応永二十四年閏五月、春から流行した「世病気」がいまだ退散しないことを歎く伏見庄の地下人に対して、貞成は伏見法安寺の良明房（貞成の祈禱面を担当）に命じて仁王経を読ませている。[注34]この疫病退散の祈禱は、領主としての務めとして意識されたものであろう。

応永の飢饉にともなう疫病流行の場合、国家的対応をみると、応永二十八年（一四二一）四月、五条天神の流罪が宣下され、祇園社に勅使が立てられた。疫病守護神である五条天神に疫病流行の罪を背負わせ、一旦京外へ放逐する、病疫退散の儀礼である。[注35]五月には「天下飢饉病事御祈」として稲荷社などの諸社へ奉幣が行われ、六月には四角四境祭が行われた。[注36]四角四境祭は、疫病の原因となる疫神が山城国と宮城に侵入するのを防ぐ伝統的な祭祀である。[注37]このなかで五条天神の「流罪」はやや特異な事例であるが、それだけ今回の飢饉と疫病流行が深刻な事態であったことを示している。そのため、民間でも注目すべき動きがみられた。伏見即成院における百万遍念仏の執行である。

同年五月十八日、即成院において百万遍念仏会が開催された。その趣旨は、飢饉にともなう疫病の流行により死亡し、現在も病に苦しむ地下人の過去追善・現在祈禱のためである。

今夜即成院有二百万反念仏一、寿蔵主願主、善基為二勧進聖一上下勧レ之、是地下人多死去、或病悩之間、過去追善現在祈禱云々、念仏衆二百余人群参云々、女中・三位以下聴二聞之一、凡当所村々百万反此間興盛也、

伏見大光明寺の塔頭行蔵庵の寿蔵主が願主となり、即成院住僧の善基が勧進聖として、貴賤を問わず人々への勧進を行った。二月末の段階で多くの病者を出していた当所では、病死者も多数出したものと思われる。そこで死者の追善と病者の救済を願って、百万遍念仏会が執行されたのである。伏見庄の村々ではすでに百万遍念仏が興盛し、即成院の百万遍念仏には地下人と思われる念仏衆が二百人余りも群参した。同所における疫病被害の大きさ、人々の疫病克服への願いの強さを示している。

即成院百万遍念仏は、その後も疫病の流行が止まなかったためか、同年の六月十八日と七月十日にも開催された。六月の念仏では、地下との関係が深い広時なる人物（田向青侍）が勧進し、大勢が群集した。このように即成院百万遍念仏会は、人々の治病への強い願いを背景に、地域の寺院・塔頭・有力者が主催した仏事であった。その後、即成院百万遍念仏は追善仏事の月次念仏となり、さらには盆行事の念仏躍へと展開し、定着する。注38

2 治病

以下では疾病の治療について、貞成の事例を中心に述べていく。

応永二十三年（一四一六）九月、貞成は風気を催した。これを瘧病と判断した貞成は「弘法大師御筆以下」の護符を濯ぎ呑み、法安寺良明房に加持を行わせた。その後も良明房に加持を行わせ、ついに瘧を落とした。[注39]また応永二十九年（一四二二）閏十月、股の痛みに悩んでいた貞成は、医師の竹田昌者法眼を呼んで診療を受けた。昌者は脚気中風と診断し、良薬と針・灸による治療を行った。[注40]瘧病と脚気は貞成の持病であり、その後もしばしば苦しむことになる。

右の事例において貞成は、瘧病については呪術（護符・加持）で対応し、脚気については医師の診療に任せている。当時の治病は、医学的な治療行為である医療と加持祈禱を行う祈療とがあり、両者は併存していた。疾病に対して当時の医師や僧侶は、環境や不摂生などの固有の原因によるものと、鬼神・物怪などの所為によるものとに識別した。そして、前者の人力の及ぶ部分では医療を施し、後者の人力の及ばざる部分では修法・祈禱などで対応した。[注41]瘧病（マラリアカ）は発熱発作を繰り返すことから、平安時代以来、鬼による仕業と考えられ、その治療は鬼を落とす目的から、加持などの祈療がよいとされた。[注42]したがって脚気は医療の範囲、瘧は祈療の範囲となる。なお、「狂気」「狐付」などと表現される疾病の場合は、最初から祈療が実施される。

しかしながら、病因の判断は難しく、依頼主の意向が強く働くこともあり、実際には医療と祈療が並行して行われたり、医療効果がなければ祈療に切り替えられるなど、治療のあり方は多様であった。たとえば嘉吉元年（一四四一）三月、性恵（貞成息女）が赤斑瘡に罹患したさいには、将軍義教と貞成から医師が派遣された。しかし容態が好転しなかったことから「祈療之外者無㆑憑所㆒」と観念した貞成は、算置法師と陰陽師に病因を尋ね、邪気が病因であるとの確信を得ると、以後は算法師、三井寺大心院の験者、義教が派遣した葛河法師らによる加持祈禱に期待している。[注43]

次に、貞成を治療した医師について述べる。貞成は、伏見居住の時期は竹田昌耆・心知客、在京期には竹田昌耆・和気茂成らの診療をおもに受けている。

竹田昌耆は貞成の父栄仁の代から伏見宮家に出入りした民間医である。竹田氏は代々室町将軍や天皇に仕えた家系であり、昌耆はその傍系に属した。[注44]貞成は在伏見・在京時代を通じて昌耆の診療を受けている。貞成の昌耆に対する信頼は篤く、永享十年（一四三八）四月に昌耆は「医道廃置之由」を将軍義教に申し入れているが、貞成は憚りを怖れつつも昌耆を用い続けている。とくに持病である脚気の治療手腕に信頼を置いたようである。[注45]

心知客（慶恩）は建仁寺僧で医道抜群の者である。[注46]伏見宮家には時々出入りし、貞成の兄治仁の危篤のさいには夜中に呼び出され、その後も貞成の診療を行っている。心知客が死去すると、弟子の慶音（号は青龍庵）が貞成に呼ばれている。[注47]

和気茂成は典薬寮医官の流れに属し、[注48]伏見宮家との関係は永享三年（一四三一）ころより始まる。当初は正月の百散献上や挨拶程度であったが、息女小今を貞成のもとに出仕させ、貞成近習の庭田邸における月次連歌会に参加するなど、伏見宮家との人間関係の構築に努力した。同九年（一四三七）ころより貞成の診療を行うようになり、やがて「医師ハ茂成朝臣参」と貞成が将軍義教に報告するほどに、同家での地位確立に成功した。[注49]

貞成はまた、貞常（貞成息）・ちよちよ（同息女）・観心（後花園息女）ら小児の診療に、丹波頼豊をよく用いている。[注50]頼豊は典薬寮の流れを汲む官医である。[注51]小児専門ではないが、貞成は小児向けの医師として使い分けている。その他、貞成のもとには、官医の丹波幸基・丹波篤忠・丹波季長・和気郷成、民間医の平井薬寿・音知客・竹田照善らが出入りした。このうち貞成が治療を受けたのは、平井薬寿・音知客・竹田照善である。[注52]

このように貞成の周囲には複数の官医・民間医が見出せる。彼らは京を中心に活動し、貴顕の屋敷を出入りしては治療を行い、報酬を得た。

室町時代の医師の特色は、民間医の活躍が顕著なことである。[注53] 従来、朝廷の医療は丹波氏・和気氏に代表される典薬寮の官医が担ってきたが、十四世紀後半以降、官医が没落して民間医が活躍する傾向が強まってくる。とくに義満期以降の歴代将軍は、新しく実用的な宋医学を吸収し、豊富な治療経験をもつ、優れた民間医を積極的に登用した。義満に仕えた坂士仏、義持・義教に仕えた士仏の孫三位房胤能および同門の寿阿弥が代表的である。登用された民間医は、保守的な官医をその技量でしばしば圧倒し、幕府・朝廷において重用された。一方の官医は、技量の点であまり信頼されなくなってきたようである。

有能な医師（官医・民間医）を周囲に抱えた将軍は、必要に応じて彼らを召しては奉仕させ、天皇や公家・有力守護らへ派遣してその治療を扶助した。公家や有力守護もまた民間医を雇用し、寺院には僧医もいた。医療に対する社会的需要の高まりが、これら民間医の出現を後押しした。他方、民間医と競合することになった官医は、引き続き幕府・朝廷での活動に腐心する一方で、新たな得意先を確保する必要に迫られた。貞成に接近した和気茂成はその一例である。

貞成の生きた時代は、迷信めいた民間治療や伝統的な修法・祈禱などが行われる一方で、民間医が活躍し、医師の社会的信頼性が向上するなど、新しい動向がみられるようになった。その背景には、治病に対する社会全般の強い願いの存在や医療技術・知識の積み重ねがあった。こうして人力の及ばざる部分が、少しずつ埋められていったものと考えられる。

おわりに

以上、『看聞日記』にみられる自然災害と疾病について概観した。中世公家日記の一部を扱ったに過ぎないが、記載内容の大まかな傾向は示すことができたと思う。

自然災害と疾病に関する記主貞成の関心は、あくまでも京および京の武家・公家社会におけるものであり、記録したのはおもに都市災害についてであった。当然のことながら、社会の災害克服への地道な取り組みなどは貞成の関心外であり、この点について日記からわかることは乏少である。

しかしながら、応永の飢饉に関する記述は貴重であり、伏見の地下社会の様子がうかがえることも重要である。また、疾病および治療に関する記述は豊富で、医師の活動や様々な治療（医療・祈療）のあり方、疾病に対する人々の意識の問題など、今後検討する上での多くの素材を提供してくれる。また、本稿では扱いえなかったが、巷説風聞や怪異現象の記述も豊富である。これらも災害との関わりで捉えることができると考える。

注

1　以上、横井清『室町時代の一皇族の生涯』（講談社学術文庫、二〇〇二年、初出は一九七九年）、『図書寮叢刊　看聞日記七』所収「解題」（宮内庁書陵部、二〇一四年）を参照した。

2　本稿では『図書寮叢刊　看聞日記（一～七）』を使用した。また、本文中で月日の明かな記述の典拠は、原則として『看聞日記』該当日条である。その場合、煩により注は省略し、必要がある場合のみこれを付した。

3　『看聞日記』応永二十七年六月二十七日、同三十二年十一月二十二日条。
4　黒田日出男『龍の棲む日本』（岩波新書、二〇〇三年）、邢東風「仏典に見られる「大地震動」」（『桃山学院大学総合研究所紀要』第三六巻第一号、二〇一〇年）。
5　富田正弘「室町時代における祈禱と公武統一政権」（『陰陽道叢書　2中世』所収、名著出版、一九九三年、初出は一九七八年）、柳原敏昭「室町政権と陰陽道」（同上書所収、初出は一九八八年）。
6　以上、『満済准后日記』応永三十二年閏六月十七日、十八日、八月二十八日、十一月五日、九日条など。
7　山下克明「暦・天文をめぐる諸相」（同『平安時代の宗教文化と陰陽道』所収、岩田書院、一九九六年、初出は一九九三年）。
8　前掲注5富田論文、柳原論文。
9　『師郷記』応永二十七年四月十九日、五月六日条。
10　『看聞日記』応永二十七年六月七日条。
11　『満済准后日記』『師郷記』応永二十七年七月二日条。
12　『看聞日記』応永二十七年七月八日条。
13　『看聞日記』永享五年九月三日、同六年八月二十四日条。
14　『満済准后日記』永享五年六月二十日条。
15　摂津勝尾寺では近隣村落からの依頼により、請雨勤行が永享五年、同八年、嘉吉二年、同三年、文安四年、宝徳二年に実施された。永享五年は「大日テリ」、同八年は「天下かんはつ」で、周辺各地で請雨がなされた（『箕面市史　史料編二』所収「勝尾寺文書」八六九・八七六・九二八号文書など）。
16　『康富記』嘉吉三年五月九日、十三日条、『建内記』同年五月十二日条。
17　『建内記』嘉吉三年五月二十五日条。
18　『看聞日記』応永二十六年八月一日条。
19　増渕徹「鴨川と平安京」（門脇禎二・朝尾直弘編『京の鴨川と橋――その歴史と生活』所収、思文閣出版、二〇〇一年）、河角龍典「歴史時代における京都の洪水と氾濫原の地形変化――遺跡に記録された災害情報を用いた水害史の再構築――」（『京都歴史災害研究』第一号、二〇〇四年）など。

20 『看聞日記』応永三十二年七月二十七日、嘉吉三年五月二十三日条。
21 『看聞日記』応永三十年十二月八日、同三十二年十月十日条など。
22 応永の飢饉については、西尾和美「室町中期京都における飢饉と民衆――応永二十八年及び寛正二年の飢饉を中心として――」(『日本史研究』第二七五号、一九八五年)、清水克行『大飢饉、室町社会を襲う!』(吉川弘文館、二〇〇八年)を参照した。
23 応永・寛正の飢饉における施行と施餓鬼については、前掲注22西尾論文、東島誠「公共負担構造の転換――解体と再組織化」(同『公共圏の歴史的創造――江湖の思想へ』所収、東京大学出版会、二〇〇〇年、初出は一九九三年)を参照した。
24 『看聞日記』応永二十八年六月十五日条。
25 『看聞日記』応永二十九年九月六日、七日条。
26 『碧山日録』寛正二年二月二日、十七日、三月二十九日条、『臥雲日件録抜尤』(同年)二月四日条など。
27 『看聞日記』永享三年七月六日、十日条など。
28 前掲注22西尾論文。
29 原田信男「中世の気候変動と災害・飢饉」(『東北学』第八号、二〇〇三年)。
30 中村昭「中世の流行病「三日病」についての検討」(『日本医史学雑誌』第三三巻第三号、一九八七年)。
31 以下、応永二十八年の疫病流行については、『看聞日記』同年二月十八日条から八月二十七日条までを参照した。
32 『看聞日記』嘉吉元年三月十四日、十七日、四月二日条など。
33 『看聞日記』応永二十三年七月十六日、八月九日、十月十四日条。
34 『看聞日記』応永二十四年閏五月九日条。
35 瀬田勝哉「五条天神と祇園社――『義経記』成立の頃」(同『増補 洛中洛外の群像』所収、平凡社ライブラリー、二〇〇九年。初出は一九八六年)。
36 『看聞日記』応永二十八年五月十三日条、同六月六日条。
37 高橋昌明「酒呑童子の原像――京都と四角四堺祭」(同『酒呑童子の誕生』所収、中公新書、一九九二年、初出は一九八七年)。
38 瀬田勝哉「伏見即成院の中世――歴史と縁起――」(『武蔵大学人文学会雑誌』第三六巻第三号、二〇〇五年)。
39 『看聞日記』応永二十三年九月二十日、二十二日、二十四日、二十六日条。

40 『看聞日記』応永二十九年閏十月九日、十一日、十七日条など。

41 田中文英「中世顕密寺院における修法の一考察」（中世寺院史研究会『中世寺院史の研究 上』所収、法藏館、一九八八年）。平安中期の疾病認識と治療法については、谷口美樹「平安貴族の疾病認識と治療法――万寿二年の赤斑瘡流行を手懸りに――」（『日本史研究』第三六四号、一九九二年）がある。

42 上野勝之「日本古代・中世における疾病認識の変容――瘧病史点描――」（『京都大学総合人間学部紀要』第九巻、二〇〇二年）。

43 『看聞日記』嘉吉元年三月十四日、二十一日、五月十二日、十四日、十五日条など。

44 新村拓『日本医療社会史の研究――古代中世の民衆生活と医療』（法政大学出版局、一九八五年）。

45 『看聞日記』永享十年二月七日、四月二日条。

46 前掲注44新村著書。

47 『看聞日記』応永二十四年二月十一日、同二十八年四月二十九日、九月九日、十月八日条。

48 新村拓『古代医療官人制の研究』（法政大学出版局、一九八三年）。

49 『看聞日記』永享七年十二月二十四日、同八年三月二十一日、同十年四月二日条など。

50 『看聞日記』永享四年五月二日、同五年十月二十二日、同七年三月十六日条など。

51 前掲注48新村著書。

52 貞成周辺の人々と医師の関係をみると、近衛局（栄仁室）は伏見大光明寺僧、今出川公行は丹波頼直、近習の綾小路信俊は周防（竹田昌耆舎弟）の診療を受けている。近衛局は手近な寺院の医僧で済ませたようでもあるが、それぞれ贔屓の医師がいたことがわかる。また、東御方（栄仁室。正親町三条実継息女）は実家の正親町三条家で医師の診療を受けている。以上、『看聞日記』応永二十四年五月二十二日、七月二十六日、応永三十年六月十三日、永享五年八月二十八日条など。

53 以下、民間医については、前掲注48新村著書をおもに参照した。

Ⅱ　文学にみる自然災害と疾病

古事記にみる自然災害と疾病

小村　宏史

はじめに

論者に与えられた課題は、古事記にみる自然災害と疾病について論述することである。しかしこれはなかなかに難しい。というのは、後述するとおり古事記はあくまで神話的言説によって理念としての歴史を語る書であり、客観的歴史事実としての災害についての記録をみいだすことが困難なテキストだからである。

現代の我々にとって天象・地象・水象・気象における災害は、自然科学的な因果関係の法則に基づいて生じるものとして認識される。疾病についてもほぼ同様であろう。しかし古代においてはそうではない。災害も疾病も、つまるところワザハヒのなかに含まれるものである。ワザハヒは、ワザ＋ハフ（＝這ふ）の転成名詞ととらえられる。古代文献の用例から導かれるワザは、単なる行為・技術などを指すのでなく、「人間の思惑を超えた力や意図、その発動」であり、「根源的に『神わざ』[注1]」であった。つまり古代においては、災害やそれと連動して起こる飢餓や疫病流行などの背後に、この世を動かしている超自然的な存在（=神）をみるのが一般的であったということだ。こうした発想のもとでは、「自然」の「ワザハヒ」などというものは、いわば形容矛盾であり、存在しようがないのである。

さて、古代・未開社会においては、そうした超越者の意思が王権の問題と直結してとらえられた。フレイザーは『金枝篇』のなかで、王は宇宙のバランスを取る支持点で、ほんのわずかでも秩序を乱すようなことをすれば、その微妙な均衡を崩す結果になりかねない存在であったと説いた。[注2]王の生命は、人民のために自然の秩序を守るという限りにおいて価値が有るのであり、その義務が果たせない王は追放や殺害の対象となる。これは、人民を代表して自然と対峙する役割を担うという王の本性に由来するものといえるだろう。

小論で考察対象とする古事記が王権の書であることはよく知られる。上巻では「天地初めて発けし」始原の時からはじめてカムヤマトイハレビコ（後の神武）の誕生までが語られ、中巻は初代天皇神武から応神に至る時代を、下巻は仁徳から推古までを扱う。古事記が歴史書を志向していることは事実であろうが、そこに記されているのは歴史的事実ではなく、王権を安定して成り立たせるための、理念としての歴史である。神話テキストの関心は、かつて存在した現象へではなく、「今」ある現実の諸関係の位置づけに向くものだからだ。すなわち、ヤマト王権にとって、あるべき姿としての国家形成史を、神話的言説を利用して記した書が古事記なのである。

古事記が神話を記した文献であることについてはおそらく異論のないところだと思う。だが一方で、古事記に記された神話が純粋な意味での神話たり得ないこともまた、研究者間でひろく認められた事実でもあろう。神話とは本来、神という超越的な存在の事績を語ることによって、その宗教的・呪術的な力によって、現実世界に存在する疑問（宇宙の成り立ち、人の生き死に、社会の道徳、地名の起源など）を解消する力をもち、人々の信仰対象となっていたもの、と定義される。神話と同じく説話というカテゴリーに分類されるものとして昔話があるが、それはあくまで「昔々あるところ」の話として客観化されて語られる。対して神話は、その語られる現在の人々の共同体生活に直接関わる力をもつ、より生々しいものであった。しかしそうであるが故に、神話をいただくことで共同体に秩序が生まれ、それが維持されるといえる。

神話は、現実世界の危機や矛盾を契機として呼び出される。危機の具体的内容はそのつど異なるにせよ、神話に期待されたのは、それを乗り越えるための力であった。そのことは神話という装置のもつ力への信頼が存在したことを意味すると同時に、神話への無条件の信頼から脱皮し、それを客観的にとらえ、表現のうえで利用することを志向する態度が生まれ得た可能性にも思い至らせる。七、八世紀の知識人には既に文字文化の蓄積があった。当時は、呪術、信仰が人間の生活に拘束力をもつ時代であったと同時に、文字表現を駆使し、観念のなかでそれらを再構成し得た時代でもあったのだ。

論者はかつて、万葉集に収録された、いわゆる大和三山歌（1・一三〜一五）を俎上にのせ、神話という語りのもつ力が客観的にとらえられ、その言説が表現者によって意図的に利用されたとおぼしき事例として考察した。[注3] 古事記に記されている神話もまた、そうした七・八世紀に編まれた神話として位置づけられる。それは我々の祖先である古代人の共有財産として語り伝えられていた神話本来の姿を必ずしもとどめたものではないし、そのすべてでもない。古事記にみえる神話は、元来古代の民衆の間でそれぞれ別個に独自の発生をし、伝承されていたと考えられる群小神話が、天皇家の歴史を形成し、大和朝廷による支配の正当性を主張するという政治的要請によって、体系化されたものと考えられる。それは「不断の闘争状態を隠蔽し、偶然成立している大和朝廷をいかに必然的なものへシフトするか[注4]」という眼前の課題をみすえた作業であった。

上代文献上に残された神話の多くが、古代日本人の共有していた民間信仰としての、いわば古層の神話から多く材を得たものであることは確かであろう。だからこそ我々が神話テキスト（文字化された神話）に対峙する際には、そうした古層としての神話から、表現者がなにを取材し、そこにどのような意図を込めて変改、または創作していったのかをみさだめることが重要となる。

そうして編まれた世界像の中では、我々が自然災害や疾病と認識する事象は、いずれも自然界の法則を超えた、超越者の意思に基づく災厄（ワザハヒ）として示される。つまり、古事記が超越者によって保証された王権を描くための神話テキストである以上、災厄という要素もまた、王権神話という装置をかたちづくるもののひとつとして機能しているということである。次節以降、災厄を描く具体的記述をもとに、それらを貫く論理を確認してみよう。

秩序の喪失と災厄

古事記上巻は、中巻以降に記される天皇支配の根拠を語る巻である。かつて西宮一民が古事記の神話について、天孫降臨の条を核として天皇の根源を説くことが主題であると説いた[注5]ように、そこにあるのは、地上世界の現象すべては「天」の秩序のもとに成り立っているという構想である。

上巻における災厄の記事もまた統治者の問題と無縁ではない。それを端的に示すのは、古事記に登場する神格でもとりわけ著名な二神、アマテラスとスサノヲにかかわる神話である。

①故、各依さし賜ひし命の随《まにま》に、知らし看《め》す中に、速須佐之男命、命《よ》させし国を治《し》らずて、八拳須心《やつかひげむね》の前に至るまで、啼き伊佐知伎《いさちき》。其の泣く状は、青山は枯山の如く泣き枯らし、河海は悉《ことごと》に泣き乾しき。是を以ちて悪しき神の音《こゑ》は、狭蝿《さばへ》如《な》す皆満ち、万《よろづ》の物の妖《わざはひ》悉に発《おこ》りき。

②故是に天照大御神見畏《かしこ》みて、天の石屋戸を開きて刺許母理《さしこもり》坐しき。爾に高天の原皆暗く、葦原中国悉に闇《くら》し。此れに因りて常夜《とこよ》往きき。是に万の神の声は、狭蝿那須満ち、万の妖悉に発りき。

「妖《わざはひ》」というかたちで災厄の発生が記られる二例である。①はスサノヲが「海原」統治を放棄して、涕泣していた条、②は高天原の統治者であるアマテラスが石屋戸にこもった条（石屋戸神話）の例である。一見してわかるとおり、ワザハヒについての描写（傍線部）が酷似している。矢嶋泉は、いずれの記事にも「統治者不在」という要素が共通していることに注目した。[注6] 傾聴に値する見解である。後述するとおり、論者もまた統治という要素への配慮が、当該文脈の理解において重要であると考えてはいる。ただし、統治者不在＝ワザハヒという理解だけでは、これらの例は十分に理解できない面もあるようにように思う。スサノヲの涕泣の影響は、山河海に及んでおり、統治領域たる「海原」だけの問題ではないからだ。涕泣の後、スサノヲはイザナキに放逐され高天原へ向かうが、そこでも「乃ち天に参上る時、山川悉に動み、国土皆震りき。」と記される。行動に付随して天変地異が描かれるこの神のありようは、その神性自体がワザハヒをもたらすものであったことを思わせる。その理解を後押しするのが、スサノヲへのイザナキの怒りの理由である。当該文脈では、イザナキは、涕泣の理由についてスサノヲが「僕は妣の国根の堅州国に罷らむと欲ふ。故、哭くなり。」と述べたことについて「大く忿怒り」放逐したとある。つまり古事記は、イザナキの怒りの主たる原因を、統治不徹底でなく「妣の国」を志向するスサノヲの性情に求めていると読める。

古事記のスサノヲ像を考える上で無視できないのは、この神が「禊《みそぎ》」という黄泉国からの逃走の果ての行為によって生まれた点、および誕生直後における神性が「死」をもたらすエネルギーを発散するものとして機能している点である。またスサノヲが行くことを求めた「妣の国根の堅州国」の「妣」は、他界（黄泉国）の母イザナミをさすと考えられ、[注7]ここでもスサノヲの性能が「死」とかかわることを古事記は示唆している。同様のことは石屋戸神話についてもいえる。太陽神が身を隠すことは、神性の喪失、機能的な「死」を意味すると言えるであろう。その事態を招いたのは、ほかならぬスサノヲの「勝佐備《かちさび》」という反秩序的な乱行であったのだ。

石屋戸神話は、世界的に広がる日食神話の一類型といわれる。日食が災厄を招くという発想は、天体現象としてそれを理解する現代人には実感として受け入れ難いが、人知の及ばぬ奇怪な現象という点で古代人に畏怖されたであろうことは想像に難くない。故にそれを根拠づける神話が求められたのである。

しかし原型はともかく、古事記の石屋戸神話は、もはや右にみた神話としての体を成していない。そもそも天体の運行に関わる自然現象は、一回限りの出来事でなく、数限りなく繰り返されていくものである。だからこそ起源譚としての神話が求められるのであるし、その内実は無時間的なものとして語られなければならない。だが古事記は、本来無時間的なものであるはずの神話を、歴史を構成するものとして取り込んだ。遠い神代にかつて起こった一回性の事象として記しているのである。つまりこの神話記事は、日食神話の話型を借りつつ、古事記の構造上では別の意義を託されているということである。

意義解明の上で重要なのは、高天原におけるアマテラスの喪失が、地上（葦原中国）を含めた世界全体の災厄を招いたという展開である。神野志隆光が説く[注8]とおり、石屋戸に籠もった際には「高天原皆暗く、葦原中国悉く闇し」とあり、出てきた際には「高天原と葦原中国と、自ら照り明りき」とあることは、高天原・葦原中国（現世）といった世界全体の秩序がアマテラスなしにはなりたたぬことを語っているとみるべきであろう。寺川真知夫が、八百万神は石屋戸条において初めてアマテラスの必要性を初めて自覚したと説いたの[注9]も重要な指摘である。諸神に秩序の根源としての価値を認められ、再生を果たしたアマテラスは、二度とその地位を脅かされることなく君臨していくこととなるのである。

秩序をもたらす統治者の資質

さて、スサノヲの反秩序的乱行は、天安河原でのウケヒを受けてのものであった。ウケヒとは、神の啓示としてのある事柄の実現を期待する行為[注10]である。多くの場合、あらかじめ「もし真実がaならばAという結果が生じ、bならばBという結果が生じるであろう」と条件を言明し、どちらが起こるかで事を判断する。当該条のウケヒは、アマテラスとスサノヲが、互いの物実交換をした上で子生みを行うというかたちで語られる。しかし前提条件について言明されないため、その勝敗については判然とせず、先学の解釈も一様ではない。が、いずれにせよ動かしがたいのは、この神話におけるスサノヲが神意理解力を欠く神として描かれていることである。

スサノヲはウケヒ後「自ら我勝ちぬ」と宣言するが、あくまで勝利はスサノヲ自身のこの発言の中で示されるにすぎない。これと類似の発言は神代紀第六段一書第三にも「正《まさ》哉《か》吾《われ》勝《か》ちぬ」とみえているが、こちらはひとりよがりなものでなく、スサノヲが生んだ男神の一柱「勝速《かちはや》日《ひ》天忍《あまのおし》穂《ほ》耳《みみ》尊」の名を導くものとして地の文の中で示されている。古代において「マサ」がしばしば卜占のしるしに関して用いられる語[注11]であることを思えば、スサノヲの発言「正哉吾勝ちぬ」については「神意がまさしくあらわれて勝った」[注12]意と理解され、勝利の証となる神名と勝利宣言とが矛盾なく結ばれることとなる。紀諸伝は男神をもって勝ちとする前提条件を明示しており、各伝にあらわれる「正哉吾勝勝速日天忍穂耳尊」（第六段本文）、「正哉吾勝勝速日天忍骨尊」（第六段一書第一、第二）、および「正哉吾勝勝速日天忍穂根尊」（第七段一書第三）という名がウケヒの勝利をとかかわるものであることは明らかである。

一方古事記はどうか。紀の諸伝同様、オシホミミは「正勝吾勝々速日」と称されて誕生する。これをスサノヲの勝利宣言と呼応するとみる向きもあるが[注13]、むしろ森昌文の言うように、スサノヲの勝利宣言の中に「正勝」が欠け、日本書紀のような一連の流れを成していないことにこそ注意を払うべきであろう[注14]。何よりスサノヲは「我が心清く明し。故、我が生める子は手弱女を得つ。此に因りて言さば、自ら我勝ちぬ」と、女児生成をもって勝利宣言をしている。勝利の験であるはずのオシホミミの帰属に配慮すらできていないのである。

ウケヒが神意を問う行為であることを思えば、その勝利条件の読み誤りは、畢竟神意理解力の欠如に結びつくと考えられる。スサノヲは男神五柱に含まれるオシホミミの存在がウケヒの勝敗を左右することが理解できず、見当外れの勝利条件をコトアゲしてしまう。スサノヲは神意理解力を欠く神であった。「勝佐備」の乱行はそれを前提に行われるのである。そのことは、この神が登場時から災厄を招く神として描かれていたことと無関係ではなかろう。古事記の志向する世界像において、神の声を聞き、正しく判断できる力をもたぬ者は反秩序の側に置かれることとなる。

再びアマテラスに目を向ける。この神はウケヒにおいて子神を生み成した後、「是の、後に生める五柱の男子は、物実我が物に因りて成れるが故に、自ら吾が子ぞ」と述べ、オシホミミら五男神を自身に帰属させようとしている。「勝」の名を持つ神の誕生とウケヒの勝利とが直結することをこの神は理解している。当該条のウケヒが条件設定を欠くものであることは先に述べたが、松本直樹がこれを、神意理解力の有無を前提とした為政者資格の有無を語るための意図的な造作とみたの[注15]は、正鵠を射た理解と言えよう。さらに松本は、ウケヒ神話から石屋戸神話に描かれたアマテラスの姿に、「神々を崇め祭ることができ、それらの『総意』」によってその権威を保証される天皇の祖先としての姿」と「祭られる全ての神々の頂点に立つ至上神としての姿」が認められると説いている。[注16] 首肯すべきであろう。この神が祭祀者としての巫女の性格を有することは、松村武雄[注17]以来よく説かれるところである。秩序の根源としてのこの神の姿には、祭祀王としての天皇[注18]の姿が投影されているのである。

日本書紀継体天皇即位前紀条、武烈崩御後の大伴金村大連の言葉に「方《まさ》に今絶えて継嗣《みつぎ》無し。天下、何の所にか心を繋けむ。古より今に迄るまでに、禍斯《わざはひこれ》に由りて起る」とあるが、これはこの世の拠り所である天皇をなくすことが、ワザハヒの原因となることを語るものととれる。[注19] 先にみたアマテラスの姿もまた、現実世界における秩序の鍵という、理念としての天皇像を保証する神話的起源を構成するものとしてとらえることができる。

アマテラスを石屋戸に追い込んだスサノヲの乱行は、確かに高天原の秩序を乱す悪行ではあった。それはいわば、構想上における必要悪であった。そもそもスサノヲは「妣の国」行きの欲求を示しながら、「然らば天照大御神に請《まを》して罷《まか》らむ」というあまり必然性のない理由で昇天参上している。反生産・反秩序という性能を有するこの神は、太陽神にして秩序の根源たる皇祖神アマテラスの、いわば引き立て役として造形されている。古事記は、反秩序の神の姿を通して、正統な統治者像を逆説的に示しているのである。

秩序化される反秩序

この後、そのスサノヲ自身も王権の論理により変貌していくこととなる。高天原での乱暴狼藉の結果、スサノヲは、追放に際して「亦鬚を切り、手足の爪も祓へしめて」[注20]というかたちで「祓《はらへ》」を受けることとなる。贖罪は「千位置戸」を課されることによって完了していることを思えば[注21]、「祓」には刑罰としての意味以外のものがあると考えられる。その意味で注目すべきは、この「祓」を挟んで、スサノヲの荒ぶる行為によってもたらされる結果に変化がみられる点である。それを如実に示すのが、「祓」の直後に記載された、オホゲツヒメ殺害神話である。神の殺害という行為自体は、荒ぶる神としての面目躍如といえるが、そこから五穀の生成という結果がもたらされている点は重要である。いわば、新たなる生産を前提とした、再生のための死を与える役としてスサノヲは位置づけられているのである。

こうして出雲に降り立ったスサノヲは、著名なヤマタノヲロチ退治を行うわけだが、国津神アシナヅチに名を問われたスサノヲが「吾は天照大御神の伊呂勢なり。故今、天より降り坐しつ。」と述べていることは見逃せないだろう。かつて「妣の国」への志向を示し、亡き母イザナミの影をちらつかせたスサノヲが、アマテラスの弟という立場を誇示し、天に由来する神だと述べているのである。このことはこの神が「祓」を境に、高天原の秩序にとりこまれたことを示している。この神が誕生以来有していた、災厄をもたらし生命を死に向かわせる性能（黄泉国のイザナミにつながる）が姿を消し、生産・再生をもたらす性能（高天原のアマテラスにつながる）を身につけた神となったということだ。かつて統治者不適格の烙印を押された災厄の神スサノヲは、内性を浄化された上で地上に至り、今度は自らが災厄をもたらす蛇神・ヤマタノヲロチと対峙していくこととなる。

このヲロチの実体について、既に多くの先学が見解を示しているが、私見ではこれを河川による災害、具体的には出雲最大の川・斐伊川（古事記では「肥川」）の姿が反映されたものとみる。アシナヅチによるヲロチの形容は深山幽谷を流れる川の姿を思わせ[注22]、そこに斐伊川（特に神話の舞台となる上流部）の容姿と通い合う面がみられる。さらにまた、古代の日本の農村では、稲作に必要な水を供給する神として蛇体の水神が信仰されていたという面もある。[注23]またヲロチの来臨は国津神の娘・クシナダヒメを狙ってのことであるが、この女神の名義については、クシ（「奇し」、霊妙さを示す称辞）＋ナダ（「稲田」の約）＋ヒメ（女神）と理解して誤りあるまい。ヲロチが蛇体の水神であると先に述べたが、水は良くも悪くも農耕に大きな影響力をもつものである。事実、出雲の斐伊川は、農業に必要な水を与え、また沖積により沃土を形成するという面をもつ一方で、洪水を繰り返す尋常ならざる荒れ川であった。ヤマタノヲロチには、この斐伊川の負の側面が色濃く反映されているとみられる。いわば稲田を飲み込む洪水、水難の神格化である。一般的に動物神の信仰は非文化的・原始的信仰であるとされるが、ヲロチが蛇体であるのは、未開なるものの象徴としてそれを描こうという意図のあらわれであろう。

皇祖神を中心とした高天原的秩序のもとで農耕が重要な位置を占めることは、大嘗祭が年毎の新嘗祭と構造的に一致することや、天孫の名が穀霊（稲魂）の記号を含むことなどを引き合いに出すまでもなく自明のことであろう。ヲロチはその秩序を脅かす存在であるが故に、スサノヲによって退治されてしまうわけだが、注意すべきはその死に際して宝剣・草那芸之大刀の出現が語らるる点である。先学の多くが言及する通り、剣と蛇とは神話的発想のなかで強く結びついている。スサノヲは反秩序的存在（ヲロチ）を秩序化（剣）したのだ。

かつて大林太良は、仲哀記の「天神地祇、亦山神及河海の諸の神」という記述などを参照し、古代日本には天津神・国津神・山河の荒ぶる神という三種の神々の体系があると説いた。[注24]荒ぶる未開の水神を退治し宝剣を出現せしめた事は、大林のいう「山河の荒ぶる神」を服属させた事としてとらえられる。この宝剣は皇祖神アマテラスの手に渡り、後、降臨にあたって三種の神器のひとつとして天孫ホノニニギに与えられることとなる。そして中巻景行の代では、英雄ヤマトタケルの東征に際して、伊勢の神威を象徴するものとして「山河の荒ぶる神と伏はぬ人等とを言向け和し平げ」るのに一役買うことになる。その後ヤマトタケルは尾張のミヤヅヒメのもとにこの剣を置いたまま伊吹山の神と対峙し、敗北を喫するが、これは剣の威力を逆説的に示すものといえよう。同時に、東征の出発地である尾張に剣を留めることで、東方に対して睨みを効かせ大和を守護する[注25]という意味も看取できる。災厄をもたらす始源的な荒ぶる神を秩序化した記憶を、この剣が内包するが故であろう。

以上、上巻のアマテラス・スサノヲ関係の神話を概観し、災厄と王権の関係について確認した。上巻は、中巻以降の記述、すなわち王権とその支配する国土を保証する、神話的根拠を語る巻と位置づけられる。そのなかで、皇祖神の喪失が世界秩序の喪失を意味すること、その秩序の根源としての資質が神意理解力にあるということを、古事記は語っている。神意理解力を有する統治者を欠いた世界は、秩序の乱れを招き、災厄に脅かされる。だが、究極的には反秩序は秩序の側によって凌駕され、正が負を包摂していくこととなる。秩序の破壊者から秩序の代行者へと変貌するスサノヲの姿、およびそのスサノヲによって秩序化されるヲロチの姿は、その論理を支えるものとして位置づけられる。[注26]反秩序としての災厄は、それが禍々しく強大であればあるほど、王権の絶対性・超越性を浮き立たせることとなるのである。

神意としての災厄

上巻を受けての人代の歴史が語られるのが中巻以降であるが、これより天皇の支配領域としての「天《あめ》の下《した》」なる語が頻出するようになる。先に確認したとおり、地上の国土は、葦原中国と呼ばれた時代から、既に高天原の影響下にあり、正しく「高天原の下」なる世界であった。[注27]中巻の主題はこの「天の下」の達成を語ることにあり、下巻は達成された「天の下」の継承について語るものとみて基本的に誤りないであろう。[注28]

さて中巻に語られる国家形成史は、王都大和の起源（神武条）からはじめて、その周囲への王化の拡大が語られ、さらにその外側の王化に浴さない異民族の平定と朝貢国の起源が語られていくという展開をとる。この展開に矢嶋泉は、中国律令を範とする国家意識の反映をみるが、[注29]当を得た理解と言うべきだろう。

中巻が達成を目指した「天の下」という概念自体が、漢語「天下」の受容のもとに形成されたと考えられることは、既に少なからぬ先学に説かれているところである。西島定生は、中国の天下的世界の内部に倭国の天下的世界が五世紀段階で形成されていたとし、[注30]石神英一は七世紀初頭には仏教的宇宙観の影響下で中国の天下意識から独立併存する独自の天下世界を形成したとみる。[注31]古事記の天下観についても、その流れの先にあるものとみてよいだろう。

ことさらにここで天下観に言及したのは、漢土の瑞祥・災異観が天子の徳や政治と不可分な関係にあり、天命思想と深いつながりがあると考えられるからである。すなわち、わが国古代、ひいては古事記の災異観についても、漢土の瑞祥災異思想の受容と展開の上に成り立った可能性が高いと考えられるのである。災異の原因を君主の失政・不徳に帰するのが、天命思想のもとでの災異観であるが、それは王朝交替を正当化する論理である。大和王権の絶対性を説く古事記で、王権と災異の関係をどう位置づけたかが問題となるのである。

わが国における天命思想の享受と変容については、すでに川口勝康のすぐれた見解がある。川口は、「六世紀以降の倭の王権」が自らを「天命」を受けた者ではなく、「アメより降臨した者として、固定化されたアメタラシヒコの王系」として位置づけていることが王権の正当性を成立させていると説いた。[注32] 天孫として天と血縁で繋がることによって、易姓革命を超越するという論理がそこにはある。前節で確認した、神意理解力を有し、秩序の根源であるアマテラスの姿は、まさにそのための造形であった。

そのような論理の元で、古事記は災厄と天皇との関係をどう描いたか。この関係性を明確に示すのが、以下に示す崇神朝のオホモノヌシ祭祀記事である。

○此の天皇の御世に、役病《えやみ》多に起りて、人民死にて尽きむと為き。爾に天皇愁ひ歎きたまひて、神牀に坐しし夜、大物主大神、御夢に顕れて曰りたまひしく、「是は我が御心ぞ。故、意富多多泥古《おほたたねこ》を以ちて、我が御前を祭らしめたまはば、神の気《け》起らず、国安らかに平らぎなむ。」とのりたまひき。是を以ちて駅使《はゆまづかひ》を四方に班ちて、意富多多泥古と謂ふ人を求めたまひし時、河内の美努村に其の人を見得て貢進りき。尓に天皇、「汝は誰が子ぞ。」と問ひ賜へば、答へて曰ししく、「僕は大物主大神、陶津耳命の女、活玉依毘売を娶して生める子、名は櫛御方命の子、飯肩巣見命の子、建甕槌命の子、僕意富多多泥古ぞ。」と白しき。是に天皇大く歓びて詔りたまひしく、「天の下平らぎ、人民栄えなむ。」とのりたまひて、即ち意富多多泥古命を以ちて神主と為て、御諸山に意富美和《おほみわ》の大神の前を拝き祭りたまひき。又伊迦賀色許男命に仰せて、天の八十毘羅訶を作り、天神地祇の社を定め奉りたまひき。又宇陀の墨坂神に赤色の楯矛を祭り、又大坂神に墨色の楯矛を祭り、又坂の御尾の神及河の瀬の神に、悉に遺し忘るること無く幣帛を奉りたまひき。此れに因りて役の気悉に息みて、国家安らかに平らぎき。

当該記事は、三輪山の神オホモノヌシの司祭者となるオホタタネコの出生にまつわる物語である。崇神天皇の御代、疫病が流行し、人民の多数が死亡するという災いがあったとき、オホモノヌシが天皇の夢のなかにあらわれ、「これは自分の仕業である。オホタタネコという人物に自分を祀らせよ」と告げた。そこでこのオホタタネコなる人物を天下に求めたところ、河内国にその人物を得た。天皇はこの人物に逢って、その素性をたしかめたところ、オホモノヌシの子孫であることが明らかになった。そこでこのオホタタネコを神主にし、三輪山の神、また諸々の神々を祀らせた所、疫病は収束し、国家は平安をとりもどした、という話である。

崇神紀にも同様の記事をみることができるが、そこには記にはみえない要素が存在している。すなわち、アマテラスおよび「倭大国魂神」の祭祀記事を有する点、さらにオホタタネコによる祭祀以前に、孝霊皇女ヤマトトトビモモソヒメがオホモノヌシの祭祀を実行するも事態が収まらなかったことが記される点である。また、夢での神託がなされる際、その神の名を問う場面が描かれているのも記と異なる点としてあげられる。

これらの差異は、記・紀間におけるオホモノヌシの位置づけ、具体的には祭祀者との距離の違いに起因するものと考えられる。古事記のオホモノヌシは、天皇家と血統の上でつながりをもつ神として設定されている。神武記には、初代皇后・イスケヨリヒメの出自について、三島溝咋の女セヤダタラヒメと三輪山の神との間にできた子であると明記されている（丹塗矢説話）。つまり崇神にとってオホモノヌシは、自らの血統とつながった既知の神なのであり、神託に際しその名を問うことがないのもそれ故であろう。一方、紀の天皇家にとってオホモノヌシは未知の神である。谷口雅博の説く通り、「天皇家はこの時点ではヤマトの神の祭祀を把握できない外部の存在」[注33]として位置づけられている点で記と異なる。記において「倭大国魂神」やアマテラスの祭祀が当該文脈で語られないのも、皇室とつながった神（オホモノヌシ）にヤマトの神を一元化するという構想上の要求あってのことと思われる。

古事記では上巻でもこの神は「御諸山の上に坐す神」として名をみせ、オホナムチに祭祀を要求する場面が描かれている。オホナムチは一時的にとはいえ、地上世界の支配者となる存在である。そのような存在として造形した以上、地上世界の中心たるヤマトを代表する神・オホモノヌシ（三輪山の神）の存在を無視させるわけにはいかなかったのである。だが一方で、その祭祀要求が果たされたのか否かを古事記は明確に語らない。オホナムチが崇神に先駆けてヤマトの神を祭祀するようなことは、古事記の構想上認められないことであったにちがいない[注34]。逆にいえば、オホモノヌシ祭祀を明確なかたちで成し遂げることは、ヤマトを中心とした国土の支配権を保証するものと意味づけられるということである。

崇神は災厄を媒介にして、神の後ろ盾のもとでの統治体制を築きあげたのである。古事記におけるオホモノヌシは、ヤマトの国魂神として、「初国知らす」天皇の資質を保証する役を担っている。それは、神意を正しく理解しその要求に適う対応をとることができるという、神代のアマテラス以来受け継がれてきた資質である。これ以後、オホモノヌシは古事記の文脈に登場せず、王権を保障する神として固定化された存在となっている。

なお日本書紀のオホモノヌシは、オホタタネコによる祭祀の後も、容易に王権に靡かない神として登場し続ける。崇神紀でのいわゆる箸墓説話は著名だが、さらに後代の雄略紀七年七月条にも、少子部連蜾蠃が「三諸岳」

（三輪山）の神を捕らえるも、斎戒を怠ったまま対面した天皇に対しこの神が雷音を轟かせ目を爛々と光らせたため、恐れおののいた天皇によってもとの山に放されたという説話をみることができる。ここに記紀両書の構想の違いが表れていよう。

ただし崇神記の当該説話は、オホモノヌシの祭祀だけを語るものではない。この神の祭祀を足がかりに、天神地祇の社の制定、そして宇陀墨坂神、大坂神、坂の御尾の神、河の瀬の神への奉幣をもあわせて語っていく。猿田正祝の説く通り、これらは単なる祭祀記事の列挙ではなく、ひとまとまりで崇神による神祇体制、ひいては国家支配体制の確立を語るもの[注35]とみることができる。

榎村寛之は、律令祭祀の目的は、天皇制の下に全国一律のイデオロギー支配を貫徹するところにあったと説く[注36]が、ここでの崇神の祭祀はその端緒と位置づけることができる。本来、共同体を代表して神を祭り、その怒りを和らげる責任を持っていたのは各地域に存在する祭祀者であったはずである。しかし中央集権化の進展により、天皇を中心とした祭祀体制が整備され、神を祀ることが王権のもとに一元化されていった。天皇制の下に全国一律のイデオロギー支配を貫徹することを求めた祭祀体制の確立が、古事記の災厄観にも反映されていると考えられる。

崇神記では、そうした神祇制度の起源譚とおぼしき記事のほか、「高志道」「東の方十二道」の平定（王化の領域拡大）をも語っている。「天の下太きに平ぎ、人民富み栄えき」と称えられる治世のもとで、「男の弓端の調、女の手末の調」とあるように貢納の制度も確立することとなるのである。崇神朝は、制度、領土の両面で、「国家」を整備確立した御世である。「初国を知らす御真木天皇」という称辞は、右にみた国家としての初期的達成を成し遂げた天皇という意味であろう。その端緒には、オホモノヌシの神意としての災厄があった。

崇神記にはこの後、天皇が山代の少女のうたう「御真木入日子はや…」というワザウタから、タケハニヤス王の謀反を知り得て、事前にその芽を摘むことが記される。神は夢やワザハヒ、ワザウタといったものを回路に、神意を伝えてくる。それに気づき、それを正しく理解できる資質こそ、天皇に求められたものだったのである。

※

垂仁天皇条にみえるホムチワケの説話も、神意を媒介する災厄としての疾病を描くものとしてとらえられる。垂仁天皇の御子ホムチワケは生まれながらに話すことができず、長いあごひげが胸の前に垂れるようになってもそれは変らなかった。鵠の声に反応して口を動かすことがあったため、それを捕らえてみせてみたが、やはり話せるようにはならなかった。そんな折、天皇は夢中で神託を受ける。

○是に天皇患《うれ》ひ賜ひて、御寝しませる時、御夢に覚して曰りたまひけらく、「我が宮を天皇の御舎の如修理りたまはば、御子必ず真事登波牟《まこととはむ》。」とのりたまひき。如此覚したまふ時、布斗摩迩迩《ふとまにに》占相ひて、何れの神の心ぞと求めしに、爾の祟《たたり》は出雲の大神の御心なりき。故、其の御子をして其の大神の宮を拝ましめに遣はさむとせし時、誰人を副へしめば吉けむとうらなひき。尓に曙立王卜に食ひき。故、曙立王に科せて、宇気《うけ》比《ひ》白さしめつらく、「此の大神を拝むに因りて、誠に験有らば、是の鷺巣池の樹に住む鷺や、宇気比落ちよ。」とまをさしめき。如此詔りたまひし時、宇気比し其の鷺、地に堕ちて死にき。又「宇気比活きよ。」と詔りたまへば、更に活きぬ。又甜白梼の前に在る葉広熊白梼を、宇気比枯らし、亦宇気比生かしき。尓に名を曙立王に賜ひて、倭者師木登美豊朝倉曙立王と謂ひき。即ち曙立王、菟上王の二王を其の御子に副へて遣はしし時、那良戸よりは跛盲遇はむ。大坂戸よりも亦跛盲遇はむ。唯木戸ぞ是れ掖月の吉き戸とトひて出で行かしし時、到り坐す地毎に品遅部を定めたまひき。故、出雲に到りて、大神を拝み訖へて還り上ります時に、肥河の中に黒き巣橋を作り、仮宮を仕へ奉りて坐さしめき。

神託の内容は、「我が宮を修理すれば御子は治るであろう」というものであった。いずれの神による夢告かを占わせたところ、その「祟」は、出雲大神の御心によるものとわかった。そこで天皇は御子を出雲に向かわせ、神の宮を祀らせたというものである。

ここでの出雲大神による「祟」について、神罰の意ととるむきもあるが[注37]、それは現代的なタタリの語感にとらわれた解釈というべきである。折口信夫はタタリの語構成を「たつ」（現れる・出るの意）＋「あり」ととらえ、原初的には「神意が現れる」意であったと述べた。その上で折口は「人の過失や責任から『たたり』があるのではなく、神がある事を要求する為に人困らせの現象を示す」と述べている[注38]。垂仁記にみえる出雲大神の「祟」についても、「我が宮を修理ひて、天皇の御舎の如く」することを要求するためのものであったととらえられよう。ホムチワケの言語が奪取されるという災厄も、出雲大神が自身の祭祀を要求するうえで「人間が自分の声に耳を傾けるようにとった手段[注39]」と理解できる。

垂仁記の主題は、上巻で国土を献上させ、引退させたオオクニヌシ（出雲大神）を、崇神記で達成した中央の祭祀体制の中に取り入れることにある[注40]。垂仁紀のホムチワケが出雲大神の介入なしに言語を取得していることを思えば、構想の対照性は明らかであろう。古事記の構想においては、崇神代において国家の基本的な祭祀体制が整備され、そこに漏れていた有力神・出雲大神も垂仁代において取り込まれる。崇神垂仁の御世は、神意としての災厄を糸口に、中央による地上の神々の支配が完了した時代として語られているのである。

なお、神意理解力の有無という資質は、この後の東西の平定（景行）、半島攻略（仲哀、応神）という代においても繰り返し確認されてゆく。景行記に登場する英雄ヤマトタケルは、東西の平定を行っていくが、伊勢の神宝である草那芸之大刀を手放した後、白猪の姿をした伊吹山の神に対面するも「是の白き猪と化れるは、其の神の使者ぞ」と誤った言挙げを行い、「大氷雨」に打たれて敗北する。古事記はこのヤマトタケルについて、「太子」と記し、妻を「后」と記し、行為には「詔」「幸」「崩」といった天皇に準じた表記を執拗にとっているが、それにより神との対話力の欠如という決定的な瑕疵を浮かび上がらせ、彼が天皇たり得ない存在であることを逆説的に語っていくのである。

同様に、神意との関係において統治者不適格が語られるのが仲哀天皇である。皇后オキナガタラシヒメの依せた神が、西の方の国を帰服させるべきことを託宣で下すも、天皇は「高き地に登りて西の方を見れば、国土は見えず。唯大海のみ有り。」と発言し、「詐を為る神」と認識してしまう。結果、仲哀は「天の下は、汝の知らすべき国に非ず」と神に宣言されて命を終え、西方の国の帰服は、「天照大神の御心」の保証を受けた、胎中天皇（応神）によって果たされることとなる。「天神地祇、亦山神及河海の諸の神に、悉に幣帛を奉り、我が御魂を船の上に坐せて、真木の灰を瓠に納れ、亦箸及比羅傳を多に作りて、皆皆大海に散らし浮かべて度りますべし。」という指示を忠実に実行した軍勢は、「海原の魚、大き小さきを問はず、悉に御船を負ひて渡りき。尓に順風大く起りて、御船浪の従にゆきき」という荒唐無稽なまでの神の加護の下、新羅帰伏に成功する。

古事記中巻は「大和平定と初代天皇の誕生、国家体制や祭祀制度の整備、東西の平定、半島攻略による支配権の確立という展開」をみせている。[注41] それは編年史としてではなく、各天皇固有の「世」の連続・累積として語られる。[注42] 上巻で皇祖神アマテラスの保証を受けて降臨した天孫の後裔が、「天の下」の中心たる都を定め、その周囲への王化の拡大、さらにその外側の王化に浴さない異民族の平定、海外帰伏をも実現し、神意の保証の下で、「天の下」が達成されていくことを語るのである。そのような国家形成史における、「天の下」統治の資質を保証する糸口として、災厄記事が機能しているといってよいだろう。

中巻にみられる平定伝承や対外関係に関する記述が下巻ではほぼみられず、君臣の秩序にかかわる記事が多くなることは、[注43]「天の下」の達成が応神代でなしとげられたことを裏付けるものといえよう。同様に、神意にかかわる災厄の記述もまた、下巻においては姿をみせなくなる。日本書紀では仁徳天皇代にあっても、治水事業に際し、河神の力を機知によって退ける「河内人茨田連衫子」という人物の姿が描かれている（十一年十月条）。また、行き来する者の半数を殺すという災厄を与える神「虬」が、笠臣祖縣守という人物によって退治されたことも語られる（六十七年条）。仁徳記にはこれに類する記事はみえない。「秦人を役ちて茨田堤及茨田三宅を作り、又丸迩池、依網池を作り、又難波の堀江を掘りて海に通はし、又小椅江を掘り、又墨江の津を定めたまひき。」というかたちで、簡潔に治水事業に言及するのみである。

神が登場する説話としては雄略記の「一言主神」との遭遇記事があるが、紀が天皇と神に限定した記述をとるのに対し、「百官の人等」についての言及が再三なされるなど、[注44] 中巻で確立された神と天皇の関係をふまえた君臣秩序という要素が強調されているといえる。雄略記の当該記事もまた「神と人との分離を前提とした下巻の展開の中で、神と天皇、天皇と臣下の神話の理想的なあり方を主従関係の中で確認しつつ造形された天皇像」を示すものといえる。[注45]

古事記下巻は中巻で達成された世界とその支配権の継承を軸に展開していく巻である。神意の発露としての災厄記事がみられなくなるのも、王権の秩序のもとに自然神を位置づけるという命題は、中巻・応神天皇代までで既に語り終え、達成されたものとして位置づけられているからであろう。

むすび

古事記は「天の下」の統治者たる資格について、秩序の源である「天」と血統でつながった存在、具体的には天孫およびその後裔のみが有することを語る。そしてその統治者それ自体の喪失が、世界の秩序を失わせ災厄を招くものであることを強調する。天孫降臨伝承は、天皇家の始祖神話としての意味を持つのみならず、他の氏族に対する支配者としての優位性をも保証するものである。正統な統治者の存在が、世界秩序を安定させるための大前提であるということだ。

だがそうした「天」の末裔といえど、存在するだけで無条件に秩序を維持していくことができるわけではない。神は自身の意思を知らせるために現実に力を及ぼす。災害や疾病は神意の発露であり、その意味するところを理解するのが統治者（祭祀王）としての天皇の役目なのである。災厄はあくまで神の恣意によるものであり、天皇の失政への非難といった性質を有するわけではない。その点は天命思想と異なる。しかし天皇が神意をないがしろにするとその資質の欠如を示すものとなり、場合によってはその地位を失う。神意を正しく理解し、実行する力のない者は統治者としての資質欠如とみなされ、政の場から排除されていくこととなる。もっとも、神意理解力の有無を問われるのはあくまで天皇及びそれに準じた存在であり、その意味で祭祀は皇統に独占されているといってよい。

そもそも、現実世界の天皇が災厄から神意を正しく読み取り、正しく対応できたかどうかを客観的に証明する方法などない。〈天皇が統治者たり得るのは神意理解力があるからであり、なぜ神意理解力があるのかといえば、天に由来する生まれついての統治者の資質を持つからである〉――という循環論法こそが神話的言説の特徴であるわけだが、古事記はこれを神代からつづく建国の歴史のなかで繰り返し語ることで、神聖化をはかっている。

現実の災厄は、人間の思惑とは無関係に、容赦なく日常を破壊する。神話テキスト内で飾り立てられた超越者も、現実の災厄そのものを根絶する力など持ってはいない。その不可避かつ禍々しい事象について、あえて神話体系にとりこんでいくのであれば、なにがしか王権にとって正の側面を持たせて語っていく必要がある。右にみた古事記の神話的言説では、天皇統治下における災厄は「恣意的なる神の声」と位置づけられ、唯一それに対応可能な資質を持つ、天皇という存在の神聖性を浮かび上がらせるものとして機能している。「斯れ乃ち、邦家の経緯、王化の鴻基なり。故惟れ、帝紀を撰録し、旧辞を討覈して、偽りを削り実を定めて、後葉に流へむと欲ふ」（古事記序文）という目的のもとでは、災害や疾病といった災厄さえも、王権を支える神話の一要素として利用されていくことになるのである。逃れ得ないものであれば、積極的に素材として利用する。神話テキスト編述者のしたたかな面を、我々は古事記からみることができる。

だが、こうした言説の生成は、千年以上前の時代に限られるものではない。そもそも災厄の背景に超自然的な存在をみるという発想自体、決して古代的な想像力の世界のみに帰せられるものではないのである。多くの人々が自然科学の知識を共有している今日においても、御幣担ぎに類するものが消える気配がないことからもそれは明らかであろう。人は観念の世界で遊び、時に縛られ、それを足場に活動もできる生き物である。それは古代においても現代においてもかわらない。我々は、日常を破壊する災厄それ自体のみならず、それを利用した言説の発生にも関心を払う必要があるのかもしれない。

注

1 増田元「わざ」『古代語を読む』桜楓社、一九八八、五九頁
2 フレイザー『金枝篇』永橋卓介訳、岩波書店、一九五一
3 拙著『古代神話の研究』新典社、二〇一一、第Ⅰ部第一章
4 呉哲男「神話」『国文学　解釈と教材の研究　7月臨時増刊号』學燈社、一九九五、五二頁
5 西宮一民校注『古事記（新潮日本古典集成）』新潮社、一九七九、二九七頁
6 矢嶋泉「悪神之音如狭蠅皆満　万物之妖悉発――『古事記』神話の論理――」『聖心女子大学論叢』第六七集、一九八六、七二頁
7 戸谷高明『古事記の表現論的研究』新典社、二〇〇〇、二八〇頁。なお「妣の国」とイザナミ・スサノヲの関係については拙著前掲注3で詳述（第Ⅱ部第二章）。
8 神野志隆光『古事記　天皇の世界の物語』日本放送出版協会、一九九五、一三二～一三七頁
9 寺川真知夫「天照大御神の高天原統治の完成――八百万神とのかかわりにおいて」『神々の祭祀と伝承』上田正昭編、同朋舎出版、一九九三、六七～七〇頁
10 『時代別国語大辞典　上代編』三省堂、一九六七、一一三頁。なお、土橋寛（「ウケヒ考」『日本古代の呪禱と説話』塙書房、一九八九）のように、二者択一的な言語呪術の一種としてとらえる立場もあるが、前提条件としての発言を欠く例（古事記でのアマテラスとスサノヲのウケヒ、また同じく古事記での香坂王と忍熊王のウケヒ狩りなど）が文献上に存在しており、疑問である。この点、拙著前掲注3でも触れた（一五三～一五四頁）。

11 西郷信綱『古事記注釈　第一巻』平凡社、一九七五、二七一頁
12 森昌文「追放されるスサノヲ像――〈清明心〉からの乖離――」『国文学研究』一〇〇集、一九九〇、一〇頁
13 山口佳紀・神野志隆光校注訳『古事記　新編日本文学全集』小学館、一九九七、五九頁頭注一三
14 森前掲注12、一〇頁
15 松本直樹『古事記神話論』新典社、二〇〇三、二一七頁
16 松本直樹前掲注15、二二〇頁
17 松村武雄『日本神話の研究　第二巻』培風館、一九五五、五五九～五六四頁
18 赤坂憲雄『結社と王権』作品社、一九九三、二五～三七頁
19 古橋信孝「災いと法」『ことばの古代生活誌』河出書房新社、一九八九、二四三～二四四頁
20 岩波日本古典文學大系本など、該当部分を「亦鬚を切り、手足の爪も抜かしめて」とするが、西郷信綱「スサノヲの鬚」(『日本文学』二二―八、一九七三)に従い、「抜」を改め「祓」とする。
21 工藤浩「天石屋戸神話と大祓」『上代文学』七九、一九九七、八五頁
22 倉野憲司『古事記全註釈　第三巻』三省堂、一九七六、一八〇頁
23 松前健『日本神話の形成』塙書房、一九七〇、一六三～一六五頁
24 大林太良『日本神話の構造』弘文堂、一九七五、五三頁
25 谷口雅博『古事記の表現と文脈』おうふう、二〇〇八、二〇二頁
26 小論で述べたスサノヲ神話についての解釈は、拙著前掲注3の第Ⅰ部第二章および第Ⅱ部第一章、第二章と関係するところがある。先行研究の紹介を含めてご参照願いたい。
27 松本直樹前掲注15、一六二頁
28 神野志隆光『古事記の世界観』吉川弘文館、一九八六、第九章
29 矢嶋泉『古事記の歴史意識』吉川弘文館、二〇〇八、一三二～一三八頁
30 西嶋定生「4―6世紀の東アジアと倭国」『日本歴史の国際環境』東京大学出版会、一九八五、六六～八〇頁
31 石神英一「古代東アジア地域と日本」『日本の社会史　第一巻　列島内外の交通と国家』岩波書店、一九八七、七七頁～九

〇頁
32　川口勝康「大王の出現」『日本の社会史　第三巻　権威と支配』岩波書店、一九八七、三六～三七頁
33　谷口前掲注25、二五八頁
34　松本直樹前掲注15、三六〇頁注9
35　猿田正祝「祟神記祭祀伝承考」『国學院大學大学院紀要文学研究科』二一、一九九〇、三四五頁
36　榎村寛之『律令天皇制祭祀の研究』塙書房、一九九六、二五頁
37　たとえば三浦佑之（「話型と説話を超える表現――ホムチワケとサホビメ」『古代叙事伝承の研究』勉誠社、一九九二）はサホビメの犯した罪への罰として、その子（ホムチワケ）が「祟」を受けたと解釈する（三六〇頁）が、王権への反逆という罪に「出雲大神」が介入するという展開は不自然であろう。
38　折口信夫「「ほ」・「うら」から「ほがひ」へ」『全集4』、中央公論社、一九九五、四四五～四四六頁
39　松本弘毅『古事記と歴史叙述』新典社、二〇一一、二五一頁
40　松本弘毅前掲注39、二七七頁
41　吉井巌「古事記」『日本文学全史1　上代』増訂版、學燈社、一九九〇、一〇六頁
42　矢嶋前掲注29、一三〇頁
43　矢嶋前掲注29、一四六～一五一頁
44　及川智早「雄略天皇条に載る一言主物語」『国文学　解釈と教材の研究』第五一巻一号、學燈社、二〇〇六、五九頁
45　青木周平「記紀にみる雄略天皇像の相違――吉野から葛城での造形――」『上代文学』七八、一九九七、四六頁
※　引用本文は書き下しとし、『古事記』は倉野憲司校注『古事記　祝詞（日本古典文學大系1）』（岩波書店、一九五八）に、『日本書紀』は坂本太郎・家永三郎・井上光貞・大野晋校注『日本書紀　上（日本古典文學大系67）』（岩波書店、一九六七）、『日本書紀　下（日本古典文學大系68）』（岩波書店、一九六五）によった。ただし分注は省き、字体は新字体に改めた。

『方丈記』の天災記事についての一考察

芝波田　好弘

はじめに

『方丈記』の前半部には、安元の大火・治承の辻風・福原遷都・養和の飢饉・元暦の大地震と称される五つの災害記事が収められている。厳密に言えば、この中で天災に分類されるものは辻風と大地震である。福原遷都は人為によるものであり、安元の大火は失火の可能性が高い。養和の飢饉の場合、二年目に生じた疫病は天災とも言えようが、飢饉自体は源平合戦（養和・寿永の合戦）を背景とした鎌倉方による京都への物資の差し止めと、それに乗じた東国の荘園の年貢未払いが原因の一つと見られている。[注1]記録類によれば、養和元年（一一八一）に降雨が少なかったことは確かであるが、単純に天災に分類できるものではなかった。本稿では、以上の点を考慮しつつも、五つの災害記事の総てを考察対象とする。

『方丈記』に記された五つの災害は、作者蓮胤（俗名・鴨長明）の二十三歳頃から三十一歳頃までの間に発生した。作者の被災地点は、いずれも不明である。作者が目撃しただけのものもあろうが、実際に都を襲った災害であった。そのため、記録類によって災害の状況を知ることは可能である。災害の実態を摑みたければ、当時の記録類を見る方が適切であろう。『方丈記』の災害記事は、単純に過去の出来事を記録したものではなく、主題を述べるために事象を取捨選択し、時には虚構を弄して再構築されている。災害自体は、そのための素材にしか過ぎない。元暦の大地震の記事に「**四大種**ノ中ニ水・火・風ハ常ニ害ヲナセド、大地ニイタリテハ異ナル変ヲナサズ。」[注2]（太文字は、稿者に拠る。以下、同じ。）とある如く、福原遷都を除く四つの災害は、仏法の原子論である四大種の異変に基づく天災として記されている。各大種に基づく災害はそれぞれ一つだけであり、都を襲ったものであるという共通項を有する。同時期に起こった源平合戦は取り上げられていない。

本稿では、必要に応じて記録類との比較は行うが、主に作品の表現を対象として考察を加えてゆく。著者が意図しなかった表現の中にも、災害の実態が読み取れる可能性があると考えるからである。また、人為による福原遷都を記事にする際、他の四つの災害記事に近付けようとした可能性についても考察を試みる。なお、福原遷都は災害記事の三番目に位置するものだが、便宜上、考察は最後に行う。

一　安元の大火

『方丈記』には、人と栖との無常が描かれていると言われる。本稿ではその是非について論ずる余裕はないが、[注3]本文から、そのような描写を拾うことは容易い。五つの災害記事における、人と栖との被害状況と四大種との関係を示したものが次の表である。

災害名	人の被害状況	栖の被害状況	四大種
安元の大火	焼死・窒息死	焼亡	火大種
治承の辻風	身体障害	倒壊	風大種
福原遷都	人心の変化	移築・消失	
養和の飢饉	餓死	破却・売却	水大種
元暦の大地震	人心の変化	倒壊（？）	地大種

火大種の異変に基づいた安元の大火は、安元三年（一一七七）四月二十八日に発生した。九条兼実の『玉葉』（安元三年四月卅日条）には「朝晴、午後雨下、入レ夜猶未止[注4]、」とあり、この降雨が鎮火をもたらしたものと考える。『方丈記』では、足掛け三日に及ぶ大火を一晩の出来事として描いている。火災の原因には落雷や自然発火もあるが、人為によるものが多い。安元の大火は、『方丈記』の「火元ハ樋[注5]口冨ノ小路トカヤ。舞人ヲ宿セル仮屋ヨリ出デ来タリケルトナン」という記述から推測するに、舞人を宿泊させた仮屋からの失火が原因となろうか。大火の記事を有する伝本で、出火元に宿っていた人間を舞人とするのは大福光寺本のみである。他の伝本は、「病人」と読み得る本文を有している[注6]。「病人」という本文が正しければ、病人を一時的に収容していた仮屋からの出火となろう。「戌ノ時許」という出火時間と合わせて考えれば、病人が灯などの取り扱いに失敗したものと想像される。健常者である舞人よりも、弱者である病人による失火と見た方が可能性は高いものと考える[注7]。

出火元に宿泊していた者が舞人であっても病人であっても、原因を失火とするならば人災である。「火元ハ樋口冨ノ小路トカヤ～」より出火原因を推測することはできるが、特定することはできない。これは出火元の記述だからである。『方丈記』の記述は、出火原因を曖昧にしているのではあるまいか。大火の原因を人為とすると、火大種の異変に基づいた事象にはならないからである。人為という性格が弱まれば、大火は天災に近付くこととなろう。もっとも、大火を人災と見るのは現代的解釈なのかもしれない。『玉葉』（安元三年四月廿八日条）には、

天変雖二頻呈一法令敢不レ改、致レ殃招レ禍、其不レ然哉、熒惑入二太微一、渉レ旬渉レ月、熒是火精也、太微即宮城也、華洛成二灰燼一、変異之験、可レ謂二掲焉一歟、故殿常仰云、**末代之天変**、咎徴速疾、是不レ施レ化不レ行レ徳之所レ致也云々、

とある。兼実は都を灰燼と帰した大火を天災と見、失政に根本的な原因を求めている。更に、引用されている亡父忠通の言葉にも天災という言葉が見える。大火を天災として位置付けることは、当時としては合理的解釈だったのかもしれない。

『方丈記』によれば、樋口富小路を出火元とした炎は末広がりに延焼し、「果テニハ朱雀門・大極殿・大学寮・民部省ナドマデ移リテ」と内裏にまで及んだ。最終的には「惣テ都ノ内、**三分ガ一**ニ及ベリトゾ。」と、都の三分の一を焼亡させる。『清獬眼抄』（「一大焼亡事」）は、この大火の焼亡図と焼亡の過程を記す。[注8] 焼亡図によれば、延焼範囲は都の三分の一ではなく右京の三分の一である。著者の都の概念について、棚橋光男氏は養和の飢饉の「人数ヲ知ラムトテ、〜河原・白河・西ノ京、種々ノ辺地ナドヲ加ヘテイハヾ、際限モアルベカラズ。」という記述から、

　長明の頭の中にえがかれている都市京都のマスタープラン（基本設計）は、中心に左京があり、その縁辺に河原・白河・右京が付属し、さらにその外周に「もろもろの辺地」が付属する（後略）[注9]

と考察している。作者の都の概念が右京のみとすれば、「三分ガ一」という記述は誇張したものではないことと

なる。

炎は、神泉苑周辺から内裏へと侵入したようである。『清獬眼抄』は内裏への焼亡過程について、

先大学寮。次応天門幷東西楼。此間真言院焼亡。自二応天門一移二会昌門一。**次移二大極殿一**。其間東西廊焼亡。**大極殿焼亡**。神祇官大膳職共焼亡。此間又式部省又**民部省焼亡**。又右兵衛府典薬寮門等四足焼亡。**此後朱雀門焼亡**。

勧学院大学寮（但廟堂幷門。許所レ残也）**同時焼亡**。大内結政一本御書所陰陽大炊寮官庁等財遁了。中和院先年焼亡。（六一九頁）

と記す。炎は内裏の東南から侵入し、大学寮、大極殿、民部省へと移り、朱雀門の焼亡は最後であった。大学寮、民部省という順序は『方丈記』と一致するが、大学寮と大極殿は逆である。『清獬眼抄』の記述が事実とすれば、『方丈記』は延焼過程に沿って記したものではないこととなる。歴史的に見れば、この大火の重大性は政治の中枢たる大極殿が焼亡したことにある。「大極殿・大学寮」という順序は、作者がその重大性を認識していた証拠であると考える。朱雀門が大極殿よりも前に記されたのは、朱雀門が大内裏の正面に位置するためであろう。大内裏の正門たる朱雀門を最初に記すことにより、火の手が政治の中枢たる大極殿に直進した印象を与えたかったものと考える。

安元の大火の記事には、人々が積極的に災害に対処する姿が描かれていない。『玉葉』（同日条）には、「炎上之中間、**辻風**度々吹来、雑人等迷惑、多以焼損云々、」とある。これは、大火によって生じた辻風のため、雑人達の消火活動が妨げられたことを記したものと読めよう。『方丈記』には、消火活動についての記述はない。「其

中ノ人ウツシ心アラムヤ。或ハ煙ニムセビテ倒レ伏シ、或ハ焔ニマグレテタチマチニ死ヌ。」は、避難活動というよりも焼死の描写である。「或ハ身一ツカラウジテ逃ル、モ、資財ヲ取リ出ヅルニ及バズ。」は、財産の焼失に重きを置いたものであろう。更に、具体的な復興作業の様子も記されていない。大火の記事は、火災によって翻弄される人と荒廃する都に焦点が絞られているのである。

現代的な解釈をするならば、「或ハ煙ニムセビテ倒レ伏シ」とは窒息死を、「焔ニマグレテタチマチニ死ヌ。」とは輻射熱（放射熱）による焼死を表していると思われる。二酸化炭素とヘモグロビンとの結合率は、酸素の二百倍から三百倍である。火災から逃げ遅れた人々は、煙に巻かれて窒息死する。輻射熱は、遠赤外線の熱線によって直接伝わるものであり、空気などを必要としない。直接炎に接触しなくとも、人は焼死するのである。このような焼死の状況を著者が目撃することは、困難なことであろう。『玉葉』に見えた辻風は、火災によって生じた上昇気流が渦を巻いたもので、竜巻とは異なる。炎と共に空気が巻き上げられるのだから、周辺の酸素は欠乏する。酸素ボンベや防火服を着用した消防士ならいざ知らず、このような状況下で著者が活動することは不可能であろう。安元の大火の記事は、この時の著者の体験ではなく、日記類などを基に、小規模な火災の体験をも参考とした記述だったと見ることが現実的な解釈なのではなかろうか。

安元の大火の描写は「遠キ家ハ煙ニムセビ、近キ辺リハヒタスラ焔、地ニ吹キツケタリ。」と、主として栖の焼亡をもって記される。燃焼の三要素は、酸素・可燃物・熱源である。都という栖の密集地における火災の主たる可燃物は、栖であろう。栖の焼亡を描くことが、都を襲った火災を描くこととなる。勿論、著者の関心は栖よりも人にあった。著者は、安元の大火の記事を「**人ノ営ミ皆愚カ**ナル中ニ、サシモ危ウキ京中ノ家ヲ造ルトテ、宝ヲ費ヤシ、心ヲ悩ス事ハ、スグレテアヂキナクゾ侍ル。」という文章で締め括る。「人ノ営ミ皆愚カ」とは、大火の記述の文脈から導き出されたものではなく、著者が日頃抱いていた認識であろう。この認識が、災害記事の根底にあったと思われる。「サシモ危ウキ京」とは、都が実は危険な場所であるという認識である。栖が密集する都においては、栖の焼亡に至る火災は年に何度もあっただろう。焼亡する危険が高い場所であるにも拘らず、人々は「宝ヲ費ヤシ、心ヲ悩」まして、都に「家ヲ造ル」のである。人々は栖を造るために財産を使い、心を悩まし、その栖の焼亡によって焼死する。これを、著者は「スグレテアヂキナクゾ侍ル。」と結論付けたものと考える。

二　治承の辻風

風大種の異変である治承の辻風は、治承四年（一一八〇）四月廿九日に発生した。『方丈記』には「中御門京極ノ程ヨリ大キナル辻風起リテ、六条ワタリマデ吹ケル事侍リキ。」と、発生と消滅した場所とが記されている。辻風は、この間を吹き抜けた。偶然ではあるが、治承の辻風の被災地は安元の大火において焼亡を免れた場所であった。

この辻風について、『玉葉』は「今日申刻上辺、三四条、辺云々廻飄忽起、**発レ屋折レ木、人家多以吹損云々**、又同時**雷起**、七条高倉辺云々、（中略）又白河辺**雹降**、又西山方同然云々、」と、藤原定家の『明月記』は「未時許**雹降**、**雷鳴**先両三声之後、霹靂猛烈、北方煙立揚、人称焼亡、是颷也、京中騒動云々、抜木揚沙石、**人家門戸并車等皆吹上云々**、古老云、未聞如此事、[注10]」と記す。『玉葉』には、「雷起」「雹降」、『明月記』には「雹降、雷鳴」とあるが、これは気圧の急激な変化がもたらしたものであり、竜巻発生時においても見られる。治承の辻風は旋風ではあるが、竜巻ではなかったようである。『世界大百科事典』18（「せんぷう　旋風」の項　執筆者・正野重方氏）には、

〈つむじ風〉または〈つじ風〉ともいう。空気中にできるほぼ鉛直の軸のまわりに回転する渦巻。気象観測法では竜巻（たつまき）と同種のもので、**漏斗雲を伴なわないものを旋風と規定している。**この定義による旋風は直径数mないし数十mくらいのものであり、風速は数十m／s以　下である。（後略[注11]）

と、『気象の事典』「竜巻」の項には、

つむじ風といわれる局部的旋風のうち、猛烈で**ロート状の垂下雲を伴ったもの。**竜巻の起るときは、まず、暗黒な雲の底が乳房状に垂れ下り、その先端が次第に延びて地面に達し、被害を起すのである。（中略）竜巻は雷雨と共に起ることが多く、（後略[注12]）

とある。竜巻と辻風との区別は、「漏斗雲を伴な」うか否かが一つの目安となろう。今回の辻風を記す記録類にはこのような雲は記されておらず、旋風ではあるが、竜巻ではなかったこととなる。『玉葉』の「発レ屋折レ木、人家多以吹損云々、」や『明月記』の「人家門戸幷車等皆吹上云々、」という状況から推察するに、今回の辻風が竜巻に匹敵する被害をもたらしたと言うことは出来よう。

辻風の被害自体は、「サナガラ平ニ倒レタルモアリ。桁・柱バカリ残レルモアリ。門ヲ吹キ放チテ四五町ガ外ニ置キ。又、垣ヲ吹キ払ヒテ隣ト一ツニナセリ。」と、全壊・半壊を問わず、栖の倒壊をもって記される。これは、安元の大火における「宝ヲ費ヤシ、心ヲ悩」して造った栖の焼亡を主とした方法と同様のものと言えよう。

更に、栖だけでなく「家ノ内ノ資財」が風に吹き上げられて飛散する様子を記すのも、大火における「資財ヲ取出ヅルニ及バズ。七珍万宝サナガラ灰燼トナリニキ。」と同様である。人については、一時的に視覚・聴覚の機能低下に陥るが、辻風が過ぎ去れば回復する。「是ヲ取リ繕フ間ニ、身ヲ損ヒ片輪ヅケル人、数モ知ラズ。」は、復興作業中に生じた障害であり、辻風によるものではない。記事は、「辻風ハ常ニ吹ク物ナレド、カヽル事ヤアル。タヾ事ニアラズ。サルベキモノヽ、サトシカナドゾ疑ヒ侍リシ。」と締め括る。著者は、今回の辻風を特異な出来事と捉え、人智を超えた事象と見ている。

著者は、治承の辻風の印象について「彼ノ地獄ノ業ノ風ナリトモ」と記す。「地獄ノ業ノ風」とは、『往生要集』（巻上、大文第一　大焦熱地獄）に「一切風中、業風第一、如是業風、将悪業人去、到彼処、既到彼已、閻魔羅王種種呵嘖、呵嘖既已、悪業羂縛、出向地獄、遠見大焦熱地獄普大炎燃、」[注13]と説かれているものである。業風とは悪業の者を閻魔羅王の下に連れてゆく風のことであり、辻風のようなものではない。更に、辻風の規模や音の対比物として記されている。『往生要集』を見る限り、業風がそのような対比物としての性格を持つものとして描かれているとは思われない。『往生要集』を熟読していた著者は、治承の辻風の比較対象として業風を用いることが適性を欠くことは理解していたであろう。木下華子氏は、「門ヲ吹キ放チテ四五町ガ外ニ**置キ**。（中略）家ノ内ノ資財、数ヲ尽クシテ空ニ**アリ**。」の「置キ」「アリ」という表現が静止状態を意味することから、

微細な糸と状況証拠からの推測からではあるが、「世の不思議」における視線や方法が、地獄絵や六道絵のような仏説話画と、それを解く言説に支えられていたと考えてみたい。[注14]

と考察する。地獄絵の中に業風が描かれたものがあり、悪業の者が空中を舞っている構図が存在したのかもしれない。このような構図を持つ地獄絵が人々に認知されていたとすれば、適正を欠く表現であっても、人智を越えた事象として辻風を印象付けるために、敢えて「地獄ノ業ノ風」という表現を用いたと考えることも可能なのではあるまいか。

治承の辻風の記事の中で、辻風の発生中の状景と断定できるのは、

家ノ内ノ資財、数ヲ尽クシテ空ニアリ。檜皮・葺板ノ類、冬ノ木ノ葉ノ風ニ乱ルガ如シ。塵ヲ煙ノ如ク吹キ立テタレバ、全テ目モ見エズ。ヲビタ、シク鳴リドヨム程ニ、モノ言フ声モ聞コエズ。

のみではなかろうか。「サナガラ平ニ倒レタルモアリ。桁・柱バカリ残レルモアリ。門ヲ吹キ放チテ四五町ガ外ニ置キ。」などは、辻風が消滅した後に被災地を見分しても可能だと思われる。「家ノ内ノ資財、数ヲ尽クシテ空ニアリ」が地獄絵を参考にしているとするならば、著者は今回の辻風の被害を受けるような場所にいなかった可能性が出てこよう。空中に資財が舞っている状態は、遠方からでも見ることは可能である。治承の辻風の記事は、細部を地獄絵により、他は記録類を基にしたものだったと推察する。

三　養和の飢饉

水大種の異変である養和の飢饉は、養和元年（一一八一）から寿永元年（一一八二）の二年間という長期に亘った。著

者は、単なる目撃者ではなく飢饉の体験者であったはずである。『方丈記』には「春・夏ヒデリ、或ハ秋・冬大[注15]風・洪水ナド、」と、飢饉の原因を天候不順とする。結果として、「五穀事〴〵ク成ラズ。」と凶作に陥った。「空[注17]シク春カエシ、夏ウフル営ミアリテ、秋カリ、冬ヲサムルゾメキハナシ。」とは、農業に従事する人々の行動を記したものであろう。

一年目の記事には、都での餓死者も栖の破壊も記されていない。地方では「或ハ地ヲ捨テ、境ヲ出テ、或ハ家ヲ忘レテ山ニ住ム。」と、人々は越境や山へと避難している。これは、民衆の講じた飢饉への対策と言えよう。「様〴〵ノ御祈ハジマリテ、ナベテナラヌ法ドモ行ハルレド」とは、神仏への祈禱を表している。こちらは為政者の講じた対策であるが、成果はなかった。都に供給される物資は激減し、人々は困窮する。需要と供給のバランスは崩れ、「金ヲ軽クシ、粟ヲ重クス。」という状態に陥り、乞食が「路ノ辺ニ」溢れたのである。

二年目は、この状況に疫病が加わる。死者については「築地ノ面、道ノ辺ニ、飢ヘ死ヌル物ノ類、数モ不知。」と、餓死者に焦点が絞られている。路上に遺棄された死体は、当然腐敗する。それを、著者は「臭キ香、世界ニ満チ満チテ、変ハリ行ク形・有様、目モ当テラレヌコト多カリ。」と、臭覚と視覚に訴えることによって描き出す。

栖は「アヤシキ賤・山ガツモ力尽キテ、薪サヘ乏シクナリユケバ、頼ム方ナキ人ハ、自ラガ家ヲ毀チテ、市ニ出デ、売」るとある如く、破却・売却される。都に供給されるべき炊飯や暖房用の薪が滞っており、「頼ム方ナキ人」がここに目を付けて、自宅を破却し、食料と交換したのである。「頼ム方ナキ人」とは、前年の記述で「様々ノ財物カタハシヨリ捨ツルガ事ク」交換した人々であろう。二年目は、既に売るべき財物が残っていなかったことになる。著者はこの描写によって困窮する都の状況を描きたかったのだろうが、ここからは災害に積極的に対処する人々の姿が読み取れる。このような姿は、安元の大火や治承の辻風には見られないものである。更に、都にはその日の食料にも困窮している人と、食料自体は足りている人の二種類がいたことも読み取れる。「果テニハ、笠ウチ着、足ヒキ裹ミ、良ロシキ姿シタル物、ヒタスラニ家ゴトニ乞ヒ歩」いた人は、壺装束の貴族と考えられている。貴族も飢饉に苦しんでいたことになるのだが、それでは薪を買った人はどのような身分の人だったのだろうか。そもそも、下級貴族は別としても、中流以上の貴族に飢饉の影響は及んでいたのだろうか。[注17]

戦争において、敵の補給路を断つことは常套手段である。関東以北からの物資は鎌倉方によって差し止められ、都では食料が不足していた。福原遷都の記事の「西南海ノ領所ヲ願ヒテ、東北ノ庄園ヲ好マズ。」も、背景には鎌倉方の食料封鎖があったのだろう。このような状況の中、寿永二年七月十二日に源義仲が勢多に至り、同二十五日に平家が安徳天皇を戴き西国へと赴く。平家は度々の合戦と都落ちに備えて、事前に食料を確保していたものと思われる。平家政権が、飢饉に喘ぐ都人のために有効な食料政策を行ったとは考え難い。[注18]

今回の飢饉について、『皇帝紀抄』（第七、安徳天皇）は「養和一年。（当淳熙〔元〕）（治承五年七月十四日改元。）依㆓御即位㆒也。今年天下飢饉。道路餓死者充満。開闢以来無㆓此程子細㆒。」[注19]と記す。『養和二年記』（二月廿六日条）によれば、「清水寺橋下二十余許アル童食小童〇令見之云々」[注20]と、大童子が童を食うという話も出ており、今回の飢饉が実際に都を襲ったことは間違いないだろう。一方で

アヤシキ事ハ、薪ノ中ニ赤キ丹ツキ、箔ナド所〲ニ見ユル木、相ヒ交ハリケルヲ尋ヌレバ、スベキ方ナキ物、古ル寺ニ至リテ仏ヲ盗ミ、堂ノ物、具ヲ破リ取リテ、割リ砕ケルナリケリ。**濁悪世ニシモ生マレアヒテ、カヽル心憂キワザヲナン見侍リシ。**

という記述は、『玉葉』の文治元年（一一八五）十一月十六日条の、

伝聞、近日、白川辺顛倒之堂舎等、往還之輩偏用レ薪、此事猶以為二罪業一之処、於レ今者**破二取仏像一云々、云二金色一、云二彩色一、散々打二破仏体一為レ薪云々、**聞二此事一、神心如レ屠、**雖レ云二末世一、争有二如レ此之事一哉、国土之乱逆、只如レ此之漸也、武士之郎従、幷京中誰人等所為云々、可レ悲々々、**

と酷似している。これについては、既に松浦貞俊氏の、

兼実は此の事を伝聞し、慨嘆しているが、長明の文章は、砕かれた仏像・仏具を目撃していたらしい筆致である。かかる異常な出来事が、養和飢饉の時もあり、此の度びもまたあったのか。それとも長明の記憶の混同から、此の事を飢饉の条下に書いてしまったのか。遽かに断じ得ないが、末法穢濁の世相を描ためのつくりごとでないことだけは、たしかである。[注21]

という指摘がある。松浦氏は、この事件が養和の飢饉か元暦の大地震かのどちらかにおいて現実に起こったことと見ている。大地震の時と同様の略奪が、飢饉の時に起こっていたとしても不思議ではない。この事件を兼実は末世と乱世との現れと見て悲嘆しているが、著者は仏閣や仏像の破壊について濁悪世の現出として記している。水大種の異変である飢饉を、濁悪世の現出の一つとして位置付けたのである。また、「母ノ命尽キタルヲ不知シ

テ、イトケナキ子ノ、ナヲ乳ヲ吸イツ、伏ルナドモアリケリ。」という記述については、今成元昭氏が

『方丈記』の母親の乳は、何日も、あるいは何ヶ月も前にひからびていたに違いない。そのような母親の死後までも生きている赤ん坊などいるはずはないのである。（中略）なぜなら、赤ん坊が乳を吸うのは、体調のよい時に限るからである。[注22]

と、鋭い指摘を加えている。

養和の飢饉の死者数について、『方丈記』は

人数ヲ知ラムトテ、四・五両月ヲ数ヘタリケレバ、京ノ内、一条ヨリハ南、九条ヨリハ北、京極ヨリハ西、朱雀ヨリハ東ノ路ノ辺ナル頭、全テ**四万二千三百余リ**ナンアリケル。

と記す。これは寿永元年の四月、五月という期間に左京で数えられたものであり、餓死者の総数ではない。この限定された数字は、実態を反映したものなのであろうか。これに関して気になるのは、一年目の記事の「或ハ地ヲ捨テ、境ヲ出テ、或ハ家ヲ忘レテ山ニ住」んだ地方の人々と、二年目の記事の「力尽キ」た「アヤシキ賤・山ガツ」の存在である。大規模災害が生じ、被災地から逃れた人々は、仕事や食料を求めて大都市圏に避難するものではなかろうか。一年目に記された「路ノ辺ニ多ク」いた乞食は、元々都に住んでいた人ではなく、周辺地からの避難民だった可能性があろう。更に、源平合戦の戦火から逃れて来た人々もいたのではあるまいか。大量

に流入した避難民は、左京だけでなく賀茂川や白河、右京にも居ついたのであろう。消費地である都に流入した避難民は都の食料事情を一層悪化させ、養和の飢饉の拡大を招いたもの考える。二年目に記された餓死者の多くは、このような避難民だったのだろう。また、大量の避難民の流入は、治安と衛生面との悪化をもたらす。仏像の破壊も含め、略奪などが生じたとしても不思議ではない。疫病も、賀茂川が葬送の地であったことを考えれば、この地に居ついた避難民から発生した可能性がある。「四万二千三百余リ」という死者数は、都に元々住んでいた人々だけではなく、大量の避難民の存在を背景として記された可能性があるものと推察する。

源平合戦を背景に生じた飢饉は確かに都を襲ったが、中流以上の貴族は食料に困窮するということはなかったものと考える。「取リ捨ツル業モ知ラネバ」とあるのも、死体を処理する者達が先に死亡したため、困惑している貴族達の姿と読めよう。彼らが困窮したものが、炊飯や暖房用の薪だったのかもしれない。著者の身分から考えれば、飢饉の観察者であっても被災者ではなかったと言えよう。

四　元暦の大地震

元暦二年（一一八五）七月九日に、緯度三五・三度、経度一三六・一度を震源地とする、マグニチュード七・四の地震が都を襲う。[注23] これを南海地震と見る説もある。[注24] 兼実は『玉葉』（同日条）に

午刻、大地震、**古来雖レ有二大地動事一、未レ聞下損二亡人家一之例上**、仍暫不レ騒之間、舎屋忽欲二崩壊一、仍余女房等ヲ令二乗車一、大将同レ之引二立庭中一、余独候二仏前一、舎屋等雖レ不レ伏レ地、悉傾危、或棟折、或壁壊、

於二築垣一一本如レ不レ残、（以下略）

と記す。『方丈記』に記された大地震は、この地震を基に地大種の異変として記された。

この地震は元暦の大地震と称されているが、そもそも『方丈記』には元暦二年の記事自体が存在しない。大地震の記事の書き出しに「又、同シ頃カトヨ、」とある如く、作品内では寿永元年頃に生じたものとなる。発生時期の移動について、池上洵一氏は

> 養和の飢饉の直後に「また同じころかとよ」として述べられる大地震が実は元暦二年にあった事件であり、それが長明の錯覚ではなく、養和と元暦にはさまれた寿永年間に起こった社会的政治的大事件の数々――平氏の都落、義仲の入京と敗死、一の谷合戦等々――に視線を奪われることなく、天災にのみ視線を集中させて作品の主題を明晰にさせる意識的な年代の朧化であった[注25]（後略）

と指摘する。稿者も、この地震発生日の移動は著者の意図的なものであり、作品から源平合戦の影を排除するためであったと考える。『玉葉』（元暦二年七月三日条）には、安徳天皇への追号について議論がなされ、最終的に見送りとなったことが記されている。地震は、その六日後に都を襲った。当時の人々が、地震の原因を安徳天皇及び平家に求めたとしても無理からぬことであろう。作者は、地大種の異変という執筆意図が曖昧になることを避けるために、地震の発生を養和の飢饉の頃に設定したものと考える。養和の飢饉の記事には、回復した都の状況が記されておらず、結果として、大地震は飢饉から回復していない都を襲ったこととなった。

大地震の特徴として、短時間に広範囲に亘って大規模な種々の災害を引き起こすということが指摘できよう。元暦の大地震の被害状況を記した

山ハ崩レテ河ヲ埋ヅミ。海ハ傾ブキテ陸地ヲ浸セリ。土裂ケテ水湧キ出デ、巌割レテ谷ニ転ビ入ル。渚漕グ船ハ波ニ漂ヒ、道行ク馬ハ脚ノ立チ所ヲ惑ワス。

という短文を積み重ねた記述は、この特徴をよく表しているものと言えよう。反面、著者の被災地点が特定できないという欠点も有している。勿論、本震発生中に、これだけ広範囲に亘って観察を行うことは不可能である。液状化現象を記したと思われる「土裂ケテ水湧キデ」は、目撃したものではないだろう。著者が目撃することもできようが、津波を記したであろう「海ハ傾ブキテ陸地ヲ浸セリ。」は、目撃したものではないだろう。今回の地震の震源地は滋賀県栗田郡栗東市付近であり、内陸性のものなので津波は発生しないはずだからである。実際には生じていない津波を記したのは、広域災害の視点で陸と海とを対比させたものであろう。大震では津波が生ずるものだという思い込みが働いたのかもしれない。いずれにせよ、これは本震が収束した後に見聞したものや、記録類に基づいた記述であろう。[注26]

元暦の大地震は、他の災害記事とは明らかに異なった記述方法を用いている。第一に、明確に都と断定できる記述がない。五つの災害記事が総て都を襲ったものであることを前提とするならば、都が被災地に含まれることを明記する必要はないのだが、前述の被害描写は都の状景ではないだろう。第二に、人と栖に対する被害描写が少ない。「堂舎塔廟、一ツトシテ全カラズ。」とあるが、堂舎は寺院の建物であって一般の栖ではない。ここで

は、塔廟と共に堅牢な建物の代表として記されている。堅牢な建物であっても総て倒壊したのだから、一般の栖も同様に倒壊したと言外に述べているのだろうが、一般の栖の描写にまで筆が及んでいないことは事実である。「家ノ内ニ居レバ、忽ニヒシゲナントス。」が一般の栖の倒壊例として読めそうだが、「ヒシゲナントス」とは住民の感覚を表したものであり、実際に倒壊したか否かは曖昧である。被害の描写は、山、海、谷などの自然の崩壊によって表現されている。大地震とは、大地が震えることによって生じる災害であるが故に、大地の上に乗る自然を崩壊させる。その為、著者は栖の倒壊よりも、自然の崩壊を記した方が強い印象を与えると判断したものと思われる。

大地震の記事も、他の記事と同様に積極的に災害に対応する人々の姿は描かれていない。実際には、栖の倒壊だけでなく圧死者などもいたはずなのだが、人については

家ノ内ニ居レバ、忽ニヒシゲナントス。走リ出ヅレバ、地割レ裂ク。羽ナケレバ、空ヲモ飛ブベカラズ。龍ナラバヤ、雲ニモ乗ラム。恐レノ中ニ恐ルベカリケルハ、只地震ナリケリトコソ覚エ侍リシカ。

と、地震に対する人々の恐怖心に焦点が当てられている。災害に対する人々の恐怖心が記されているのは、五つの災害記事の中でもここだけである。これは、著者自身の被災した時に感じた感情が表出したものと推察する。

記述は、その後、余震が長く続いたという点に移ってゆく。元暦の大地震は、余震を含めて一つの災害として構成されていると言えよう。この余震については、新間進一氏が『増訂大日本地震史料』第一巻（一九四一、文部省地震予防評議会編）所収の『山槐記』の記述に符合することを指摘している。注27 本震・余震の記述を経て、通

常、大地は大きな災害を及ぼすものではないとし、更に、斉衡の地震との比較をもって今回の地震の大きさを強調する。大地が動けば、逃げ場はない。その為、大地震に襲われた時、人々は死を意識し、生存者は死後の世界に考えを及ぼす。それが、「人皆アヂキナキ事ヲ述ベテ、イサヽカ心ノ濁リモ薄ラグト見エシ」である。著者は大地震の記事を「月日重ナリ、年経ニシ後ハ、事バニカケテ言ヒ出ヅル人ダニナシ。」と結ぶ。地震と言う最大級の恐怖を経験した人であっても、平穏な日常を取り戻すに従い、再び煩悩に塗れた存在になるのである。

五　福原遷都

遷都は、言うまでもなく天災ではない。理由はともあれ、常に人によって行われる。福原遷都は、平清盛の独断専行によってなされたものであり、強いて災害に分類するならば人災となろう。他の四つの災害は四大種の異変によって生じたものであるが、遷都はこれにも当てはまらない。即ち、福原遷都の記事は、他の四つの記事とは異なる二つの要素を有していることとなる。更に、福原遷都を記せば、構想から外した源平合戦を想起させる危険性がある。作者には、その危険を冒してまで遷都を作品に取り込む必要があった。『方丈記』に記された五つの災害とそれに準ずる規模の災害との発生間隔を見たものが、次の表である。[注28] 四大種の異変に基づく災害は、珍しいものではない。盤石と思われる大地も、地震により度々動いているのである。作品中には、遷都、長承の飢饉、斉衡の地震が災害の前例として記されている。治承の地震は、『玉葉』（治承元年十月廿七日条）に「丑刻許、大地震、保延以後、無㆓如㆑此之地震㆒云々、東大寺大鐘被㆓振落㆒了、又同大仏螺髪、少々落了云々、」とあるもので、マグニチュード六・三とされている。[注29] この治承の地震が記されていないため、作品中では元暦の大地

『方丈記』の災害	対象災害	発生間隔
安元の大火（一一七七）	次郎火事（一一七六）	一年
	大極殿焼亡（一〇五八）	百十九年
治承の辻風（一一八〇）	同年二月十八日の辻風	六十八日
福原遷都（一一八〇）	平安奠都（七九四）	三百八十六年
	薬子の変（八一〇）	三百七十年
養和の飢饉（一一八一・一一八二）	長承の飢饉（一一三四・一一三五）	四十六年
	承安・安元の飢饉（一一七四・一一七五）	六年
元暦の大地震（一一八五）	斉衡の地震（八五五）	三百三十年
	治承の地震（一一七七）	八年

震以前の同規模の地震は斉衡の地震となる。その間隔は、三百三十年である。これに対して、遷都は平安奠都から数えれば三百八十六年、薬子の変からでも三百七十年となる。薬子の変からの年数であっても、大地震の間隔よりも四十年も長い。このように長きに亘って移動しなかった都は、これからも永遠に不動なものと考えられていたであろう。そのような人々の概念に反して、都は動いた。遷都は、確固たる実体を持つものなど存在しない（諸法無我）ということの証明例として最適なものであるが故に、作品に取り込まれたのだと考える[注30]。

遷都の断行は、治承四年（一一八〇）六月二日である。『明月記』（治承四年五月卅日条）には「俄有遷都之聞」と、人々が狼狽する様子が記されている。『玉葉』（同日条）に「三日行幸、忽被レ縮二二日一了云々、」とあることから、遷都の断行は少なくとも五月三十日には人々の知るところとなっていた。『方丈記』の場合は「ニハカニ都遷リ侍キ。イト思ヒノ外也シ事ナリ。」と、急遽決定、断行されたものとする。作品中の遷都は、予測不可能なものであった。作者は「コトナル故ナクテ、タヤスク改マルベクモアラネバ、」と、特別な理由もなく遷都は行われるものではないと記すが、人々の反応が「世ノ人、安カラズ憂ヘアヘル」であることにより、福原への遷都は特別な理由によるものではなかったこととなる。特別な理由とは、人々の納得できるものと言うことであろうか。人々の反応に対して、著者は「実ニ事ハリニモ過ギタリ。」と同意する。災害とは、被災者の納得できるような理由によって生ずるものではない。遷都に直面した人々は、他の四つの天災と同様に生じた事象に従うしかないのである。「帝ヨリ始メ奉リテ、大臣・公卿」も、「悉ク移ロヒ給ヒヌ」と徐々に移住していく。新都の形状も機能も整備されていない時点の遷都断行であり、為政者達も一気に移住したわけではない。この点を考えれば、自動詞「移ろふ」は状況に適した使用と言えようが、同じ自動詞の「移る」と比較すると消極的対応という感じがする。本来、率先して移住しなければならない為政者達の行動を消極的に描けば、遷都の主体は不明瞭なものとなろう。これにより、人為によるものという性格は稀薄となり、遷都は天災に近付くこととなる。遷都はどのような意義付けをしても人為によるものであり、天災とは成り得ない。読み手に源平合戦を連想させる危惧もあった。著者は、遷都を突然、不条理にも日常生活を襲ったものとして描くことにより、天災と同種のものとして位置付けようと試みたものと推察する。

遷都が天災と同種のものとして位置付けられるならば、移住した人々は被災者と言えよう。実際には、天皇の行幸が執行される必要があろうが、都という概念が移動すれば遷都は遂行されたこととなる。遷都の形状や機能が整備されている必要はない。福原遷都の場合は、『玉葉』（六月二日条）に「内裏、平中納言頼盛卿、」とある如く、安徳天皇の宿所に平頼盛の邸宅が当てられており、内裏は完成していなかった。「元ヨリコノ所ニ居ル者ハ、地ヲ失ヒテ**憂フ**。今移レル人ハ、土木ノ煩ヒアル事ヲ**嘆ク**。」と、栖は遷都後に移住者によって造られてゆく。これにより、元々福原に住んでいた人々は立ち退きを余儀なくされる。遷都の被災者たる移住者が、現地民に対しては加害者となるのである。

「古京ハスデニ荒テ、新都ハイマダ成ラズ。」とは、著者が遷都の記事によって描きたかった都の姿であろう。移住者の栖の多くは京都からの移築であり、これによって旧都は荒廃する。一方、新都は「ナホ虚シキ地ハ多ク、作レル屋ハ少ナシ。」と、未完成な状態であった。この状況は「毀チ渡セリシ家ドモハ、イカニナリニケルニカ。悉ク元ノ様ニシモ作ラズ。」と、還都後も継続する。結局、作品中の栖は遷都によって消滅するのである。事実は『玉葉』（八月廿九日条）の頭弁経房の言葉に

　当時御所、未レ被レ定下仰可レ為二帝都一之由上、已似二離宮一、是二、**旧都人屋一人未二移住一、諸公事併於二彼都一行レ之**、是三、（中略）昨日参二詣十ケ所一、其次**見二廻洛陽一、一切未二荒廃一**、恐逐可レ還二此都一歟云々、

とある如く、京都は荒廃してはおらず、首都としての機能は保っていた。『方丈記』には、新都では事実が、旧都では虚構が記されていたことになる。[注31]

　人については、「人ノ心ミナ改マリテ、」「都ノ手振リ忽ニ改マリテ、タヾ鄙タル武士ニ異ナラズ。」と、心の変化をもって表されている。特に、都の風俗が武士風になっていくことに対して、著者は「世ノ乱ル、瑞相トカ聞ケルモシルク、日ヲ経ツヽ、世中浮キ立チテ人ノ心モヲサマラズ。」と、世の中が乱れる徴候と見、人心は落ち着かなくなったとする。そのため、「民ノ憂ヘツヰニ空シカラザリケレバ、同ジキ年ノ冬、ナヲコノ京ニ帰リ給ヒニキ。」と憂いが高まり、同年十一月に還都に至る。この「民ノ憂ヘ」とは、先に記した「世ノ人、安カラズ憂ヘアヘル」と同種のものだろう。遷都を不安に思い心配し合ったことが、「世中浮キ立チテ人ノ心モヲサマラズ。」という状況になったのである。風俗の変化は、その前兆であった。還都は、このような状況を背景として行われた。『玉葉』に「諸公事併於二彼都一行レ之」とある如く、実際は遅々として進まぬ新都の建設のため、政務や儀式は設備の整っている旧都で行われることが多かった。政権に携わる多くの人々は、新都と旧都との二重

生活を強いられていただろう。このような生活は、平家政権に対する不満を募らせたものと思われる。遷都の記事のまとめが、古の善政を比較対象として「伝へ聞ク、古ノ賢キ御世ニハ、憐レミヲ以テ国ヲ治メ給フ。（中略）今ノ世ノ有様、昔ニナゾラヘテ知リヌベシ。」と締め括られていることにより、不満の対象が平家政権に向けられていることを著者は認識していたであろう。『方丈記』は、政権に対する具体的な不満は一切記さず、「民ノ憂へツキニ空シカラザリケレバ、」も、どのような現実になったかまでは記さない。災害が天災の場合、被災者が不満をぶつけるべき具体的な相手は存在しない。被災者が感情を向けるべき相手を曖昧にしたのは、遷都を断行した平家政権の存在を想起させたくなかったからであろう。ここにも、遷都を天災と同種のものと位置付ける意図が働いているものと推察する。

おわりに

『方丈記』に記された災害は、実際に都を襲ったものであるが故に、当時の記録類と照応する部分が多い。これは記事の正確さを示すものであっても、著者が災害を体験したことを保証するものではない。記述が記録類と照応すればする程、何らかの記録類を基にした可能性が高くなるものと考える。記述に際しては、記録類だけでなく、災害からの生還者の証言や絵画などを参考とした可能性も充分に有り得よう。

作品中における人々は、災害に翻弄される存在であり、積極的に対応する姿は殆ど見られない。例外は、養和の飢饉の記述である。飢饉の惨状を描くには、餓死者を描くか困窮しながらも状況に対応する人々の姿を描くしか方法がなかったからであろう。また著者には、飢饉に対応している人々の姿の多くが濁悪世の行動として映った。因みに、飢饉を悪化させた原因の一つに、都に流入した避難民の存在があったものと思われる。また作品には、復興した都の姿が記されておらず、災害で被災した都は、復興する間もなく次の災害に襲われていることとなる。源平合戦を想起させぬよう、元暦の大地震は養和の飢饉の直後に発生したものとして設定されている。大地震は、短時間に生じる広域で大規模な災害である。『方丈記』の記述は、この特徴をよく表している。短文を積み重ねた記述は短時間での災害を、都の範疇を越えた記述は広域災害を、自然の崩壊を描いた記述は大規模災害を、それぞれ描き出していると言えよう。

人々にとって不満な出来事ではあっても、福原遷都は天災ではない。その上、遷都を作品に記せば源平合戦を想起させ、四大種の異変の現出という構想が不明瞭となる。福原遷都を作品に取り込んだのは、前半部の主題であるところの諸法無我の例証として最適なものだったからであろう。遷都の記事は、その原因や主体が不明瞭であり、人々の不満も描かれていない。これにより、福原遷都は、突然、不条理にも日常生活を襲う天災に近い事象となるのである。以上、推測に推測を積み重ねた論考となったが、著者は五つの災害記事を、五つの天災記事として記そうとしたものと推察する。

注

1　高橋昌明氏は「養和の飢饉、元暦の地震と鴨長明」（「文学」二〇一二・三・四、五三頁）において、
戦乱によって実際に運送に困難が生じただけでなく、乱を口実に上納をサボタージュする国衙・荘園が日増しに増加した。（中略）全国的な内乱に対処し鎮圧戦を効果的に遂行するには、多大な兵糧米を要する。この間、平家は懸命になってその調達をはかった。

と述べている。

2　『方丈記』の本文は、大福光寺本『方丈記』（校異・鈴木知太郎、武蔵野書院、一九五九年）に拠り、適宜、句読点、濁点を施し、漢字を当てた。

　大福光寺本は著者自筆本ではないが、書写年代が最も古く、最善本とされている。現在使用されているテキストの多くは、これを底本としている。

3　稿者は、五つの災害は序章に提示された空の思想（諸法無我）の実例として描かれているものと考えている。詳しくは、拙稿「『方丈記』序章試論――天台の三諦説との関連において――」（「仏教文学」二〇〇三・三）を参照されたい。

4　『玉葉』の引用は、『玉葉』（名著刊行会、一九八四）に拠る。

5　底本「桶口」を訂す。

6　青木伶子氏は『広本略本方丈記総索引』（武蔵野書院、一九五六、四九頁）において、広本系主要伝本中の大福光寺本を含む古本系十一本、流布本系六本によって校合を試みている。これによると、大福光寺本、前田家本を除く他の十五本全てが「病人を宿せる仮屋」と読むことができ、火元に宿泊していた者を「病人」と記している。前田家本は「まひ人」という表記のため、「樋口富小路とか病人」とも「樋口富小路とかや舞人」とも読むことが可能である。他の十五本は全て漢字表記による「病人」であり、「病」の右傍に古本系山田本には片仮名で「ヤマイ」と、流布本系正保本には平仮名で「や」と表記してある。「舞人」と「病人」との比率は十六対一、または十五対二となり、比率の上では圧倒的に「病人」が優勢である。もし前田家本を「病人」と読むのならば、大福光寺本は火元について孤立した本文を有することとなる。

7　詳しくは、拙稿「『方丈記』本文考――「舞人」か「病人」か――」（「日本文学論集」一九九〇・三）を参照されたい。

8　『群書類従』第七輯（続群書類従刊行会、一九八三）所収の『清獬眼抄』（六〇〇頁）に拠る。

9　『大系　日本の歴史　4』（小学館、一九八八、一三七頁）。

　「都ノ内、三分ガ一」という焼失範囲について最初に問題としたのは、三木紀人氏（『方丈記　発心集』（新潮日本古典集成、新潮社、一九七六、一七頁、研究資料日本古典文学『随筆文学』（明治書院、一九八三、一三八頁））と思われる。

10　『明月記』の引用は、『明月記』（国書刊行会、一九七〇）に拠る。

11　平凡社、一九七二。

12 執筆者・和達清夫、東京堂、一九六〇。

13 『往生要集』の引用は、日本思想大系『源信』（校注者・石田瑞麿、岩波書店、一九七〇、三五五頁下）に拠る。

14 「世の不思議への視線――『方丈記』の記憶と文学性――」（『「鴨長明とその時代　方丈記800年記念」展示図録』国文学研究資料館、二〇一二・五、『鴨長明研究――表現の基層へ』（勉誠出版、二〇一五、二一七頁）に収載。）。

15 「冬」は底本にナシ。諸本によって訂す。

16 「空シク春カエシ」は底本にナシ。諸本によって訂す。

17 作者は、養和二年に歌集『鴨長明集』を編纂する。これは、賀茂重保によって上賀茂神社に奉納された『月詣和歌集』の撰修資料となったと考えられている。『月詣和歌集』の作者達が、食料に困窮していたとは考え難いのではなかろうか。

18 この点に関しては、高橋昌明氏の「養和の飢饉、元暦の地震と鴨長明」（注1）に詳しい。

19 『皇帝紀抄』の引用は、『群書類従』第三輯（続群書類従刊行会、一九八三）に拠る。

20 『養和二年記』の引用は、『歴代残闕日記』第六巻（臨川書店、一九七〇）に拠る。

21 『解釈と評論　方丈記』（開文社、一九五八、五七頁）。

22 対訳古典シリーズ『方丈記　付　発心集（抄）』（訳注者・今成元昭、旺文社、一九八八、一五七頁）。

23 『地震の事典』第二版（編者・宇津徳治・嶋悦三・吉井俊尅・山科健一郎、浅倉書店、五七九頁）。

高橋昌明氏は「日本史学者の見た元暦二年七月京都地震について」（『月刊地球』二〇〇五・一一）の中で、当時の建物の構造や補修状況から、七・四よりは小さかったとする。

24 「『平家物語』および『方丈記』に現れた地震津波の記録」（都司嘉宣「建築雑誌」一九九一・一一）。

25 「説話集の序文」（『解釈と観賞』一九八四・九、四六頁）。

26 久山善正氏は、「方丈記〈大地震の段〉の表現について」（『論集日本文学日本語』（角川書店、一九七八）・研究叢書『方丈記をめぐっての論考』（和泉書院、一九九七、五六頁）に収載。）において、

「山はくづれて河をうづみ」の「山」は比叡山またはその付近の山、「巌われて谷にまろびいる」は、その途中の渓谷のさま、「海はかたぶきて陸地をひたせり」の「海」は近江の海、すなわち琵琶湖で、「土さけて水わきいで」は湖畔の状態、「渚こぐ船は波にただよひ」は、地震当時の琵琶湖のさまを述べたものと考えてみた。

と述べている。

都司嘉宣氏は「『平家物語』および『方丈記』に現れた地震津波の記録」（注24参照。四九頁）において、『平家物語』の琵琶湖の用例から、「「海」を「琵琶湖」と理解することは出来ない」とする。

27 『評註方丈記全釈』（紫乃故郷舍、一九四九、六一頁）。

28 「次郎火事」は、『清獬眼抄』（「大焼亡事。」）に記される治承二年四月二十四日に発生した火災。『清獬眼抄』では、安元の大火を「太郎」と称している。
「薬子の変」は、「嵯峨ノ天皇ノ御時、都ト定マリニケルヨリ後」とある嵯峨天皇の御代に起こった乱。寵姫尚侍藤原薬子とその兄正四位参議藤原仲成ら側近と共に平城旧都に遷居していた平城上皇が、大同五年九月六日に、旧都への還都を命じたことによって起こった。変乱は、征夷大将軍正三位大納言坂上田村麿を中心とした朝廷軍の攻撃により、藤原仲成の戦死、平城上皇の出家、そして藤原薬子の自害を以て、同十二日に終結した。『日本後紀』（第二十）に詳細。

「斉衡の地震」は、「昔、斎衡ノ頃トカ、大地震振リテ」とあるもの。但し、『文徳実録』によれば、斉衡二年（八五五）五月十日と同十一日とに地震の記述があるが、東大寺の大仏の首が落ちた（同二十三日）原因を地震と特定することは難しい。翌斉衡三年（八五六）三月条に「是月、地数震、師及城南、或屋舎毀壊、或仏塔倚傾、」とあるが、この時は大仏の首は落ちていない。著者がどちらを念頭に置いていたのかは決め難く、本稿では、便宜上斉衡二年としておく。

『文徳実録』の引用は、増補六国史『文徳実録』（一九八二、名著普及会）に拠る。

29 『地震の事典』第二版（注23参照）。

30 拙稿「続『方丈記』の五つの災害」（「日本文学研究」二〇〇八・二）を参照されたい。

31 都の荒廃が虚構であることを指摘したのは、細野哲雄氏の「『方丈記』における詩と真実――「都遷り」について――」（「国語国文」一九六六・一、笠間叢書『鴨長明伝の周辺・方丈記』（笠間書院、一九七八）に収載。）が早いものと思われる。
因みに、『鴨長明集』八十七番歌詞書に、「つのくにへまかるみちに、こやといふところにとまりて侍る～」とあることから、著者は遷都後の福原に赴いたものと考えられている。

『鴨長明集』の引用は、『新編国歌大観』第四巻（角川書店、一九八六）に拠る。

物語にみる自然災害

内田　美由紀

一　はじめに

物語は、本当にあったこととして語られながら、実は虚構である。したがって、物語においては、作者が自然を自由に操ることができる。雨を降らせようと思えば降らせることができ、雷鳴をとどろかそうと思えばそうできる。それは地震や火山の噴火であっても同じである。しかし物語作者は、意味なく自然災害を起こすのではなく、ストーリー上の必然性があって、季節はもちろん地形・気候、天変地異などの自然条件全般を設定したことであろう。

そもそも、物語に限らず、現代における小説・映画・漫画・アニメにおいても、自然は主人公の気持ちを反映する背景として描かれる。小説で主人公が泣きたい気分のとき雨が描かれるというのと同様に、古い物語でも主人公たちの気持ちによって春の日が輝いたり長雨が降ったりする。さらには、大風が吹いて、罪があるとおぼしき人々の上に落雷し、断罪する。それは当時の人々の自然観ともつながっていよう。

とはいえ、物語作者がストーリー上の必然性のみで好き勝手に自然災害を起こしてしまってはリアリティに欠けてしまう。すなわち、どのようなところに池ができ、川が流れ、海にそそぐか、そしてそこにどのような自然災害が起こるか、もし現実を離れて設定すれば、違和感を伴い、完全に夢物語になってしまう。

このため、物語では実際に起こった自然災害を描写して、違う時代の違う話として構成することもあったであろう。また、歴史的自然災害を昔起こった事実としてそのまま、虚構の物語の中で語るということもあり得たであろう。そして、実際の自然災害をどのように扱っているかを見ることで、当時の人々の気持ちも知り得よう。

ここでは、物語において自然災害がどのように描かれているか、『源氏物語』『伊勢物語』『平家物語』を取り上げて、述べてみたい。

二　『源氏物語』の自然災害

平安物語文学で自然災害といえば、なんといってもやはり『源氏物語』の「須磨」巻・「明石」巻ではないだろうか。主人公の光源氏は、父桐壺帝が亡くなり異母兄が位についたことで大臣など政権も代わり、不始末も重なって都にいられなくなり、須磨に籠居する。そして、そこで嵐に遭い、次の「明石」巻に入っても暴風雨が続く。次にあげるのは、須磨で源氏が上巳の祓に出かけ、突然嵐にあう場面である。[注1]

海のおもてうらうらと凪ぎわたりて行くへも知らぬに、来し方行くさき思しつづけられて、

（源氏）「やほよろづの神もあはれと思ふらむ犯せる罪のそれとなければ」

と宣ふに、にはかに風吹きいでて、空もかきくれぬ。御祓へもしはてず、立ち騒ぎたり。ひぢかさ雨とか降りきて、いとあわたゞしければ、みな帰り給はむとするに、かさも取りあへず。さる心もなきに、よろづ吹きちらし、またなき風なり。波いといかめしう立ちて、人々の足をそらなり。海のおもてはふすまを張りたらむように光りみちて、雷鳴りひらめく。落ちかかるここちして、からうじてたどり来て、「かかる目は見ずもあるかな。風などは吹くも、けしきづきてこそあれ、あさましうめづらかなり」と惑ふに、なほやまず鳴りみちて、雨のあし、あたる所通りぬべき、はらめき落つ。

ここでは、祓えのために凪いでいる海岸へ出た源氏が「八百万の神々もあはれと思ってくださるだろう。たいした罪もないのだから」と歌を詠むと、突然嵐に遭う。波がとても厳めしく立ち、海面はふとんを張ったように光が満ちて、と身近なものに例えながらも海面の水蒸気に稲光がさす様子は実写さながらの迫力である。雨脚も地面を突き通りそうだ、と目に見えるような表現をしている。その夜の夢で源氏は自分が竜王に魅入られたのだと思う。

そのさまとも見えぬ人きて、「など、宮より召しあるには参り給はぬ」とて、たどりありくと見るにおどろきて、「さは海の中の竜王のいといたうものめでするものにて、見入れたるなりけり」と思すに、いとものむつかしう、この住まひたへ難く思しなりぬ。

次の「明石」巻に入ってもなお雨風が続き、京でも「いとあやしき物のさとしなりとて、仁王会など行はるべし」と、奇怪なお告げということで宮中も対応に迫られ仁王会が行われるという。源氏は源氏で神に祈願をする。

「…かく悲しき目をさへ見、命つきなむとするは、さきの世の報いか、この世のをかしか。神仏明らかにましまさば、この憂へ安め給へ」と、御社の方に向きてさまざまの願をたて給ふ。また海の中の竜王、よろづの神たちに願を立てさせ給ふに、いよいよ鳴りとどろきて、おはしますに続きたる廊に落ちかかりぬ。ほのほ燃えあがりて廊は焼けぬ。心だましひなくて、ある限り惑ふ。うしろの方なる大炊殿と思しき屋に移し奉りて、かみしもとなく立ちこみて、いとらうがはしく泣きとよむ声、いかづちにも劣らず、空は墨をすりたるやうにて、日も暮れにけり。

源氏は、こんなに悲しい目に遭うのは前世の報いかこの世の犯罪か、このひどい目をお安めくださいと住吉社にさまざまの願を立てるが、いよいよ雷鳴がひどくなり、ついには落雷して、廊が燃え上がり大騒ぎになって日が暮れる。

この後、夜になり星も月も出て、少しまどろんだ源氏の夢に父の故・桐壺院が生きていたときの姿で現れる。

故院ただおはしまし様ながら、立ち給ひて、(故院)「などかくあやしき所にはものするぞ」とて、御手を取りて引き立て給ふ。(故院)「住吉の神の導き給ふままに、はや舟出してこの浦を去りね」と宣はす。いとうれしくて、(源氏)「かしこき御影に別れ奉りにしこなた、さまざま悲しきことのみ多く侍れば、今はこの渚に身をや捨て侍りなまし」と聞え給へば、（故院）「いとあるまじきこと。これはただいささかなるものの報いなり。われは位にありし時あやまつことなかりしかど、おのづから犯しありければ、その罪を終ふる程いとまなくて、この世を顧みざりつれど、いみじき憂へに沈むを見るに堪へ難くて、海に入り、渚に上り、いたく困じにたれど、かかるついでに内裏に奏すべきことあるによりなむ急ぎ上りぬる」とて立ち去り給ひぬ。あかず悲しくて、「御供に参りなむ」と泣き入り給ひて、見上げ給へれば、人もなく、月の顔のみきらきらとして、夢のここちもせず、御けはひとまれるここちして、空の雲あはれにたなびけり。

桐壺院は「どうしてこのようにひどい所にいるのだ」といって手を取ってお引きになる。源氏が「今はこの渚に身を捨ててしまいたいのです」と申し上げると、故院は「決してあってはならないことだ、これはただちょっとしたことの報いである」と言い、さらに故院は「ひどい憂いに沈むのを見ると、堪え難くて、海に入り、渚にのぼり、すごく疲れたけれど、このようなついでに内裏に申し上げなければならない事があるので、いそぎ上京するのだ」と言って去った。源氏は「お供に参ります」と泣きながら見上げると、人もおらず、月の顔だけがきらきらとしていた。

都では、朱雀帝（源氏の異母兄）が機嫌悪くにらむ父・故院を夢に見る。

その年、おほやけに、物のさとし頻りて、もの騒がしきこと多かり。三月十三日、雷鳴りひらめき、雨風騒がしき夜、帝の御夢に、院の帝、お前の御階の下に立たせたまひて、御気色いとあしうて睨みきこえさせ給ふを、かしこまりておはします。聞えさせ給ふことども多かり。源氏の御事なりけむかし。「いと恐ろしう、いとほし」と思して后に聞えさせ給ひければ、（大后）「雨など降り、空乱れたる夜は、思ひなしなる事はさぞ侍る、軽々しきやうに、思しおどろくまじき事」と聞え給ふ。

雷が鳴りひらめき、雨風の騒がしい夜、故院が夢で言ったことを朱雀院は「恐ろしい」と思って母后にいうが、后は「雨が降って空が乱れる夜は、思っているようなことを夢に見るのです。軽々しく驚かれるものではありません」という。

平安時代、しかも物語ということもあって、朱雀帝は不思議なくらい迷信深く、現代の合理的な考え方からすれば、夢と現実と結び付けて考えすぎるように見える。むしろ、大后の言うことのほうが実際的かつ現代的に見える。

しかし、そこは物語なので、さらに朱雀帝やその母大后や祖父太政大臣に祟りが続く。

睨み給ひしに見合わせ給ふと見しけにや、御目わづらひ給ひて、堪へ難うなやみ給ふ。御つつしみ、内にも宮にも限りなくせさせ給ふ。太政大臣亡せ給ひぬ。道理の御齢なれど、つぎつぎに自ら騒がしき事あるに、大宮もそこはかとなうわづらひ給ひて、程経れば弱り給ふやうなる、内に思し嘆く事さまざまなり。（主上）「なほこの源氏の君、まことに犯しなきにて、かく沈むならば、必ずこの報いありなむとなむ覚え侍る。今はなほ本の位をも賜ひてむ」と、たびたび思し宣ふを、（大后）「世のもどき軽々しき様なるべし。罪に懼ぢて都を去りし人を、三年をだに過さずゆるされむことは、世の人もいかが言ひ伝へ侍らむ」など、后固くいさめ給ふに、思し憚る程に、月日重なり、御なやみどもさまざまに重りまさらせ給ふ。

朱雀帝は故院と見合わせた目を患い、太政大臣は亡くなり、大后も病で弱っていく。朱雀帝は「源氏に本当に罪がなくて沈淪しているならば、きっと報いがあるだろう、元の位を与えよう」と思ってそう言うが、母・大后は「罪を犯し罰せられることを恐れて都を去った人を三年さえ過ぎずに許したら世間がなんというか」と許さないので、日が過ぎどんどん病気が重くなっていく。

さて、『源氏物語』の中で自然災害は「いとあやしきもののさとし」であったり竜王に魅入られたりすることでおこる、という。そして、桐壺院の祟りとおぼしき風雨が続いて、朱雀帝が眼病になったり、母后が病気で弱っていったり、祖父太政大臣が亡くなったりする。

もちろん、原因はどうあれ、自然災害が起こってその結果が人事に影響していくことは、現実も物語も変わらない。そして、この当時の現実としては、時ならぬ雨が続けば、作物が実らず、水害が起こり、疫病が蔓延する。そしてそれは人々の不安や不満を引き起こし、政治不信につながっていく。

そもそも現実の歴史上の天皇が、天の神や仏を恐れ敬ったのは[注2]、災害やその原因について囁かれる風聞を放置して人心を失えば、地位や生命をも失うのが自明だったからであろう。

ところで、『源氏物語』の「須磨」「明石」巻は祝詞との関係が指摘されている。『六月晦大祓』を見ると、たくさんの罪をあげたのちに、次のようにある。[注3]

……ここだくの罪出でむ。かく出でば、天つ宮事以ちて、大中臣天つ金木を本打ち切り、末打ち断ちて、千座の置き座に置き足らはして、天つ菅そを本刈り断ち、末刈り切りて、八針に取り辟きて、天つ祝詞の太祝詞事を宣れ。かくのらば、天つ神は天の磐門を押し披きて、天の八重雲をいつのち別きて聞し食さむ。国つ神は高山の末・短山の末に上り坐して、高山のいほり・短山のいほりを撥き別けて、聞し食さむ。かく聞し食してば、皇御孫の命の朝庭を始めて、天の下四方の国には、罪と云ふ罪は在らじと、科戸の風の天の八重雲を吹き放つ事の如く、朝の御霧・夕の御霧を朝風・夕風の吹き掃ふが如く、大津辺に居る大船を、舳解き放ち艫解き放ちて、大海原に押し放つ事の如く、彼方の繁木が本を、焼鎌の敏鎌以ちて打ち掃ふ事の如く、遺る罪は在らじと、祓へ清め給ふ事を、高山・短山の末より、さくなだりに落ちたきつ速川の瀬に坐す瀬織津比咩と云ふ神、大海原に持ち出でなむ。かく持ち出で往なば、荒塩の塩の八百道の八塩道の塩の八百会に座す速開都咩と云ふ神、持ちかか呑みてむ。かくかか呑みてば、気吹戸に坐す気吹戸主と云ふ神、根の国・底の国に気吹き放ちてむ。かく気吹き放ちてば、根の国・底の国に坐す速佐須良比咩と云ふ神、持ちさすらひ失ひてむ。かく失ひてば、天皇が朝庭に仕へ奉る官官の人等を始めて、天の下四方には、今日より始めて、罪と云ふ罪は在らじと、高天の原に耳振り立てて聞く物と、馬牽き立てて、今年の六月の晦の日の夕日の降ちの大祓に、祓へ給ひ清め給ふ事を、諸聞き食へと宣る。四国の卜部等、大川道に持ち退り出でて、祓へ却れと宣る。

要するに、罪を神が吹き飛ばし洗い流す。その様子は風が大船を大海原に押し放つ台風や、焼き鎌で木々を打ち払うような山火事、速川が大海原にすべてを持ち去る水害、すべてを飲み込む海難などのように描かれる。そこで、天皇が主催する祓で神に捧げ物をして、すべての罪を祓って清めてもらうというのが、水無月の晦の大祓である。この詞章からもわかるように、「神」は、自然の中にいるもの、あるいは自然そのもので、その神々によって罪が払われて清められる。『源氏物語』においては、源氏は須磨での嵐によってその罪を祓われ、都に復帰できるようになる、というわけである。

また、『源氏物語』の自然災害の描写には、この『六月晦大祓』だけでなく、天神すなわち菅原道真の伝説も深くかかわっていることが指摘されている。玉上琢彌氏『源氏物語評釈』「明石」巻の「鑑賞」では次のように述べられている。注4

桐壺の帝は醍醐天皇を思わす書きぶりであることについては、すでにしばしば述べてきたが、北野天神の縁起に関連して、醍醐天皇が地獄に落ちたという伝説がある。いわゆる『建久本天神記』、文政十一年（一八二八）写の『北野文叢』に載っているもので「建久五年十月二十四日書写了」の奥書がある。建久五年（一一九四）は『源氏物語』よりも二百年近く後であるけれども、一条天皇のころ北野信仰は強くなり道真に太政大臣という最高の官が贈られたのが正暦三年（九九二）の事であって、伝説は当時いろいろあったと思われるから、『源氏物語』の作者もこの伝説を思いながら書き、読者も読みながらこの伝説を思い出していたかもしれない。

菅原道真の（北野）天神伝説は、落雷が原因で醍醐天皇が亡くなったことが大きい。『日本紀略』を見ていくと、延喜九年に藤原時平が三十九歳で亡くなったときには、まだ怨霊についての言及はないが、延喜二十二年三月二十一日仁明天皇の国忌の日に、二十一歳の皇太子（保明親王）が病に倒れて亡くなった時には、天下の人は悲しんで泣かない者はなく、世を挙げて菅原道真の霊魂のせいだといったとある。

（延喜二十二年三月）廿一日乙未。仁明国忌。是日也。依二皇太子臥レ病。大二赦天下一。子刻。皇太子保明親王薨。年廿。天下庶人莫レ不二悲泣一。其声如レ雷。挙レ世云。菅帥霊魂宿忿所レ為也。

このため、この年の四月二十日には、道真が本の官位の右大臣に戻された。

廿日甲子。詔。故従二位大宰権帥菅原朝臣復二本官右大臣一。兼贈二正二位一。宜レ弃二（＝捨）昌泰四年正月廿五日詔書一。

次の皇太子は翌年（延長元年）四月に皇太子の子の慶頼王が立てられ、皇太孫だが「皇太子」と書かれている。この世継ぎには何らかの問題があったらしく、これに前後して藤原穏子の寛明親王出産の記事が二回見える。一回目（延喜二十二年四月四日）の記事に「或云七月廿四日丙寅立后之後産給」とあり、延長元年の立后後の出産にしたかったようだ。

延長三年六月、五歳の皇太子慶頼王は亡くなり、同年十月寛明親王が立太子した。ここまでは宮廷内の政権争いのごとく見えるが、延長八年六月、干ばつ対策で宮中に公卿が集まっていたところに落雷し、死亡者二名が出て、醍醐天皇も倒れた。そして、醍醐天皇は九月二十二日に皇太子に位を譲って、七日後に亡くなった。

このように、干ばつ対策で集まっていたところに、雷が落ちたのは偶然だろうが、それ以前から菅原道真の怨霊の噂があったことで、「道賢上人冥途記」やのちの『北野天神縁起』のように、道真が雷神になっていく。そしてそれは、醍醐天皇の堕地獄譚につながっていく。

すなわち、醍醐天皇が讒言を聞き入れて道真を流罪にしたため、道真の怨霊によって、醍醐天皇の朝廷に雷が落ち、醍醐天皇は亡くなり、地獄に落ちたとされた。延喜・天暦の治と称えられる一方で、北野天神縁起によって、醍醐天皇の堕地獄譚が語られていったのである。

したがって、自然災害を語れば、それは誰々の祟りということになり、その誰々の没落に関与した摂関や帝が非難されたり貶められたりする。『源氏物語』の須磨・明石の自然災害の場合は、菅原道真と醍醐帝の例が想起されるように描かれ、その因果応報のイメージの中で語られているが、そういう形をとらなければ、自然災害をかたることは、直接、天皇や摂関の失政の責任を追及することになってしまう。このために平安物語文学、とくに作り物語の中では大規模な自然災害が描かれにくいのではないだろうか。

三 『伊勢物語』――描かれない自然災害

『源氏物語』より先に成立した『伊勢物語』に大きな自然災害は語られない。しかし、語られないのは逆に意味深長といえるかもしれない。なぜなら、この時期は火山活動や地震が多かったからである。

『伊勢物語』は歌物語で虚構も多いが、物語の本文中に実名で出てくる人々は、実際に生きた歴史的人物であり、史書に見える人物ばかりである。天長二年（八二五）生まれの業平より二歳下だった文徳天皇の時代、『日本文徳天皇実録』には仁寿元年（八五一）から地震の記録が頻出し、斉衡二年（八五五）に奈良の大仏の頭が落ちている。しかし、そういったことは『平家物語』には述べられていても、『伊勢物語』には少しも述べられていない。

また、『伊勢物語』には、物語中の在原業平や藤原常行らの官職からみて、成立が貞観八年以降貞観十二年までと考えられる段があり、また藤原基経四十賀のように貞観十七年の話であるのが明らかな段もある。[注5] したがって、貞観十一年（八六九）に起こった貞観の大地震・大津波を『伊勢物語』の登場人物やその同時代人は当然経験している。経験しているのに、明白に描かれている段がないのである。

貞観地震とその大津波は、平成二十三年（二〇一一）の東日本大地震津波による原発事故が予測できたかどうかということもあいまって、地震後、非常に注目を浴びた。それというのも、東日本大震災の津波と被災区域がほぼ同規模だったといわれているからである。[注6]

『日本三代実録』貞観十一年五月二十六日条に「陸奥国地大振動」とあり、その後も長い詔勅を載せており、対応に大わらわだった様子がうかがえる。また、発掘からも、陸奥国府であった多賀城の政庁は貞観地震後に大きな修復が入っていることがわかっている。[注7] 修復を指示した朝廷側、そして派遣されて陸奥にでかけた人々が、地震や津波について知らないはずはなく、地震や津波の被害は陸奥国府から余さず都に伝えられたことであろうし、人々の語り草となったことであろう。

そういう点でみるならば、『伊勢物語』の中に気になる段が二つある。一つは第八十一段で塩釜の景色を模した源融の邸の話、もう一つは第百十五段で陸奥国の話である。

第八十一段は次のような段である。[注8]

むかし、左のおほいまうちぎみいまそがりけり。かも河のほとりに、六条わたりに、家をおもしろくつくりて、すみたまひけり。神な月のつごもりがた、菊の花うつろひさかりなるに、もみぢのちくさに見ゆるおり、みこたちおはしまさせて、夜ひとよ、さけのみし、あそびて、よあけもてゆくほどに、このとののおもしろきをほむるうたよむ。そこにありけるかたゐおきな、いたじきのしたにはひありきて、人にみなよませはてて、よめる。

しほがまにいつかきにけむあさなぎに　つりするふねはここによらなん

となむよみけるは、みちのくににいきたりけるに、あやしくおもしろき所々おほかりけり。わがみかど六十よこくの中に、しほがまといふ所ににたるところなかりけり。さればなむ、かのおきな、さらにここをめでて、「しほがまにいつかきにけむ」とよめりける。

すなわち、左大臣（源融）が鴨川のほとり、六条辺に、家を興深く作って住んでいらっしゃった。旧暦十一月の月末に菊が紫に変わって、紅葉がいろいろに見える頃、皇子たちに来ていただいて、一晩酒を飲み管絃の宴をして、夜が明けていくときに、この御殿の趣深いことを褒める歌を詠んだ。そこにいた翁が、皆が詠み終ってから、「塩釜にいつ来たのだろう、朝凪に釣りする舟はここに寄ってほしい」と詠んだのは、陸奥に行ったとき不思議に趣深いところが多かったが、本朝六十余国の中で塩釜という所に似たところはなかった。それで例の翁は、さらにここを褒めて「しおがまにいつ来たのだろうか」と詠んだのだった、という話である。

源融は中納言と兼職で、貞観六年三月から陸奥出羽按察使となった。将軍や按察使を中央の職と兼職しているのは桓武・嵯峨朝でも同じだが、その時代には兼職していても実際に派遣され復命までしている。その後、淳和朝の「親王任国」から親王は遙任で任地に行かなくなり、さらに時代が下れば、醍醐天皇は遙任国司を取り締まったというから、親王だけでなく一般の貴族も任地に行かなくなったのだろう。しかし、嵯峨天皇の皇子であり、淳和・仁明・文徳・清和・陽成・光孝・宇多の時代を生きた源融が、都の自分の邸の庭にわざわざ塩釜の景色を模したということは、融は少なくとも一度は塩釜に行ったのではないか。

そもそも、海水を運ばせて池にたたえたという『今昔物語集』に載る伝説[注9]は、馬を飼っていたと考えれば、理由は自明である。淡水化していた河内湖周辺の古代の馬を飼っていた牧で製塩土器が出土している。融は鷹所有の許可を得ていた(『日本三代実録』貞観八年十一月二十九日)ので鷹狩のために相当数の馬を飼っていたと思われるが、洛中において軍事力でもある馬を多数飼うのは、摂関家に不安を抱かせる上に、飼い葉・水・塩・調教などさまざまな面で問題があった。鴨川のほとりの河原院で塩釜の景を模して塩田を作った[注10]というのは格好のカムフラージュだったことであろう。

貞観地震が起こったのは貞観十一年五月二十六日で、同年正月から陸奥出羽按察使は中納言の藤原基経に交代していた。陸奥出羽は平和であれば鷹・毛皮・馬などの特産品が手に入るところで[注11]、融が鷹所有の許可を得たのも、陸奥出羽按察使の在任期間中である。これを見て、基経も自身の意思で融の次の按察使になったのではと思われる。しかし、折あしく起こった貞観の大地震後に、基経が陸奥国府や塩釜に行ったとは思えない。この頃の藤原基経は、貞観八年の応天門の変の処理が済み、同年十二月八日、天皇が手勅を降して従三位中納言となり、妹の藤原高子も同月二十七日女御となって貞観十年十二月皇子を生み、貞観十一年二月その皇子の立太子がかなったばかりであった。甥である皇太子の後見もさることながら、良房が完全に引退するころ(良房の薨去は貞観十四年)でもあり、基経はあえて被災地には行かなかったのであろう。従五位上行左衛門権佐兼因幡権介の紀春枝が検陸奥国地震使に任命されている(『日本三代実録』貞観十一年九月七日)。

ちなみに陸奥国府政庁そばの浮島神社に移されている大臣宮神社の祭神は源融である。祠に故大臣二柱と刻まれているように見え、おそらく元々は陸奥国司か征東将軍として亡くなった二人の人物をまつる祠だったのであろうが、祭神が有名人に入れかわったものと思われる。ただ、あえていえば、『伊勢物語』や謡曲などによる知名度の差はあるにせよ、大臣宮神社の祭神が、貞観大地震の対応を国司らに指示監督すべき按察使・基経ではなく、その前任者の源融になってしまっているわけである。なお、源融が『伊勢物語』本文通りの「左大臣」になったのは貞観十四年八月で、それが顕官となった。

さらに、『伊勢物語』第百十五段は陸奥国の興の井で歌が詠まれる。

むかしみちのくににて、おとこ女すみけり。おとこみやこへいなんといふ。この女かなしうて、うまのはなむけをだにせむ、とて、おきのゐで、みやこじまといふ所にて、さけのませて、よめる

　おきのゐで身をやくよりもかなしきはみやこしまべのわかれなりけり

陸奥の国で男女が住んでいたが男が都へ去るつもりだというので、この女は悲しくて餞別の宴をしようといって「おきのゐで、みやこじま」という所で酒を飲ませて詠んだのが「おきのゐで身を焼くよりも悲しいのは都島辺の別れであることだ」という歌だった、という。

業平の時代の「陸奥の国」はまだ青森ではなく、宮城を含んで岩手あたりまでで、陸奥国の国府は今の仙台の東、塩釜の西、多賀城にあった。

現在、多賀城跡の南に、「沖の井（興の井）」という「末の松山」とセットになった名所がある。現地解説によれば、江戸時代に藩主が奨励して保存に努め、東日本大震災のときには「末の松山」は津波で水没しなかったが、「興の井」は完全に水没したとあった。まさに古歌の通りの「末の松山波こさじとは[注12]」である。

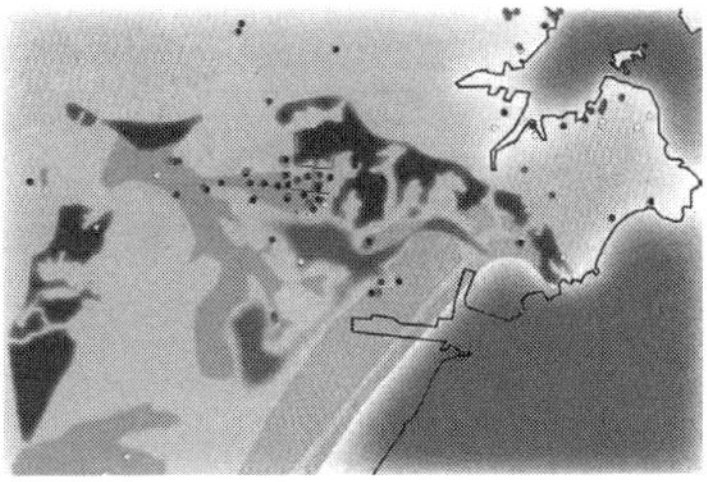

挿図１　砂押川復元
（中央が潟湖、点の集中地は城下）

陸奥国府としての多賀城は港としては塩釜港と仙台港を擁するが、塩釜からは陸路になり、小山一つと玉川の流れる谷とを越えなければならない。仙台湾からも少し離れてはいるが、こちらは砂押川で遡ってくることができる。発掘によれば、海岸線が現在より一キロメートル陸に入っていた上、川を改修して町割りをしていたことがわかっており、砂押川で物流を行っていたと考えられている。発掘による平安時代の復元[注13]（挿図１参照）によれば直線化した砂押川の南は潟湖で、内海になっており、そこから仙台湾へつながっていた。

この「末の松山」は現在でいえば、ＪＲ仙石線の多賀城駅から、砂押川を渡って南西にある、急坂の独立した丘である。平安時代ならば、復元地図によれば、海から潟湖に入って、砂押川で多賀城の城下に入る少し手前にある。その位置から考えれば「末の松山」は、潟湖から多賀城の町へ船で入

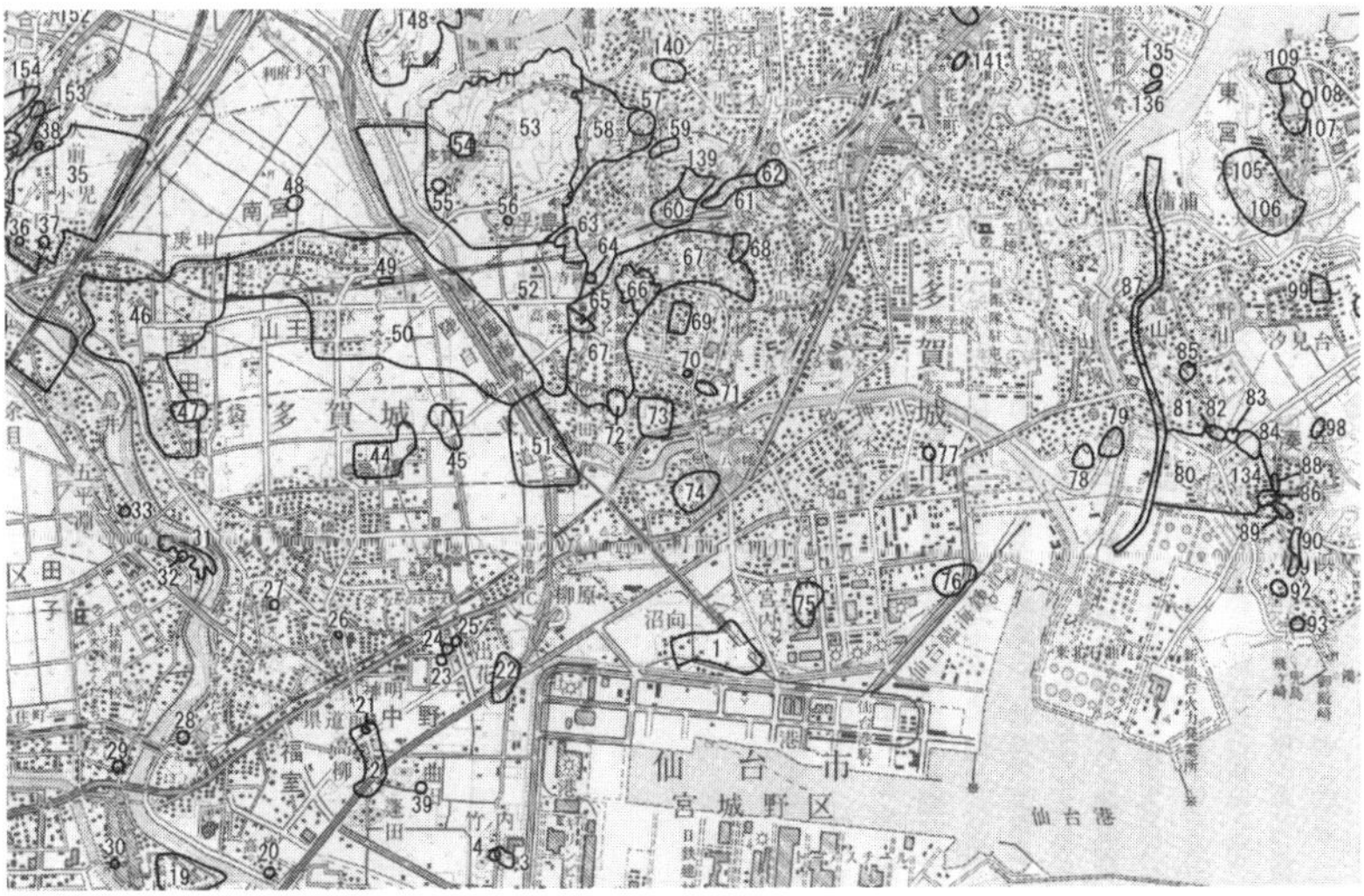

挿図２　沼向遺跡第５図（53 多賀城跡、49･50･52 城下、74 八幡館跡）

るときのランドマークだったと思われる。そして「興の井」は「末の松山」の裾野の位置にあり（付近には八幡館跡がある。挿図2参照）、地形からみて丘のふもとによく見られる水の湧く池とおもわれ、池の中に起き上がるように奇岩があったため「末の松山」とともに名所になったものかと思われる。

では「興の井で身を焼く」とはなんだろう。

もし「興の井」が陸奥国府・多賀城を意味するのなら、話は簡単である。多賀城は陸奥国府であり、また蝦夷との戦いの城柵への補給基地として十一世紀まで存在しており、伊治呰麻呂《これはり》の乱（宝亀十一年〈七八〇〉）の際、焼き討ちにあっている。[注14] この乱は、業平の祖父桓武天皇から伯父嵯峨天皇に至る、東北三十八年戦争の始まりだった。持節征東将軍（陸奥鎮守将軍）は大伴家持をはじめ、紀古佐美、百済王俊哲、坂上田村麻呂、百済王教雲、文室綿麻呂らが知られる。朝廷側の死者の方が多く被害甚大で、桓武天皇は激怒し、その様子は『続日本紀』『日本後紀』に記され、よく知られている。この時には、蝦夷の首領「阿弖流為」が捕まって百済王の拠点・枚方（当時は交野）で殺され（延暦二十一年〈八〇二〉）、弘仁二年（八一一）の征夷でようやく平定した。[注15] これは業平五十四歳時の元慶の乱（八七八）、さらには前九年の役、後三年の役につながっていく。

この当時の蝦夷との戦いは、蝦夷側がゲリラ戦であったため、基本的に双方皆殺しの焼き討ち型であった。したがって、「身を焼く」は焼き討ちによる被害や死を意味していると考えることができる。また、朝廷側の兵卒は国の命令で諸国から集められたが、それだけでは指揮系統がなく戦えない。一族から将軍を出したということは、命令系統を維持するための将兵も一族から出したであろう。東北三十八年戦争には祖父・父の世代がでかけており、多くの犠牲者を出した戦いの話を、姻戚の紀氏や母方の百済王氏から、業平は聞かされたに違いない。

そして「みやこじま」は、どこか。現在の塩釜から松島へ船で行く途中に「都島」はあるが、はたしてそこで男女が送別の宴をして酒が飲めるかどうか。それよりも『伊勢物語』では「みやこしまへ」に「みやこへしま」という異同があり、「宮戸島（読みは〃みやとしま〃東松山市宮戸市民センター公式サイトmiyato.main.jpによる）」のほうがふさわしいのではないか。

この「宮戸島」は今では奥松島と呼ばれているが、塩釜から見て宮戸島の向こうに旧北上川の河口があり、北上川を遡って桃生城・胆沢城・志波城などの城柵に行く時、宮戸島は海路の中継補給基地的な位置にあった。また、比較的大きなその島にはその名も「嵯峨渓」という名所もある。そして島の中央に「貞観津波碑」があり、東日本大震災に際し、昔の言い伝えを守った結果、津波による人的被害が少なかったという。

「貞観津波碑」とは、貞観地震の際、島の両側から津波が襲い、たくさんの人が亡くなったため、そこより上に逃げろと言い伝えて建てられたものである。YouTubeには、東日本大震災の年七月に島を回りインタビューをした映像があり（あだち安人氏、http://d.hatena.ne.jp/adayasu/2011710/1310307755）、それを見ると、「貞観津波碑」自体はもう読める状態にないが、言い伝えよりも田圃一枚下まで津波がきたこと、貞観津波碑の横には少し前まで井戸があったこと（井戸の水位の変動を見るためだったのであろう）などを、インタビューに島の人々が答えており、貞観津波碑の言い伝えは健在であった。

さて歌「おきのゐで身を焼くよりもかなしきはみやこしまべの別れなりけり」は、『古今集』では作者は小野小町、物名《もののな》歌である。物の名歌とは、題に挙げられた地名や物の名を歌に詠みこんだもので、必ずしも『伊勢物語』のような恋歌ではない。この歌は俊成や定家の『古今集』では、『古今集』からはずすという意味で、墨で消された〃墨消《すみけち》歌〃として、巻末に添えられている。『古今集』でも『伊勢物語』でも俊成や定家の系統本が「かなしきは」とするところ、他の諸本では「わびしきは」とある。伝本研究からいえば、「かなしきは」より

「わびしきは」のほうが本来のものと思われる。したがって、歌は、多賀城の戦いで身を焼いたことよりもわびしいのは、宮戸島での津波にさらわれた別れであることだ、ということになろう。

仁明朝の女流歌人で、業平と同時代人である小野小町にはわからないことが多く[注16]、小町がこの歌を詠んだかどうかも『古今集』にあるという程度しかわからない。しかし、少なくともこの歌を詠んだ人は陸奥へ行ったか、あるいは現地に身内がいた風情である。確かに小野氏で征夷副将軍になった者もいる[注17]。

これに対し、『伊勢物語』では「おきのゐでみやこしまといふ所」などと「おきのゐ」があたかも陸奥の広域地名のように言っており、歌の「おきのゐで身を焼く」についての解釈のヒントにはなるが、「興の井」と「都島」にしろ、「興の井」と「宮戸島」にしろ、当地の距離感が全くなく、まるで陸奥国へ行っていないように見える。とはいえ当時の人が貞観地震とその津波を知らないはずはない。多賀城の修理には資材も人も相当投入されている。たくさんの人々が陸奥の国へ地震後出かけたことによって、貞観の「しまべの別れ」がどんなものだったかを京の人々は知っていたであろうが、津波の被害を描けば、時の政権を批判することになるので、恋歌にしたのであろう。

むしろ災害など描かず、逆に塩釜をほめたたえた『伊勢物語』第八十一段に、なにか復興支援のような雰囲気を感じてしまう。この話は「ひだりのおほいもうちぎみいまそかりけり」で始まり、それは源融の貞観十四年以降の官位なので、貞観十一年の大地震より後にこの歌物語は作られている。史書に残る地震の様子はすさまじい。しかし、地震にも津波にも全く触れず、本朝六十余国の中で塩釜ほどすばらしいところはないと褒め上げる。

それはちょうど東日本大震災の年の秋の、サントリー・ボスの缶コーヒーのＣＭと似ている。東日本大震災後のテレビでは毎日津波の悲惨な映像が続いていた。最初は津波で車や家々や人々が流されるところ、次は陸の真ん中に置き去りにされた大きな船や山のようながれき、そしてがれきが片づけられた後には土台のみ残る被災地域が放映された。そしてそういった被災映像が延々続く中で、その秋から放送されたそのCMは、松尾芭蕉に扮した〝宇宙人〟が松島（『源氏物語』では「松島」、歌枕としては『袖中抄』『無名抄』で「陸奥国の八十嶋」と呼ばれる）の島々を見ながら一句ひねって缶コーヒーを飲み、美しい松島は健在だとアピールするものであった。

災害が起こって、何も無くなったとか、あるいは危ないと思って行こうとしないのは、その地を知らない人々にはよくあることである。被害を描かなかったのは事情があるからだろうが、復興を考えるのはその土地に何らかのゆかりがあるからではないだろうか。

四　『平家物語』の自然災害

歴史物語になるが、『平家物語』で巻三に辻風と、巻十二に大地震が描かれる。巻三の辻風は重盛が病に倒れる前兆として描かれている。[注18]

同五月十二日午の剋ばかり、京中には辻風おびたゝしう吹て、人屋おほく顚倒す。風は中御門京極よりおこッて、未申の方へ吹て行に、棟門・平門を吹ぬいて、四五町十町吹もてゆき、けた・なげし・柱などは、虚空に散在す。

この辻風は台風ではなく、また単なる突風でもなく、「風は中御門京極より起こって未申の方へ吹て行くに……

柱などは、虚空に散在す」とあるように、ある所から一方向へ移動し、建物を吹き上げて散らす、竜巻であることが描写から読み取れる。

『平家物語』では「同○月×日」とつないでいって、同じ年、辻風（竜巻）の後、不思議な前兆があり、重盛が病に倒れることになっているのだが、実際にはこの辻風は重盛が亡くなった翌年だったということが『玉葉』『山槐記』『明月記』などの公家日記から知られている。話の展開の都合によるのであろうが、重盛の怨霊のせいで辻風が起こったとはならないところが興味深い。

これに対して、巻十二の「大地震」は、描写は方丈記などに拠るというが、まるで見てきたようである。

> 平家みなほろびはてて、西国もしづまりぬ。国は国司にしたがひ、庄は領家のまゝなり。上下安堵しておぼえし程に、同じ七月九日の午刻ばかりに、大地おびたゝしくうごいて良久し。赤県のうち、白河のほとり、六勝寺、みなやぶれくづる。九重の塔も、うへ六重ふり落す。得長寿院も、三十三間堂の御堂を、十七間までふりたふす。皇居をはじめて、人々の家々、すべて在々所々の神社・仏閣、あやしの民屋、さながらやぶれくずる。くづるゝ音はいかづちのごとく、あがる塵は、煙のごとし。天暗うして、日の光も見えず。老少ともに魂を消し、朝衆悉く心を尽くす。又遠国・近国もかくのごとし。大地さけて水わき出で、盤石われて谷へまろぶ。山くづれて河をうづみ、海たゞよひて浜をひたす。汀こぐ舟はなみにゆられ、陸ゆく駒は足のたてどを失へり。洪水みなぎり来らば、岳にのぼッても、などかたすからざらむ。猛火もえ来らば、河をへだてても、しばしもさんぬべし。たゞかなしかりけるは大地振也。

ただし、『平家物語』では次のように、昔の地震の日時などは寄せてしまう。

昔、文徳天皇の御宇、斉衡三年三月八日の大地振には、東大寺の仏の御ぐしを振り落したりけるとかや、又天慶二年四月五日の大地振には、主上御殿をさッて、常寧殿の前に、五丈の幄屋をたてて、ましましけるとぞうけ給はる。

すなわち、文徳天皇の時代の地震について「斉衡三年三月八日」の地震で東大寺の大仏の頭が落ちたことになっているが、実際に仏頭が落ちたのは、『日本文徳天皇実録』によれば斉衡二年である。また、「天慶二年四月五日の大地振」とあるのも天慶元年であることが指摘されている。もちろん、このようなことは、大地震が起こるときその前後数年間に地震が頻発しているので、仕方がない面もある。

さらに、物語的という点で指摘するといえば、この続きをあげるべきであろう。

其は上代の事なれば申に及ばず。今度のことは是よりもたぐひあるべしともおぼえず。十善帝王、都を出でさせ給て、御身を海底に沈め、大臣・公卿大路をわたして、その頸を獄門にかけらる。昔より今に至るまで、怨霊はおそろしき事なれば、世もいかゞあらんずらんとて、心ある人の嘆かなしまぬはなかりけり。

「今度のこと」とは元暦二年（文治元年）七月九日の地震を指し、安徳天皇が海に沈み、平家の大臣・公卿の首がさらされて、その怨霊は恐ろしいことなのでこの世はどうなるのかと心ある人々が嘆く、つまり怨霊によって地震が起こったというのである。

そもそも自然災害に人事との因果関係はあろうはずもないが、取り返しのつかない大きな被害を受けた人々が「なぜこんな目に遭うのか」と考えるとき、怨霊はもっとも納得のいく原因なのであろう。また、さらに、現政権に恨みを持つ怨霊のために災害が起こったという流言を流し、現政権の転覆を図る反体制側の人々がいた、ということも考えるべきかもしれない。

もちろん、先にみたように、実際には重盛の亡くなった後に起こった辻風が、重盛の死の予兆となるか重盛の怨霊のせいになるのかは、むしろ人々の歴史の受け止め方、納得の仕方による。つまり重盛が亡くなるのは、平家の悪行の報いと考えられていたのであって、それで重盛が怨霊になったのでは、人々は納得しない。だから辻風が、史実を曲げて、〝予兆〟となってしまうのではないだろうか。

したがって、『平家物語』において、自然災害が〝予兆〟となるか〝怨霊〟のせいとなるか、それは順序の錯誤なのではなく、その時代の人々の気持ちを背景として、その記述や処理は物語作者の手腕によるものといえよう。

五　まとめ

物語において自然災害は、『源氏物語』のように、人が祟ることで起こったように描かれている。これは、当時の人々の大祓に見られる自然観・神祇観や、道真の失脚後の落雷によって死者が出たために、道真の祟りと考えられたことが影響している。

そもそもこれは、歴史上の天皇が、災害が起こるたびに天の神や仏を敬って国を治めようとしたことが遠因になっている。しかし、それでは、祈ってもなお自然災害が起これば、天皇の徳がなく、天の神や仏の加護がない、ということになってしまう。

このため、物語に自然災害を描けば時の政権批判につながるので、『源氏物語』のように明らかに道真の例を典拠にしていることがわかる場合を除けば、平安時代の作り物語にはほとんど自然災害が描かれない。

特に、当時の自然災害の中でも貞観地震と大津波は、未曾有の大災害といわれた東日本大震災・大津波に匹敵するが、『伊勢物語』には、貞観地震の前後の時代の出来事が書かれているにも関わらず、貞観地震や大津波に直接の言及が見られない。

時代が下って政権の過渡期になれば、『平家物語』のように災害について詳細に描かれる。しかしそれでも、本来は重盛の死後の出来事である辻風が、重盛の死の〝予兆〟として描かれていたり、また無残に亡くなった平家の人々の〝怨霊〟が大地震の原因として記されたりしたのだった。

物語にみる自然災害は、人々の歴史認識が物語に反映し、人々の歴史の受け止め方次第で物語作者による描かれ方が変化したといえるだろう。

注

1　『源氏物語』の本文は玉上琢彌氏訳注『源氏物語』角川文庫、昭和四十一年による。

2　『日本古代の「漢」と「和」』勉誠出版、二〇一五年、井実充史氏「嵯峨朝の君臣唱和――『経国集』「春日の作」をめぐって」の「三、政治の呪術化」参照。

3　粕谷興紀氏注解『延喜式祝詞　付中臣寿詞』（和泉書院、平成二十五年）の訓読文による。

4　昭和四〇年、角川書店。近年では三田村雅子氏・河添房江氏編『天変地異と源氏物語』（翰林書房、二〇一三年）参照。

5　拙著『伊勢物語考――成立と歴史的背景』新典社、平成二十六年。

6　NPOゲートシティ多賀城、柳澤和明氏「貞観地震・津波からの陸奥国府多賀城の復興」二〇一一年五月二十八日。

7　青木和夫氏・岡田重弘氏編『古代を考える　多賀城と古代東北』吉川弘文館、二〇〇六年。

8　以下、『伊勢物語』の本文は片桐洋一先生『異本対照伊勢物語』（和泉書院、一九八一年）の冷泉為和筆本による。

9　『今昔物語集』巻第二十七第二「河原の院に融の左大臣の霊を宇多の院見給ひし語」。

10　塩焼きでないのは製塩法の変遷と関係があるのであろう。大林淳男氏「講演要旨『塩の道』――とくに古代製塩法について――」豊橋創造大学短期大学部研究紀要第21号参照。

11　樋口知志氏『阿弖流為』ミネルヴァ書房、二〇一三年、二九二頁。

12　「契りきなかたみに袖をしぼりつつ末の松山浪越さじとは」（後拾遺集・恋四・元輔、百人一首）「君をおきてあだし心をわが持たば末の松山波もこえなむ」（古今・東歌・詠み人知らず）。

13　挿図1は、注6所載の第2図「貞観津波襲来当時の陸奥国府多賀城周辺の環境想定図」の原図である『沼向遺跡4～34次調査第9分冊　沼向遺跡環境復元検討会・自然科学分析・総括』（仙台市文化財調査報告書第三六〇集、仙台市教育委員会、二〇一〇）「第36章第14節　仙台平野における沼向遺跡における遺跡群の位置付け」の第3図（六〇二頁）による。また、挿図2は『沼向遺跡第35次調査――宮城県仙台港背後地土地区画整理事業関係遺跡発掘調査報告書Ⅱ――』（仙台市教育委員会、二〇〇九）の第5図「周辺の遺跡図」（六頁）による。

14　この乱の際、伊治城で、按察使で参議の従四位下紀朝臣広純が殺された。

15　注11に同じ。

16　片桐洋一先生『日本の作家5　天才作家の虚像と実像　在原業平・小野小町』新典社、一九九一年。『小野小町追跡』笠間書院、一九九三年。

17　延暦二十年の征夷副将軍は小野恒柯の祖父永見（貞観二年五月十八日条）。

18　本文は岩波文庫『平家物語四』梶原正昭・山下宏明校注、一九九九年十月。

追記　本稿脱稿後二〇一六年五月、貞観津波碑を実見した。場所を教えて下さった宮戸郵便局員の方に感謝致します。

瘧病の光源氏
――『源氏物語』における疫病と治世――

太田　敦子

一　瘧病の光源氏

『源氏物語』「若紫」巻は十八才の光源氏が瘧病を患う姿から語りおこされる。

[1]瘧病にわづらひたまひて、よろづにまじなひ、加持などまゐらせたまへどしるしなくて、あまたたびおこりたまひければ、ある人、「[2]北山になむ、なにがし寺といふ所にかしこき行ひ人はべる。[3]去年の夏も世におこりて、人々まじなひわづらひしを、やがてとどむるたぐひあまたはべりき。ししこらかしつる時はうたてはべるを、疾くこそこころみさせたまはめ」など聞こゆれば、召しに遣はしたるに、（僧）「老いかがまりて室の外にもまかでず」と申したれば、（源氏）「いかがはせむ。いと忍びてものせん」とのたまひて、御供に睦ましき四五人ばかりして、まだ暁におはす。やや深う入る所なりけり。[4]三月のつごもりなれば、京の花、盛

りはみな過ぎにけり。山の桜はまだ盛りにて、入りもておはするままに、霞のたたずまひもをかしう見ゆれば、かかるありさまもならひたまはず、ところせき御身にて、めづらしう思されけり。

（新編日本古典文学全集『源氏物語』「若紫」一―一九九～二〇〇）[注1]

傍線部①、光源氏の病状は、「まじなひ、加持」とさまざまに手を尽くすものの効験なく、しきりに発作を起こすものだった。ゆえに傍線部②「北山」の修行者が物語に呼びこまれる。また、傍線部③去年の夏も瘧病は世間に流行し、なかなか治まらなかったという事実も明かされる。時期は、傍線部④三月の末であった。

王朝びとの病をめぐっては、これまでにも研究が重ねられ、[注2]とくに光源氏の瘧病については、飯沼清子が、藤壺中宮との密通による「衝撃のかたち」であるとし、[注3]島内景二が「光源氏の精神状態それ自体が、〈病〉という素材」であると指摘し、[注4]三田村雅子が、「罪の意識」「狂熱の反映」と理解するように、[注5]藤壺中宮への恋情との関わりにおいて捉えられてきた。また、『源氏物語』には「瘧病」が当該場面以外にもう一例見られる。その「賢木」巻の例では、「瘧病」のために里下がりした朧月夜のもとを光源氏が忍んでくる場面に用いられていることから、神尾暢子は瘧病を転地療養の必要性を持つ病と捉え須磨退去への伏線という機能を持つという解釈を示し、[注6]久冨木原玲は光源氏の密通のみに結びつく病であることを指摘している。[注7]

たしかに、光源氏の瘧病とは藤壺中宮思慕の具象化と考えられ、『源氏物語』中二例のみの瘧病がともに光源氏の密通に関わることからすれば、瘧病が物語を展開させる素材として描き込まれていると捉えられよう。ただし、病名が明示され、それがほかの病ではなく瘧病であったことの意義はもっと重く考えられてよいと思われる。もちろん『源氏物語』における用例の少なさからは、物語内の実態を把握することは困難であるとも思われるものの、いまいちど瘧病を問い直すことから物語世界の新たな側面が見出せると考える。
本論では、歴史環境史的な観点から瘧病を捉え直したうえで、文学作品の主人公光源氏が瘧病を得ることに着目し、病の背景になっている北山および桐壺帝治世とのかかわりについて考察を加えたうえで、光源氏の瘧病がいかなる物語文脈の中で語られ、物語が何を語り出しているのかを明らかにしていく。

二　瘧病について

そもそも瘧病とはどのような疾病なのかを、以下確認していきたい。瘧病について『倭名類聚抄』は次のように記述する。

説文云瘧（音虐俗云衣夜美一云和良波夜美）寒熱並作二日一発レ之病也[注8]

瘧は「ぎゃく」、俗に「えやみ」「わらわやみ」といい、悪寒や発熱、震えの発作を二日に一度の間隔で起こすのだという。『国史大辞典』においても、瘧病は現代でいう「マラリヤ」のことを指し、また子供の病気の意味であり、「疫病」でもあるという。[注9]もののけ（邪気）が原因とされるが、[注10]上野勝之は、邪気と瘧病との区別を明らかにしたうえで、瘧病の病原は「神・霊・鬼」であると結論づける。[注11]弁別の根拠として、「若紫」巻、北山の聖が瘧病の光源氏に宿泊するよう説得するくだり、「御もののけなど、加はれるさまにおはしましけるを、今宵はなほ静かに加持など参りて」（「若紫」一―二〇五）の箇所を掲げ、瘧病にもののけすなわち邪気が「加わる」

ことを指摘する。この箇所は本論冒頭に掲げた場面に接続していく場面である。また、飯沼清子は瘧病について、「「死」までいたらすものではなく、加持祈禱によって治るものであり、したがって北山僧都、そして北山の少女との出逢いという筋を導き出すためのものとして必然的なものであった」とする。[注12]

これらの説明によれば、瘧病は発作を繰り返すもののそれほど重篤な病ではないとの印象を持つ。しかしながら、「瘧病」とは果たしてそのような理解でよいのであろうか。

古典作品における瘧病に関する用例は、小林由佳[注13]および久冨木原玲[注14]によりすでに精査されているが、以下、それらに踏まえられている用例をも参照しつつ、瘧病がいかなる病として描かれているのかを改めて確認していきたい。

瘧病は『源氏物語』以前の文学作品には確認できないが、『源氏物語』以後の作品においては散見される。まず、『古今著聞集』には三条院が瘧病を患う話が載る。

> 性信二品親王は三條院末の御子、御母は小一條大將濟時卿女なり。昔、母后の御夢に胡僧來て、「君の胎に託せんと思ふ」と申けり。其後懐姙し給けり。誕生の日、神光室をてらす。御法名性信也。大御室とぞ申侍ける。院御瘧病の時、諸寺の高僧等、其験を失けるに、此親王、朝より孔雀經一部を持てまいらせ給て御祈念ありける程に、已に御氣反じて、おこらせ給はんとしける程に、御室の御膝を枕にして、御やすみありけるが、御氣色火急げに見えさせ給ひければ、御室信心をいたして孔雀經をよませたまふ。その御涙經よりつたはりて、院の御顔につめたくかゝりけるに、御信心の程思食しられける程に、速時に御色なをらせ給て、其日は發せ給はざりけり。（略）

（日本古典文学大系『古今著聞集』巻第二（釋教第二）「五〇　大御室性信親王有験の事」八五頁）

諸寺の高僧らがその験を示すことができずにいるなかで、三条院第四皇子性信が大変験ある者であったことによって、院の瘧病を治癒したことが描かれている。また、『宇治拾遺物語』には藤原公季が瘧病を患った話が見える。

昔、閑院大臣殿、三位中将におはしける時、わらはやみを重くわづらひ給ひけるが、「神名といふ所に、叡実といふ持経者なん、わらはやみはよく祈り落し給ふ」と申す人ありければ、「この持経者に祈らせん」とて、行き給ふに、荒見川の程にて早う起り給ひぬ。寺は近くなりければ、これより帰るべきやうなしとて、念じて神名におはして、坊の簷に車を寄せて、案内を言ひ入れ給ふに、「近比蒜を食ひ侍り」と申す。しかれども、「ただ上人を見奉らん。只今まかり帰る事かなひ侍らじ」とありければ、「さらばはや入り給へ」とて、坊の蔀おろし立てたるを取りて、新しき莚敷きて、「入り給へ」と申しければ、入り給ひぬ。持経者沐浴して、とばかりありて出であひぬ。長高き僧の、痩せさらぼひて、見るに貴げなり。僧申すやう、「風重く侍るに、医師の申すに随ひて、蒜を食ひて候ふなり。それにかやうに御座候へば、いかでかはとて参りて候ふなり。法華経は浄不浄をきらはぬ経にてましませば、読み奉らん。何条事か候はん」とて、念珠を押し摺りてそばへ寄り来たる程、もともたのもし。御頸に手を入れて、我が膝を枕にせさせ申して、寿量品を打ち出して読む声はいと貴し。さばかり貴き事もありけりと覚ゆ。少しはがれて高声に誦む声、まことにあはれなり。持経者、目より大きなる涙をはらはらと落して泣く事限りなし。その時覚めて、御心地いとさはやかに、残りなくよくなり給ひぬ。かへすがへす後世まで契りて帰り給ひぬ。それよりぞ有験の名は高く広まりけるとか。

（新編日本古典文学全集『宇治拾遺物語』巻第十二―五「持経者叡実効験の事」（一四一）三六七〜三六八頁）

ここでは、公季は瘧病を「重く」煩っていたものの、叡実という持経者を尋ねるとその効験ですっかり治癒したといい、やはり瘧病を介してその効験が描かれる。注15 これら二つの話において確認できることのひとつに、瘧病が効験によって治癒するものであることが挙げられるが、瘧病が誰にでも治せるものではないと捉えられていることには注意が必要であろう。たしかに瘧病の罹患が直ちに死に直結するとは考えられていなかったようだが、瘧病を治癒させるためには特別な効験を持つ者に頼らざるを得ないのであった。

『大鏡』「序」には世次の妻が「わらはやみをして、あたり日にはべりつれば」（新編全集・一九頁）と世次によって語られ、「あたり日」すなわち発作のある日は外出もままならないことがわかり、『浜松中納言物語』の吉野の姫君をめぐっては「五月ばかりに、姫君わらはやみにわづらひ給ふ」（新編全集・巻第四・三七二頁）とみえ、『十六夜日記』弘安三年（一二八〇）では瘧病罹患を語る阿仏尼が「三月の末つ方、若々しき瘧病にや」（新編全集・二九三頁）と記すことからすれば、瘧病は春から夏にかけて罹患するものであった。

蝶はとらふれば、手にきりつきて、いとむつかしきものぞかし。また、蝶はとらふれば、瘧病せさすなり。あなゆゆしとも、ゆゆし」と言ふに、いとど憎さまさりて、言ひあへり。

（新編日本古典文学全集『堤中納言物語ほか』「虫めづる姫君」四一一頁）

これは、「虫めづる姫君」における老女の瘧病に関する語りである。「蝶はとらふれば、瘧病せさすなり」という表現からは、蝶の鱗粉と瘧病とに関係があるとする当時の俗信が想像されるが、高橋文二はこの記事に関して、「鱗粉を病菌のようにふり撒きながら山を越え、野を過り、蝗の大群のように空をまっ黒く埋めつくし、今、市中へと襲いかかってくる蝶の大群を想い見る。瘧病、つまりマラリアが蔓延し、街は今絶滅に瀕している」と述べる。[注16]蝶に「疫病神」の姿を指摘するわけだが、それは異郷から舞い来たものと想定できよう。じじつ、古代において疫神は外部から共同体に侵入すると[注17]解されていたのだった。

史実では、平安温暖期においてマラリア（瘧）や天然痘などの疫病の増加によって人口増加がやや減ったことが指摘されており、[注18]倉本一宏は、『日本紀略』永祚二年（九九〇）六月二八日の条に「天皇初不豫」[注19]とされる一条天皇の発病が瘧病であったことを明らかにする。[注20]どれほど健康に見える者であっても、いかなる才能や才覚がある者も病から逃れることはできない。それは、身分が至高の者であっても同様である。しかも瘧病の場合、先に見たように治癒させることができる者が限られていた。瘧病が異郷からもたらされるものであるならば、それを治めるための力も特殊なものでなくてはなるまい。瘧病の発生は、高橋文二が想起したような「街は今絶滅に瀕している」といった状況を作り出しかねないものなのであり、やはり瘧病は単なる邪気と同様に考えられるものではなかったのであった。

たしかに、「若紫」巻に見える瘧病の光源氏をめぐる状況は北山からの国見、[注21]若紫との出会いと、一見おだやかにも映る。しかし、瘧病を疫病であると捉えたとき、瘧病に罹患した光源氏を語る物語世界には緊迫した状況が浮かびあがってくる。とくに周囲の者の助言「ししこらかしつる時はうたてはべるを」（「若紫」一―一九九）

という表現は注意される。

『梁塵秘抄口伝集』には、今様の霊験を語るなか、今様には瀕死の病をも癒やす効能が述べられるが、瀕死を招く病のなかに「瘧」が見える。

この今様、今日ある、ひとつにあらず。心をいたして神社・仏寺に参りて、うたふに、示現を被り、のぞむことは叶はずといふことなし。つかさをのぞみ、命を延べ、病をたちどころに止めずといふことなし。敦家、声めでたくて、御岳に召しとどめられて御眷属となり、目井は、監物清経、病にわづらひて限りなりけるに、「像法転じては、薬師の誓ひぞ」とうたひて、たちどころに病を止め、近くは左衛門督通季、瘧心地にわづらひて、ししこらかしてありけるに、「ゆめゆめいかにも毀るなよ」と両度うたひて、汗あえて止みにけり。

（新編日本古典文学全集『梁塵秘抄ほか』「梁塵秘抄口伝集」巻第十・三七八頁）

監物清経が病気になりもはや最期という状態であったにもかかわらず、目井は「像法転じては、薬師の誓ひぞ」と歌いすぐさま病を治した。その霊験譚と並び、左衛門督通季が瘧病にかかりこじらせてしまった時に「ゆめゆめいかにも毀るなよ」と二度歌うと汗が出て病を治してしまったという。

「瘧病」は、「ししこらかす[注22]」とこじらせてしまう時には命にかかわる病なのであった。光源氏に助言する「ししこらかしつる時はうたてはべるを」（「若紫」一—一九九）も光源氏の病状としては読み過ごすことができない表現なのである。

三　桐壺帝治世と疫病

「若紫」巻冒頭には、光源氏が患う瘧病に関して「去年の夏も世におこりて」と、去年の夏も流行したとある。一般的には、弄花抄が「常に世にあるさま也」とし[注23]、孟津抄が「時気とて司天在泉の運気に依て種々の病のはやる事也此年は瘧たるへし」と注するように[注24]、世に常にある流行病の様であると解釈される。しかし、医疾令には、瘧は典薬寮が管理する病とされるように[注25]、国家としてその趨勢が注目されていたことをうかがわせる。高橋文二は、この「去年の夏も世におこりて」の部分に、先にみた「虫めづる姫君」の用例を援用しながら、蝶と疫病神との関わりを提示、夕顔事件の背景に疫病を読みとるが[注26]、その「夕顔」巻もまた病から語りおこされていた。巻冒頭には「大弐の乳母のいたくわづらひて尼になりけりにける」（「夕顔」一―一三五）と見え、後に「乳母にてはべる者の、この五月のころほひより重くわづらひはべりしが」（「夕顔」一―一七四）とあることからは、時期は「帚木」巻、雨夜の品定めの頃と重なることになる。そしてこの時期とは「若紫」巻の示す「去年の夏も世におこりて」の「去年の夏」に該当するのである。乳母の病とはおおよそ老衰と推定できようが、疫病の蔓延する「去年の夏」は、新年立てに従えば光源氏十七才の「帚木」巻、四月から六月頃と想定され、雨夜の品定めの五月と時期的に重なりあう頃、疫病が蔓延する物語の都の風景が浮かんでくるのであった。

そのような観点からあらためて雨夜の品定めを振り返ったとき、その背景にある「物忌み」の存在は見逃すことができなくなってくる。

長雨晴れ間なきころ、内裏の御物忌さしつづきて、いとど長居さぶらひたまふを、大殿にはおぼつかなく恨めしく思したれど、よろづの御よそひ何くれとめづらしきさまに調じ出でたまひつつ、御むすこの君たち、ただこの御宿直所の宮仕をつとめたまふ。

（「帚木」一―五四）

「内裏の御物忌みさしつづきて」とは、単なる物忌みではなく、「内裏の御物忌み」すなわち「ここは帝の御物忌み」[注27]であることは注意されよう。[注28]三和礼子は、物忌みの心理的背景として、「陰陽道占方により到来を警告される凶事はおほよそ四種、失物・火事・口舌・病事」とした上で、平安中期の「貴族社会の安寧を脅かすものは政争と病事とを主なるものとしてゐる」とする。[注29]このことを踏まえたとき、「御物忌み」には瘧病の流行および予防ということが想定できるのである。

中島和歌子は、「内裏の御物忌みさしつづきて」の部分に桐壺朝の非聖代を見出す。[注30]たしかに古代、疾病は天皇の失政と関連づけられるものであった。[注31]『源氏物語』に疫病と失政との関係は明示されることはないが、「夕顔」巻、夕顔の死穢に触れ病の床に臥せる光源氏に桐壺帝はしきりに見舞いを遣わしている。

①御粥などそそのかしきこゆれど、苦しくて、いと心細く思さるるに、内裏より御使あり、昨日え尋ね出でたてまつらざりしより、おぼつかながらせたまふ。

（「夕顔」一―一七三）

②内裏にも聞こしめし嘆くこと限りなし。御祈禱方々に隙なくののしる。祭、祓、修法など言ひつくすべくもあらず。

（「夕顔」一―一八一）

③いみじく惜しと思ひきこゆ。殿の内の人、足を空にて思ひまどふ。内裏より御使雨の脚よりもけにしげし。

思し嘆きおはしますを聞きたまふにいとかたじけなくて、せめて強く思しなる。(「夕顔」一―一八二〜一八三)

①にあるように「御使」を出した桐壺帝は、②では「嘆くこと限りな」く、「御祈禱」を方々においてさせ、さらに③では「御使」を「雨の脚よりもけにしげし」といった状態で遣わす。松岡智之は、②の表現に関して、「光源氏の重体が「天の下の人の騒ぎ」となるのは、もちろん物語内における彼の超絶した美質ゆえの人望の高さと父帝の愛情の深さによるが、そうした物語の成り行きの基礎的部分には、五位以上官人の疾病の国家による掌握という制度の理念が存する」と述べ[注32]、医疾令を根拠とし光源氏の病が国家の掌握すべき範疇であることを指摘する。

そのような桐壺帝の態度は、「若紫」巻における光源氏の瘧病についても確認することができる。

御迎への人々参りて、おこたりたまへるよろこび聞こえ、内裏よりも御とぶらひあり。(「若紫」一―二二〇)

光源氏の瘧病快癒の報はすぐさま都世界に伝えられたらしく、「御迎への人々」がやってくるとともに桐壺帝からも「御とぶらひ」があったという。桐壺帝は光源氏の病状を注視し、その把握につとめていたことをうかがわせる。

君は①まづ内裏に参りたまひて、日ごろの御物語など聞こえたまふ。いといたう衰へにけりとて、ゆゆしと思しめしたり。聖のたふとかりけることなど問はせたまふ。くはしく奏したまへば、(帝)「②阿闍梨などにもなるべきものにこそあなれ。行ひの労は積もりて、おほやけにしろしめされざりけること」と、たふとがりのたまはせけり。

（「若紫」一―二二五）

北山から帰京した光源氏も、傍線部①に見えるとおりまず参内している。また、傍線部②における桐壺帝の発言は、日向一雅により「桐壺帝の人材への目配りが感じられる」とされるところであるが[注33]、同時に桐壺帝が聖の効験を「おほやけにしろしめされざりけること」と公の事として評価していることは注意される。それは光源氏の病を治癒させた功績を国家水準の出来事として評価していると解することができ、光源氏の瘧病とは、光源氏個人の病に留まらず国家が対峙すべき病としての側面を示しているといえるからである。つまり物語は、「帚木」巻から「若紫」巻に描かれる桐壺帝治世に、瘧病という疫病の流行と対峙する国家の危機的状況を透かし見せているのである。

四　北山の背景

室伏信助は、「若紫」巻が「紫野御霊会の信仰に、大きく規制された形で発想されたか」とされたうえで、「「去年の夏も世におこりて、人々まじなひわづらひしを」の一行は、たゞ漫然と読み過してはならぬかも知れぬ」と光源氏の瘧病をめぐる背景に御霊会の存在を示唆し[注34]、久冨木原玲は、室伏論を受け、「瘧病の背後には、これと同病の異称である「えやみ」（疾病）のイメージが横たわっているのではなかろうか」とするが[注35]、その御霊会が行われた地こそ「北山」であった。

北山の指し示す範囲は「山城盆地の中にある京都の広範な北方の山々をさす」とされ[注36]、具体的には「船岡山・衣笠山・鷹ヶ峯より岩倉山に及ぶ広い地域」ともされるが[注37]、そのなかの船岡山は御霊会が行われた地であり葬送地でもあった[注38]。船岡山は今宮神社が設けられ[注39]、春、三月、疫病が流行するのを鎮めるためのやすらい祭すなわち鎮花祭が行われたことも分かっている[注40]。

『源氏物語』には「若紫」巻以外にもう一例、「北山」の用例が見られる。須磨退去直前の光源氏が「院の御墓拝みたてまつりたまふとて、北山へ参でたまふ」（「須磨」二―一七八）と語られるもので、故桐壺院の「御墓」すなわち御陵が「北山」にあったことを知る。その折、光源氏の眼前には故桐壺院の面影が見えたと語られる。

帰り出でん方もなき心地して拝みたまふに、ありし御面影さやかに見えたまへる、そぞろ寒きほどなり。

（「須磨」二―一八二）

この記述における「そぞろ寒き」に関して、鈴木日出男は「故院の霊感にうたれる感覚」ととらえ[注41]、松井健児は「都を去るにあたって、光源氏もまた、父桐壺院霊の本源的なエネルギーを十分に意識していたであろう」と述べる[注42]。三谷栄一は、須磨の嵐を契機として現前する朱雀帝の眼病、太政大臣の死、弘徽殿大后の病気等の変事について「御霊の祟りを示している」とし[注43]、日向一雅は、「この御霊」は「遺言を反故にされた桐壺院の死霊によるものと限定してよいのではあるまいか」と指摘する[注44]。もちろん、「当時の天神信仰に代表されるような、祟りをもたらす御霊信仰と一線を画さなくてはなるまい」とする林田孝和の見解[注45]には注意が払われねばならないが、故桐壺院の死霊は御霊信仰の影を揺曳させながら物語に現れていることは動かない。そして、その霊が最初に感知されるのが光源氏が訪れた「北山」なのであった。
御霊会の母胎となるものは古く民間では行われていたが、御霊会としての初見は清和天皇の御代、神泉苑での次の記述である。[注46]

廿日壬午。於二神泉苑一修二御霊会一。（略）所謂御霊者。崇道天皇。伊豫親王。藤原夫人〔吉子〕。及観察使〔仲成カ〕。橘逸勢。文室宮田麻呂等是也。並坐レ事被レ誅。寃魂成レ厲。近代以来。疫病繁発。死亡甚衆。天下以為。此灾。御霊之所レ生也。始レ自二京畿一。爰及二外国一。毎レ至二夏天秋節一。修二御霊会一。

（新訂増補国史大系『三代実録』巻七・清和天皇・貞観五年〈八六三〉五月二〇日・一一二〜一一三頁）

いわゆる御霊とは、崇道天皇ら政治的事件に関わったとして罪を着せられ恨みを残して亡くなった人々のことで、近頃疫病が頻発、亡くなる人は多数、人びとはこれを御霊の仕業だと思っている。こうした状況が、京・畿内から地方へ広がり、夏、秋ごとに御霊会を執り行うに至ったのである。
以後、たとえば一条朝では、疫病と向き合う国家として疫神を祀っている。

廿七日丁未。為二疫神一修二御霊會一。木工寮修理職造二神輿二基一。安二置北野船岡上一。

（新訂増補国史大系『日本紀略』後篇九・一條・正暦五年〈九九四〉六月二七日・一七八頁）

疫病の流行により疫神を船岡山すなわち北山に安置したことが見える。なかでも一条朝正暦五年は病の年であった。

今年。自二正月一至二十二月一。天下疫癘㝡盛。起レ自二鎮西一。遍二満七道一。

（新訂増補国史大系『日本紀略』後篇九・一條・正暦五年・一七九頁）

正暦五年今年の条には一年を通じ病が蔓延したことが見える。病の蔓延と連動して一条天皇の御代は、長保三年を境に五月九日に「紫野」で御霊会がなされていくようになる。[注47]

九日庚辰。於二紫野一祭二疫神一。號二御霊會一。依二天下疾病一也。是日以前。神殿三宇。瑞垣等。木工寮修理職所レ造也。又御輿内匠寮造レ之。京中上下多以集二會此社一。號二之今宮一。

（新訂増補国史大系『日本紀略』後篇十・一條・長保三年〈一〇〇一〉五月九日・一九七頁）

九日庚戌。於二紫野一有下祭二疫神一事上。件祭。長保年中所二始行一也。世号二之今宮祭一。

（新訂増補国史大系『日本紀略』後十一・一條・寛弘三年〈一〇〇六〉五月九日・二一一頁）

九日戊辰。紫野御霊會。諸司諸衛調二神供東遊走馬十列等一参向。

（新訂増補国史大系『日本紀略』後篇十一・一條・寛弘五年〈一〇〇八〉五月九日・二一六頁）

このように一条天皇の御代、北山は御霊会と関わりの深い地域にあったことが確認できる。

異郷から侵入した疫神は異郷に退去させるほかはない。古橋信孝は「若紫」巻の北山について、北山から明石を望む光源氏の姿をもって「北山から明石を思うという組み合わせは、疫神を船岡から難波に送る、志多羅神が石清水から船岡に来るという構図を思わせる」とし、[注48] 疫神をはらう場として北山が選び取られている可能性を示唆する。「須磨」巻に北山に赴いた光源氏はそのまま須磨へ流れていくが、北山という地そのものが疫病をはらうべき場所ではなかったか。

「若紫」巻における北山には、清涼な水の描写が散見される。

①暁方になりにければ、法華三昧におこなふ堂の懺法の声、山おろしにつきて聞こえくるいと尊く、滝の音に響きあひたり。

（源氏）吹き迷ふ深山おろしに夢さめて涙もよほす滝の音かな

（僧都）「さしぐみに袖ぬらしける山水にすめる心は騒ぎやはする

耳馴れはべりにけりや」と聞こえたまふ。

（「若紫」一―二一九）

②岩隠れの苔の上に並みゐて、土器まゐる。落ち来る水のさまなど、ゆゑある滝のもとなり。

（「若紫」一―二二三）

高崎正秀は、北山行きの光源氏、そこで見出される若紫という物語のありように対し、〈山の聖水〉の信仰を背景に北山は聖水の源流の地であること、また北山での治療をめぐって「加持祈禱といふことも、亦日本的な物の見方にはめれば一種の禊ぎ祓ひ」であると指摘する。[注49] また小町谷照彦は、①の贈答に関し、「無明の闇の中で動揺する光源氏を煩悩の夢から救済する僧都の行為を象徴的に表現しているもの」とする。[注50] さらに、竹内正彦は、①の光源氏と僧都との贈答および背景に「禊祓をうながすべき聖水」を、②「ゆゑある滝のもと」（「若紫」一―二二三）での宴には「心身の浄化を果たす禊祓の意義」をそれぞれ認める。[注51]

瘧病という疫病の流行が桐壺帝治世の危機的状況を示すものであるとすれば、帝の第二皇子である光源氏の罹患はその危機が帝の足下まで迫ってきていることを語る。光源氏は桐壺帝治世に襲いかかる疫神を背負って北山へ向かい、その場所の聖水によって清められていくのである。光源氏の瘧病の治癒は、桐壷帝治世における一応の危機の回避を示すものなのであった。

「若紫」巻における瘧病には御霊会の存在をたしかに考えることができよう。では、その御霊とは何か。あるいは、ここには物語が語ることのない廃太子事件[注52]等が想起できようか。しかしながら、先に見た故桐壺院の死霊について「当時の天神信仰に代表されるような、祟りをもたらす御霊信仰とも一線を画さなくてはなるまい」という林田孝和の指摘をあらためて熟思すべきである。この物語はたとえ御霊信仰を背景にもっていたとしても、おそらくそのまま描くことはなく物語独自の論理をもって語り出していくのであった。「若紫」巻における光源氏の病の固有性をさらに考えていく。

五　光源氏の病の固有性

ここまで、光源氏の患う瘧病が疫病であるという側面を明らかにしてきた。もちろん、光源氏の煩う瘧病とは藤壺中宮思慕による病であることは先行研究の指摘どおりであり、光源氏のみが長患いをする違和感や北山での光源氏の苦しみによっても明らかである。しかしながら、光源氏の瘧病には二つの側面があるということである。桐壺帝の失政を照らす疫病としての瘧病と、藤壺中宮思慕が続く限り治癒しえない、瘧病の体をなした光源氏固有の病である。つまり、桐壺帝の失政と光源氏の藤壺中宮思慕とが分かちがたく描かれているということである。

①藤壺の宮、なやみたまふことありて、まかでたまへり。②上のおぼつかながり嘆ききこえたまふ御気色も、いといほしう見たてまつりながら、かかるをりだにと心もあくがれまどひて、いづくにもいづくにもまうでたまはず、内裏にても里にても、昼はつれづれとながめ暮らして、暮るれば王命婦を責め歩きたまふ。いかがたばかりけむ、いとわりなくて見たてまつるほどさへ、現とはおぼえぬぞわびしきや。宮もあさましかりしを思し出づるだに、世とともの御もの思ひなるを、さてだにやみなむと深う思したるに、いと心憂くて、いみじき御気色なるものから、……

（「若紫」一―二三〇～二三一）

光源氏十八才の三月末、瘧病の治療を終える。傍線部①、翌四月[注53]、今度は藤壺中宮が病のために里下がりをする。つまり、三月の末に瘧病を煩う光源氏を思えば、四月時点のこの藤壺中宮の病も、世の中に蔓延する瘧病を含む疫病に紛れる病として描き出されていると考えることができる。傍線部②の「上のおぼつかながり嘆き聞こえたまふ御気色」という桐壺帝の不安にも病の度合いが想像され、光源氏において回避されたかに見えた桐壺帝治世における危機はさらに深刻な事態をもって示されたといえる。

瘧病流行の可能性は次の例からも考えることができる。

殿におはして、泣き寝に臥し暮らしたまひつ。御文なども、例の、御覧じ入れぬよしのみあれば、常のことながらも、つらういみじう思しほれて、内裏へも参らで二三日籠りおはすれば、また、いかなるにかと御心動かせたまふべかめるも、恐ろしうのみおぼえたまふ。

（「若紫」一―二三二）

藤壺中宮との密通後、光源氏は参内しない。桐壺帝が参内しない自分のことを心配されているにちがいないと思うにつけても、光源氏は犯した罪を意識せずにはいられない。すなわち、表向きは瘧病の再発か[注54]と思われる光源氏が、しかし深層では藤壺中宮との密通ゆえに病のような体となっており、この四月とは光源氏を含め世の中が瘧病を患い続けていてもおかしくなはない状況であったといえるのである。

光源氏の病の性質は日向一雅が「「もの思ひに病づく」とは死に至る病であったのである。こういう病が実は源氏物語の登場人物たちに負わされた宿命であったように見える。（略）光源氏の「もの思ひ」はほとんどが藤壺への思慕に収斂し、（略）光源氏の藤壺への思慕は紫の上という形代を手に入れることがなかったならば、身の破滅を招くことを避けられなかったに違いない」と述べ[注55]、藤壺中宮との関係性において説明されうるものと指摘しているが、物語は光源氏の瘧病と藤壺中宮思慕との関連も明かす。

瘧病にわづらひたまひ、人知れぬもの思ひのまぎれも、御心の暇なきやうにて、春夏過ぎぬ。

（「末摘花」一―二七七）

光源氏の「人知れぬもの思ひ」とは藤壺中宮への胸に秘めた思いを示すが、瘧病にわずらう時間と並列し光源氏の感覚として語られているのである。飯沼清子は、この「人知れぬもの思ひ」を「「若紫」巻が始まる以前に成立していた藤壺との交渉」と位置づける。[注56]光源氏と藤壺中宮との初度の密通は物語に描かれない。それゆえ、古く葛西因是の「雨夜閑話」では、「帚木」巻で雨夜の品定めがあった後宮においてかとの考え、[注57]対して藤本勝義は「帝の御物忌期間中の女御との密事など、作者の物忌観というよりは、恋愛観から外れたものと考えられる。（略）だから、最初の密会もやはり、藤壺の里邸においてであったと考えられよう[注58]」とする。一方、高橋亨は「光源氏と藤壺との最初の密通は描かれていないが、後宮の一角がその場であった可能性が強い[注59]」と後宮という場の可能性を示唆している。しかし、ここまで見てきたとおり、瘧病は疫病のひとつであり、疫病の蔓延は古代の感覚では失政を示すことであるのをここで想起しなければなるまい。

光源氏の語る瘧病をめぐる経過を追うと次の記述が注意される。

「去ぬる十余日のほどより、瘧病にわづらひはべるを、たび重なりてたへがたうはべれば、…」

（「若紫」一―二一〇）

「去年の夏」と比較されながら語られる瘧病が光源氏十八才の夏にも世の中に蔓延する。しかし光源氏だけがなかなか治癒しないという不可思議さは北山へと物語の舞台を移した。北山で明かされる発病の経緯は、「去ぬる十余日のほどより」と、三月の十余日だという。この日付けは、藤壺との初度の密通と関わりがあるものなのではないか。

僧都、世の常なき御物語、後の世のことなど聞こえ知らせたまふ。わが罪のほど恐ろしう、あぢきなきことに心をしめて、生けるかぎりこれを思ひなやむべきなめり、まして後の世のいみじかるべき思しつづけて、……

（「若紫」一―二一一）

北山での光源氏は、藤壺中宮への思いを「わが罪のほど恐ろしう」と愛執であることを認めている。『源氏物語』に瘧病が描かれるのは光源氏と朧月夜のみである。

そのころ尚侍の君まかでたまへり。瘧病に久しうなやみたまひて、まじなひなども心やすくせんとてなりけり。修法などはじめて、おこたりたまひぬれば、誰も誰もうれしう思すに、例のめづらしき隙なるをと、聞こえかはしたまひて、わりなきさまにて夜な夜な対面したまふ。

（「賢木」二―一四三）

時は夏の頃、傍線部①の「久しう」と見えることからは長患いをしていたこと、また傍線部②の「誰も誰もうれしう」からは、朧月夜の罹患が天の下の知るところであったことを示す。久冨木原玲は、「源氏の密通には家族、特に父親が深く関与していることがわかる。このことと、源氏の密通にのみ瘧病があらわれることには何らかの関連性があるのではなかろうか」と示唆する。[注60]たしかに光源氏の密通と瘧病は連動しているといえる。そして、この瘧病も疫病であり失政を映す病だと考えることで理解が深まるように思われる。

ただし、『源氏物語』における瘧病が御霊といった政治的敗北者と関わらせて語られることはない点には注意が必要であろう。光源氏と藤壺中宮との密通は冷泉帝を誕生させ、本来帝の子ではない者が帝位につくという皇統の乱れを呼び起こし、後にこのことは「物のさとし」（「薄雲」二―四四三）として糺されることとなる。古代帝王は、女性の魂を惹きつけてやまない「いろごのみ」を要件とした。折口信夫の提示した「いろごのみ」とは、古代の神や帝王のもつ理想の道徳であり、領有する多くの女性にそれ相応の愛を与える古代帝王のみに許された理想の恋愛道徳として古代王権に必須の倫理であった。[注61]つまり桐壺帝の失政とは、后である藤壺中宮と光源氏との密通をおこさせてしまったことを指すのであり、それが『源氏物語』における帝の失政の描き方なのであった。そのように考えると、朱雀帝の失政もまた、光源氏と朧月夜との密通を指しているといえる。尚侍との恋愛は令制下では咎められないが、帝の事実上の寵妃を犯す光源氏のありようは朱雀朝の綻びとなりえよう。河添房江は、朧月夜に朱雀朝における皇権の巫女性を認める。[注62]そうした女性を奪われることは、朱雀帝という帝の資質を厳しく問い直すことになる。『源氏物語』の描く瘧病とは光源氏の密通にのみ描かれるわけだが、その密通とは失政と分かちがたくあるのだった。

光源氏の瘧病の背景となる、北山、および桐壺帝治世ということに注目し光源氏の瘧病がいかなる物語文脈の中にあり、何を語り出しているのかを見てきた。物語は桐壺帝の失政による瘧病の蔓延を「帚木」巻から「若紫」巻の背景に描き出していた。とくに、「若紫」巻は、北山という場の問題から御霊会を想起させ、瘧病を患う光源氏の姿とは光源氏個人の病の姿にとどまらず、疫病を患う姿でもあった。そして桐壺帝の失政とは、光源氏の藤壺中宮思慕から初度の密通、二度目の密通へと向かう事実を示すことを明らかにした。二人の関係が物語に語られるとき、光源氏の瘧病が問題になってくるのであった。

『源氏物語』「若紫」巻における光源氏の患う瘧病とは、光源氏個人の病を越え桐壺帝治世の失政を示していた。その失政こそ、藤壺中宮と光源氏とのありようである。しかしながら物語は、秘められたものを暴き立てるのではなく、疫病という形をもって描き出していたのである。

注

1 『源氏物語』の本文は、小学館新編日本古典文学全集に依り私に傍線等を付した部分がある。

2 服部敏良『王朝貴族の病状診断』吉川弘文館、昭和五〇年（一九七五）、槇佐知子『日本の古代医術——光源氏が医者にかかるとき』文春新書、平成一一年（一九九九）、中島陽一郎『新装版 病気日本史』雄山閣、平成一七年（二〇〇五）、大貫恵美子『日本人の病気観』岩波書店、昭和六〇年（一九八五）など

3 飯沼清子「源氏物語における〈病〉描写の意味——表現論の一環として——」『國學院雑誌』八三—二、昭和五七年（一九八二）二月

4 島内景二「素材としての病」『源氏物語の話型学』ぺりかん社、平成元年（一九八九）

5 三田村雅子『源氏物語——物語空間を読む』ちくま新書、平成九年（一九九七）

6 神尾暢子「源氏物語の疾病規定」『王朝文学の表現形成』新典社、平成七年（一九九五）

7 久冨木原玲「源氏物語の密通と病」『日本文学』五〇—五、平成一三年（二〇〇一）五月

8 『元和三年古活字版二十巻本 倭名類聚抄』巻三（八 形體部 四〇 病類）勉誠社、昭和五三年（一九七八）

9 杉田暉道「瘧」『国史大辞典』吉川弘文館

10 新村拓「説話・物語世界の医療」『日本医療社会史の研究——古代中世の民衆生活と医療』法政大学出版局、昭和六十年（一九八五）・酒向伸行「憑霊と治病——瘧（オコリ）の事例を中心として——」『御影史学論集』一八、平成五年（一九九三）一〇月など

11 上野勝之「日本古代・中世における瘧病認識の変容」『夢とモノノケの精神史——平安貴族の信仰世界』京都大学学術出版会、平成二五年（二〇一三）

12 注3に同じ

13 小林由佳「古典作品に見る「わらはやみ」」『東京成徳国文』一八、平成七年（一九九五）三月

14 注7に同じ

15 飯沼清子（注3）は、「光源氏の瘧病を考えるのに示唆的」な資料と述べる。

16 高橋文二「蝶と魂」『物語鎮魂論』桜楓社、平成二年（一九九〇）

17 多田一臣「景戒と憶良と——『霊異記』と「沈痾自哀文」——」『日本文学』五〇—五、平成一三年（二〇〇一）五月

18 福岡義隆・丸本美紀「奈良・平安時代の疫病と京内環境（ヒートアイランド推定）」『日本生気象学会雑誌』四八（二）、平成二二年（二〇一〇）六月・鬼頭宏『人口で見る日本史』ＰＨＰ研究所、平成一九年（二〇〇七）

19 「廿八日。天皇初不豫」（新訂増補国史大系『日本紀略』後篇九・一條・永祚二年六月廿八日）

20 倉本一宏『一条天皇』吉川弘文館・平成一五年（二〇〇三）は、「『寺門高僧記』二・観修大僧正には「瘧病」〈温帯マラリア〉とある」と指摘する。

21 林田孝和「若紫の登場――光源氏「北山行き」の精神史――」『源氏物語』の精神史研究』桜楓社、平成五年（一九九三）

22 『日本国語大辞典』（小学館）「ししこらかす」語源には、「音節数の多さや後代に用例を見ないことなどから、文章語であるというよりは平安時代の日常語であった可能性がある」とあることを踏まえれば、光源氏の罹患に瘧病の臨場感を読み取ることができる。

23 伊井春樹編『源氏物語古注集成八 弄花抄付源氏物語聞書』おうふう、昭和五八年（一九八三）

24 野村精一編『源氏物語古注集成四 孟津抄上巻』おうふう、昭和五五年（一九八〇）

25 日本思想大系『律令』「令」巻第九 医疾令第廿四 25

典薬寮。毎㆑歳量㆓合傷寒。時気。瘧。利。傷中。金創。諸雑薬㆒。以擬㆓療治㆒。

26 高橋文二（注16）は、「瘧病が去年の夏にも起って、人々が苦しんだ、と同じ巻頭の記述にある。夕顔の事件の背後に都中を跋扈する悪霊、精霊たちのうごめくさまを想いみることもごく自然の心の働きだろう。そのとき蝶は悪霊そのものというより、悪霊によって支配された無数の疫病神として、ちょうど黄泉の国から逃れようとした伊耶那岐の命を執拗に追いかけた、伊耶那美の命の部下、黄泉醜女たちのような執拗さと獰猛さをもって大空を群舞していたと言ってよいだろう」と述べる。

27 新編日本古典文学全集『源氏物語』「帚木」一―五四、頭注二には、「「物忌」は凶日など身を慎んで家に籠もっていること。ここは帝の御物忌であり、源氏も廷臣としてそれに従う」とある。

28 藤本勝義「物忌」『源氏物語事典』學燈社は、「「内裏の御物忌」は、臣下の者の行動を規制する性格をもっていたため、物語の中でもその後の筋立てに、少なからず影響を及ぼしている」と指摘する。

29 三和礼子「物忌考」『宗教研究』一四九、昭和三一年（一九五六）一一月

30 中島和歌子「陰陽道から見た『源氏物語』の災害・天変と怪異――神国の天譴と桐壺朝非聖代観の可能性――」（三田村雅子・

31 河添房江編『源氏物語をいま読み解く四　天変地異と源氏物語』翰林書房、平成二五年（二〇一三）は、「桐壺帝に対する批判を読み取り得るなら、それは弘徽殿の恨みや源氏と藤壺との密通を含め、後宮の問題以外には無かろう」と指摘する。
32 酒井シヅ『病が語る日本史』講談社学術文庫、平成二〇年（二〇〇八）
33 松岡智之「恋の微行と病――『源氏物語』光源氏と匂宮の場合」『日本文学』五〇―五、平成一三年（二〇〇一）五月
34 日向一雅「桐壺帝の物語の方法――源氏物語の準拠をめぐって――」『源氏物語の準拠と話型』至文堂、平成一一年（一九九九）
35 室伏信助「源氏物語の発端とその周辺」『王朝物語史の研究』角川書店、平成七年（一九九五）
36 注7に同じ
37 小山利彦「北山」『源氏物語事典』大和書房、平成一四年（二〇〇二）
38 黒川直則「北山」『国史大辞典』吉川弘文館
39 滝浪貞子「船岡山」『国史大辞典』吉川弘文館
40 中村直勝「今宮神社」『国史大辞典』吉川弘文館
41 柴田実「夜須礼祭」『国史大辞典』吉川弘文館
42 鈴木日出男「光源氏の死と再生」『源氏物語虚構論』東京大学出版会、平成一五年（二〇〇三）
43 松井健児「光源氏の御陵参拝」『源氏物語の生活世界』翰林書房、平成一二年（二〇〇〇）
44 三谷栄一「源氏物語の民俗学的方法」『物語文学の世界』有精堂、昭和五〇年（一九七五）
45 日向一雅「怨みと鎮魂――源氏物語への一視点――」『源氏物語の主題――「家」の遺志と宿世の物語の構造』桜楓社、昭和五八年（一九八三）
46 林田孝和「源氏物語の天変の構造」『源氏物語の精神史研究』桜楓社、平成五年（一九九三）
47 菊池京子「御霊信仰の成立と展開――信仰の支持階層を中心として――」柴田實編民衆宗教史叢書⑤『御霊信仰』雄山閣、昭和五九年（一九八四）
48 山路興造「集落と神社」総監修角田文衞・編集（財）古代学協会 古代学研究所『平安京提要』角川書店、平成六年（一九九四）に、今宮神社の「社殿が固定すると祭日が五月九日に決まり、今宮社御霊会、紫野御霊会と呼ばれ官祭として定着する」とある。

48 古橋信孝「北山」『平安京の都市生活と郊外』吉川弘文館、平成十年（一九九八）
49 高崎正秀「源氏物語の成立――紫の物語をめぐって――」高崎正秀著作集第六巻『源氏物語論』桜楓社、昭和四六年（一九七一）は、「賀茂川は鞍馬・貴船の二水の末として、山城の京をうしはく国魂の川であり、現御神《アキツミカミ》の為にはその変若《ヲチ》かへりの禊ぎの聖水であつた」と指摘する。
50 小町谷照彦「北山の春――歌語の形象性」『源氏物語の歌ことば表現』東京大学出版会、昭和五九年（一九八四）
51 竹内正彦「北山の天女――「若紫」巻における明石一族の噂話――」『源氏物語発生史論――明石一族物語の地平――』新典社、平成一九年（二〇〇七）
52 坂本曻「故前坊妃六條御息所」『源氏物語構想論』明治書院、昭和五六年（一九八一）
53 新編日本古典文学全集『源氏物語』「若紫」一―二二三、頭注一三は、「三月になりたまへば、いとしるきほどにて」（「若紫」一―二二三）の箇所に対し、「妊娠三か月。源氏との密会は四月、今は「暑きほど」の六月ごろ」とする。藤壺中宮と「なやみ」に関しては、石阪晶子「源氏物語における「なやみ」と身体――藤壺をめぐる病理学」『源氏物語における思惟と身体』翰林書房、平成一六年（二〇〇四）
54 新編日本古典文学全集『源氏物語』「若紫」一―二二一、頭注七に「源氏の瘧病が再発したかと」とある。
55 日向一雅「源氏物語と病――病の種々相と「もの思ひに病づく」世界――」『日本文学』五〇―五、平成一三年（二〇〇一）五月
56 注3に同じ
57 野口武彦「最初の密通はいつおこなわれたか――葛西因是の『雨夜閑話』」『『源氏物語』を江戸から読む』講談社学術文庫、平成七年（一九九五）
58 藤本勝義「御物忌・夢合せ・厄年」『源氏物語の想像力』笠間書院、平成六年（一九九四）
59 高橋亨「『源氏物語』の後宮と密通」小嶋菜温子・倉田実・服藤早苗編　叢書・文化学の越境⑲『王朝びとの生活誌』森話社、平成二五年（二〇一三）
60 注7に同じ
61 『折口信夫全集』一五、中央公論社、平成八年（一九九六）など
62 河添房江「朱雀皇権の〈巫女〉朧月夜」『源氏物語表現史――喩と王権の位相』翰林書房、平成一〇年（一九九八）

Ⅲ　自然災害・疾病と神仏

平安時代の「怪異」と卜占

大江　篤

はじめに

「怪異」とは何か。この語は、中国古代の災異思想にもとづく語である。『漢書』董仲舒伝に、

臣謹んで春秋の中を案じ、前世に已に行わるるの事を視て、以て天人相い与るの際を観るに、甚だ畏る可きなり。国家に将に道を失うの敗れ有らんとすれば、天は乃ち先ず災害を出だして以て之を譴告す。自ら省みるを知らざれば、又怪異を出して以て之を警懼す。尚お変うるを知らざれば、傷敗乃ち至る。此れを以て天心の人君を仁愛して其の乱を止めんと欲するを見るなり。大いに道を亡うの世に非ざる自りは、天は尽く扶持して之を安全ならしめんと欲すれば、事は彊勉に在るのみ

とある。前漢の武帝に仕えた儒学者、董仲舒の天人相関説にもとづく考え方である。天と人の行ないが連動し、為政者である皇帝の失政を戒めるために、天が「災害」「怪異」を起こすのである。「怪異」は「災害」と対に

なる語であったことがわかる。[注1]

また、「災害」「怪異」を引き起こす天について、佐々木聡氏[注2]は、人格を持つ天と人格をもたない天の二つに整理できるとする。人格を持つ天は、「天帝」や「上帝」という最高神で、為政者の悪政に苦しめられる民の怨嗟が天に届いたとき、為政者に災異を示す。一方、陰陽説に由来する天は、陰陽の作用により、自動的に発動するのである。董仲舒が説く災異は、

人格神「天」による警告としての災異（天譴）と、天地の理である陰陽の自動的作用としての災異（感応）という、二つの側面を持つことになった。そして、この二つの災異が怪異の普遍的イメージとして引き継がれていくことになる。

とまとめられる。この災異思想は、天武朝には国家の理念として受容され[注3]、養老公式令国有瑞条の

凡国有二大瑞、及軍機、災異、疫疾、境外消一者、各遣レ使馳駅申上。

や養老雑令秘書玄象条に

凡秘書。玄象器物。天文図書。不レ得二輙出一。観生不レ得レ読二占書一。其仰観二所見一。不レ得二漏泄一。若有二徴祥災異一。陰陽寮奏。訖者。季別封送二中務省一。入二国史一。所レ送者。不レ得レ載二占言一。

とみえ、律令に規定されている。また、『続日本紀』天平十二年（七四〇）八月癸未条に

大宰少弐従五位下藤原朝臣広嗣上レ表。指二時政之得失一。陳二天地之災異一。因以レ除二僧正玄昉法師。右衛士督従五位上下道朝臣真備一為レ言。

と、藤原広嗣が反乱を起こした際の上表文にも記され、貴族社会に定着していることがわかる。

一方、現代日本における「怪異」については、『日本国語大辞典』（小学館、二〇〇一年）によると、

かいい【怪異】①現実にはあり得ないと思われるような不思議な事柄。また、そのさま。あやしいこと。②（——する）変だと思うこと。不審。③ばけもの。へんげ。

けい【怪異】あやしいこと。ふしぎであること。また、そのものや、そのさま。かいい。

とある。「かいい」「けい」と読み、不思議なこと、あやしいことを示す語である。しかし、現代社会で通俗的に使用される「怪異」が示す不思議なことと古代の記録に残る「怪異」が示す出来事は異なっていた。古代は、漠然とした不思議なことやあやしいことを示すのではなく、何らかの予兆を示す出来事として記録された。古代の人々は、どのような現象をどのように「怪異」と認識したのか。小稿では、九、十世紀の史料を分析することから、平安貴族の「怪異」認識について考えたい。

一　平安貴族の「怪異」認識

『日本紀略』延喜六年（九〇六）八月七日戊子条に、

紀伊国言。管牟婁郡熊野村。去四月十八日。牝牛産レ犢。形体黒斑。四蹄。自二一頭一相二分両面一。左面短而右面長。令下二陰陽寮一勘中申怪異上。国依二盗兵事一。有二繫囚一之乎者。仰二国宰一令二勤慎一矣。

とあり、紀伊国牟婁郡熊野村における奇形の牛の誕生を紀伊国が言上し、陰陽寮が勘申したところ盗みや兵乱のことの予兆とされ、国司に命じて警戒させた。榎村寛之氏[注4]は、この記事は危機管理記録の一環として記録されたものであり、「政治的事件に変換されたことにより、この事件は意味を持つようになった」と指摘する。十世紀には、軒廊御卜[注5]という不思議なことを処理する方法が確立し、地域に起った異常事態は中央に報告され、国家の「卓越した能力」によって解釈されるものとなる。それは国家が「時代の雰囲気」の変化を読み取りつつ、社会の変動に対して変わらぬ権威を維持し、地方で起こりうるパニックを未然に防いで、情報管理をしていく重要な手段であった。

と述べ、『類聚符宣抄』『本朝世紀』等を検討し、平安時代後期にはステレオタイプ化した怪異が現われてくると指摘している。十世紀から十二世紀にかけては、怪異が定着する時期であるというのである。ここでは、十世紀の日記史料を中心に平安貴族が「怪異」をどのように認識していたのかを検討したい。

まず、「天変怪異」という表現がみられる。

『小右記』天元四年（九八一）三月三十日条に、

> 仁王会也、被仰云、日来天変・怪異無有隙、仍今般若殊為攘災所修也、仁王会法師等給杖取者、受綸旨仰左大臣、此間候殿上検校左衛門督重光、然而大臣候、不仰検校也、

とある。天変怪異の攘災するために、仁王会が修されている。また、『小右記』永観二年（九八四）十一月十三日己未条には、

> 忌日、修諷誦於道澄寺、喎定興内供、令齋食、伝聞、被立十社使、依天変怪異、但伊勢使被中斎宮卜定之由、同被載天変等之事云々

とあり、天変怪異に十社に使が派遣されている。同様に神社に使が出されている例が、『小右記』正暦元年（九九〇）十一月十八日己丑条である。「今日依天変怪異、被定臨時幣使也」とあり、伊勢・石清水・賀茂・松尾・平野に臨時奉幣使が派遣されている。『小右記』永祚元年（九八九）十二月四日辛亥条に、

> 卯時許参大原野、奉為公家為院御使奉遣也、其御幣依仰密々所調奉也、宝位可無動事・天変怪異事・御元服

　可遂給事等御祈也、又奉私幣、了未時許帰宅、

とあり、ここでも「天変怪異事」のために大原野で祈りが行なわれているのである。

天変と怪異の関係については、『小右記』寛弘二年（一〇〇五）十一月十一日乙卯条に、

　参内、左大臣、中納言齊信・時光・俊賢・隆家・参議有国・懐平・行成・経房参入、左符令不堪申文、蔵人広業朝臣伝綸旨於左符云、内宴可行乎、今年豊稔、而天変怪異相仍、但重九節依天変不被行、其天変怪異等息、猶先被行攘災事宜乎、即経奏聞、仰云、所定申可然者、六月以後天変二十九ケ度、又神社・仏寺多有怪異、依定申内宴停止、兼又可修何等攘災事乎、同以可定申者、而定申云、幸八省可被行如法仁王会、又七大寺・延暦寺仁王経御読経、又軽犯者原免者、仰云、依請、即左符奉綸旨、但免者事右衛門督奉宣旨、余於御書所定宛上総国申造大垣料物、源納言同着、左中弁道方執筆、事了黄昏退出

とある。内宴を実施するかどうかという記事であるが、「六月以後天変二十九ケ度、又神社・仏寺多有怪異」とあり、天変と怪異は別のものであることがわかる。天変とは異常気象のことを指し、怪異は神社・仏寺で起きるものであるとされている。

　次に、怪異と夢があわせて記録されている事例がある。

『貞信公記』延長二年（九二四）十月三日条に、

　請座主令修法、依有怪異夢想等也、令義海師為室病修法、北方日来有煩給、御修善事連、不絶、然而不記、自今日記、

とあり、怪異と夢想があわせて記されている。『小右記』永延三年（九八九）三月十五日丙申条には、

　参摂政殿例講説、講師清範、問律師実円内大臣以下公卿多参入、摂政被命云、春日行幸依御物忌相重可停止之由有院仰事、仍下宣旨了、而有不快之夢想、又有如示現怪異事、猶可有行幸歟、依有事疑問陰陽家、所申縦横、又々令問

可令奏院也者、公卿不被申一定、黄昏罷向、

とある。「不快之夢想」「有如示現怪異事」ということがあり、春日社への行幸をすべきかどうかを陰陽家に問うている。さらに、『小右記』永祚二年（九九〇）九月五日丁丑条に、

寅時許歩行参所々、辰時許到望忠十羽宅、朝食、於高畠乗舟、到石清水宿院、於彼宮権別当朝鑑房束帯、参入宝前、院夏秋例御幣及自幣等、奉為院之平安殊立願、一日候御前之次、被仰御夢不吉及怪異相示之由、仍所立申也、又立申明年内可給大幸、女児之大願具由在願書、申時許奉御幣、又読申願書、酉時許退帰、今夜宿望忠所領宿院下宅、

とある。各所に参詣に出かけた藤原実資が石清水八幡宮に円融院の平安のための奉幣と私幣を奉る際に、「御夢不吉」と「怪異相示」を申し立てている。不吉な夢と怪異は並立するものであった。

さて、怪異は神社や仏寺で起きるものとされていたが、その対処も神仏への祈願による。『貞信公記』天慶元年（九三八）八月十一日乙酉条には、

季御読経始、又遣召山僧、十三社、始自今日七ケ日、令祈祷、縁頻有怪異也、

とあり、十三社での比叡山の僧侶による祈禱が行なわれ、『小右記』天暦元年（九四七）七月二十三日条には、

延長女十親王薨由奏、十五大寺並有供寺々始自今日三ケ日令転読仁王□（別か）為攘怪異不祥也者

とあり、十五大寺、有供寺における転読が行なわれている。また、『小右記』長和四年（一〇一五）閏六月十日戊子条には、伊勢神宮の怪異が次のように記されている。

中将来云、昨日相逢阿闍梨慶祚、伝仰勅語、申可奉供養尊皇（星カ）王之由、至二十五日有穢気、過彼日可奉供養者、毀眼此両三日都不御覧、極不便也、左相府云、今来月許可試也、似前生杲報御病者、主上被仰云、至今

無為術、心神屈了、但聊有所奇思、一日召公信朝臣於前、仰伊勢使事、此間目頗見、起居任意、其後又如例目不見、動止失便者、申伊勢之後、可知病之平否、信斎宮消息云、伊勢太神宮無怪異御、若可有事時必有怪異、又斎王参宮之間忽有故障、而更不然、仍知治天下良久之由、是宮人等所申也云々、世間之事只可以目、嗷々多端、不可以言之故

伊勢神宮への使を仰せた際、三条天皇の目はよく見えていたが、その後目が例のごとく目が見なくなった。しかし、伊勢に申した後に再び小康状態となった。このことについて斎宮からの消息に、伊勢大神宮には怪異がない、事有るときは必ず怪異がある。また、斎王が参宮する間に忽ち故障があるがそうではない。よろしく天下を治めるように、このことは宮人等もいうところである。この記事からは、伊勢斎宮が伊勢神宮の怪異を伝えてきているのである。

それでは、どのような現象が怪異と記録されているのであろうか。

『小右記』永祚二年（九九〇）九月七日己卯条に、

去夜負旅籠馬俄有悩煩、仍夜中即令出寺外、頃之斃了、若是不給馬歟、下人馬也、因之以尹忠令解除其由、朝間廻見寺中、有奇異物等、仁覚律師出来、

従大安寺木場参元興寺中門、奉御明、又奉御幣罷出、参春日神社奉金御幣、院之令奉給也、余皆所儲也、奉為公家平安所被奉又奉例幣束帯奉幣、先例禊戸解除又有願書二枚、一枚奉為法皇宝祚長久・怪異消除所立申、一枚為子息繁昌、殊祈申女児願、巌在願書、即退帰大安寺

とある。実資が南都大安寺に詣でた時の記事である。宿所の馬が夜に俄かに病気となり、斃れてしまう。そこで占部尹忠が解除をしたが、朝、寺のなかを見回ったとき「奇異物」があった。このことから元興寺、春日社での

祈願の際に「怪異消除」の願書が奉納されている。「奇異物」がどのようなものであったかは不明である。次に、『御堂関白記』寛弘元年（一〇〇四）九月二十五日丙午条には「申多武峯去二十三日御墓鳴怪異事」とあり、多武峯の鎌足墓の鳴動が怪異とされている。

動物に関わる怪異に次のような事例がある。『小右記』寛弘二年（一〇〇五）三月二十六日甲戌条では、「予州亦云、雉入宅、重怪者」とあり、伊予守の家に雉が入ったことを怪異としている。次に『小右記』寛弘二年（一〇〇五）十月十五日庚寅条に、

今明京法華寺怪物忌、只開東門、頭中将云、一昨日烏入朝干飯方、集御几帳上、通昼御座飛去、是怪異也、式部卿宮曰、村上先帝臨崩給程有此怪者、左大臣参木幡云々、三位病無増気云々

とあり、烏が干飯方に入り、几帳の上に集まり、昼に飛び去ったことが怪異とされている。為平親王は村上天皇の崩御の際にこの怪異があったという。また、『小右記』長和三年（一〇一四）二月二十一日丁丑条に、

尋見物跡人々云、鹿跡也、或云、今暁鹿出来、就中於四条大路辺被打殺云々、事若有実、所疑此鹿歟、

とあり、鹿の跡あるいは鹿が殺されたことがあった。このことについて、賀茂光栄、安倍吉平、皇延法師が占いを行なっているが、内裏で雑事を話すついでに「談去夜怪異、答云、更非鹿歟、近日信濃守公則宅有豕、其豕、其豕到處々、計也同豕歟」とあり、鹿ではなく豚であったことが記されている。

『小右記』万寿五年（一〇二八）七月十日癸卯条に、「七日午剋鳥入庁内、湌損納言椅子等上茵、詞云、内大臣已下茵云々、但不損中納言道方茵幷参議茵者」外記庁に鳥が入り、茵をついばんだことが、怪異とされている。

この他、虹が立つことも怪異と記録されている。『小右記』寛弘九年（一〇一二）六月二十九日乙丑条に、

（略）前大和守景斎云、昨日虹立皇太后宮、枇杷殿、資平云、相親左府之人々宅多立之由云々、清通・頼親・

故高雅・業遠宅等云々、又云、道貞宅云々、誠可謂怪異、景斎云、左府虹立三箇所、(細殿・北面・厩等)又持仏御前念誦円座上遺犬矢、怪也云々、(略)

とあり、各所でも見られた虹を「誠可謂怪異」と記されている。

以上のように宮中での動物の行動や虹の出現が怪異とされていることがわかる。そして、『小右記』寛弘二年(一〇〇五)九月一日丙午条に、

丑剋許自伊与守明順宅以数千石投入右府、々々令捜検明順宅中、有木守一人、又無人云々、明順在国、右府怒云々。或云、怪異歟、将有故云々、

とある。高階明順宅から数千の石が藤原顕光宅に投げ入れたことを「或云、怪異歟、将有故云々」と怪異かと疑う記事がある。また、『小右記』寛弘五年(一〇〇八)七月十日戊辰では、七夕の行啓の延引が「大将軍遊行方」にあたっていることとされる。このことについて、「頗似怪異云々」と記されている。『小右記』寛弘八年(一〇一一)三月十二日乙酉条には「俄開鏁閇門、土躁之音」という現象を「最似怪異」とあり、怪異に似ていると記されている。さらに、『小右記』治安四年(一〇二四)二月七日乙丑条に、「去五日中堂修二月五番、夜雑人喧嘩無極、亦奪執作鳥、如此之間突殺法師一人」とある延暦寺根本中堂修二会における雑人の喧嘩によって僧侶が殺害されたことが「是怪異云々」とされている。これらの事例からわかるように怪異は、貴族たちにとって一般的な語として定着していたことが理解できよう。

さて、先に述べたように「怪異」は軒廊御卜によって国家に認定されるが、そのことを具体的に記した記事がある。『小右記』永延三年(九八九)六月二十五日甲戌条である。

参大相府、御悩猶重、次詣左大将御病、次参内、新源中納言相倶参皇大后、御悩頗宜云々、左府被参於左

仗、有神祇・陰陽官寮御占、是去十九日賀茂下社怪、大樹顛、数多星出自樹中、去南方怪也、掃部寮敷畳於軒廊中間、絶席一尺余許、初敷其間三四尺許、丞相目余令仰其程、次盛水二坏居東座前、丞相又目余令置西座前、次神祇・陰陽官寮官人相率参入着座、丞相召兼延朝臣、称唯、着膝突、下給怪異奏、仰云、賀茂下社樹顛怪可占申、受文復座、次召保遠朝臣、進膝突、仰云、怪異文下給神祇官、是賀茂下社樹怪也、可占申、蒙仰復座、神祇官亀筮、陰陽寮占文等各納於覧筥進膝突奉之、神祇官先進、陰陽寮良久之後奉之丞相以件勘文等、令蔵人俊賢奏聞、不納覧筥直令奏也次被定諸社御幣使、十八社、伊勢・石清水・賀茂上下・平野・松尾・春日・大原野・住吉・稲荷・広瀧・龍田・吉田・梅宮・広田・北野天満大神、余執筆書之如例、即副日時勘文等被奏聞、二十八日可被立也者、此間時々小雨、左大臣・左衛門督・新中納言・余自敷政門、経温明殿壇上、出自宣陽門、左丞相更折南向春華門、左金吾以下相揖出建春門

賀茂下社で大樹が顛倒し、数多くの星が樹木のなかから出て南方に去った出来事について、「神祇・陰陽官寮御占」が行なわれている。掃部寮が軒廊の中間に畳を敷き、盛水を準備している。軒廊御卜であることがわかる。「賀茂下社樹怪」という怪異文が神祇官に下され、神祇官は亀筮、陰陽寮は占文を筥に入れて奏上している。

さらに、軒廊御卜同様に怪異文が大宰府から言上されている事例がある。『小右記』万寿四年（一〇二七）七月四日壬寅条に、「大外記頼隆云、太宰府言上怪異解文、鶴群集宇佐宮宝殿前庭」とあり、鶴が宇佐宮宝殿の前庭に群集していることが、「怪異解文」で言上されている。翌日には「太宰府言上宇佐宮怪異解文云々、定有軒廊御卜歟」とあり、七月十一日条では「昨日中納言藤原朝経奉行宇佐宮怪占可有軒廊、而神祇官不参、尋問前例」とあり、神祇官が不参であったため、先例を確認している。この時の軒廊御卜は、陰陽寮だけで行なわれている。大宰府からの言上は、『小右記』長元四年（一〇三一）七月三十日乙亥条にもある。

中納言云、大宰府言上怪異事（従去五月二日至晦、雀群集宇佐宮殿上喫栖云々）可令神祇官・陰陽寮等卜筮者

この時は、雀が宇佐宮殿上に群集し、住みつくことを大宰府が怪異として言上している。これに対して、「神祇官・陰陽寮等卜筮」つまり軒廊御卜が行なわれたのである。

以上、『小右記』に記載されている怪異を検討してきた。平安貴族の怪異認識は次のようにまとめることができる。まず、怪異は神社や寺院で起きる不思議なことを指す場合と宮中等での動物の異常な行動である場合が多い。そして、神祇官と陰陽寮による軒廊御卜で認定される。十世紀には、そのシステムが確立していたからであろう、貴族が不思議な出来事に遭遇した際、怪異ではないかと記したり、怪異に似ているという記載までみられる。また、大宰府からは怪異文、もしくは怪異解文が言上されており、単に不思議な出来事を都に言上するのではなく、怪異と認定したうえで言上し、中央で軒廊御卜が行なわれるのである。

西岡芳文氏の軒廊御卜の研究[注6]によると、『史料綜覧』の平安時代の箇所から三七〇件の軒廊御卜の占題を「A広範囲に及ぶ自然災害　B動物の異変　C植物の異変　D建物・器物の異変　E人事」に分類している。十世紀にはBが中心であったことが理解できる。それでは、このような怪異認識はどのように形成されたのであろうか。節を改めて、九世紀の史料に見える怪異記事を検討していく。

二　九世紀の史料にみえる「怪異」

六国史において、「怪異」と記されている早い時期の史料が、『日本後紀』延暦十六年（七九七）五月甲辰条である。

於二禁中幷東宮一、転二読金剛般若経一。以レ有二怪異一也。

この記事以前に『日本後紀』延暦十六年（七九七）五月戊戌条に、「有レ雉、集二禁中正殿一」とあり、紫宸殿に雉が

集まったことが怪異とされたようである。[注7]

次に『日本後紀』弘仁三年（八一二）九月辛巳条である。

勅。怪異之事。聖人不レ語。妖言之罪。法制非レ軽。而諸国、信二民狂言一。言上寔繁。或言及二国家一。或妄陳二禍福一。敗法レ乱レ紀。莫レ甚二於斯一。自レ今以後。有下百姓輙称二託宣一者上。不レ論二男女一。随レ事科決。但有二神宣灼然。其験尤著者一。国司検察。定レ実言上。

託宣と称して衆を惑わす者に対する処罰についての勅である。ここでは「聖人不レ語」とあり、『論語』の「子不レ語二怪力乱神一」の意だと思われる。空海の『性霊集』巻第二「大唐神都清龍寺故三朝国師灌頂阿闍梨恵果和尚之碑」に「孔宣雖泥怪異之説。而妙幢金鼓之夢」とあり、孔子は神秘主義を廃するのに対し、妙幢が金鼓を打った夢を見た故事を示し、仏法は神秘を肯定することを述べている。これらの「怪異」は『論語』に由来する。

次に、『続日本後紀』承和三年（八三六）十一月甲戌条に、

有二怪異一之。雲竟レ天。其端涯在二艮坤両角一。経二二剋程一。稍以銷滅。

とある。不思議な雲が東南から西北にかけて、四時間ほどで消えた。異常な気象が「怪異」とされている。この予兆が何を示すかは明記されていないが、各地で飢饉や疫病が頻発していることや六月に地震が発生していること、四天王寺に落雷があり塔と建物に被害が出たことなどが記録されている。

次の『文徳実録』には、二か所「怪異」が見える。天安元年（八五七）八月己卯条に、

藻壁門自然頽落。時人以為二怪異一也。

とある。門の崩壊を時の人が怪異としている。天安二年（八五八）三月癸酉条の宣命には次のようにある。

宣命曰。天皇恐見恐見毛。掛畏支深草山陵尓奏賜部止奏久。頃年怪異屡示。其由乎卜求尓。掛畏岐山陵乃御在所乃近

地尓。汚穢事觸行己止不止之所致止卜申世利。因搸参議左大弁従四位上藤原朝臣氏宗。右大弁従四位下藤原朝臣良縄乎差使天奉出須。此状乎且聞食天。無二咎祟一志女賜倍良波。使等乃申尓随天。汚穢事可レ令二糺潔一支状乎恐見恐見毛奏。

怪異がどのような現象であったのかは不明であるが、その原因は深草山陵（仁明天皇陵）の汚穢にあると卜いの結果で認定されている。また、この事例では、咎や祟りがないとされている。

次に、六国史の最後『三代実録』である。貞観二年（八六〇）六月十四日癸巳条に、

摂津国四天王寺上言。毘沙門像手持刀及塔形等抛擲壇下。遣使者修法。謝怪異也。

とある。四天王寺の毘沙門天像が手に持っている刀と多宝塔が壇の下に落ちたことが「怪異」とされている。また、『三代実録』元慶五年（八八一）正月是月条には、

是月。諸衛陣多二怪異一。右近衛陣、大将以下将曹已上座、狐頻遺尿。府掌下毛野安世宿侍陣座狐溺二其上一。左近衛府生佐伯安雄剣胡禄等緒、有レ鼠噛断而将去。近衛笠吉人胡禄緒、為三狐所二噛去一。人驚而引レ之。狐猶不レ放、遂噛断而将去。左兵衛陣有レ狐、噛二所レ納之剣一而遁走。兵衛等追得取留。右兵衛陣肝腎剣胡等緒、数為二鼠所一レ噛。又東京一条児童数百会聚、相闘作二戦陣之法一、若二成人之為一也。

とある。諸衛の陣で多くの怪異があった。それは、狐や鼠の仕業を指していた。右近衛府の上座に狐が頻繁に尿をしたり、剣、胡禄を鼠や狐が齧ったりしたことが記されている。注8

以上のように九世紀の史料にみえる怪異は、動物の異常行動や異常な気象、仏像の採り物の落下が怪異とされたことがわかるが、その認定のシステム等について、明らかにすることはできない。ただ、天安二年の事例では卜占によって、怪異の原因を認定している。また、天安元年の事例では「時人以為二怪異一也」とあり、「怪異」

は平安京において定着していたことがわかる。このように十世紀の怪異認識の萌芽は九世紀にすでにみられることが理解できよう。

三　神津島の噴火と「怪異」

九世紀の怪異記事において、その認定の仕組みが詳細に記録されている事例が、承和五年（八三八）の伊豆国神津島の噴火とそれをめぐる怪異の記事である。[注9]『続日本後紀』承和五年七月庚辰条には、

令二七大寺僧卅口於紫宸殿一。限二三ケ日一講二仁王経一百巻一。以二怪異一也。

とある。怪異がどのような現象を示しているかは不明である。しかし、二ヶ月後に次のような記事がある。『続日本後紀』承和五年九月甲申条である。

従二去七月一至二今月一。河内。参河。遠江。駿河。伊豆。甲斐。武蔵。上総。美濃。飛騨。信濃。越前。加賀。越中。播磨。紀伊等十六国。一一相続言。有レ物如レ灰。従レ天而雨。累レ日不レ止。但雖似二怪異一。無レ有二損害一。今茲畿内七道。倶是豊稔。五穀価賤。老農名二此物米花一云。

広範囲にわたって灰のようなものが降って何日も止まなかった。しかし、「雖似二怪異一」、被害はなく、豊作で老農はこれを「米の花」と名付けたとある。民間では豊作の予兆ととらえられていたことがわかる。この記事から、怪異は人や社会に損害を与えるものであると考えられていたことがわかる。この記事にある灰のようなものとは火山灰である。伊豆国神津島の噴火の記事が、『続日本後紀』承和七年（八四〇）九月乙未条にある。

伊豆国言。賀茂郡有二造作島一。本名上津島。此島坐阿波神。是三島大社本后也。又坐物忌奈乃命。即前社御

子神也。新作二神宮四院一。石室二間。屋二間。闇室十三基一。上津島本体。草木繁茂。東南北巌峻山畚山卒。人船不レ到。纔西面有二泊宿之浜一。今咸焼崩。与レ海共成二陸地幷沙浜二千許町一。其島東北角有二新造神院一。其中有レ壟。高五百許丈。基周八百許丈。其形如二伏鉢一。東方片岸有二階四重一。青黄赤白色沙次第敷レ之。其上有二一閣室一。高四許丈。次南海辺有二二石室一。各長十許丈。広四許丈。高三許丈。其裏五色稜石。屛風立レ之。巌壁伐レ波。山川飛レ雲。其形微妙難レ名。其前懸二夾纈軟障一。即有二美麗浜一。以二五色沙一成修。次南傍有二一礒一。如レ立二屛風一。其色三分之二悉金色矣。眩曜之状不レ可二敢記一。亦東南角有二新造院一。周垣二重以レ壟築固。各高二許丈。広一許丈。南面有二二門一。其中央有二一壟一。周六百許丈。高五百許丈。其南片岸有二十二閣室一。八基南面。四基西面。周各廿許丈。高十二許丈。其上階東有二屋一基一。瓷玉瓦形葺二造之一。長十許丈。広四許丈。高六許丈。其壁以二白石一立固。則南面有二一戸一。其西方有二一扉一。以二黒瓦一葺二作之一。其壁塗二赤土一。東面有二一戸一。院裏礫砂皆悉金色。又西北角有二新作院一。周垣未二究作一。其中有二二壟一。基周各八百許丈。高六百許丈。其体如二盆伏一。南片岸有二階二重一。以二白沙一敷レ之。其頂平麗也。従二北角一至二于未申角一。長十二許里。広五許里。皆悉成二沙浜一。従二戌亥角一。至二于丑寅角一。八許里。広五許里。同成二沙浜一。此二院。元是大海。又山岑有二一院一門一。其頂有二如レ人坐形石一。高十許丈。右手把レ剣。左手持レ桙。其後有二侍者一。跪瞻貴主。其辺嵯峨不レ可二通達一。自余雑物。燎焔未レ止。不レ能二具注一。

上津島は現在の神津島のことであり、火山の噴火により、新たに島が出来る様子をこの島に祀られている阿波神（三島大社の本后）と御子神の物忌奈乃命の新造院や擬人化された溶岩の形態をこと細かに記した伊豆国の言上である。これに続いて、承和五年の海底火山の噴火時の様子を、

去承和五年七月五日夜出火。上津島左右海中焼。炎如二野火一。十二童子相接二取炬一。下レ海附レ火。諸童子

雨灰満レ部。

履レ潮如レ地。入レ地如レ水。震二上大石一。以レ火焼レ摧。炎煬達レ天。其状朦朧。所所焔飛。其間経旬。雨灰満レ部。

とある。ここでも噴火の様子を十二人の童子が炬をもつ様子で表現されるとともに火山弾が飛翔する様子や火山灰が部内に満ちていくことが報告されている。先の史料にあるように火山灰は広範囲に広がったことがわかる。この火山の噴火に対して、次のように対処されている。

仍召二集諸祝刀禰等一。卜二求其祟一云。阿波神者。三島大社本后。五子相生。而後后授二賜冠位一。我本后未レ預二其色一。因捧我殊示二怪異一。将預二冠位一。若禰宜祝等不レ申二此祟一者。出二麁火一将レ亡二禰宜等一。国郡司不レ労者。将レ亡二国郡司一。若成二我所レ欲一者。天下国郡平安。令二産業豊登一。今年七月十二日眇望二彼島一。雲煙覆レ四而。都不レ見レ状。漸比戻レ近。雲霧霽朗。神作院岳等之類。露見二其貌一。斯乃神明之所感也。

その結果、『続日本後紀』承和七年（八四〇）十月丙辰条に、「奉授无位阿波神。物忌奈乃命並従五位下。以伊豆国造島霊験也」とあり、神位が授けられている。ここでは伊豆国造島の霊験とある。伊豆国の神と噴火との関係はすでに、『日本後紀』天長九年（八三二）五月癸丑条に、

伊豆国言上。三島神・伊古奈比咩神、二前預二名神一。此神塞二深谷一摧二高厳一、平造之地二千町許。作二神宮二院、池三處一。神異之事、不レ可二勝計一。

とあり、承和五年の時同様に神宮や池が噴火で出来たものとして記録されている。三日前の同年五月庚戌には、「令レ卜二筮亢旱於内裏一。伊豆国神為レ祟」とあり、旱魃を卜い伊豆国の神の祟であると認定している。伊豆諸島の火山の噴火は、伊豆の神々の祟りであるとされていた。これらの記事で注目すべきは、神の祟を「怪異」と記していることである。天人相関説とは異なる「怪異」である。

神の祟とは、神が人に祭祀を要求するために出現することを指し、律令制下では、ある事象について、どこの神が祟をなしているか特定する方法として、神祇官の亀卜が使用された。[注10] そして、八世紀後半の宝亀年間には、天皇の体の向こう半年間に祟る神がないかどうかを卜う御体御卜が確立する。[注11] 祟は、神祇官の卜部が使用する制度的な語であったとともに、予定調和に神祇官が管轄する神々の祟を年中行事のなかで占断するまでの仕組みが確立していたのである。

　このような祟の仕組みを考えると、ここで諸祝や刀禰を集めての卜は神祇官が行なったものであったことが理解できよう、さて、神祇官の卜部[注12]については、養老職員令神祇官条に「卜部二十人」と規定されている。そして、延喜神祇式臨時祭に、

凡宮主取二卜部堪レ事者一任レ之、其卜部取二三国卜術優長者一。（伊豆五人、壱岐五人、対馬十人。）若取二在レ都之人一者、自レ非二卜術絶一レ群、不レ得二輙充一、其食人別日黒米二升、塩二勺、妻別日米一升五合、塩一勺五撮、

とあり、二十人の卜部は伊豆・壱岐・対馬の三国のものであることがわかる。「若取二在レ都之人一者、自レ非二卜術絶一レ群、不レ得二輙充一」とあり、伊豆・壱岐・対馬での亀卜の技術が重視されている。さらに、『令集解』職員令神祇官上古記所引官員令別記には、

津嶋上県国造一口、京卜部八口、廝三口、下県国造一口、京卜部九口、京廝三口、伊岐国造一口、京卜部七口、廝三口、伊豆国島直一口、卜部二口、廝三口、斎宮卜部四口、廝二口、伊岐二口、津嶋二口、伊豆二口、国造直丁等、各給二廝一口一、亦常食、卜部等及廝直、身免二課役一亦常食給、京戸所レ給之廝、自レ彼点上事二京戸一廝、莫レ給、免二課役一、

とみえ、津嶋上県・下県（対馬）、伊岐（壱岐）、伊豆から卜部が供給されていることは、大宝令制下にまで遡る

ことがわかる。

つまり、噴火があった神津島を含む伊豆諸島は、ウミガメの甲羅で亀卜を行なう神祇官卜部の供給地の一つであったということになる。しかも、この時期に活躍した神祇官の卜部に伊豆国出身の卜部がいたのである。[注13]『文徳実録』嘉祥三年（八五〇）九月壬午条に「宮主正六位下占部雄貞」と見え、同年九月庚子には「神祇権少祐正六位上占部業基」とある。この両名は、『文徳実録』斉衡三年（八五六）九月庚戌条に、

宮主外従五位下卜部雄貞。神祇少祐正六位上業基等。賜姓占部宿禰。

と見え、占部宿禰の姓を賜っている。この後、占部雄貞は『文徳実録』天安二年（八五八）四月辛丑に亡くなり、その卒伝には、

是日。宮主外従五位下占部宿禰雄貞卒。雄貞者。亀策之倫也。兄弟尤長此術。帝在東宮時爲宮主。践祚之日。為大宮主。斉衡二年正月除外従五位下。雄貞本姓卜部。斉衡三年改姓占部宿禰。性嗜飲酒。遂沈湎卒。時年四十八。

と記されている。「亀策之倫也。兄弟尤長此術」といわれる優秀な卜部であり、大宮主という卜部の頂点にたったのである。一方占部業基の方は、斉衡四年（八五七）正月に外従五位下、翌二年三月に神祇権大祐となる。そして、貞観八年（八六六）二月に参河権介、貞観十年（八六八）正月七日従五位下に叙せられた時には卜部真雄として記され、元慶五年（八八一）に卒している。『三代実録』同年十二月五日己卯条の卒伝には、

従五位下行丹波介卜部宿禰平麻呂卒。平麻呂者、伊豆国人也。幼而習二亀卜之道一、為二神祇官之卜部一。揚レ火作レ亀、決二義疑一多レ効。承和之初、遣レ使聘レ唐。平麻呂以レ善二卜術一、備二於使下一。使還之後、為二神祇大史一、嘉祥三年、転二少祐一。斉衡四年授二外従五位下一、天安二年拝二権大祐一、兼為二宮主一。貞観八年遷二三河権

介一、十年授二従五位下一、累歴二備後丹波介一。卒時年七十五。

と記載されている。「平麻呂者、伊豆国人也。幼而習二亀卜之道一、為二神祇官之卜部一。揚レ火作レ亀、決二義疑一多レ効」とあり、幼い時から亀卜の技術を学んだ優秀な卜部であったことがわかる。しかも、承和五年に出発した遣唐使船で渡唐し、帰国後神祇官の官僚に就任している。

彼らの存在を考えると、承和五年の伊豆諸島での噴火の認定に神祇官にいた伊豆国の卜部が深くかかわっていたと思われる。[注14] その占断のなかで、この噴火が阿波神が位階を授かることを求めたものであり、それを怪異と表現しているのである。天人相関説にもとづく怪異を神の祟と同様に理解し、解釈したのである。遣唐使として唐で学んだ卜部平麻呂が関与した可能性も高いのではないだろうか。

四　新羅の外寇と「怪異」

九世紀後半に都と地方の怪異が共に認定された事例がある。

『三代実録』貞観八年（八六六）四月十七日辛夘条に、

下二知大宰府一曰。迺者。京師頻視二怪異一。陰陽寮言。隣国兵可レ有二来窺一。安不レ忘レ危。宜レ勤二警固一。

とあり、都で頻繁に起きる怪異について、陰陽寮が隣国の兵の襲来を進言し、警固を大宰府に下知している。[注15] また、同年十一月十七日戊午条に、

勅曰。迺者怪異頻見。求二蓍亀一新羅賊兵常窺二間隙一。災之発唯縁二斯事一。夫攘災二未レ兆一。遏二賊将来一。唯是神明之冥助。豈云二人力之所レ為。宜レ令下能登。因幡。伯耆。出雲。石見。隠岐。長門。大宰等国府一。班二幣

於邑境諸神下。以中鎮護之殊効上。又如レ聞。所レ差二健児一。統二領選士等一。苟預二人流一。曽無二才器一。徒称二爪牙一之。不レ異二蟷蜋之衛一。況復可レ教之民。何禦二非常之敵一。亦夫十歩之中必有二芳草一。百城之内寧乏二精兵一。宜レ令下同国府等一勤加二試練一必得中其人上。

とある。蓍亀とあることから、陰陽寮だけではなく、神祇官も卜ったことがわかる。怪異と新羅の軍勢の襲来が結び付けられ、境界の諸神への班幣だけではなく、健児はじめ軍勢の整備まで指示されている。さらに、同年貞観十一年（八六九）十二月四日丁亥条にも新羅の海賊の侵略に関わって、大宰府から次のような言上があったことが記されている。

先レ是。大宰府言上。往者新羅海賊侵掠之日。差二遣統領選士等一。擬レ令二追討一。人皆懦弱。憚不レ肯レ行。於レ是調二発俘囚一。御以二膽略一。特張二意気一。一以當レ千。今大鳥示二其怪異一。亀筮告以二兵寇一。鴻臚中嶋館并津厨等。離居二別処一。无レ備レ禦レ侮。若有二非常一。難二以応一レ猝。夷俘分二居諸国一。常事二遊獦一。徒免二課役一。多費二官粮一。請配置処分。以二不虞一。分為二二番一。番別百人。毎月相替。交相駈役。其粮者。諸国所レ挙夷俘粮利稲之内。毎レ国令二運輸一。以給二其用一。至レ是。勅曰。俘夷之性。本異二平民一。制御之方。何用二恒典一。若忽離二旧居一。新移二他土一。衣食無レ続。心事反レ常。則野心易レ驚。遂致二猜変一。宜下簡二監典有二謀略一者上。令レ其勾當。并統領選士幹レ事者。以為二其長一。勉加二綏誘一。能練二武衛一。設有二諸国粮運闕如一。即須二府司廻発支濟一。又以二百人一為二一番一。居業難レ給。転餉多レ煩。宜三五十人為二一番一。

大宰府では大鳥の出現が怪異と判断され、「亀筮」すなわち卜占で認定されていることがわかる。そして具体的に警備のために軍備が整えられている。この事例では、最前線の大宰府から怪異が言上されているのである。[注16]

さらに、『三代実録』貞観十四年（八七二）三月二十三日癸巳条に、

今春以後。内外頻見二怪異一。由レ是。分二遣使者諸神社一奉幣。便於二近レ社道場一。毎レ社転二読金剛般若経一。

とあり、内外の怪異への対処として諸神社への奉幣と金剛般若経の転読が行なわれている。使が派遣された神社は、賀茂上下社・松尾社・梅宮社・平野社・石清水社・稲荷社である。石清水社への告文には、

石清水社告文曰云々。又辞別天申。去年陰陽寮占申久。就二蕃客来一天不祥之事可在止占申世利。今渤海客随二盈レ紀例一天来朝世利。事不レ獲レ已。国憲止之天可レ召。大菩薩此状乎毛聞食天遠客参近止毛。神護之故尓。無レ事久矜賜倍止恐美恐美毛申賜波久止申。

とあり、陰陽寮が占いを行ない「蕃客」の「不祥之事」が起きることを占断し、渤海客が来朝したことから神社への祈願が行なわれている。ここでも怪異が外交問題と関連付けて理解されている。そして、その認定は陰陽寮の占であった。

これらの事例は、怪異が外寇の予兆として解釈され、対処がなされているものであった。その対応は、神仏への祈願だけではなく、兵士を派遣するものもあった。そして、その多くは都で頻発する怪異であった。しかし、貞観十一年の大宰府での大鳥の怪異は、大宰府から異常が言上されたのではなく、当地で怪異と認定されているのである。大宰府は、怪異を認定する手段を有していたということになる。

養老職員令大宰府条には、「主神一人。掌諸祭祠事」や「陰陽師一人。掌占筮相地」が配置されており、神祇官や陰陽寮と同様の機能を有していたことがわかる。[注17] また、和気清麻呂が豊前国守のとき、『八幡宇佐託宣集』巻十、大尾社の部下の宝亀四年（七七三）正月二日解文には、

豊前国司解。申請処分事。請官人及卜部等事。
監典各壱人。主典壱人。卜部参人。

右頃年之間。八幡大神祢宜宮司等。寄辞神託。屡有妖言。非止擾乱国家。兼有詐偽朝庭。前後国司未加糺正。宰牧之務豈如此乎。望請。上件官人国司判官已上。倶向神宮。明定実否。事旨既重。不可不陳。仍録事状。附史生従七位下子部宿祢乙安。謹請府裁。謹解。（略）

とあり、宇佐八幡宮の神託を糺すため、大宰府の官人とともの卜部が動員されている。具体的には、『八幡宇佐託宣集』巻十、大尾社の部下の宝亀四年（七七三）正月十五日の書状に、

卜食託宣虚実并任用祢宜等状。

国守従五位下和気宿祢清麻呂等申。不能奴等。頃年之間。掛畏大神命宣止朝庭乎偽欺国家擾乱。大神御徳乎軽穢辱。是以自今以後尓大神土宣之旨尾顕明弖勤敬仕奉良牟事。卜食《シム》倍岐状申之給波久。可卜食事託。

一。祢宜辛嶋勝与曽売所託宣者。大神実託宣歟。

卜部酒人　直弟足　卜部道作

右卜食三火不《カナハ》レ合《ス》。推云。与曾咩カ　託宣既偽虚者。

一。任用祢宜大神朝臣少吉備咩《ヲキヒメ》

卜部酒人　直弟足　卜部道作

右卜食三火並吉合。

一。任用宮司外従五位下大神朝臣田麻呂。

卜部酒人　直弟足　卜部道作

右卜食三火並吉合。

一。案前日記。託宣状備。大神大隅国　故《コトサラニ》　早欲所顕祠者実歟。

卜部酒人　直弟足　卜部道作
右卜食三火実合。推云。大隅国尓毛実欲被顕祠者。
一。又曰。日向。大隅国海中作嶋者。大神吾不立作。他神所作。此神依不見祀。国家之為屢起禍恠。宜早顕祠者。実歟不歟。
卜部酒人　直弟足　卜部道作
右卜食二火実合。一火不合。推云。他神作嶋矣者。
以前託宣虚実并任用祢宜宮司等卜定如件。
主神従七位下中臣朝臣宅成　対馬嶋大初位卜部酒人
大初位直弟足　壱岐嶋卜部無位道作
宝亀四年正月十五日
従六位上目河原渡津
正六位上行介紀朝臣馬養　正六位上行掾山田連韓国
従五位下行守和気宿祢清麻呂

とある。主神中臣宅成のもとに対馬嶋大初位卜部酒人・大初位直弟足・壱岐嶋卜部無位道作の三名が亀卜を行なっている。大宰府には、対馬と壱岐の卜部があり、卜占を行なっていた。先の大鳥の怪異の占断についても彼らが関与したものと思われる。

『三代実録』貞観十二年（八七〇）二月十二日甲午条には、

先レ是。大宰府言。対馬嶋下県郡人卜部乙屎麻呂。為レ捕二鸕鷀鳥一。向二新羅境一。乙屎麻呂為二新羅国所一レ執。縛囚二禁土獄一。乙屎麻呂見二彼国一挽二運材木一。搆二作大船一。撃レ鼓吹レ角。簡レ士習レ兵。乙屎麻呂竊問二防援人一。答曰。為レ伐二取対馬嶋一也。乙屎麻呂脱レ禁出レ獄。纔得二逃帰一。

とあり、鳥を追いかけ、新羅との国境まで赴き、捕えられた「対馬嶋下県郡人卜部乙屎麻呂」のことが大宰府から言上されている。対馬の卜部は新羅と近い距離で活動をしていたことが理解できる。

以上のことから、大宰府での怪異認定には、主神の管轄下にあった対馬・壱岐の卜部が関わったことが明らかとなった。貞観年間の新羅からの外寇に際し、一定の役割を果たしたのである。このことがあったからか、十世紀においても宇佐宮での不思議なことについて、大宰府からは怪異として言上されているのである。

おわりに

以上、本稿では、平安時代の怪異認識について、天人相関説にもとづく怪異が平安貴族社会にどのように受容されたのかについて検討を加えてきた。限られた史料で十分な検討とはいえないが、九、十世紀の怪異認識について次のような点が明らかとなった。

平安貴族にとって、怪異は神社や寺院で起きる不思議なことを指す場合と宮中等での動物の異常な行動である場合が多い。そして、これらの怪異は神祇官と陰陽寮による軒廊御卜で認定される。十世紀には、そのシステムが確立していた。

九世紀には、動物の異常行動や異常気象、仏像の採り物の落下など多様なことが怪異とされていた。そうしたなかで、承和五年の伊豆神津島の噴火が阿波神の怪異と認定される。この認定は、神の祭祀要求である祟と同等に解釈されている。この認定に、この時期に神祇官で活躍していた伊豆国出身の卜部平麻呂が関与していたのではないかと考えた。災異思想が受容されるなかで、律令国家における神の祟とそれを認定する卜占のシステムが怪異認識の形成に影響を与えていると思われる。

また、大宰府からの怪異の言上では、対馬・壱岐の卜部の卜占による認定が行なわれていた。したがって、大宰府は、不思議な出来事をそのまま都に報告するのではなく、大宰府で怪異と認定したうえで、報告する仕組みを有していたということになる。

これらのことから、律令国家の怪異認識において、神祇官卜部の卜占が重要な役割を果たしていたことが理解できよう。もちろん、陰陽寮の怪異占も行なわれている。[注18] 軒廊御卜においては、神祇官と陰陽寮が並んで占断を下している。しかし、国家の占いにおいては神祇官が優先されており、怪異と祟との関係は、神祇官によって形成されたといえるであろう。

いうまでもなく、ここで取り上げた怪異は、単に人が理解することのできない不思議な出来事やものを示してはいない。あくまでも国家システムによって認定され、政治的な予兆として記録に残されているのである。日本古代の国家が、中国から天人相関説、災異思想を受容し、国家の危機管理を行なうために使用した制度的な語としての「祟」と同等に使用されたのが「怪異」であった。神仏が示す怪異が定着していくなかで、動植物の異変等人智の及ばない出来事に人が遭遇した時、「怪異ではないか」と定着し、一般的な語となっていく。その経過については、「怪異」「怪」「異」とみえる史料の分析が必要である。「怪異」の定着については、今後の課題としたい。

注

1 董仲舒の天人相関説については、池田知久「中国古代の天人相関論――董仲舒の場合――」（『アジアから考える〔7〕世界像の形成』東京大学出版会、一九九四年）がある。

2 佐々木聡「中国社会と怪異」（東アジア恠異学会編『怪異学入門』岩田書院、二〇一二年）。なお、佐々木氏は「王充『論衡』の世界観を読む――災異と怪異、鬼神をめぐって――」（東アジア恠異学会編『怪異を媒介するもの』勉誠出版、二〇一五年）においても天人相関説について言及している。

3 災異思想の受容については、本位田菊士「革命観と災異思想――律令国家成立記における変乱の特質――」（『政治経済史学』二〇八号、二〇九号、一九八三年）、松本卓哉「律令国家における災異思想――その政治批判の要素の分析――」（黛弘道編『古代王権と祭儀』吉川弘文館、一九九〇年）、小林宣彦「律令期における災異への対処とその思想的背景に関する基礎的考察――神・仏・天のうち神祇の対処を中心に――」（『神道宗教』一九九・二〇〇号、二〇〇五年）等がある。

4 榎村寛之「奈良・平安時代の人々とフシギなコト」（東アジア恠異学会編『怪異学の可能性』角川書店、一九九九年）。この他、榎村寛之「平安時代の「フシギ」革命」（上杉和彦編『生活と文化の歴史学第一巻　経世の信仰・呪術』竹林舎、二〇一二年）でも検討されている。

5 軒廊御卜に関しては、西岡芳文「六壬式占と軒廊御卜」（今谷明編『王権と神祇』思文閣出版、二〇〇二年）に詳しい。平安時代の事例については、大江篤「平安貴族と「祟」」（『日本古代の神と霊』臨川書店、二〇〇七年）でも検討している。

6 西岡芳文注5論文。

7 怪異記事の翌日の『日本後紀』延暦十六年五月乙巳条に「遣㆓僧二人於淡路国㆒、転経、悔過、謝㆓崇道天皇之霊㆒也」とあることから「怪異が崇道天皇の霊によると思われたのであろう」（黒板信夫・森田悌編『訳注日本史料　日本後紀』集英社、二〇〇三年）と解釈するものがある。しかし、動物の異常行動と怪異の認定が行なわれ、同日の記事に対処も記されている。さらに、その怪異の主体が早良親王の霊であったと認定した記録はみられず、この記事を関係づけることは慎重にならなければならない。

8 鼠と「怪異」については、中島和歌子「平安時代の鼠の諸相――怪異占の背景」（『札幌国語研究』二一号、二〇一六年）にふれるところがある。

9 伊豆神津島の噴火をめぐっては、原秀三郎「古代の遠江・駿河・伊豆と自然災害」（『地域と王権の古代史学』塙書房、二〇〇二年）、菅原征子「平安初期の地方祭祀と女性」（『日本古代の民間宗教』吉川弘文館、二〇〇三年）、原秀三郎「古代の遠江・駿河・

伊豆と自然災害」(『地域と王権の古代史学』塙書房、二〇〇二年)がある。

10 日本古代の崇については、大江篤「「祟」と神祇官の亀卜」(『日本古代の神と霊』臨川書店、二〇〇七年)で検討した。

11 御体御卜については、安江和宣「御体御卜に関する一考察」(『神道祭祀論考』神道史学会、一九七九年)、西本昌弘「八世紀の神今食と御体御卜」(『續日本紀研究』三〇〇号、一九九六年)、井上亘「御体御卜考――古代日本の亀卜――」(武光誠編『古代日本の政治と宗教』同成社、二〇〇五年)、井上亘「「御体御卜」と『新撰亀相記』」(『東アジア文化環流』一巻二号、二〇〇八年)、小坂眞二「御体御卜と陰陽道」(『東洋研究』一七八号、二〇一〇年)、廣木健太郎「御體御卜の成立過程についての一考察――同儀式の占いの構造に再検討を加えて――」(『神道宗教』二三六号、二〇一四年)、木村大樹「御体御卜奏上儀の復元的考察」(『延喜式研究』三〇号、二〇一五年)等がある。

12 神祇官の卜部については、大江篤「亀卜と怪異――媒介者としての卜部――」(東アジア恠異学会編『亀卜 歴史の地層に秘められたうらないの技をほりおこす』臨川書店、二〇〇六年)、大江篤「〈媒介者〉としての卜部――国家の祈りにおける役割――」(水口幹記編『古代東アジアの「祈り」』森話社、二〇一四年)で論じている。

13 伊豆の卜部については、大江篤注11論文で論じた。また、橋口尚武「列島の古代文化と伊豆諸島――その先史・古代史への役割」(『海と列島文化第七巻 黒潮の道』小学館、一九九一年)、岡田莊司「吉田卜部氏の成立」(『平安時代の国家と祭祀』続群書類従完成会、一九九六年)、原秀三郎「伊豆卜部と卜部平麻呂」(『地域と王権の古代史学』塙書房、二〇〇二年)がある。

14 神津島の噴火について、原秀三郎氏は、「被害が他に例を見ないほど甚大なものだったとみる証拠は乏しく(しかもそれは主として伊豆の海上の島での出来事であった)、ここでは伊豆卜部が背後で深くかかわっていた可能性を指摘するにとどめたい」(原秀三郎注8論文)と述べ、伊豆の卜部の関与の可能性を指摘している。

15 貞観八年の新羅の外寇については、山﨑雅稔「貞観八年応天門失火事件と新羅賊兵」(『人民の歴史学』一四六号、二〇〇〇年)がある。

16 貞観十一年の新羅海賊の外寇については、山﨑雅稔「貞観十一年新羅海賊来寇事件の諸相」(『国学院大学大学院紀要 文学研究科』三二号、二〇〇〇年)、石井正敏「貞観十一年(八六九)の天災と外寇」(『中央史学』三五号、二〇一二年)がある。

17 大宰府の卜部の活躍については、飯沼賢司「女性史からみた「道鏡事件」――宇佐宮における女禰宜託宣と亀卜の対決――」(『シリーズ比較家族第Ⅰ期8 ジェンダーと女性』早稲田大学出版部、二〇〇四年)に詳しい。

18 陰陽寮の怪異占については、小坂眞二「九世紀段階の怪異変質に見る陰陽道成立の一側面」(竹内理三編『古代天皇制と社会構造』校倉書房、一九八〇年)、山下克明「陰陽道の成立と儒教的理念の衰退」(『平安時代陰陽道史研究』思文閣出版、二〇一五年)がある。

自然災害と神仏

若井　敏明

はじめに

自然災害が人間社会にもたらす被害は現代社会においてもまだ大きなものがある。むしろ、地球温暖化現象のように、人間の活動が自然界に作用して、これまで歴史上にみられなかった災害を招いている場合すらある。ただ、現代社会に住む人間と、前近代の人間との大きな違いは、それを制御できるとはいえないものの、現代人はいちおうその原因を「科学的」に理解しているということであろう。その原因を「科学的」に理解できない間、人間は長きにわたってそれを神などの人智を超えた存在のなすものだと考えてきた。本稿では、おもに日本の古代を中心にして、自然災害と神仏との関係について、いささか考えてみようとするものである。だが、それにしても、わかっていてもその原因を止めることができないでいる現代人には、前近代の人々を嘲ることなど、とうてい許されるものではないだろうと思う。

一

古代の日本人（厳密にいえば七世紀末までは倭人だが、本稿では地理的な概念として日本を用いる）が、自然災害の発生をどのように理解していたかは、ご多分にもれず、『古事記』や『日本書紀』などの古文献を繙かねばならないが、それをもっとも端的に示していると私が考えるのが、崇神天皇の時代におこった疫病への対処である。『古事記』によればこの時代に疫病が流行し人民が尽きようとしたが、天皇の夢に大物主神が顕れて、オホタタネコに自分を祭らせたらよいと述べたので、オホミワの大神を祭り、さらにイカガシコヲに命じて天神・地祇の社を定めたという。また『日本書紀』は、ややくわしく、最初ヤマト王権による祭祀が行われたがうまくいかなかったことなどを記すが、大筋は変わらない。

つまり、そこでは自然災害のひとつといえる疫病は、祭りを怠った神の怒りから発生したのであって、その対処法はまずその神を祭ることであったのである。

また『日本書紀』では、三輪の大物主神の祭祀の起源を伝えるのみならず、「八十万の群神」を祭り、また「天社・国社及び神地・神戸」を定めたとあるから、全国的な祭祀の起源を述べているのであって、そこで初めて疫病は鎮まったのである。もちろん、ここで全国といっても当時のヤマト政権の支配地域内でのことであって、その範囲は限られていたであろうが、それまで自分の祖先神のみを祭っていたヤマト政権が地域の神々の祭祀に関与することとなったのが重要なのである。

ちなみに『日本書紀』は、それを七年十一月のことと記しており、また翌年の十二月に大物主神の祭祀をおこなったという。このことからみるに、この説話は、十一月におこなわれる相嘗祭や祈年祭、十二月におこなわれる月次祭の起源にかんするものであろう。ちなみに、古代、とくに天武朝以前の祭祀の実態についてはわからない点が多い。そこで、情報がそれまでとは段違いに豊富となる『日本書紀』天武紀と持統紀や『続日本紀』、そして平安時代の『延喜式』などを素材にし、さらに古い時代の記紀の記述を信用しないとなれば、その厳密な起源はおのずと下っていかざるをえない。しかし私は、ヤマト王権のこのような祭祀体系の起源は、かなり古くさかのぼると考えている。

このような天皇による支配地全体の神々を祭るということが、天皇の支配権の根拠であった。『日本書紀』欽明十三年十一月条の仏教伝来の記事に、国家つまり天皇が天下の王たるのは、「天地社稷百八十神」を春夏秋冬に祭ることにあるとみえるのは、そのことを端的に示している。じつにそれが天皇の第一の任務だったのである。

このようにまず自然災害は神の怒りや祟りに発するものであって、それは神に対する祭祀を怠っていたことに起因すると考えられていたのであって、そのためにヤマト王権は地域の神々を一元的に祭ることをおこなったのである。

ただその場合でも、祭祀が不十分であれば、神は災害をもたらした。厳密には自然災害とはいえないが、大王や王族に対する災いは、当時においては天候不順や疫病に勝るとも劣らない災害と感じられたと思われるが、この代表的な事例が、垂仁天皇の皇子、ホムツワケが言語障害をもっていたことであって、『古事記』によれば、これは出雲大神の意志で、そのため皇子はみずから出雲に赴いて大神を参拝し、出雲大神の社が大王の宮殿並の規模を持つようになったのもこの時からであるという。このように、ヤマト王権は神々の祭祀に並々ならず気を使っていたのであって、これひとえにその怒りによる災害をまぬかれるためにほかならない。

そこで、災害が発生したとき、まず考えられるのは祭り忘れられた神がいないかということであったろう。

『延喜式』が載せる龍田の風神祭の祝詞には、この祭の起源として、欽明天皇の時代に不作が続いたので、どの神の意志だろうかと占わせたがはっきりしないので、天皇が「神たちをば天つ社・国つ社と忘るる事なく、おつる事なく、称辞竟《たちえごと》えまつると思ほし行はすを、誰の神ぞ、天の下の公民の作り作る物を、成したまはず傷へる神等は、我が心ぞと悟しまつれ」と述べているのは、このことを表している。この場合は、天皇の夢に天御柱命と国御柱命という神が現れて、竜田の立野に宮を立てて祭れと指示したという。

しかし、このように祭祀の不徹底だけが災害の原因ではなく、いくら毎年の祭祀を厳重におこなっても、災害をすべて防げるわけではなかった。祭祀がおこなわれていない場合だけではなく、祭祀がおこなわれていても、災害は発生したからである。そのような場合、古代人はどのように考えたのだろうか。そこには祭祀の怠慢とはまた別に、なにか神を怒らせるようなことがなされた可能性があると推測されたのである。それを示す事例が『日本書紀』神功摂政元年二月条にみえる。

九州から凱旋する神功皇后の一行が忍熊王と戦ったさいに、いったん紀伊国に行って日高で太子のちの応神天皇と合流し、忍熊王攻撃のために小竹宮《しの》に遷ったという。その場所に就いては諸説があるらしいが、その時昼なのに夜のように暗い怪現象が何日も続いた。土地の老父が、この現象は「あづなひ」の罪といい、二つの社の祝を合葬したのだろうかと述べた。調べると、小竹の祝と天野の祝が親友同士で、小竹の祝が死んだときに天野の祝が自殺し、二人を合葬したことが判明した。そこであらためて別々に葬ったら、日の光が回復したという。これも、一種のタブーを破ったために怪異現象がおこったという伝説であって、合葬自体ではなく、異なった神に仕える祝を一緒に葬ってはならないということであろう。なぜなら、合葬なら市辺押磐皇子が雄略天皇に謀殺されたときに、帳内として皇子に仕えていた佐伯部仲子が遺体を抱いていたところをともに殺され、一緒に埋葬されて判別できなかったいうという話が『日本書紀』にみえているし（顕宗元年二月条）、奈良県斑鳩町の藤ノ木古墳ではじっさいに同じ石棺に二人分の遺体が確認されているからである。ちなみに同性愛に関係させた解釈をみた記憶があるが、当っているとは思えない。

それはともかくとして、ここでは、一種のタブーが侵されることで神の怒りをかって、災害がおこったわけだが、いくら祭祀をちゃんとおこなっても、このような人間がこのような行為をおこなえば神は怒って災害をもたらしてしまう。そのような観点から見て注目されるのが、記紀神話にみえる天の岩屋戸神話である。

二

天の岩屋戸神話は『古事記』によれば次のような展開を示す。

妣の国に赴く前にアマテラスに会おうとして天に上ったスサノヲは、自分の国を奪わんとしての行動かとアマテラスから疑われたが、誓約での子生みでその潔白を証明した。ところがスサノヲは勝ち誇ったあげく、アマテラスの営田の畔を離ち、その溝を埋め、「大嘗聞しめす殿」つまり食事をする建物に屎をまき散らすなどの乱暴をはたらいた。アマテラスはスサノヲをかばったが、さらに行動はエスカレートして、アマテラスが忌服屋で神御衣を織らせているところへ馬を逆剝ぎにして投げ込んだので、織女が驚いて死んでしまった。さすがのアマテラスもこの振る舞いには我慢できずに、ついに天の岩屋戸にこもってしまったので、高天原も葦原中国も真っ暗になってしまったという。

そこで神々は、長鳴鳥を集めて鳴かせ、鏡と玉を作って、それを幣帛とともにサカキに取りかけ、アメノコヤネが祝詞を申し、アメノウズメが神がかりして、それに神々がともに笑った。岩屋戸にこもるアマテラスがこの行いをあやしんで戸から出るところをアマノタヂカラヲが引出し、高天原と葦原中国に光が戻ったという。その後、スサノヲは「千位の置戸」を負せられ、髭と手足の爪を切られて追い払われたのである。

『日本書紀』でも大筋は『古事記』と同じだが、スサノヲの行為に、アマテラスの御田に種子を重ねて播いたり、秋の収穫期に田に馬を伏せたり、絡縄を引き渡したり、串ざししたりしたともいう。また、神衣を織っていたのはアマテラス自身であったともいう。

このあまりに有名な神話については、日蝕に関連するとみたり、宮中の鎮魂祭との関連が指摘されたりするが、本質はもっと別のところにあると思う。この神話では、スサノヲの行為がアマテラスの怒りを生み、岩屋戸かくれという彼女のとった行いによって、地上は暗黒となるという災異現象が発生し、それを正常にもどすために神祭りが挙行され、その結果、高天原と葦原中国の秩序は回復されたが、災異現象の原因を作ったスサノヲは、財産刑と体刑を科されたうえ、追放に処されてしまうのというストーリーが語られているのである。

つまり、おそらくは日蝕であろう自然災害が、スサノヲの乱暴な行動に怒ったアマテラスの岩屋戸隠れによって引き起こされたというのが、この神話の言わんとするところである。このスサノヲの行為は、『延喜式』の大祓の祝詞で「天つ罪」として一括されているものである。つまり、この神話が語っているのは、ツミにより神の怒りが生まれ、というよりも神を怒らせる行為がツミなのであるが、そこから災害がおこるが、それを鎮めるために祭りがおこなわれ、ツミ人は刑罰をうけるというである。つまり、この神話は、この世界におけるツミと災害と祭り、そしてツミにたいする刑罰の起源を述べているのである。

このように、災害は神を怒らせるツミによって引き起こされるというのが、古代人のもうひとつの災害観であって、これは恒常的な祭祀が行われていても、発生する可能性をもつものであった。このようなツミのなかでも、もっとも重要なものと考えられたのが、スサノヲが高天原でおこなった数々のツミであったわけである。したがって、神々の祭祀が滞りなくおこなわれているにもかかわらず、災害が発生したら、その原因としてツミとなるような行為がおこなわれていないかを確かめ、その原因を除去しなくてはならない。

このように、災害の原因をつきとめねばならないのは、今も昔も変わらないのであって、その事例が、先にあげた紀伊国での「あづなひ」の罪の場合であるが、そう簡単に原因、つまりツミの実行が判明するとも思えない。たとえば、九州遠征の途中で仲哀天皇が急死するという事件は、現在の我々からは自然災害とはいいがたいが、当時の人からすれば、それに匹敵する出来事であったはずで、説明のつきかねる大事件であったであろう。そこで、その原因が探られることとなる。

仲哀の死後、『日本書紀』では「罪を解へ、過を改め」たと記し、『古事記』では、さらにくわしく「国の大ぬさを取りて、生剝・逆剝・阿離・溝埋・屎戸・上通下通婚・馬婚・牛婚・鶏婚・犬婚の罪の類を種々求ぎて、国の大祓をし」たという。つまり、天皇の急死の原因をこれらの罪に求めたのであって、最初の五例はスサノヲの行為にほかならない。ここからみるに、仲哀天皇の急死については、天皇みずから神を愚弄した結果とする伝説とは別に、もろもろのツミの結果とする伝えがあったと思われ、私にはそちらのほうが古い伝えであると思われる。

ただ仲哀の急死については、仲哀みずからが神の怒りをかうような行為をおこなったというほうが納得されやすく、あわせてその説は神功皇后の朝鮮半島南部への出兵と応神天皇即位の正当性をも説明できるので、そのような説明が主流になっていくが、このことについては本稿の主題とはやや離れるので詳しくは触れないでおこう。ただ、個人に降りかかった災難は、だれかがどこかでおこなったかもしれないツミに起因するよりも、本人の過失に由来するとしたほうがわかりやすいので、同様な例はヤマトタケルの場合にもいえる。いわば「自己責任」論のはしりといえようか。

しかし、災害が発生したら、そのつど原因となるツミを探して祓をおこなっていては追いつかない。またうまく原因がみつかるあてもないだろう。個人の災難を「自己責任」で説明するのはある程度説得力もあるだろうが、広範囲の災害の場合は個人の責任では説明できず、やはりなんらかのツミが原因と考えざるをえない。そうなれば、あらかじめ、災害の原因となる罪を祓っておこうと考えるのは見やすい道理である。これが年二回、六月と十二月におこなわれる大祓である。

大祓の本質は、その祝詞によれば、「成り出でむ天の益人等が過ち犯しけん雑雑の罪」が発生するが、天つ金木を千座の置座に置き、天つ菅麻を取り辟き、祝詞をとなえれば、神々は聞いてくださり、罪は最終的には「根の国・底の国」にいるハヤサスラヒメが持ちさすらってくれて、天下には罪がなくなってしまうというものである。スサノヲの事例でも明らかなように本来ツミビトに課されるべき千座の置座の負担を、王権が代って捧げてツミをあらかじめ祓ってしまおうというわけである。

ここで罪は、天つ罪と国つ罪に二分され、前者は、畔放ち・溝埋み・樋放ち・頻蒔き・串刺し・生け剝ぎ・逆剝ぎ・屎戸で、スサノヲの行為が中心となっている。高天原でおこなわれた行為なので天つ罪なのであろう。後者は、生膚断ち・死膚断ち・白人・こくみ・おのが母犯せる罪・おのが子犯せる罪・母と子と犯せる罪・子と母と犯せる罪・昆虫の災・高神の災・高鳥の災・畜仆し・蠱物する罪である。これらの罪の性格については、すでにおもに法史学の立場から多くの研究があるが、天の岩屋戸の神話や仲哀天皇の急死の記事などからみるに、これらが災害をもたらす重要なツミだと考えられていたことはたしかだということのみ確認してあえて触れない。

ただ大祓で祓われるのは、原因となるツミだけではない。国つ罪に含まれている昆虫の災・高神の災・高鳥の災など、ツミによって引き起こされる災害も同時に祓われており、災害も未然に防ごうともしていることがわかる。白人とこくみという身体的特徴もツミの結果とみられていたのであろう。これらをツミとともに祓おうというのは、おそらく祓の二次的な形態であるといえよう。

では、これで災害の発生は完全に封じられたであろうか。おそらくはそうはいかなかったであろう。そしてたとえば、新しい神が海外からもたらされたときなどに災害がおこれば、それは大きな問題となったのである。

三

仏教が百済から伝えられたとき、問題となったのは天皇（大王）による祭祀とのかねあいであった。反対派は、先に述べたように、国家つまり天皇が天下の王たるのは、「天地社稷百八十神」を春夏秋冬に祭ることにあるので、あらためて異国の神を祭ることで神々の怒りをかうことをおそれたのであった。

『日本書紀』が伝える二度にわたる廃仏は、いずれも疫病という災害と関連している。百済の聖明王から日本の欽明天皇の朝廷に仏教が伝えられた年代については、『日本書紀』と『上宮聖徳法王帝説』などとの間で違いがあり、継体から欽明にかけての紀年の問題ともからんで種々の議論があるが、『日本書紀』欽明十五年（五五四）に曇慧ら九人の僧が道深ら七人の交代として百済から送られているから、『日本書紀』のいうように欽明十三年（五五二）に僧抜きに仏像と経典などが百済から贈られてきたというのは信じがたい。それが『上宮聖徳法王帝説』のいうように五三八年かどうかはともかくとして、欽明天皇の時代にすでに僧侶も含めた百済からの仏教伝来があったことは間違いない。そして、交代要員の僧が百済から送られてきていることからみて、欽明天皇の朝廷はすくなくとも百済に対しては仏教受容のポーズをとっていたことも明らかであろう。

しかし、国内では崇仏の如何をめぐって議論があり、じっさいは蘇我氏のみが仏教を受容するということで、一応の決着をみたらしい。百済から派遣された僧も蘇我氏の私宅に住まわされたとみるのが当たっていると思う。そのままそれで推移していればよかったのだろうが、そうこうするうちに、疫病が流行しはじめた。それを廃仏派は仏教の受容に原因を求め、第一回の廃仏となった。仏像は難波の堀江に破棄された。百済からの僧については記す文献がないが、適当に理由をつけて帰国させたのかもしれない。『上宮聖徳法王帝説』の伝えるところでは庚寅年、つまり欽明三十一年（五七〇）のことという。

翌年、欽明天皇はなくなり、敏達天皇が即位するが、彼は仏教にはあまり理解がなかったらしい。しかし、日本は百済に仏教排斥を正式に伝えなかったらしく、敏達六年（五七七）には、百済は大別王に付して、経論や律師・禅師・比丘尼・造仏工・造寺工の六人を献上した。百済は日本が仏教を受容しているものと思っていたのである。このあたり、対内と対外で方針を使い分ける政府のやり方をみるようであるが、このとき、本格的な寺院造営や仏像製作がおこなわれていないことからみても、これらの人々は難波の大別王の寺（この場合は王宮といった意味だろう）に安置されたままに終わったらしく思われる。

ところが、百済は依然として日本が仏教を受け入れていると思っているから、敏達十三年（五八四）になって、今度は弥勒石像ともう一体の仏像を日本に贈ってきた。先に贈られた仏像は難波の堀江に捨てられたから、久しぶりに仏像が日本にもたらされたのである。あるいは、先に百済から来た工人らに、仏像を紛失してしまったから、寺院は建てられないとか言い訳をして、それではと百済が気をきかせて送ってくれたのかもしれないが、あまり憶測はつつしんだほうがいいかもしれない。いずれにせよここに再び仏像を得て、今度は蘇我馬子が自宅の東に仏殿を造営、少女三人を出家させて仏像を供養させることとした。また、翌年には奇瑞によって獲得した仏舎利をまつるために、大野丘の北に塔を建てるにいたったという。

ここでまたしても疫病が流行し、廃仏派の物部守屋らは塔を倒し、三人の尼を海石榴市で鞭打つという暴挙にでた。ところが疫病は終息せず、敏達天皇までが病に伏すこととなって、今度は廃仏による仏罰が問題となってきて、天皇は病床で馬子に仏教受容を認めるにいたるのである。

仏教を受容するか否かという問題は『日本書紀』を見る限り、このあたりでうやむやになってしまったようにみえる。そのあとは表立った廃仏がおこなわれた形跡はない。仏教に否定的だった敏達天皇が病床にあって、崇仏に一定の理解を示し、その後継者として蘇我系の王族の一人である用明天皇が即位したことによるだろう。そして、その背景には、仏像をまつらないと疫病などの災害がおこる危険性があるという、昔ながらの神観念があったと思われるのである。

この新しい異国の神すなわち仏に求められたのは、はじめは個人や一族の現世利益や追福であったらしい。『日本書紀』推古二年のいわゆる三宝興隆詔では、豪族らは「君臣の恩」のために寺を造営したとみえ、当時の仏像の銘文などにもそのことははっきりしている。その後も天皇の病気平癒を仏教に願っているのもその延長である。

仏教による災害除去が文献上にみえてくるのは、『日本書紀』皇極元年の旱にさいして、民間呪術、蘇我氏による読経がいずれもはかばかしくなかったのを受けて、天皇みずからが四方を拝すると降雨があったという記事を除けば、天武五年の旱にさいして、三宝に祈ったのが早い例であろう。ただし、頻繁となるのは八世紀になってからであって、大宝三年（七〇三）七月に四大寺で金光明経を読誦しているのは、この時期の災異による不作のためであろうし、慶雲二年（七〇五）の不作でも金光明経を読み、慶雲四年の疫病と飢饉でも諸寺で読経させている。

だが、除災の経典としてとくに重んじられたのは大般若経であった。この六百巻に及ぶ大部の経典は、大宝三年三月に四大寺で読誦しているのが初見だが、これは除災を目的としているかどうかは、『続日本紀』からはわからない。大般若経による除災をいっそう推し進めたのが、養老二年に唐での留学を終えて帰国した道慈であった。神亀二年閏正月に災異を除くために宮中で大般若経が読誦されたのは、おそらく彼の影響であろう。さらに道慈は平城京での大安寺の造営に関わり、疫病が大流行した天平九年（七三七）には同寺で大般若経会を始めている。

この法会について、平安時代にできた『三宝絵』は、大安寺の前身の大官大寺が子部明神の木を切ったためにその被害にあっているので、道慈が「神の心をよろこばしめて寺をまぼらしめむ事は、法の力にはしかじ」といって、大般若経を書写してこの会を始めたので、その結果、神は悦んで寺の守りとなったという「縁起」の説をつたえている。この経典に神の怒りを鎮める功徳があることは、唐にその例があるともいう。

『三宝絵』は永観二年（九八四）に源為憲が著したものなので、そのころにはすでに神仏習合がすすんでいたから、この記述はそれを反映したものかもしれないが、逆の見方をすれば、神を悦ばせて災害を防ぐことに神仏習合の意義があったということであろう。

すでに述べてきたように、ほんらい災害は神がなんらかの理由で怒りをあらわすことでおこると考えられてきた。したがって、それを防ぐために祭りや祓がおこなわれてきたが、いかに神々の祭祀がとどこおりなくおこなわれても、やはり災害は発生した。そこで、その原因をさらに別なものに求めねばならなくなる。たとえば、山川や神社に鎮座して祭祀を受けている神々とはまた別に、定住せずに行き交っている神が災いを引き起こすと考える疫神の考えが生まれて来る。また、既存の神々ではなく、恨みをもって死んだ人々の御霊、怨霊が考えられてくる。そして、それらの存在を鎮める祭祀もおこなわれるようになってくる。そのような趨勢のなかで、仏教にそういった存在を鎮める役割が期待されるようになる。仏教とくに大般若経による除災という考え方の背景にはこのような事情もあるように思われ、それはまた神仏習合が浸透した理由でもあるのだろう。

天平九年（七三七）の疫病流行に際しては、全国の神宮の修造と大般若経の書写をおこない、一定の効果があったという（国分寺創建詔）。道慈が大安寺で大般若会をおこなったのもその一環といえるが、大般若経による除災の好例である。だがいっぽうで、この未曾有の災害は、天皇や為政者の観念に大きな影響を与えたと思われる。それが、四天王に国家擁護を期待する信仰のたかまりである。

じじつ、この疫病流行のあとで発案された国分寺の創建では最勝王経の四天王による災害の消滅が強調されている。従来よりもさらに強力な除災の手段が四天王に求められたのである。ただし、私は、国分寺は天平十二年に企画された七重塔建立と法華経書写に端を発したもので、もとは法華経信仰にもとづいたものだと考えている。[注1]その後の藤原広嗣の乱をきっかけにして、四天王による護国が注目されるようになったのであろう。しかし、最勝王経は疫病流行の最中にすでに読経されており、また疫病が一段落したと思われる十月に道慈を講師として大極殿で購読しているから、最勝王経重視政策の契機をその時期にもとめることは許されるであろう。ちなみに最勝王経は道慈が唐からもたらしたと考えられているから、大般若経と最勝王経による除災は、ともに道慈が関与しているわけである。

またさらに奈良時代には、神仏とはまた別にあらたに災害の原因を求めることもおこなわれた。その時に採用されたのが中国伝来の儒教の災異説であった。奈良時代の元正天皇や聖武天皇の詔には、みずからの不徳を責める言葉が散見するし、その傾向は平安時代の天皇にも続いている。かつて川崎庸之は、長屋王の時代にそのような傾向がみえていると述べたが、[注2]そのころ災異説が本格的に受容されていったのかもしれない。

ただ、長屋王はそのいっぽうで、長屋王願経で二度にわたって大般若経を書写しているが、その願文をみるかぎり、従来からの現世利益や追善、死後往生の観念がつよく、除災が目的であったかははっきりしない。

奈良時代は、このように災害についてさまざまな原因が考えられてきた時代であって、それにともなって新旧の諸思想を動員して災害の除去がはかられたのである。このような傾向は平安時代になって、密教が本格的に受容されたとき、またあらたな展開を示すことになるのである。

おわりに

近代以前の人々は常に自然の脅威にさらされ、時として災害の被害を蒙った。彼らはその原因を神を怒らせる人間の行為に求め、その予防につとめたが、もともと両者には因果関係がないから災害は発生し続け、人はその原因を探し続けたのである。

本来ならば、奈良時代以降もその軌跡を追いながら、仏教が除災にいかなる働きをしたかを論じるべきであるが、本稿では災害と神仏との関係について、その原初的なあり方を推測するにとどまった。あらためてみずからの力量のなさに愕然とするが、ご寛恕願うとともにいつかこの責を果たしたいと切に思う。

注
1　若井敏明「国分寺発願考」『続日本紀研究』二七〇、一九九〇年
2　川崎庸之「長屋王時代」『記紀万葉の世界』東京大学出版会、一九八二

疾病と神仏
——律令国家の成立と疫病流行および疾病認識——

細井　浩志

はじめに

疾病認識に関して、八世紀は注目すべき時期である。律令国家が中国医学を本格的に導入するからである。中国医学により、疾病が陰陽五行説に基づいて解釈され、病因が特定されるようになる。同時に律令国家が導入した新たな占術（陰陽師の式占、易筮など）によって、新たな形で神霊を病因として特定するようになる。また仏教の因果応報説では、陰陽不調や神霊の侵害とは次元の異なる倫理的な病因が想定される。仏教の伝来は六世紀だが、その普及は七・八世紀であり、因果応報説が広まるのも、律令国家の保護下で設備・教学が大きく発展を遂げた八世紀と言えよう。

一方、疫病はキャリア（病原体の保有者）の移動が必要なので、交通の発達が前提となる。律令国家期には、交通網が全国的に整備され、国司や調庸運脚民・防人などがこの道路を往来した。またその心臓部にあたる宮都は人口密集地で、伝染病が広がりやすい（浅見・新江田一九八〇など）。この結果、八世紀は疫病の全国的な流行が何度か見られる。

疾病とは、『広辞苑（第三版）』によれば、「身体の諸機能の障害。健康でない異常状態。病気。疾患。やまい」を、疫病とは「流行病。伝染病。はやりやまい」をさす。つまり疾病は個人的な事柄に属し、疫病は社会的現象である。従って両者は区別が必要だが、個人の集合体が社会である以上、両者の相互関係を考慮する必要がある。

本稿はこうした観点から、律令国家期における疫病の実態と疾病認識の形成、及び神仏の作用がどう関わると認識されたのかを検討したい。なお本稿の疫病流行の分類は、富士川游氏（一九六九）・董科氏（二〇一〇）に従い、一定地域に常時発生する風土病・地方病（endemic）、一定の地域に時期を画して突如発生する流行病（epidemic）、その程度が最も激しく、全国にわたって「国民」の大多数を同時に侵す大流行病（pandemic）を用いる。

一　古代における疫病

1　律令国家以前

六国史等に見える古代の疫病の記録は、早くから蒐集されている（浜野二〇〇四）。だが『日本書紀』に出てくる疫病は、説話的な崇神天皇紀と仏教公伝記事だけである。崇神紀は時期的に実際の事件とは思われないので、仏教公伝記事を示そう。

（史料1）『日本書紀』仏教公伝記事

①欽明天皇十三年（五五二）冬十月条

百済聖明王〈更名聖王。〉遣二西部姫氏達率怒唎斯致契等一、献二釈迦仏金銅像一軀・幡蓋若干・経論若干巻一。…物部大連尾輿・中臣連鎌子同奏曰、我国家之王二天下一者、恒以二天地社稷百八十神一、春夏秋冬祭拝為レ事。方今改拝二蕃神一、恐致二国神之怒一。天皇曰、宜下付二情願人稲目宿禰一、試令中礼拝上。大臣跪受而忻悦安二置小墾田家一、懃修二出世業一為レ因。浄二捨向原家一為レ寺。於レ後国行二疫気一。民致二夭残一、久而愈多、不レ能二治療一。物部大連尾輿・中臣連鎌子同奏曰、昔日不レ須二臣計一致二斯病死一。今不レ遠而復、必当レ有レ慶。宜三早投棄、懃求二後福一。天皇曰、依レ奏。有司乃以二仏像一流二棄難波堀江一。復縦二火於伽藍一、焼燼更無レ余。於レ是天無二風雲一忽炎二大殿一。

②敏達天皇十四年（五八五）条

（二月）辛亥。蘇我大臣患レ疾。問二於卜者一、卜者対言、祟二於父時所レ祭仏神之心一也。大臣即遣二子弟一奏二其占状一。詔曰。宜下依二卜者之言一、祭中祠父神上。大臣奉レ詔礼二拝石像一、乞レ延二寿命一。是時国行二疫疾一。民死者衆。

三月丁巳朔。物部弓削守屋大連与中臣勝海大夫奏曰、何故不レ肯レ用二臣言一、自二考天皇一及二於陛下一、疫疾流行、国民可レ絶。豈非四専由三蘇我臣之興二行仏法一歟。詔曰、灼然。宜レ断二仏法一。

丙戌（仏寺・仏像破壊の記述）…天皇思レ建二任那一。…属二此之時一、天皇与大連、卒患二於瘡一。…又発レ瘡死者充二盈於国一。其患レ瘡者、身如二被レ焼被レ打被レ摧、啼泣而死。老少窃相語曰、是焼二仏像一之罪矣

仏教公伝年次は、『元興寺縁起』等に五三八年説があるが、何れにせよ六世紀中葉頃の欽明天皇時代である。[注1]なお五三五年のジャワ・クラカタウ火山の大噴火で世界的に気候異常となり、飢饉と疫病が発生したことと関係するとの意見もある（深草二〇一六）。これに従うなら仏教は飢饉・疫病対策として伝来し、公伝記事はそれを反映する。

古墳時代以前の日本列島内の道路整備は、あってもごく局地的だったと思われる。よって疫病も、多くは一定地域に一定の罹患率で、また一定の季節的周期で繰り返される風土病もしくは地方性流行に止まったと想定される。

だが弥生末期～古墳中期に、牛馬がもたらされた意味は大きい。[注2]第一に人畜共通の伝染病が広がりやすくなるからである。第二に馬を使えば、人の移動速度も速くなり、キャリアが潜伏期の段階で遠隔地に移動するようになる。また五～六世紀はヤマト王権を中心に、日本列島の統合が進む時代である。倭王武の上表文にあるように、倭王や配下の将軍が軍勢を率いて「山川を跋渉して、寧処にいとまあらず」といった征服を行い、江田船山古墳・稲荷山古墳などの刀剣銘文に見えるように、地方豪族がヤマトで大王に仕奉するような、列島内での人の移動が増える。この結果、現地の人々には免疫のない、未知の病原体がもたらされ、その地域に伝染病が急激に広がる流行病が、時には起こった可能性がある。結核による脊椎カリエス病変は縄文時代の遺体には見られず、弥生時代の山陰（鳥取県）及び古墳時代後期の関東（東京都大田区・千葉県）・南部九州（宮崎県）などの古墳の遺体には見られる（鈴木二〇一二）。よって六～七世紀に、列島で最初の結核の大流行があった可能性がある（鈴木二〇一〇）。なお『日本書紀』推古天皇二十一年（六一三）十一月条には、難波から飛鳥まで大道を設置した記事がある。これは、奈良平野を南北に走る上中下三道を意味するとの見解が有力である。[注3]つまり律令国家が成立する前の段階でも、王権により道路整備が進められていた。こうした交通の発達は疫病流行を促進する。

また難波館および敏売崎で、ヤマトへの道の主要な境界に位置する八社の料稲で作った神酒を外国使節に給う規定がある（延喜玄蕃寮式大唐使者迎船条）。これは本来境界で神酒を給い、蕃使のケガレを祓う意味があったとされる。また八社の所在地と天皇宮所在地との対応などから、境界での給酒は五世紀末〜六世紀前半に存在したとされる[注4]（中野二〇〇八）。この背景には、外国使節の通過時に疫病が起こるという認識があったのではなかろうか。また律令制当初の御体御卜は、非常に重要な国家的行事であるが（井上二〇〇八）、『新撰亀相記』によると、そこでは「一枚注、諸蕃賓客入朝聞食、莫レ祟」と、外国使節が天皇に会いに来たとき、祟りが起こる可能性が想定されていた。

よって欽明・敏達紀の説話は、社会条件の変化で実際に起こった流行病を下敷きにしたものだった可能性がある。外国の神である「仏神」が疫病と結びつけられているのは、かなり早い段階から、疫病が外国よりもたらされるという観念が存在したことを示唆する。六世紀前後における、朝鮮半島での戦乱に関わっての倭と百済との頻繁な交渉が、様々な疫病を日本列島にもたらしたのであろう。

2　律令国家期の疫病

『日本書紀』に続く『続日本紀』には、多くの疫病記事がある。ところで疫学的手法を駆使する董氏（二〇一〇）は、養老年間前後に疫病の流行がないことに注意を促している。もっとも『続日本紀』の記録の精粗は対象時期により異なるので、一応の検討が必要である。そこで筆者がかつて検討した天文記事を、疫病記事と対照させてみよう（表A）。

表A『続日本紀』の疫病と天文異変（日食を除く）の記事数の比較（細井二〇〇七・董二〇一〇による）

年	疫	天文
文武1	0	0
2	2	0
3	0	0
4	1	0
大宝1	0	0
2	2	1
3	2	0
慶雲1	2	0
2	1	0
3	4	0
4	3	0
和銅1	3	0
2	3	0
3	1	0
4	1	0
5	1	0
6	2	0
7	0	0
霊亀1	0	0
2	0	0
養老1	0	0
2	0	1
3	0	0
4	0	2
5	0	1
6	0	3
7	0	2
神亀1	0	2
2	0	4
3	0	1
4	0	2
5	0	3
天平1	0	2
2	0	2
3	0	0
4	0	0
5	1	2
6	0	0
7	4	2
8	(1)	1
9	7	0
10	0	0
11	0	0
12	0	0
13	1	0
14	0	0
15	0	2
16	0	1
17	0	0
18	0	0
19	1	0
20	0	0
天平勝宝1	1	0
2	0	0
3	0	0
4	0	0
5	0	0
6	0	0
7	0	0
8	0	1
天平宝字1	0	0
2	0	0
3	0	0
4	3	0
5	0	0
6	1	0
7	5	0
8	4	1
天平神護1	0	0
2	0	0
神護景雲1	0	0
2	0	0
3	0	0
宝亀1	2	1
2	0	1
3	1	4
4	1	1
5	1	0
6	0	1
7	0	2
8	0	0
9	0	0
10	0	0
11	2	0
天応1	0	2
延暦1	1	2
2	0	0
3	0	1
4	1	0
5	0	0
6	0	1
7	0	0
8	0	0
9	3	0
10	0	0

まず『続日本紀』は前半（恐らく天平宝字二年〔七五八〕七月以前）と後半で、記録の性格が大別されるので、ここでは前半に絞って検討する。表Aの通り、霊亀二年（七一六）以前に天文記事は殆どない。令文では天変は天文密奏により報告され、密奏の案文が保管され、これに基づき国史の天文記事が書かれる。[注5] 従って律令国家の文書保管が、この時期は規定通りには運用されていなかったことがわかる（細井二〇〇七）。だが当該期も疫病記事は多い。これは疫病には税免除や賑給などの対応が必要なので、政府は財政に関わる記録として、大宝律令制定当初より保存に注意したことを意味する。また表Aでは疫病・天文記事とも、天平十年（七三八）以降が長期にわたって少なくなる。これは天平九年の疫病で多数の貴族官人が死没し、系統的な文書保管が困難になったからである。そして天文記事の多い養老～天平初年は、文書保管が相対的に充実していた時期である（細井二〇〇七）。

となると養老年間前後は、董氏の推測通り、実際に疫病流行が少なかったと言える。「飢疫」と並び称される飢饉の記事は養老年間にもあるので（養老三年〔七一九〕九月丁丑・五年三月癸丑・七年四月壬寅条など）、疫病記事のまとまった欠落は考えがたい。董氏は屋久杉の安定炭素同位体 $C\delta^{13}$ 分析の結果を引用して、この期間の平均気温が相対的に低かったこと、一般に疫病の頻発期は高温期と重なることを指摘する。その上で、低温期は天然痘やインフルエンザといった呼吸器感染症が流行しやすいが、この時期はまだ呼吸器ウイルスが日本に伝播していなかったとする。また平安前期の疫病流行が畿内・西海道で圧倒的に多いのに対して、奈良時代の疫病流行は東海道が圧倒的に多く、畿内・山陰道・南海道・山陽道・東山道での流行は普遍的で、北陸道と西海道の流行は少ないとする。そして奈良時代には外来の新型疫病がまだ土着していなかったとし、越後国・紀伊国・信濃国・伊豆国などで同じ季節に疫病が何度も流行しているのは、固有の風土病であろうとしている。なお文武元年（六九七）～和銅六年（七一三）は、日本だけではなく新羅でも災害記事が多く（田中二〇一五）、このため、各地域で独立して流行病が発生し、人口の減少が起こった可能性が考えられよう。

また古代日本の疫病は、一定の地域（特定の国）における間欠～流行を繰り返しているため、人口増加による集落の拡大が疫病蔓延の温床を提供する一方、一度流行すれば人口が大幅に減って流行温床も壊され、また軽度感染による免疫力の高まりで、疫病流行が防がれると、董氏は考える。そして疫病頻発期をへて、養老年間が疫病流行の間欠期となるのは不思議ではない、とする。

ただし養老年間は耕地が拡大する時期なので、栄養状態が良くなり疫病が流行しにくくなったという推測も可能であろう。養老六年（七二二）閏四月乙丑の百万町歩開墾計画が、翌年四月辛亥に三世一身法が施行されている。特に後者の場合、

（史料2）『続日本紀』養老七年（七二三）四月辛亥条

辛亥。太政官奏、頃者、百姓漸多、田池窄狹。望請、勧㆓課天下㆒、開㆓闢田疇㆒。其有㆘新造㆓溝池㆒、営㆗開墾㆖者、不㆑限㆓多少㆒、給伝㆓三世㆒。若逐㆓旧溝池㆒、給㆓其一身㆒。奏可㆑之。

表B『続日本紀』の遣新羅使（鈴木一九八五による）

西暦	出発（任）	同新羅王号	帰国	大使	他の出典	備考
七〇〇	文武四	孝昭王九	同年	佐伯麻呂		
七〇三	大宝三	聖徳王二	慶雲元	波多広足		
七〇四	慶雲元	聖徳王三	慶雲二	幡文通		
七〇六	慶雲三	聖徳王五	慶雲四	美努浄麻呂		
七一二	和銅五	聖徳王一一	和銅六	道首名		
七一八	養老二	聖徳王一七	養老三	小野馬養		
七一九	養老三	聖徳王一八	不明	白猪広成		
七二三	養老六	聖徳王二一	同年	津主治麻呂		
七二四	神亀元	聖徳王二三	神亀二	土師豊麻呂		
七三二	天平四	聖徳王三一	同年	角家主		
七三六	天平八	聖徳王三五	天平九	阿倍継麻呂	万葉集一五	新羅が放却
七四〇	天平一二	孝成王四	同年	紀必登		
七四二	天平一四	景徳王元	不明	（不詳）	三国史記のみ	新羅が放却
七五二	天平勝宝四	景徳王一一	不明	山口人麻呂		
七五三	天平勝宝五	景徳王一二	不明	小野田守		放還
七七九	宝亀一〇	恵恭王一五	同年	下道長人		遣唐判官海上狩人らの迎え。唐使・新羅使と同行

と、人口が増加して田地が狭隘であるとされている。そうであれば、養老年間前後にも災旱記事はあるものの、これは局地的・期間限定的な事象ということになる。たとえば養老七年四月壬寅条は日向・大隅・薩摩の飢寒で、隼人征討戦の余波という副次的要因もあった。

また朝鮮半島からの疫病の伝播は、律令国家期において特に重視すべき要素だと考えられる。[注6] 養老年間に関して言えば、遣新羅使・新羅使が往来しているのに（表B・C）、疫病は発生していない。これはこの間の新羅で、疫病の大流行がなかったためであろう。『三国史

表C『続日本紀』の新羅使（鈴木一九八五による）

西暦	到着	同新羅王号	帰国	正使等	他の出典	備考
六九七	文武元	孝昭王六	文武二	金弼徳		
七〇〇	文武四	孝昭王九	大宝元?	金所毛		
七〇三	大宝三	聖徳王二	同年	金福護		
七〇五	慶雲二	聖徳王四	慶雲三	金儒吉		
七〇九	和銅二	聖徳王八	同年	金信福		
七一四	和銅七	聖徳王一三	霊亀元	金元静		
七一九	養老三	聖徳王一八	同年	金長言		
七二一	養老五	聖徳王二〇	同年	金乾安		大宰府より放還
七二三	養老七	聖徳王二二	同年	金貞宿		
七二六	神亀三	聖徳王二五	同年	金造近		
七三二	天平四	聖徳王三一	同年	金長孫		
七三四	天平六	聖徳王三三	天平七	金相貞		王城国を称し返却
七三八	天平一〇	孝成王二	同年	金想純		大宰府より放還
七四二	天平一四	景徳王元	同年	金欽英		大宰府より放還
七四三	天平一五	景徳王二	同年	金序貞		筑前より放却
七五二	天平勝宝四	景徳王一一	同年	金泰廉		泰廉は王子
七六〇	天平宝字四	景徳王一九	同年	金貞巻		放還
七六三	天平宝字七	景徳王二二	同年	金体信		放還
七六四	天平宝字八	景徳王二三	不明	金才伯		僧戒融の達不を問う
七六九	神護景雲三	恵恭王五	不明	金初正		
七七四	宝亀五	恵恭王一〇	同年	金三玄		放還
七七九	宝亀一〇	恵恭王一五	宝亀一一	金蘭蓀	三国史記	遣唐判官海上狩人らを送る。唐使と入京

記』にも、災害記事はあるが該当する疫病記事はない。

次に養老年間前の慶雲二年の疫病に注目しよう。慶雲元年（七〇四）八月丙辰と慶雲二年五月癸卯に、遣新羅使が帰国する。まず慶雲元年の伊賀・伊豆の疫は「この年夏（四・五・六月）」のことなので、遣新羅使の帰国とは無関係である。しかし慶雲二年十月丙子に新羅貢調使金儒吉の来献があり、十二月癸酉に入京する。そして是年条には「諸国廿、飢え疫しぬ。並びに医・薬を加えて賑恤せしむ」とある。儒吉は翌三年正月に帰国するが、閏正月条以後、疫病流行の状況が記されている。以下に掲げよう。

（史料3）『続日本紀』慶雲二年（七〇五）～四年疫病記事

①（慶雲二年）是年、諸国廿飢疫。並加二医薬一賑二恤之一。
②（慶雲三年）閏正月庚戌。…京畿及紀伊・因幡・参河・駿河等国並疫。給二医薬一療レ之
③乙丑。勅令レ禱二祈神祇一。由二天下疫病一也。
④夏四月壬寅。河内・出雲・備前・安芸・淡路・讃岐・伊予等国飢疫。遣レ使賑二恤之一。
⑤是年。天下諸国疫疾、百姓多死。始作二土牛一大儺。
⑥（慶雲四年）二月乙亥。因二諸国疫一。遣レ使大祓。

この時、疫鬼を祓う祭祀である大儺（のちの追儺）が始まっており（⑤）、深刻な事態であったことが判明する。ではこの疫病はいつ日本に発生したのか。興味深いことに慶雲二年八月戊午に、災異による大赦詔が出されている。

（史料4）『続日本紀』慶雲二年（七〇五）八月戊午条

詔曰。陰陽失レ度、炎旱弥レ旬、百姓飢荒、或陥二罪網一。宜下大二赦天下一、与レ民更新上。死罪已下、罪無二軽重一、咸赦二除之一。老病鰥寡惸独、不レ能二自存一者、量加二賑恤一。其八虐常赦所レ不レ免、不レ在二赦限一。又免二諸国調之半一。

この時点では炎旱だけで、疫病には言及がないので、五月の遣新羅使帰国後も、まだ顕著な流行はなかったのだろう。一方慶雲二年十一月には新羅使を迎えるために、諸国から騎兵が集められている。

（史料5）『続日本紀』慶雲二年（七〇五）～三年迎新羅使騎兵記事

①（慶雲二年十一月）己丑。徴㆓発諸国騎兵㆒。為㆑迎㆓新羅使㆒也。以㆓正五位上紀朝臣古麻呂㆒、為㆓騎兵大将軍㆒。

②（慶雲三年十月）乙酉。従㆑駕諸国騎兵六百六十人、皆免㆓庸調并戸内田租㆒。

この疫病は、瀬戸内海諸国と河内（史料3④）という外国使節の通路付近でも発生している。儒吉自身は何事もなく帰国したようだが、新羅使あるいは水手などにキャリアがおり、迎接した貴族官人・騎兵等が感染し、さらには諸国に拡散した可能性が考えられよう。

また今津勝紀氏（二〇〇九）は、天平十一年（七四一）「備中国大税負死亡人帳」における月別死亡者数、『続日本紀』の月別の飢餓発生記事数を検討し、新村拓氏（一九八五）、田村憲美氏（一九九四）の研究をも踏まえ、古代・中世においては春から夏にかけての端境期が慢性的な飢餓状態にあり、三月から五月にかけて疫病が多いことを指摘する。[注7]だが慶雲二年の疫病は既に閏正月には蔓延しており（史料3②）、この点からも定期的に発生する風土病ではないことがわかる。

またこの時始まった大儺（史料3⑤）は、疫鬼を日本の国外に追放する祭礼なので、この疫病が外来のものと意識されていたことを示唆する（後掲史料10）。慶雲四年（七〇七）二月戊子条には「諸王臣五位已上に詔して、遷都の事を議せしむるなり」とあり、和銅三年（七一〇）三月に平城京に遷都が行われる。他の理由があるにせよ、時期から見てこの疫病流行が一要因であった可能性は高い。

続いて養老年間後の、天平七・九年の疫病を検討する。まず天平九年（七三七）の疫瘡では、従五位下以上の京官官人の四割弱が亡くなったことが指摘されている[注8]（福原二〇〇〇、表Ｄ）。

天平九年に帰国した遣新羅使は、大使阿倍継麻呂が対馬で病没し、入京するに際して、発病した副使大伴三中が平城京外に到っているので（『続日本紀』天平九年正月辛丑条）、彼らが新羅で感染し、さらに平城京に持ち込んだことは間違いない。ただし栄原永遠男氏（二〇一〇）は、この疫病がもともと九州で流行しており、新羅へはむしろ遣新羅使が持ち込んだ可能性を指摘している。確かに一行の雪宅満は、天平八年七月頃に往路の壱岐で「鬼病」のため亡くなっている（『万葉集』一五）。またこの疫病は遣新羅使の入京とは別に、大宰府管内で流行しているので（史料6）、雪満の「鬼病」が同じ疫病なら、一行の最初の罹患者は、栄原説の通り大宰府周辺でのことであろう。

表Ｄ　天平九年八月末日における京官位階別生死一覧（福原二〇〇〇）

位階	原数	死亡者数	生存者数
正一位	1	1	0
正三位	3	3	0
従三位	3	1	2
正四位上	2	0	2
正四位下	4	2	2
従四位上	6	0	6
従四位下	12	4	8
正五位上	4	3	1
正五位下	9	4	5
従五位上	14	8	6
従五位下	34	10	24
総計	92	36	56

（史料6）『続日本紀』天平九年（七三七）四月癸亥条

癸亥。大宰管内諸国、疫瘡時行、百姓多死。詔奉㆓幣於部内諸社㆒以祈禱焉。又賑㆓恤貧疫之家㆒、并給㆓湯薬㆒療㆑之。

ただし貴族官人の大量死（表Ｄ）は、この疫病が日本では新しい伝染病であったことを示す。また交通が整備された律令国家期なのに、天平八年秋以前に平城京に伝播していない点も注目される。つまり疫病は雪満が亡くなったこの頃、九州に入ってきたと思われる。新羅人が容易に九州に渡って来たことは、天平宝字三年（七五九）九月丁卯条に見られる。従ってこの疫病は、日常的な通交により新羅から天平八年夏～秋に持ち込まれたものであろう。そして九州で小規模に流行したものの、遣新羅使一行は、往路はそのまま新羅にまで到っているので、雪満以外の随員には感染しなかったようである。また遣新羅使が年末に新羅で感染して帰国したにもかかわらず、冬～春は日本国内で余り流行せず、気温が上がる九年初夏に九州と京で同時に、急激に流行し始めたらしい（史料6及び『続日本紀』四月辛酉条藤原房前死亡以下）。なお小田愛氏（二〇〇九）は、天平八年薩摩国正税帳で遣唐使第二船への供給頴稲と並んで、疾病人一四八人への薬酒供給の記載があることに示唆を受け、遣唐使が唐から疫病を持ち込んだ可能性を想定する。だがそうであれば、遣新羅使よりも先に遣唐使によって京へ持ち込まれたはずである（天平八年八月庚午に拝朝）。

ところで前々年の天平七年の疫病も、まず大宰府管内で流行している。

（史料7）『続日本紀』天平七年（七三五）八月乙未条

乙未。勅曰、如聞、比日大宰府疫死者多。思レ欲下救二療疫気一以済中民命上。是以、奉二幣彼部神祇一、為レ民禱祈焉。又府大寺及別国諸寺、読二金剛般若経一。仍遣レ使賑二給疫民一。并加二湯薬一。又其長門以還諸国守若介。専斎戒道饗祭祀。

（史料8）『続日本紀』天平七年（七三五）八月丙午条

丙午。大宰府言、管内諸国疫瘡大発、百姓悉臥。今年之間欲レ停二貢調一。許レ之。

天平六年十二月癸巳に大宰府が新羅使金相貞の来泊を奏し、七年二月癸卯に入京するが、この時点で京での疫病流行記事はない。七年是歳条には「年頗る稔らず。夏より冬に至るまで、天下、豌豆瘡〈俗に裳瘡という〉を患い、夭死する者多し」とあり、実際に新田部親王は九月、舎人親王は十一月に亡くなり、疫病による大赦は閏十一月戊戌である。一方、八月時点で聖武天皇はまだ大宰府管内での流行を憂慮しているので（史料7・8）、新羅使とは別に疫病はまず九州に持ち込まれ、その後、京―大宰府間交通で京に伝播した可能性が高い。

ところで天平七年・九年の疫病は、ともに天然痘とするのが通説である。[注9]前者が天然痘であることは、天平七年是歳条に「豌豆瘡〈俗に裳瘡という〉」とあることから、ほぼ間違いない。しかし天平九年の疫瘡には、麻疹説もある。この疫病対処法を記した天平九年六月二十六日太政官符（『類聚符宣抄』三）に、「赤班瘡」と病名が明記されているからである。これに対して新日本古典文学大系『続日本紀』二・補注12―二七は、同年六月の典薬寮勘申（『朝野群載』二一）が疱瘡の治方を掲げることから、同官符はその中の麻疹類似の症状を誤認したとの見解を支持している。しかし野崎千佳子氏（二〇〇〇）の指摘のように、典薬寮勘申は疫病を天平七年の「豌豆瘡」の再発と誤認したために出されたものの可能性がある。また一度天然痘が流行すれば多くの人に免疫が成立するはずで、翌々年に同じ場所で大流行するのか疑問を禁じ得ない。吉井学氏のご教示によれば、天平九年官符の最初の部分は、現代では感冒と同様の症状であり、痘瘡や麻疹の症状とも合致するが、下痢の症状については痘瘡におけるどの文献にもなく、また痘瘡も麻疹も呼吸器疾患の類と考えられるが、官符の示す病状は腸管感染症である。そして「赤い発疹」が出現するおよび「鼻血」「高熱」「嘔吐」「血便」等を考え合わせると、「チフス」が考えられる。チフスには細菌であるサルモネラ・チフスの感染およびサルモネラ・パラチフスの感染があるが、チフス菌の方が重症度が強く、チフスであれば患者の排せつ物にハエがたかり、広範囲に菌を拡散させる。

なお発疹チフスも考えなければならないが、今のところ、こう考えるのが妥当ではないかと思われる、とのことである。確かに官符は、主として下痢に関する対応を指示している。また冬〜春に疫病が日本に伝播して後、ハエなどの活動が活発となる夏期になり、爆発的に流行したこととも符合する。

以上を整理すれば、天平七年・九年は異なる疫病であり、慶雲二年と併せて新羅より伝播したと考えられる。ただし天平七年の疫病は「夭《わか》くして死する者多し」（是歳条）とあるので、慶雲二年の疫病も天然痘で、天平七年時点での高齢者の多くは免疫を有していた可能性があろう。また慶雲二年・天平九年の疫病は、新羅使・遣新羅使が直接都まで持ち込んだと思われるが、天平七年は、大宰府管内で一度流行したものが平城京に持ち込まれたと思われる。九州に朝鮮半島から疫病が伝播して流行病が発生することは、それ以前にもあっただろう。だが八世紀前半になると、律令国家による道路整備と律令に基づく京―地方の往来の活発化で、構造的に疫病が京まで運ばれ、さらに全国に拡散して大流行病が起こるようになったのである。

二　律令国家期における疾病認識

1　疾病認識の混在状況

古代においては病因として、神の祟りや呪詛などが想定されていた（新村一九八五）。だが前節で述べたように、八世紀の律令国家時代は、国内・国際状況の変化で、地域における流行病だけではなく、日本列島規模の大流行病が頻繁に起こる新しい時代であった。

同時に八世紀は、新しい疾病認識に関わる知識がもたらされた時代であった。まず医疾令に記される、中国医書に基づいた知識である。このことは陰陽五行説による病気理解が、理論として導入されたことを意味する。つまり陰陽五行の不調や四時の邪気として、病気は解釈される（藪内一九七五）。天平九年の疫病の際に、前述のような典薬寮勘申が出されているのは、まさにこのためである。

ところが律令国家期の病因論はこれだけではない。八世紀段階は天人相関説により、災異は為政者の責任とする感覚が貴族社会においてはある程度の影響力を持っていた。たとえば聖武天皇は、天平九年の疫病について、次のように自己の責任とする詔を発している。

（史料9）『続日本紀』天平九年（七三七）八月甲寅条

詔曰。朕君二臨宇内一稍歴二多年一。而風化尚擁。黎庶未レ安。通旦忘レ寐。憂労在レ茲。又自レ春已来災気遽発。天下百姓死亡実多。百官人等闕卒不レ少。良由二朕之不徳一致二此災殃一。仰レ天慚惶。不レ敢二寧処一。故可下優二復百姓一使上レ得二存済一。免二天下今年租賦及百姓宿レ負公私稲一。…

ただし日本の場合は災異を為政者の責任として追求する意識に乏しく、古代においても神霊の祟りとする見方が強いとされる。[注10]

次に律令国家の保護の下で、仏教が普及する。これにより因果応報の理としての疾病という観念が広められたはずである。この点は、奈良時代の事件を題材に取り上げる仏教説話集『日本霊異記』に見られるとおりであり（新村一九六五）、疫病には国分寺建立などの対応が行われるようになる（有富二〇一〇）。

疫病の原因として、八世紀第2四半期以降、恐らくは天平九年の疫病を期に、貴族官人などに怨霊（この場合は長屋王の怨霊）が疫病の原因として認識されるようになる（細井二〇一三など）。これは中国の民間思想の影響とともに、宮都のような人口密度が高く、政治に関する噂が広まりやすい場所が成立したことと関わるだろう。

さて以上の状況を踏まえると、こうした種々の疾病認識が、どのように共存しうるのかという問題が生じる。また次元の異なるはずの疾病認識が、混同されているケースもある。

前述のように『日本書紀』は、疾病や疫病を仏の祟りとして描いている。同書は養老講書の際に貴族官人に対して読み上げられた（遠藤二〇一五）。その影響力を考えれば、仏を正しく祀らなかった祟りが、疫病の一病因として認識された可能性は高い。因果応報と祟りの区別は、難しかったと思われる。

また大宝律令制定期に、律令国家は政策的に勅命還俗を行い、医方を含む方術と仏法を峻別しようとしたがうまくいかなかった（細井二〇一五①）。一方、唐で勅撰の医書『新修本草』は、日本でも養老二年（七一八）に舶載されていたが、典薬寮での採用は延暦六年（七八七）まで下る。丸山裕美子氏（二〇〇六）は唐僧鑑真や遣唐使によって、正確な薬物の同定をする必要があったため、採用が遅れたとみる。鑑真は「諸薬物をもって真偽を名けしむに、和上一一鼻をもって別ち、一として錯失なし」（『続日本紀』天平宝字七年（七六三）五月戊辰条）とされ、薬物を嗅ぎ別けていた。このような状況では、仏法と医術の区別は、一般の貴族官人にとって明瞭ではなかったと思われる。

以上のような、複数の疾病認識の混在にとまどっている同時代人の姿を示すのが、天平五年（七三三）三月一日の山上憶良作「沈痾自哀文」[注11]（『万葉集』五）であろう。憶良は禽獣を殺し食う者や、漁夫潜女が何事もなく身を全うすることもあるのに、生まれて以来「自ら修善の志有り、曾て作悪の心無し」「三宝を礼拝し、日として勤まざるは無く、毎日誦経、発露懺悔せり、百神を敬重し、夜として欠けたること鮮」い自分が、「我何なる罪を犯してか此の重疾に遭える。未だ過去に造りしところの罪か、若しくはこれ現前に犯すところの過なるかを知らざるを謂う。罪過を犯すことなくして、何ぞ此の病を獲むや」と嘆き、「禍の伏すところ、祟りの隠るるところを知らんと欲して、亀卜の門、巫祝の室、往きて問わずということなし。若し実、若し妄、その教うるところに随いて、幣帛を奉りて、祈禱せずということなし」と、亀卜を病因判断に使い、神々に祈った。その一方で疾病は必ずしも因果応報・敬神の不足が原因ではなく、「任徴君曰く、病は口より入る。故に君子は其の飲食を節すという。これによりて言えば、人の疾病に遇うことは必ずしも妖鬼ならず。それ医方諸家の広説、飲食禁忌の厚訓、知ること易く行うこと難き鈍情の三つは、目に盈ち耳に満つこと、由来久し」と述べている。憶良は、疾病に関わる新旧種々の知識と信仰を前にした、当時の知識人を象徴すると言えよう。

2　卜部と疫病

ところで卜部の職掌には、大祓における解除（神祇令一八条）、宮城四方外角での鎮火祭・京城四隅道上での道饗祭（神祇令義解）などがあった。和田萃氏（一九九五）は、道饗祭はもとはチマタにいる精霊的なクナド（岐神）を祀り、根の国・底の国より麁び来る物を防いでもらう祭祀で、都城の整備とともに国家的祭祀に取り込まれ、その後疫神そのものの祀りが主流になるとする。つまり律令制定期には、疫病を外部よりエリア内に侵入する霊物の引き起こすものとする観念があったことになる。

卜部の主たる職掌である亀卜の導入が六世紀とすると（細井二〇一五②）、蕃客への給酒慣行の成立や仏教伝来と時期的におおよそ符合する。この段階の亀卜は新技術としての占いであり、またこの時期はヤマト王権と百済との交渉も頻繁に行われている。こうした交流が時には引き起こす流行病に対処して、その原因を占うことができる卜部に、疫病防止の祭祀の職掌が与えられることは自然である。

ところで慶雲二年（七〇五）の疫病では、前述のごとく初めて大儺が実施され、遷都が議せられるほど律令国家に大きな衝撃を与えた。九世紀における追儺（大儺）の際には、次のような祭文が読まれており、慶雲三年の大儺開始時まで遡る可能性がある。[注12]

（史料10）『儀式』一〇・十二月大儺儀

…詑陰陽師進読二祭文一。其詞曰、…事別て詔く。穢く悪き疫鬼の所所村々に蔵り隠ふるをば、千里之外。四方之堺。東方陸奥。西方遠値嘉。南方土佐。北方佐渡よりをちの所を、なむたち疫鬼の住かと定賜ひ行賜て、五色宝物、海山の種種味物を給て、罷賜移賜ふ所所方方に、急に罷往と追給と詔に、挟二奸心一て留りかくらば、大儺公、小儺公、持二五兵一て追走刑殺物そと聞食と詔。…

関連して、平城京二条大路南濠状遺構ＳＤ五一〇〇出土の呪符木簡には、次のような文言が見られる。

（史料11）平城京二条大路南濠状遺構ＳＤ五一〇〇呪符木簡（『木簡研究』一八）

・南山之下有二不レ流水一其中有二一大蛇九頭一尾一不レ食二余物一但食二唐鬼一朝食二三千一暮食二
・八百一　急急如律令

これは唐初の医師で道術にも通じていた孫思邈が著した『千金翼方』に基づく呪文で、和田氏（一九九七）はこれを、疫病をもたらす瘧鬼を退治するよう九頭一尾の大蛇に求めたものとする。この二条大路木簡は、天平七・八年のものが多いとされるが、疫病の大流行と重なるこの時点で、疫病は「唐鬼」、つまり外国の霊物が起こすとの観念の存在が示唆される点で興味が持たれる。なおこうした追儺などの祭祀は、道士法を使う典薬寮の呪禁師が行ったと思われる（細井二〇一七）。また史料10の祭文どおりなら、慶雲二年の大儺によって、疫神自体を祀る祭祀が導入されたと見ることも可能である。

また天平七年の疫病の時、政府は大宰府での流行を見て、長門より東への流入を防ごうと、道饗祭を国司に命じている（史料7）。この際、道饗祭の執行者として卜部が派遣された可能性が高い。だがその効果がなかったことは、その後の大流行で明らかである。八世紀の度重なる疫病の大流行を経験して、卜部ではなく、唐の新呪法を使う呪禁師の方が、外国より侵入する霊物（唐鬼・疫鬼）を防遏するには適任だと考えられた可能性をここで指摘しておきたい。この結果として、後世、疫神祭祀は、呪禁師の職能を継承した陰陽師が担うようになった（甲田一九八三など）と考えることができるのである。

おわりに

本稿では律令国家期に新たな疾病認識がもたらされ、一方では社会条件の整備が疫病の大流行をもたらし、その相互作用により疾病認識が形成される経過の一部を検討した。この他に、慶雲二年と天平九年の疫病がそれぞれ天然痘・チフスだった可能性、これら疫病が、後世、陰陽師（当時は呪禁師）が重視される契機となった可能性を指摘した。

さて平安時代の貴族は、病因としてまず陰陽不調を想定した。たとえば『小右記』万寿四年（一〇二七）五月十九日条には、「昨より痢病発動す。今日減あり。風病致すところなり。恒盛占いて云く、祟りなし。風気なりてえり」とある。当時の風病の治療薬としては、呵梨勒丸がある。また十世紀に丹波康頼が撰進した『医心方』巻三「治一切風病方」にも処方が載る（丸山二〇一四）。風病は医道の診断・治療対象であった。

一方で、神仏の祟りを病因と意識する場合もある。[注13] 仏僧の修法・加持による治療の対象である邪気（モノノケ）と、加持をすることに憚りある神明とに区別される。[注14] 加持による治療は、十世紀末〜十一世紀初頭に確立するとされる。他方、時疫は疱瘡神などの神の引き起こすもので、読経・神への祈りで対処するものとされた（谷口一九九三）。またハイエク・マティアス氏（二〇〇五）は繁田信一氏の見解を若干修正して、平安時代の仏に結びつく治療は仏教僧（験者）、神に結びつく治療は陰陽師が行ったとする。

論理的に考えれば、病因は直接的な陰陽不調などと、それを引き起こす外部要因、倫理的自己責任としての因果応報（悪行が原因で病気となる）に大別されよう。「癩」が一方では外部要因である虫が五臓を食うことで起こるとされながら（戸令目盲条義解）、一方では業病とされるのはこれで説明できる。また『今昔物語集』巻二四・九話に、蛇に犯された女を医師が薬で治すが、宿業の場合は治療しても無駄だとの見方が示されるのも同じである。ただし陰陽五行説も人間のからだに霊的性格があると認識していたので、陰陽不調と神仏の罰とが別水準の病因と認識されるとは限らない[注15]（細井二〇〇八）。あえて役割分担を整理すれば、寒気などの外部要因で陰陽の内的バランスが崩れた場合、これを回復すべく治療するのが医道、外部要因として病気を引き起こす霊的存在（神・邪気）に対処するのが陰陽道祭祀や密教などの調伏、因果応報の理で対処するのが仏教となるだろう。

平安時代の疾病認識は、律令国家がもたらした日本全国規模の大流行病という経験と、新たに導入された種々の疾病認識が、一定程度整合的に理解されるようになった結果だと評価できる。こうした認識が、中世まで継承されるのである。その背景として、大陸由来の疾病が、日本国内に定着して一定の安定状況がもたらされたことを指摘できるだろう。

本稿は交通史・医学史等の諸分野の成果に、もっと配慮すべきであったと思う。検討の不十分な点と併せて、厳しいご批判をお待ちする。

注

1 仏教伝来説の検討については、吉田二〇一三を参照。

2 積山二〇一〇は、弥生時代末期に畿内に移住してきた渡来人が少数の牛馬を持ち込み、その後、倭人が朝鮮半島での騎馬戦を経験することで、牛馬が大量に移入されたとする。

3 これ以前に下つ道は存在したとの見解もある（木本二〇〇〇）。

4 研究史の整理も中野二〇〇八による。

5 なお日食は、主に予報記録が原資料なので例外である。

6 新羅は、唐との頻繁な往来で、病原体が国内に持ち込まれたと考えることができよう。

7 今津氏（二〇一五）は理由として、栄養状態の悪化が抵抗力の低下や悪食を誘うためだと推測するが、冬期を通じての免疫力の低下や、細菌を持つネズミなどの小動物の活動期だということも理由であろう（吉井学氏のご教示による）。

8 この疫病の具体的な被害についての研究は福原二〇〇二を参照。なお渡辺一九九五は、『律書残篇』と『和名抄』の郷数を比較して、筑後・肥前・豊前といった北部九州及び山陽道などの人口が激減しており、これは天平七・九年の疫病のためだとし、一方、南部九州の人口は増えているとする。

9 研究史の整理は野崎二〇〇〇による。なお後述太政官符・典薬寮勘申については、丸山氏（一九九八）の詳細な検討もある。

10 この問題に関する研究は多い。研究史の整理については、細井二〇一三を参照。

11 この作品については増尾一九九七も参照。

12　この場合、九世紀の追儺祭文では西方の境界が遠値嘉（五島列島）であり、遣唐使の出発地であっても、新羅との正式の往来経路ではない点が問題となる。ただし九世紀以降になると、新羅商人や新羅海賊も五島を含む西九州に来るようになる。よって八世紀段階の大儺祭文は、境界が異なっていた可能性がある。

13　平安貴族社会において「祟」の語は、神明・仏が、理由の明確な怒りによりその原因を作った存在にもたらす不幸を主に指すことが、繁田信一氏（一九九四）により指摘されている。つまり怨霊が不特定多数を対象に引き起こす疫病は、神仏が引き起こす病気一般とは違うということになる。実際に『小右記』長和四年（一〇一五）七月十三日条においては、疫病（時行）と祟が区別されている。なお人々に安心をもたらす説明原理としての祟りについては、米井輝圭氏（一九九三）の論が有益である。

14　加持は病人の傍らのよりましに霊を移して呪縛し、護法童子の力で調伏するもので、修法は寺院などに壇を設けて調伏するものである。

15　新村拓氏（一九八九）は、『今昔物語集』を示して、「優秀な医療技術の前には鬼神・邪霊も退く」としている。

（引用文献）

浅見益吉郎・新江田絹代一九八〇「六国後半に見る飢と疫と災」『京都女子大学食物学会誌』三五

有富純也二〇一〇「疫病と古代国家」『歴史評論』七二八

井上亘二〇〇八「「御体御卜」と『新撰亀相記』」『東アジア文化環流』一―二

今津勝紀二〇〇九「古代の災害と地域社会」『歴史科学』一九六

今津勝紀二〇一五「日本古代地域史研究の新視点」『歴史評論』七八六

遠藤慶太二〇一五「『日本書紀』の分註」『日本書紀の形成と諸資料』塙書房

小田愛二〇〇九「天平7・9年の疱瘡流行について」『専修大学東アジア世界史研究センター年報』三

木本雅康二〇〇〇「都城と道路」『古代の道路事情』吉川弘文館

甲田利雄一九九三「四角祭考」村山修一他編『陰陽道叢書』四、名著出版

栄原永遠男二〇一〇「遣新羅使と疫瘡」栄原永遠男編『日本古代の王権と社会』塙書房

繁田信一一九九四「祟」『印度学宗教学会論集』二一

新村拓一九八五『日本医療社会史の研究』法政大学出版局
新村拓一九八九『死と病と看護の社会史』法政大学出版局
鈴木隆雄二〇一〇『骨から見た日本人』講談社学術文庫
鈴木隆雄二〇一二「結核」藤田尚編『古病理学事典』同成社
鈴木靖民一九八五『古代対外関係史の研究』吉川弘文館
積山洋二〇一〇「日本列島における牛馬の大量渡来前史」栄原永遠男編『日本古代の王権と社会』塙書房
田中禎昭二〇一五「古代戸籍に見る年齢分布と災害・飢饉・疾病」『日本古代の年齢集団と地域社会』吉川弘文館
谷口美樹一九九二「平安貴族の疾病認識と治療法」『日本史研究』三六四
田村憲美一九九四「死亡の季節性からみた中世社会」『日本中世村落形成史の研究』校倉書房
董科二〇一〇「奈良時代前後における疫病流行の研究」『東アジア文化交渉史』三
中野高行二〇〇八「新羅使に対する給酒規定と入境儀礼」『日本古代の外交制度史』岩田書院
野崎千佳子二〇〇〇「天平七年・九年に流行した疫病に関する一考察」『法政史学』五三
ハイエク・マティアス二〇〇五「中世説話における病因と陰陽師の役割」『アジア遊学』七九
浜野潔二〇〇四「『日本疾病史』データベース化の試み」『関西大学経済論集』五四―三・四合併号
深草正博二〇一六「世界的気候変動の中の日本史」『グローバル世界史と環境世界史』青山社
福原栄太郎二〇〇〇「天平九年の疫病流行とその政治的影響について」『神戸山手大学環境文化研究所紀要』四
福原栄太郎二〇〇二「再び天平九年の疫病流行とその影響について」橋本政良編著『環境歴史学の視座』岩田書院
富士川游一九六九『日本疾病史』平凡社
細井浩志二〇〇七「天文記事と国史編纂」『古代の天文異変と史書』吉川弘文館
細井浩志二〇〇八「書評 繁田信一著『陰陽師と貴族社会』」『日本史研究』五一四
細井浩志二〇一二「祥瑞と災異」歴史科学協議会編『戦後歴史学用語辞典』東京堂出版
細井浩志二〇一三「藤原仲麻呂と御霊信仰の成立」木本好信編『藤原仲麻呂とその時代』岩田書院
細井浩志二〇一五①「七、八世紀における文化複合体としての日本仏教と僧尼令」新川登亀男編『仏教文明と世俗秩序』勉誠出版

細井浩志二〇一五②「古代対馬の亀卜」『高野晋司氏追悼記念論文集』同論文集刊行会
細井浩志二〇一七（予定）「陰陽道の成立についての試論」吉川真司編『日本的時空観の形成』思文閣出版
増尾伸一郎一九九七「「沈痾自哀文」の史的位置」『万葉歌人と中国思想』吉川弘文館
丸山裕美子一九九八「『医心方』の世界へ」『日本古代の医療制度』名著刊行会
丸山裕美子二〇〇六「律令国家と医学テキスト」『法史学研究会会報』一一
丸山裕美子二〇一四「平安中後期の医学と医療」『日本史研究』六一九
藪内清一九七五「中国科学の伝統と特色」藪内清編『中国の科学』中央公論社
吉田一彦二〇一二『仏教伝来の研究』吉川弘文館
米井輝圭一九九二「古代日本の「祟りのシステム」」『東京大学宗教学年報』一〇
和田萃一九九五「夕占と道饗祭」『日本古代の儀礼と祭祀・信仰』中、塙書房
和田萃一九九七「南山の九頭龍」大山喬平教授退官記念会編『日本国家の史的特質』思文閣出版
渡辺正気一九九五「奈良・平安時代」春日市史編さん委員会編『春日市史』上、春日市

（引用史料）
『日本書紀』日本古典文学大系、『続日本紀』『万葉集』『今昔物語集』新日本古典文学大系、『儀式』神道大系、『類聚符宣抄』『朝野群載』新訂増補国史大系、『小右記』大日本古記録

（付記）本稿を作成するにあたり、活水女子大学健康生活学部の吉井学氏には、疫病に関して懇切なご教示を賜った。心より感謝したい。なお本章は科学研究費助成事業（課題番号二六三七〇七八二）の成果の一部である。

Ⅳ 地域の自然災害・疾病

古代東北の自然災害・疾病
――付．地方からの災害報告と中央の対応に関する小考察――

渕原　智幸

はじめに

平成二十三年（二〇一一）三月十一日、いわゆる東日本大震災が発生し、東北地方をはじめ各地に甚大な被害をもたらした。同日以降、各種マスコミは特別体制を組み、震災に関するあらゆる情報を連日報道し続けたが、その中で俄かに注目されることとなったのが、千百年以上も前の貞観十一年（八六九）、やはり東北地方で同じような地震と津波が発生していたという史実であった。

この地震および津波（以下、近年の通例にならい貞観地震・津波と呼称）は、東北史ならびに地震史研究者の間では以前から知られていたものの、その重要性や教訓について世間一般に伝えられることは殆どなく、東北史研究者（特に文献史学者）が貞観地震・津波を本格的な考察対象とすることも少なかった。[注1]この点で、私を含む東北史研究者たちが、歴史と自然災害の関わりを軽視していたことは否定しがたく、また歴史研究の成果を社会に還元するという面でも、研究者としての責任を十分果たしていなかったことを認めねばならない。

こうした反省を踏まえ、近年は貞観地震・津波に関する研究が続々と発表されるようになり、また古代東北の災害全般にまで視野を拡げた研究も徐々に見られるようになった。中でも柳澤和明氏による精力的な研究の数々は目覚ましいものがある（詳しくは後述）。本稿も、これらの優れた先行研究の驥尾に付す形で論を進めていきたいと思う。

ただ一方で、震災の衝撃があまりに圧倒的だったためか、一部の研究者（東北史以外の研究者も含む）の間では、様々な歴史的事件や戦乱などの原因を、やや性急に自然災害や疫病と結びつける論調も見られるようになってきた。前述の通り、歴史と自然災害の関わりは決して軽視してはならないのだが、その具体相は飽くまで個別の事件や戦乱ごとに、慎重かつ実証的に検討されねばならない。災害の過度な重視は、軽視と同様に非科学的であり、真に震災の反省を踏まえた研究態度とは言えないであろう。

もっとも、そうした研究がみられる一因として、そもそも地震・火山噴火・異常気象などといった災害に関する自然科学研究そのものが、まだ発展途上の段階にあり、そうした不確定要素の多い研究に依拠しつつ歴史を考察せねばならないという困難が、このテーマに付きまとっていることも指摘せねばならない。こうした問題は、例えば気候変動論などに関しては以前から言われていることであり[注2]、歴史研究者としては、依拠するに足る研究を慎重に選別し、常に関連諸分野の研究動向を注視するという、当たり前ではあるが困難でもある作業を、通常の歴史研究以上に実践していくしかない。

以上のような認識を踏まえつつ、本稿では古代東北と災害・疫病の関連について述べていく。ただし、古代東北の災害に関する総体的な考察は、前述の柳澤氏をはじめとする先学によって既に行われているので[注3]、ここでは個々の災害を網羅的に挙げることはせず、古代東北史研究の上で特に重要と思われる事例にしぼって考察することとしたい。

一　天平の疫病大流行と東北

古代の東北関連史料には、『続日本紀』（以下『続紀』）天平宝字六年（七六二）八月乙丑条を初出として、陸奥・出羽における疫病の流行を伝える記事が散発的に現れる。ただし、そのこと自体は当時どこの地域でも見られたことであり、また、そうした事態が古代東北の社会や政治・軍事情勢に直接影響を与えたとみられる事例も乏しい。[注4]古代東北史を考える上で重要な疫病は、東北における疫病記事の初出より以前、天平九年（七三七）に発生した全国的な疫病大流行である。この大流行については、本書中で他の執筆者によって再三言及されるであろうから、ここで詳しく述べることはしない。ただ、この流行が九州から各地に拡がったこと、藤原四子の全員を含む多くの議政官が死亡したこと、人口の三割以上ともいわれる膨大な数の死者が発生し、生産力の大幅な低下を招いたこと、といった基本的な事実を確認するに留める。

この大流行が東北政策に与えた影響について、最初に指摘したのは鈴木拓也氏である。鈴木氏は、八世紀の東北政策が版図拡大を基調とするものだったにも関わらず、途中二十年にわたって拡大を中断した時期があることを指摘した上で、中断の理由が前述の疫病大流行と、そこからの復興政策としての大仏造立であった事を明らかにした。[注5]以下、鈴木氏の研究を参照しつつ、問題の二十年間について概説する。

そもそも、この大流行が発生した天平九年とは、陸奥按察使であった大野東人の建言によって、陸奥・出羽間の直路開削と、それに伴う雄勝村侵攻が試みられた年である。この軍事行動自体は同年四月、雄勝村の手前まで路を開いたところで中断したものの、その際の東人や出羽守田辺難波の発言からみて、「雄勝村への進軍と築城は、田辺難波の出羽守在任中か、その直後に行われる予定であったとみられ、それが二十年も延期されるとは、この時点で誰も予想していなかったと思われる[注6]」。

ところが、このとき既に都では疫病が蔓延しており、同月十七日には参議藤原房前が死亡。さらに、前述の軍事行動の最高責任者だった参議藤原麻呂も、陸奥から帰京して程ない七月十三日に死亡している。左大臣藤原武智麻呂・参議藤原宇合も八月までには死亡し、九月には橘諸兄の主導する新政権が事実上発足した。

新政権の行った諸施策が、人口激減への対処もしくは社会復興策といった意味合いの強いものであったことは、既に指摘されている通りである[注7]。また、この疫病が東北にまで拡がったかは不明ながら、少なくとも駿河・伊豆までが流行範囲に含まれることは確実であり[注8]、坂東諸国もその猛威にさらされた可能性が高いだろう。その結果、坂東から多くの人員・物資を臨時動員せねばならない版図拡大策は、しばらく実行不可能となり、陸奥・出羽では常備兵力（両国の軍団兵士と、坂東などから常時派遣されていた鎮兵）のみによる現状維持が当面続くことになったと思われる。

その後、人口や生産力は十年ほどの月日をかけて徐々に回復していったと思われ、例えば天平十一年にいったん（陸奥・出羽などを除き）停止されていた軍団兵士制は、同十八年に復活している。しかし当時の国家は、回復した国力を直ちに版図拡大の再開へ振り向けようとはしなかった。

疫病流行を機に、仏教への傾倒を一層強めた聖武天皇と光明皇后は、国分寺・国分尼寺の建立や大仏の造立に多くの国富を費やすようになる。もちろん、これらと並行して行われた恭仁京・紫香楽宮の造営も、多額の財政支出をもたらしただろう。

一方、陸奥では天平十八年に鎮兵が廃止され、代わりに小田団という新たな軍団が同国内に増設された[注9]。また陸奥・出羽では養老六年（七二二）以来、負担軽減のため調庸の収取が停止されていたが、これも鎮兵廃止と同じ頃、収取・京進を復活させたらしい[注10]。要するに、この時期の東北政策は、坂東への依存を減らして自立的な経営を行わせ、できるだけ通常の律令支配を適用していこうとするものだったと思われる。

聖武天皇（ひいては当時の政権首脳部）は、疫病による打撃から回復した国力を、主に仏教政策（いわば精神面での「復興政策」）へ投入しようとしていたのであり、それが東北政策においては、現状の安定化ないしは固定化への志向として表れたといえるだろう。そこには版図拡大の再開に向けた意志は全く窺えないのである。

こうした状況は聖武（太上）天皇の死去まで大きく変わることはなかった。東北における版図拡大の再開が天平勝宝九年（七五七）、つまり聖武の没した翌年であったということは、再開の動きを押しとどめていたのが他ならぬ聖武自身の意志だったことの裏返しとみてよかろう。逆に、再開の動きを推進した側の動機については、陸奥での金獲得や、このとき政権を主導していた藤原仲麻呂の政策傾向など、いくつかの説明が提示されているが、そうした問題は本稿の趣旨から外れるので、ここでは詳述しない。

ともあれ天平の疫病大流行は、最初の数年は人口の激減と生産力の低下という物理的な形で、その後の十数年は大仏造立などの仏教政策＝広い意味での復興対策を優先させるよう促す形で、古代国家による東北侵略にブレーキをかけ、結果的に二十年の平和を東北にもたらした。もちろん、これが疫病による数々の悲惨な死と引き替えの平和であったことを思えば、全く喜ばしい話ではなく、むしろ歴史の皮肉ばかりを感じさせる話ではあるのだが、少なくとも疫病が歴史に大きな影響を与えた典型例として記憶すべき事実なのは確かであろう。

二　貞観地震・津波──中央への報告時期と陸奥権守補任の意義を中心に──

1　貞観地震・津波の概要

「はじめに」でも述べた通り、東日本大震災以降、貞観地震・津波の研究は一気に活発化した。中でも柳澤和明氏は多くの論考を発表し続け、最近は自らの研究を一般向けにまとめた概説も著している。[注11]

氏によると、「貞観地震・津波は、貞観十一年五月二十六日の夜に発生した。[注12]人的被害は、溺死者（約一〇〇〇人）、圧死者（不明）、地割れに落ち込んだ死者（不明）で、物的被害は家屋の倒壊、多賀城の城郭・倉庫・門・櫓・築地塀の倒壊、原野・道路の広範な浸水、田畠・作物の被害、土地被害は地割れ、広大な津波浸水被害であった。他の関連史料からは、陸奥国（福島・宮城・岩手県域）でもっとも被害が甚大であったこと、蝦夷が居住していた大崎・石巻平野以北にも甚大な被害があったこと、隣接する沿岸国の常陸国などにも被害があったことがうかがえる[注13]」。以上は、主に『日本三代実録』（以下『三実』）貞観十一年五月廿六日条および同年十月十三日条から引用ないしは推定されたもので[注14]、概ね支持すべき見解と思われる。

また地震・津波被害の考古学的調査も、多賀城および仙台・石巻平野に関しては、かなり進んでいる。多賀城は丘陵上にあるため津波の被害こそなかったものの、政庁・外郭区画施設（門、櫓、築地塀など）・実務官衙などに地震被害の痕跡がみられ、「城郭倉庫、門櫓牆壁、頽落顚覆」という『三実』の記述を裏付ける形となっている。そして仙台・石巻平野における津波の浸水範囲は、少なくとも内陸三〜四キロに及ぶという[注15]。

一方、こうした被害に対する復興策としては、まず文献史料から分かるものとして、①同年九月七日、紀春枝を長とする検陸奥国地震使を任命、②十月十三日、詔により死者の埋葬、被災者への賑恤、租調の免除などを命じる、③十二月、陸奥の苅田嶺神に神階を授け、さらに伊勢神宮・石清水八幡宮への奉幣および全国諸社への班幣を行う、④翌貞観十二年二月、宇佐八幡宮などへの奉幣および仁明天皇陵など諸山陵への遣使を行う、⑤十二年三月、この年の正月に陸奥介となっていた小野春枝を、改めて陸奥権守に補任する、⑥十二年九月、造瓦の才に長じた新羅人らを陸奥に移配し、陸奥国府の修理に携わる瓦工らの指導にあたらせる、などが知られている。

このうち⑥については、貞観地震を画期として、多賀城の政庁跡が第Ⅲ期から第Ⅳ期へ移行したと区分しうることや、第Ⅳ期に大規模な瓦の葺き替えが行われ、その際に新たな瓦も造られたことなどが、発掘調査からも判明している。また柳澤氏によれば、このとき多賀城廃寺や陸奥国分寺も瓦の葺き替えなど補修が行われたという。さらに②については、多賀城のそばを流れる砂押川の河川敷に、このころ集団墓地が出現するため、地震による死者をここに埋葬した可能性が高いとされている。[注16] このように、貞観地震・津波の復興策についても、近年は文献・考古の両面で研究が進んでいる。

2 中央への報告時期について

以上、貞観地震・津波について現時点で知られていることを簡単にまとめてみた。私としても、これらに付け加えるべき画期的な知見などは持ち合わせていないのだが、先行研究の要約のみで本稿を埋める訳にもいかないので、以下いくつか些末な私見を述べておく。

まず、貞観地震・津波が中央へ報告された時期について。先述の通り、この地震に関する史料は『三実』貞観十一年五月廿六日条が初出であり、文脈からみて地震発生も同日とみて問題ないと思われる。しかし中央に地震発生の情報が届いたのは、かなり後だったらしい。柳澤和明氏は同年六〜七月に出された勅などの文面を検討した上で、中央への報告時期を同年七月二日以降、九月七日（検陸奥国地震使の任命日）以前と推測している。そして同氏は、こうした報告の遅れ自体が地震の甚大さを示唆すると述べている。[注17]

一方、有富純也氏は、「この地震が生じたのは五月二十六日であるから、飛駅使を用いれば、六月上旬に朝廷へ伝えられていても不思議はない」とした上で、「（地震への）対応策は、人の生死にも関わることであるから、スピードが命ともいえる。（中略）しかし史料を読む限りでは、五月に起こった地震に対して、振恤や税免除の指示は十月に行われているのである。もちろん、現代的な感覚を持ち込むことは避けなくてはならないが、当時の朝廷によってもう少し早い対応策が提示できたのではないのか」としている。[注18]

そして有富氏は、弘仁九年（八一八）の北関東地震や天長七年（八三〇）の出羽地震でも、地震発生から対応詔勅の発給まで日数が掛かっていることを指摘し、「やはり朝廷の動きは鈍い」と評価した上で、同じ朝廷が元慶の乱（八七八）では迅速な対応をとっていることから、「九世紀の律令国家にとって、戦乱と比較すると、やはり地震などの天災への対応は、最重要の課題とはいえない」「本気で被災者を救おうとしていたとは考えにくい」とする。さらに、「律令国家が民衆を撫育しなくてはならない存在であるという認識は、八世紀と九世紀を比較すると、九世紀の方が減じていく」という同氏の持論を前提に、「このような朝廷の方針の変化が、九世紀における地震の対応にも反映し」たと結論づけている。

しかし、そもそも当時、地方で発生した地震は迅速に都へ報告されるべきものだったのだろうか。確かに公式令50国有瑞条には災異を馳駅申上すべき旨が記されているが、実際に八・九世紀の自然災害が馳駅申上されたと確認できる例は、管見の限り、前述した天長七年の出羽地震しかない（『類聚国史』巻百七十一・同年正月癸卯条)。しかも史料をよく読めば明らかなように、この時の馳駅申上は地震発生そのものの報告ではなく、秋田城の顛倒などに対処するため諸郡の援兵を派遣したことの報告である。つまり、災害が軍事的不安に直結するような状況でない場合、公式令の規定通りに飛駅使が送られた保証はないのである。[注19]

一方、八世紀の自然災害に関する史料をみると、例えば「肥後国雷雨地震、八代・天草・葦北三郡官舎、幷田二百九十余町、民家四百七十余区、人千五百廿余口、被レ水漂没、山崩二百八十余所、圧死人卌余人、並加二賑恤一」(『続紀』天平十六年〈七四四〉五月庚戌条。以下、傍線は引用者による)、「美濃・飛騨・信濃等国地震、賜二被レ損者穀家二斛一」(同書・天平宝字六年〈七六二〉五月丁亥条)などとあるように、災害発生が中央に報告されるまでのスピードを窺える記述はない場合が多いし、その一方で救済策などが同一記事に載るため、いかにも迅速な対応がとられたかのような印象を受ける。

しかし同書・霊亀元年(七一五)五月乙巳条には、「遠江国地震、山崩壅二麁玉河一、水為レ之不レ流、経二数十日一潰、没二敷智・長下・石田三郡民家百七十余区一、幷損レ苗」とある。この記事の成立過程については、

①地震発生直後には遠江国から中央への報告が行われず、数十日後に洪水が発生した際、地震と洪水が一括して報告された

②遠江国からは地震発生直後にも洪水発生時にも各々報告があったが、『続紀』編纂の際にこれらを合成し、一つの記事として収録した

という二通りの解釈があり得ようが、①の場合は、地方での災害が発生後少なくとも数十日にわたって中央へ報告されていなかったことになる。[注20] また②の場合は前述の天平十六年・天平宝字六年の地震についても、災害発生記事と対応策の記事がタイムラグを無視して合成された可能性が出てこよう。つまり、どちらをとるにしても、

八世紀の国家が地方の災害を迅速に把握し救済しようとしていたとは言い切れなくなろう。

さらに、地震ではなく地滑りないしは火山噴火に伴う洪水記事であるが、[注21] 同書・宝亀三年（七七二）十月丁巳条には、「大宰府言上、去年五月廿三日、豊後国速見郡敵見郷、山崩塡レ澗、水為不レ流、積二十余日一忽決、漂没百姓卌七人、被レ埋家卌三区、詔免二其調庸一、加二之賑給一」とある。つまり、この例では災害発生から一年以上も後になって対応策が講じられたことになるし、そもそも同書にこの災害が発生した時の記事がなく、一年以上も後の対応策の記事のみを載せるという異例の形をとっていることからみれば、これ以前に災害発生の報告が行われていたかも疑問に思われる。つまりこの場合、大宰府は管内で起きた災害について、恐らく一年以上も中央へ報告していなかった可能性が高い。

もちろん八世紀には、天平六年四月の地震のように、発生直後に全国へ使者が派遣されたり、被害調査や救済策が迅速に行われたことを確認できる事例もあった（同書・天平六年四月癸卯条など）。しかし管見の限り、こうした例は畿内・近国で災害が発生した場合に限られる。すなわち、この天平六年の地震は河内・大和が主な被害域だったとされるし、[注22] また天平十七年四～五月の地震に際しては、発生後まもなく諸寺院で最勝王経の転読などが行われているものの、これも史料をみる限り、紫香楽宮（近江）から美濃にかけてが主な被害域である。こうした事例を根拠に、八世紀の国家が地方での災害にも迅速な対応を目ざしていたと考えるのは、些か危険ではなかろうか。

なお九世紀の状況については、例えば前述した弘仁九年の北関東地震は発生が七月某日で朝廷の対応が八月庚午（十九日）以降、天長七年の出羽地震は発生が正月三日で中央への報告が正月癸卯（廿八日、ただし地震発生そのものの報告ではない）、そして朝廷の対応が四月戊辰（廿五日）以降であることが、既に有富氏によって指摘されている。また貞観十一年七月十四日に肥後国で発生した地震・風雨も、中央が対策を講じたのは十月廿三日になってからだったことを柳澤氏が指摘している。注23 他にも例えば貞観六年の富士山噴火は駿河国からの報告が五月廿五日で噴火発生自体はその「十余日」前、さらに甲斐国からは人家の被害などの報告が七月十七日に届いているが、中央が浅間名神への鎮謝など対策を講じたのは八月五日以降であった（いずれも『三実』当該日条）。

こうした対応は、確かに現代に比べれば鈍重であろうが、災害発生から中央の対策公布までの期間は八世紀と大差ないか、むしろ比較対象の選択次第では速まっているようにすら思われる。特に、地方からの報告が必ずしも馳駅申上されず、しばしば大幅に遅れたという私見を前提にするなら、中央は少なくとも従来のイメージよりは迅速な対応を行っていたと言いうるのではないか。

以上を要するに、地方における災害発生の報告は、八・九世紀を通じ、必ずしも迅速には行われていない可能性が高いし、それに伴って中央の対策実施も、現代よりは緩慢なのが常態だったのではなかろうか。そもそも当時、災害発生直後の人命救助など急を要する行動について、中央が直接関与できた範囲は畿内周辺に限られるだろうし、その後の復興活動などについても、中央が関わったのは賑給の財源指示や賦役免除の許可、あるいは宗教行事の実施などが主であったと思われるから、地方での災害について、中央が迅速に対応する必然性自体が乏しかったと思われる。よって貞観地震・津波の場合も、有富氏が推測するような、飛駅使による迅速な報告は想定しにくいし、また柳澤氏が言うような、被害の甚大さと報告の遅れを関連づけるような議論も難しいのではないかと思われる。

3　陸奥権守の補任について

柳澤氏は貞観地震・津波からの復興策の一つとして、「翌年正月二十五日には、蝦夷の反乱に備え、軍事官僚・小野春枝を陸奥介（直後に権守）に補任した」と述べている（引用文中の括弧は原文のまま）[注24]。概ね妥当な見解と思うが、ただ陸奥介については、あくまで貞観七年正月に補任された前任者・伴春宗の任期終了に伴う通常の交替とみるべきだろう[注25]。また伴春宗は軍事官僚としての事績こそないものの、古来多くの武人を輩出した伴（大伴）氏の出であり、春宗自身も貞観元年から数年にわたり陸奥介を務めた後の、二度目の陸奥介であったから、東北の政治・軍事にはよく通じていたと思われる。以上より、小野春枝の陸奥介補任について、あまり特別な意義を見出すことはできない。

復興策としての特殊な意義を見出しうるのは、その二ヶ月後に行われた権守への補任である。そもそも九世紀を通じて陸奥権守となったのは小野春枝と、その弟・春風（八九〇年補任）のみであり、出羽権守となった文室綿麻呂（当時は三諸綿麻呂、八〇一年補任）、藤原保則（八七八年補任）を含めても、九世紀の東北で権守となったのは四名しかいない。しかも一般的には、当時の権守は諸道官人や参議などが兼国として補任されるものが大部分で、左遷の場合などを除けば現地へ赴任しないことが多かったが[注26]、上記四名はいずれも実際に赴任した可能性が高い。まず、以下にそれを示していこう。

上記のうち出羽権守の二名については現地赴任が明らかである。すなわち綿麻呂については、延暦廿年（八〇一）の「征夷」から帰京した坂上田村麻呂らに叙位が行われた際、同時に昇叙しているので、田村麻呂らと実戦に参加したとみてよい[注27]。また保則の出羽権守補任が、元慶の乱鎮圧のためであり、実際に現地で活動したことは周知の通りである。

次に陸奥権守・小野春枝については、彼の父・石雄の形見である甲二領が陸奥国に保管されていたのを、春枝の権守補任から二日後、弟・春風（春枝の陸奥介補任と同日、対馬守補任）の奏言によって、彼ら兄弟に一領ずつ貸与されることになったという記事がある（『三実』貞観十二年三月廿九日条）。このとき春風は、対馬防備のための起請を進上したり（同書・同年同月十六日条）、収入を補うため肥前権介との兼任が行われたりしているので（同書・同年同月廿七日条）、実際に対馬へ赴任したとみてよい。よって、甲の貸与は彼らに対する赴任賞の一種と思われ、春枝も陸奥へ赴任したといえる。

また春風については、六国史の記事が終了した後の寛平二年（八九〇）閏九月廿日に陸奥権守となったため（『古今和歌集目録』）、彼の陸奥赴任を直接記す史料は現存していないが、間接的な形での論証は可能と考える。すなわち、当時の陸奥守は仁和二年（八八六）～寛平二年までの五年間が安倍清行、寛平三年以降の陸奥守が藤原佐世であったが、実は佐世の補任は阿衡事件の遺恨による左遷人事であり、陸奥へ下向したのは補任から二年近くも経った同四年晩秋以降だったことが分かっている。[注28]そのため寛平三・四年の二年間は、見任の陸奥守が事実上不在だったことになるし、また赴任後の佐世も、左遷の身である上、任期中に『古今集註孝経』『日本国見在書目録』を著すなど、どこまで国務に携わっていたか疑わしい。

さらに、佐世は寛平九年秋に左大弁となったものの、帰京の中途で卒したのであるが、その後、昌泰二年（八九九）ごろまでの二～三年間は、誰が陸奥守だったのか判然とせず、さりとて現存史料にみえない陸奥守を想定するには、やや年数が少ないことから、再び陸奥守が不在になった可能性もある。このように寛平・昌泰年間の十年弱は、陸奥国の受領国司が不在同然になったとも見える期間なのであるが、一方で当時も陸奥は軍事的緊張が続いていたのであり、[注29]本当に受領国司が不在だったとは考えにくい。

しかし、この時期に小野春風が陸奥権守として国務を担っていたとしたら、どうであろうか。前述の対馬守や、元慶の乱に際しての鎮守将軍など、豊富な実務経験をもつ軍事官僚の春風であれば、陸奥の受領国司も十分務められたであろう。むしろ藤原佐世の左遷は、権守・春風が陸奥の国務を担うから正官は左遷ポストにしても構わない、という認識のもとに行われたのではなかろうか。陸奥守が左遷ポストとして使われたのは、恐らく古代を通じてこれが唯一の例であり、正官の陸奥守に代わって実務を担う人物が確保されていない限り、そのような危うい人事を行ったとは思えないからである。

また春風は陸奥権守補任の翌年正月、讃岐権守も兼任したという（『古今和歌集目録』）。二国の権守を兼ねるというのが如何にも異例であることや、九世紀中後葉の陸奥守は坂東権介を兼任して収入を補うのが通例であったことから考えれば[注30]、春風の讃岐権守兼任は、寛平年間に群党蜂起などで極度に治安の悪化した坂東に代え、讃岐の公廨から春風の収入を拠出させる措置だったとみる余地もあろう。またこの場合、讃岐権守は讃岐権介の誤写である可能性も考えられよう[注31]。

なお春風が権守に補任された理由については、史料の特に乏しい時期ゆえ明確にしがたいが、当時の陸奥が軍事的な緊張状態にあったことは前述の通りであり、また春風が補任される五日前には陸奥国内の諸社に神階が授けられていたらしい[注32]。そして前述の通り、当時の春風は既に経験豊富な軍事官僚であったし、また春除目ではなく秋除目という異例のタイミングで、なおかつ正官の陸奥守・安倍清行の任終前に権守となっていることなども考えあわせれば、陸奥で何らかの突発事態が発生し、それへの軍事的・警察的な対処を春風に担わせるため任じられた可能性も十分あると思われる[注33]。

春風についての論証が長くなったが、要するに九世紀の東北で権守を務めた四名は、いずれも現地に赴任していると思われ、しかもそのうち出羽権守の二名は重要な軍事的任務を負っていたことが明らかであるし、また陸奥権守となった小野春風にも、その可能性が想定できるということである。

以上から考えれば、貞観十二年に陸奥権守となった小野春枝についても、当初の陸奥介補任とは別次元の重要な任務が与えられていたとみるべきだろう。貞観地震・津波の関連史料には、被害地域での治安悪化や騒乱発生を直接伝える記述はないが、やはり実際にはかなり危険な状態となっていたのではないか。

ただし、この事例に限っていえば、治安が悪化した地域はエミシの多い陸奥北部（概ね岩手県域以北）より、むしろ南部（概ね宮城県域以南）が主だったのではないかと考えられる。春風の権守補任に伴い、陸奥介は鎮守将軍・御春峯能の兼任となっており、これは当時の鎮守将軍が、さほど北方守備や治安維持に忙殺されていなかったことを示唆するからである。そしてこれは地震の人的被害そのものも、どちらかといえば陸奥北部より南部の方が大きかったことを示すのではないか。多賀城下の状況に象徴されるように、沿岸部に多くの人口が集まっていたのは、やはり陸奥北部より南部であったと思われ[注34]、結果的に多くの被災者を出し混乱が生じやすかったのも、またこの地域だったと思われるからである。

三　十和田湖噴火と白頭山噴火

1　十和田湖噴火・白頭山噴火の概要

十世紀の東北史を考える際、様々な意味で無視できないのが十和田湖と白頭山の噴火である。一般には風光明媚な観光地として知られる十和田湖であるが、火山学的にいえば、これは幾度もの大噴火によって生じた二重カルデラ湖であり、現在も同地は「十和田」という名称で活火山に分類されている。[注35]そして、今のところ最後にあたる十和田湖噴火が発生したのは、十世紀前葉ごろ（九一五年?）のことであった。

この噴火は、日本国内で過去二千年間に起きた火山噴火の中でも最大級とされ、このとき噴出した毛馬内《けまない》火砕流は、噴火口から二十キロメートル以内のすべてを破壊しつくしたという。[注36] また、噴火後に発生した火山泥流（シラス洪水）は、十和田湖の西を流れる米代川流域に大きな被害をもたらした。この地域では江戸時代以来、シラス堆積物の中から平安時代の埋没家屋が数多く発見されており、流域一帯が膨大な量の火山噴出物に覆われたことを示すとともに、古代東北史・建築史などに貴重な資料を提供する形にもなっている。なお、現在も北東北に伝わる、いわゆる「八郎太郎伝説」は、この噴火やシラス洪水の記憶がもとになって生まれたとも言われている。[注37]

一方、この十和田湖噴火から数十年後に発生したのが白頭山噴火である。中国・北朝鮮の国境にある白頭山は、中国名を長白山といい、やはり山頂に天池というカルデラ湖を湛えている。十世紀の白頭山噴火は、過去二千年に世界で起きた火山噴火の中でも最大級といわれ、火砕流が天池から五十キロメートルにまで達し、少なくとも四千平方キロメートルの森林が破壊されるなど、極めて大規模な被害をもたらしたとされるが、[注38] ちょうど噴火の時期が唐・渤海滅亡後の混乱期にあたるためか、これに関する確実な文献史料は見つかっていない。それゆえ、この噴火は年代比定さえ論者によって数十年のブレがあるなど、未だ不明な点が多く、日本をはじめ各国の研究者が様々な角度から調査・分析を進めているところである。

なお、以上の通り白頭山噴火は中国・北朝鮮の国境地域で発生しているので、日本が直接の被害を受けることは少なかったと思われるが、後述の通り一部の研究者は、白頭山噴火の影響で異常気象が発生し、日本にも寒冷化や凶作などをもたらしたと推測している。

また、そうした問題とは別の意味でも、十和田湖と白頭山の噴火は東北史研究上まことに重要である。なぜなら東北地方の遺跡では、十世紀台の地層から十和田湖噴火の噴出物（十和田ａテフラ、To-a）と白頭山噴火の噴出物（白頭山―苫小牧テフラ、B-Tm）が検出され、これが考古学編年の上で重要な指標となっているからである。周知の通り、十世紀前・中葉は日本史史料の乏しい時期であり、特に東北史の関連史料は極めて少ない。そうした中、十和田湖と白頭山の噴火年代を確定することは、東北史研究にとって大きな意義を有するのだが、それは甚だ困難な作業でもある。この点も含め、両噴火に関する私見を次項で述べたい。

2　東北への影響と年代比定について

十世紀の十和田湖噴火が、火砕流やシラス洪水という形で甚大な被害をもたらしたのは前述の通りであるが、火山灰の降下による被害は、さらに広域に及んでいる。胆沢城に近い常磐広町遺跡（奥州市）や中半入遺跡（同）では、十和田ａの降下によって放棄された水田が見つかっているし[注39]、また『扶桑略記』裡書・延喜十五年（九一五）七月十三日条が十和田湖噴火の文献記録だとする通説に従えば、この記事には「雨レ灰高二寸、諸郷農桑枯損」とあるので、やはり農作物に影響が出ていたことになる。

ただし、この噴火が長期的な生産力低下や人口減少をもたらしたかは判断が難しい。例えば前述の中半入遺跡では、あまり十和田ａの降下から時間をおかないうちに、灰の除去や水田の復旧を図った痕跡がみられるという。また米代川流域の埋没家屋も、木材が炭化せず、破損も著しくないため、火砕流や泥流の直撃を受けたのではなく、シラスで米代川がせき止められたことによる湖沼化と沈殿・堆積によって埋没したと考えられている[注40]。そして同流域における遺跡・竪穴建物跡の数は、十和田ａ降下後、むしろ増加している[注41]。つまり十和田湖噴火は、農地や家屋への被害こそ大きかったものの、人的被害は意外に少なく、その影響は飽くまで短期的なものに留まったと見る余地もあることになる。

しかし一方で、こうした見方を無効化する見解もある。即ち、噴火前の集落はシラスに埋まっているため遺跡として発見されにくいはずであり、噴火後に遺跡が増加したようにみえるのは、シラスで埋まった沖積地から台地・段丘上に集落が移転したことを示すに過ぎないという訳である。[注42] これが正しければ、遺跡・竪穴建物跡の増減から人口や集落の消長を考えるという方法論自体が、この地域には適用できないことになろう。このように、十和田湖噴火が東北史にもたらした影響は、今後の考古学研究の進展をまたねば評価しにくい部分が大きい。

一方、白頭山噴火については、前述の通り異常気象という形で日本にも影響を与えたとする見解がある。船木義勝氏は、白頭山の噴火年代を九三〇年代後半ごろとする近年の火山学研究を、出羽天慶の乱（九三九年）の研究と結びつけ、九三八～九年に発生した白頭山テフラの降下が東北に異常気象や食糧不足をもたらし、ひいては乱の引き金にもなったとする説を唱えた。[注43] また近年は、九三九年以後の数年間、日本が広域的かつ深刻な異常気象に見舞われたとする説を展開している。[注44]

船木氏の説については、文献史料の解釈などにも幾つか疑問があるが、紙幅の関係で深入りしない。ここでは氏が根拠としている火山学的な噴火年代比定について検討する。氏が引用している研究は、^{14}Cウィグルマッチング法による分析と、グリーンランドの氷床コアを用いた分析の二種類であるが、このうち前者は研究グループによる推定値の差が大きく、[注45] 噴火年代を九三八～九年に限定する根拠とはなりにくい。

また後者については、ごく最近になって同じグリーンランド氷床コアの分析から、白頭山の噴火を九四〇年とする研究が発表され、[注46] さらにその後、七七五年の宇宙線異常による ^{10}Be の急増を氷床コアの年代決定指標とすることで、従来の分析値を七年後ろにずらせば正確な年代になると論証した研究が『ネイチャー』に発表された。[注47]これらに基づけば、白頭山の噴火は九四七年ごろとなり、実際、Sigl 氏らの前掲論文にも「Tianchi tephra (946/47)」という記述がある (Tianchi とは天池のこと)。よって、以上の研究が当を得ているなら、船木氏の説は成り立たない。

もちろん、こうした自然科学研究は次々と学説が更新されていくのが常であり、白頭山噴火を九四六〜七年とする研究も、いずれ否定される可能性はある。結局、今のところ最も重要なのは、白頭山噴火の年代が未確定であるという現状そのものを認めることではなかろうか。小口雅史氏がいう通り、「白頭山については自然科学的成果の進展をもう少し待ち、対応する史料の限定はその後にした方がよい」のである。[注48]

また十和田湖噴火の年代も、前述した『扶桑略記』裡書の記事から九一五年の蓋然性が高いとはいえ、この記事は飽くまで「出羽で灰が降った」と伝えているに過ぎないのであり、それが十和田湖噴火による火山灰降下だという保証はないことに留意が必要であろう。火山学研究者などの間では、白頭山噴火の年代が近年の通説より後ろへずれることに伴い、十和田湖噴火の年代もずれるのではないかという声もあると仄聞する。むやみに年代を限定して危うい議論を進めるより、年代が多少ずれても問題ない堅実な議論を進める方が、今は建設的なのではないかと考える次第である。

おわりに

以上、古代東北史に関わる自然災害・疾病の中から、天平の疫病大流行、貞観地震・津波、十和田湖・白頭山噴火の三つについて、その概要および若干の私見を述べてきた。私見のみを改めてまとめるなら、

・古代において、地方の災害が中央へ報告される速度は、かなり鈍重であるのが常だったと思われる。よって災害発生から報告までの日数を根拠として、災害の甚大さを推測したり、古代国家の政策方針を論じたりするのは、あまり適切ではない。

・小野春枝に対する貞観十二年の人事は、正月の陸奥介補任に関しては通例通りであり、三月の陸奥権守補任こそが重要である。この人事は、貞観地震・津波後の陸奥国、それも北部よりは南部で、治安の悪化などが深刻化していたことを示唆すると思われる。また小野春風に対する寛平二年の陸奥権守補任も、何らかの突発事態に際し、春風を事実上の受領国司として赴任させたものと思われ、これが結果的に藤原佐世の左遷ポストとして陸奥守を用いることにもつながったのであろう。

・十和田湖噴火・白頭山噴火の被害程度や発生年代については、現在はまだ基礎的な実証研究を積み重ねるべき段階であり、いたずらに大きな議論を試みるのは危険である。

ということになろうか。いかにも些末な話や当たり前の話に終始した感もあるが、本稿が今後の東北史や災害史の議論に多少とも役立てば幸いである。

注

1　貞観地震・津波に対する歴史学的なアプローチとしては、吉田東伍による先駆的な業績「貞観十一年陸奥府城の震動洪溢」（『歴史地理』八―一二、一九〇六）がある。しかし、その後の文献史学において、貞観地震・津波を本格的に考察した研究はなかなか現れず、専ら九世紀の東北における賑給政策（いわゆる「民」「夷」を問わない賑給）や、多賀城の変遷などを論じる際に、それらの関連事項として言及される程度に留まってきた。貞観地震・津波について、文献史学からの発言が活発化するのは、後述の通り東日本大震災以降のことである。結果的に貞観地震・津波の研究は、第一に地震学者が行い、第二に東北の古代遺跡を発掘調査する必要上、考古学の研究者も関わるというのが近年までの実態だったと思われる。

2 日本史（主に中世以降）の研究における気候変動論・古気候学の受容史や、その問題点については、田村憲美「自然環境と中世社会」（『岩波講座日本歴史』中世4、岩波書店、二〇一五）、中塚武「高分解能古気候データを用いた新しい歴史学研究の可能性」（『日本史研究』六四六、二〇一六）など参照。また、こうした問題に対する文献史学側の関心が高まってきた結果、例えば地震研究者による文献史料収集の不備や問題点なども指摘されるようになってきた。荒井秀規「古代史料にみる地震――『理科年表』の「地震年代表」にふれて――」（『古代の災害復興と考古学』高志書院、二〇一三）参照。

3 柳澤和明「九世紀の地震・津波・火山災害」（『東北の古代史4 三十八年戦争と蝦夷政策の転換』吉川弘文館、二〇一六）、保立道久『歴史のなかの大地動乱』（岩波新書、二〇一二）など。

4 ただし、天長六年（八二九）十一月から出羽で発生した疫病は、翌七年正月三日に同国で起きた大地震と相まって、復興に少なくとも数年かかる程の深刻な被害をもたらしたと思われる。これは疫病と自然災害がほぼ同時に発生したという、やや特殊な事例であり、疫病のみによる被害と同列には論じられないが、逆にいえば、短期間に複数の災厄が相次いだ場合、地域社会への打撃がいかに大きいかを示す端的な事例といえるだろう。詳しくは柳澤和明「九世紀の地震・津波・火山災害」（注3前掲）一七四～一八一頁を参照。

5 鈴木拓也「天平九年以後における版図拡大の中断とその背景」（『杜都古代史論叢』今野印刷、二〇〇八）。

6 鈴木拓也『戦争の日本史3 蝦夷と東北戦争』（吉川弘文館、二〇〇八）八一頁。

7 福原栄太郎「天平九年の疫病流行とその政治的影響について――古代環境とその影響についての予備的考察――」（『神戸山手大学環境文化研究所紀要』四、二〇〇〇）、吉川真司「律令体制の展開と列島社会」（『列島の古代史8 古代史の流れ』岩波書店、二〇〇六）など。

8 『続日本紀』天平九年七月丁丑条・壬午条。また同年の駿河国正税帳にみえる出挙稲の免稲（返済免除額）からも、多数の死者が発生したことを推計できる。

9 鈴木拓也「古代陸奥国の軍制」（『古代東北の支配構造』吉川弘文館、一九九八、初出一九九一）。

10 鈴木拓也「陸奥・出羽の調庸と蝦夷の饗給」（注9前掲書所収、初出一九九六）。

11 柳澤和明「九世紀の地震・津波・火山災害」(注3前掲)。

12 斎野裕彦氏は、①『日本三代実録』では夜に起こったことは「夜」の記述があるが、貞観地震・津波発生の記事にはその記述がない、②短い時間のなかで目撃による記事が多くある、の二点を根拠に、貞観地震・津波の発生時刻を日中としている(「仙台平野中北部における弥生時代・平安時代の津波痕跡と集落動態」『東北地方における環境・生業・技術に関する歴史動態的総合研究』東北芸術工科大学東北文化研究センター、二〇一二)。しかし⑴柳澤和明氏が指摘する通り(「貞観地震・津波の発生時刻、潮汐の影響と記事の特異性に関する一考察」『東北歴史博物館研究紀要』一七、二〇一六)、災害などの記事に昼夜の別や時刻を明記するのは、京中で発生した場合が大半であり、地方の災害などに関しては、それらを明記しない方が普通である。また、⑵夜だからといって目撃記事が乏しくなるとは限らず、特に貞観地震・津波の場合、発生直前に「流光如レ昼隠映」という現象が発生しているのだから、驚いて屋外に出たりした人も多かったと推測できる。以上より貞観地震・津波は、通説通り夜に起きたと考えて問題ない。

13 柳澤和明「九世紀の地震・津波・火山災害」(注3前掲)一六三・一六四頁。

14 推定の根拠や論証過程などの詳細は、柳澤和明「『日本三代実録』より知られる貞観十一年(八六九)陸奥国巨大地震・津波の被害とその復興」(『歴史』一一九、二〇一二)など参照。

15 柳澤和明「九世紀の地震・津波・火山災害」(注3前掲)、同「多賀城・多賀城廃寺・陸奥国分寺――貞観地震による被害と復興――」(『古代の災害復興と考古学』高志書院、二〇一三)、行谷佑一・佐竹健治・山木滋「宮城県石巻・仙台平野および福島県請戸川河口低地における869年貞観津波の数値シミュレーション」(『活断層・古地震研究報告』一〇、二〇一〇)など。

16 以上、文献・考古の両面から知られる復興策については、柳澤和明「九世紀の地震・津波・火山災害」(注3前掲)、同「『日本三代実録』より知られる貞観十一年(八六九)陸奥国巨大地震・津波の被害とその復興」(注14前掲)、同「多賀城・多賀城廃寺・陸奥国分寺――貞観地震による被害と復興――」(注15前掲)を参照。

17 柳澤和明「『日本三代実録』より知られる貞観十一年(八六九)陸奥国巨大地震・津波の被害とその復興」(注14前掲)三七頁。

18 有富純也「情報の伝達」(『日本古代の交通・交流・情報2 旅と交易』吉川弘文館、二〇一六)二四二〜二四三頁。以下、同氏の説はこの論文による。

19 窪田藍氏は、公式令50国有瑞条にいう「災異」「疾疫」発生時に「馳駅制度」が使われた実例が、先行研究にほとんど載っていないことを問題視し、こうした場合にも同制度が実際に利用されていたとする根拠として、①前述の天長七年正月癸卯条、②天平六年出雲国計会帳（同年四月の地震に関し、同国に太政官符が送られたと記す）、③『類聚三代格』巻十七・天長七年四月廿九日官符（陸奥・出羽での疫病流行を伝える馳駅言上を引用。なお前掲注4も参照）の三例を挙げている（「日本古代の『危機』意識――『急速大事』時の情報伝達をてがかりとして――」〔『専修史学』五四、二〇一三〕六二～六五頁）。

しかし①は本文でも述べた通り、災異発生そのものの報告ではないし、また②も後述の通り、畿内で地震が発生した際に全国で被害調査などが行われたという特殊な事例で、こうした対応が地方での地震発生時にも行われたことを示す史料はない。また③も、天長七年の出羽地震に対応策が講じられたのが同年四月廿五日からであることを考えれば、この馳駅言上自体は①と概ね同時期に行われた可能性が高く、やはり地震・疫病が軍事的不安に直結する場合の特殊な事例と考えられる。以上より、これら三例をもって「災異」「疾疫」発生時にも馳駅申上を行うのが通例だったとは言えない。

20 「少なくとも」というのは、洪水発生から中央への報告までに、さらに多くの日数を費やした可能性があるからである。また、もし数十日後の洪水が発生していなければ、この地震について中央への報告は行われずじまいだった可能性もあることになろう。

21 山の崩落が起きた原因について『続紀』に説明はないが、先行研究では、梅雨期の長雨による地滑りとみる説（『日本歴史地名大系45大分県の地名』〔平凡社、一九九五〕三九九頁）、別府鶴見岳の噴火によるとみる説（保立道久『歴史のなかの大地動乱』〔注3前掲〕四六頁）などが提出されている。

22 保立道久『歴史のなかの大地動乱』（注3前掲）二七～三一頁。

23 柳澤和明「『日本三代実録』より知られる貞観十一年（八六九）陸奥国巨大地震・津波の被害とその復興」（注14前掲）三七頁。なお、この災害は『三実』当該条に「大風雨」として載るため、柳澤氏を含め従来の研究は地震記事と見なしていなかったが、実はこのとき地震も発生していたことが近年論証された。荒井秀規「古代史料にみる地震――『理科年表』の「地震年代表」にふれて――」（注2前掲）九三頁など参照。

24 柳澤和明「九世紀の地震・津波・火山災害」（注3前掲）一六四頁。

25 九世紀の陸奥官人補任状況については、拙著『平安期東北支配の研究』（塙書房、二〇一三）第三章を参照。

26 九世紀における権守の一般的な様相については、小原嘉記「権任国司論」（『続日本紀研究』三五五、二〇〇五）参照。

27　鈴木拓也『戦争の日本史3　蝦夷と東北戦争』（注6前掲）二〇六頁。

28　九世紀末以降の陸奥守補任状況については、拙著『平安期東北支配の研究』（注25前掲）附論二を参照。

29　拙著『平安期東北支配の研究』（注25前掲）第五章など参照。

30　鈴木拓也「陸奥・出羽の公出挙制」（注9前掲書所収、初出一九九二）二〇四頁など参照。

31　なお『国司補任』第三（続群書類従完成会、一九九〇）三六八頁では、この讃岐権守補任を右近衛少将との兼任と見なしている。しかし『古今和歌集目録』には「寛平二年正月廿八日右近衛少将、閏九月廿日任陸奥権守、同三年正月卅日兼讃岐権守」とあり、陸奥権守に遷任した段階で右近衛少将は解任されていると読むのが自然であろう。また同二年閏九月以降に春風が右近衛少将の職にあったことを裏づける史料もない。『国司補任』の解釈は、よくある近衛次将の兼国例に引きずられた誤解とみるべきだろう。

32　「陸奥国正六位上勲九等黒沼神、正六位上安達嶺神、正六位上（以下欠）」（『日本紀略』寛平二年閏九月十五日条）。後欠となっているため、本文では「らしい」と述べたが、文脈からみて神階授与の記事である可能性が高いだろう。

33　以上の推測が当を得ているとすれば、春風が陸奥権守という形で受領国司を務めたのは、寛平二年～昌泰二年の十年間であり、安倍清行→春風→藤原滋実（昌泰二年か三年に陸奥守補任）の順に交替政を行った可能性が高いと思われる。

34　九世紀中後葉の岩手県域は、沿岸部より内陸部の方が明らかに集落が多かった。齋藤淳「北奥『蝦夷』集落の動態」（『考古学ジャーナル』六八八、二〇一六）など参照。

35　気象庁公式ウェブサイト http://www.jma.go.jp/jma/index.html 内の記事「東北地方の活火山」など参照。

36　早川由紀夫・小山真人「日本海をはさんで10世紀に相次いで起こった二つの大噴火の年月日――十和田湖と白頭山――」（『火山』四三―五、一九九八）四〇三頁。

37　町田洋「語りつがれる八郎太郎伝説　十和田湖の噴火」（『新版　日本の自然』8、岩波書店、一九九六）、高橋学「十和田火山とシラス洪水がもたらしたもの」（『十和田湖が語る古代北奥の謎』校倉書房、二〇〇六）、小口雅史「火山灰と古代東北史――十和田aと白頭山を中心に――」（『北から生まれた中世日本』高志書院、二〇一二）など参照。

38　早川・小山「日本海をはさんで10世紀に相次いで起こった二つの大噴火の年月日――十和田湖と白頭山――」（注36前掲）、小口雅史「古代北東北の広域テフラをめぐる諸問題――十和田aと白頭山（長白山）を中心に――」（『日本律令制の展開』吉川弘文館、二〇〇三）など参照。

39 伊藤博幸「古代陸奥の歴史的景観の変移について――開発による森林破壊と自然災害――」（『環境歴史学の風景』岩田書院、二〇一〇）。

40 町田洋「語りつがれる八郎太郎伝説 十和田湖の噴火」（注37前掲）、高橋学「十和田火山とシラス洪水がもたらしたもの」（注37前掲）など。

41 『9～11世紀の土器編年構築と集落遺跡の特質からみた、北東北世界の実態的研究』（北東北古代集落遺跡研究会、二〇一四）八〇～八二頁（執筆担当・宇田川浩一）。

42 高橋学「十和田火山とシラス洪水がもたらしたもの」（注37前掲）二四頁。

43 船木義勝「白頭山（長白山）10世紀噴火がもたらした『天慶出羽の乱』」（『みちのくの考古学』みちのく考古学研究会、二〇一一）、同「火山噴火災害と『天慶出羽の乱』」（『秋田考古学』五五、二〇一一）。

44 『9～11世紀の土器編年構築と集落遺跡の特質からみた、北東北世界の実態的研究』（注41前掲）第二章（執筆担当・船木義勝）。

45 東北大学総合学術博物館公式ウェブサイト http://www.museum.tohoku.ac.jp/ 内記事「白頭山の謎」の「巨大噴火の爪痕」参照。

46 Sun, C. Q. *et al.* Ash from Changbaishan Millennium eruption recorded in Greenland ice: Implications for determining the eruption's timing and impact. *Geophysical Research Letters.* 41, 694–701（2014）.

47 Sigl, M. *et al.* Timing and climate forcing of volcanic eruptions for the past 2,500 years. *Nature.* 523, 543–549（2015）. なお、これらの研究に関しては青森市教育委員会の木村淳一氏から多大なご教示を得た。特に記して感謝申し上げる。

48 小口雅史「火山灰と古代東北史――十和田ａと白頭山を中心に――」（注37前掲）。

古代九州の自然災害

―地震・火山活動を中心に―

柴田　博子

一　はじめに―二〇一六年熊本の自然災害から―

二〇一六年四月一四日午後九時二六分、熊本県熊本地方でマグニチュード六・五の地震が起こり、益城町では震度として最大の七を観測した。さらに四月一六日未明の午前一時二五分、マグニチュード七・三の地震が発生し、益城町では再び震度七となった。一九四九年に最大震度七を設定して以来、これが連続して発生したのは初めてのことであり、地震による直接死だけで五〇人の人的被害をもたらした。四月一四日の地震は日奈久断層帯、一六日のそれは布田川断層帯の活動により起こったもので、隣接する断層が連動したことで二回の大地震となり、被害が大きくなった。さらに四月一六日以降、震源域が熊本県阿蘇地域や、大分県中部の別府―万年山断層帯周辺へも拡大し、離れた地域の地震活動を誘発したとも考えられている。この一連の地震活動は長期間にわたって続いている。[注1]

同年の梅雨の時期には、六月二〇日から二一日にかけて熊本県内を中心に各地で一時間に一〇〇ミリを超える大雨が降り、多くの地点で土砂災害・洪水被害を起こした。熊本ではこの大雨に起因する死者が六人にのぼっている。加えて、一〇月八日には阿蘇山の中岳第一火口で爆発的噴火が発生した。噴煙の高さは一万一〇〇〇メートルに達し、噴石や降灰による被害が広がっている。自然災害には大きく分けて、大気中の現象によって生じる気象災害と、地球内部の現象に起因する地震・火山災害があるが、二〇一六年の熊本ではこれらすべてが発生したことになる。

熊本では、これまで地震への備えは必ずしも十分ではなかったと報じられている。しかし六国史を繙いただけでも、肥後国では大きな地震および風水害が八世紀と九世紀に起こったことが記されている。表1は、文献史料にみえる九州における自然災害及び疾病等の記事を、年紀が信用できる七世紀から九世紀後葉の間についてまとめてみたものである。ここで九世紀までとしたのは、六国史最後の仁和三年（八八七）八月より後の時代は京都の貴族の日記が主たる史料になるため、地方の災害の記録が極めて少なくなることによる。表1によると、大風・大雨や地震のほか、火山活動も目立ってみられる。

そこで本稿では、古代九州における災害のなかでも地震と火山活動を中心に、その様相や被害、政府の対応などを検討してゆきたい。

表1　九州における七～九世紀の自然災害・疾病記事

年（西暦）	自然災害と対応（↓印）〔出典〕
天武七（六七八）	12・筑紫国で**大地震**、地割れ、百姓家屋が多く倒壊。〔書紀〕　同年、豊後国日田郡五馬山で**地震**、谷が崩れて温泉が出た。〔豊後国風土記〕
慶雲一（七〇四）	12・20大宰府が去秋の**大風**により樹が倒れ年穀を損なうと言上。〔続紀〕
慶雲三（七〇六）	7・28大宰府が九国三嶋で**旱魃**・**大風**があり樹が倒れ収穫を損なっていると言上。↓遣使・巡省して被災甚大な者の調役を免除。〔続紀〕
天平七（七三五）	8・12このごろ大宰府管内で**疫死**者が多い。↓部内神祇に奉幣し民の為に祈禱、府大寺及び別国諸寺にて金剛般若経を読経、遣使して疫民に賑給・湯薬を加える。〔続紀〕 8・23大宰府が、管内諸国では**疫瘡**により百姓が臥しているため今年の貢調停止を申請。↓許可。〔続紀〕
天平八（七三六）	10・22大宰管内諸国では去冬の**疫瘡**のため農事ができず実りがない↓今年の田租を免除。〔続紀〕
天平九（七三七）	4・19大宰管内諸国で**疫瘡**流行、死者多し。↓部内諸社に奉幣し祈禱、貧疫の家を賑恤し湯薬を給う。〔続紀〕 この年、春に**疫瘡**が大流行、初め筑紫から来て、公卿以下が多く死去。〔続紀〕
天平一四（七四二）	11・11大隅国司が空中で太鼓のような音と地震を言上（**噴火**）。↓11・25大隅国へ遣使し検問ならびに神命を聞く。〔続紀〕
天平一六（七四四）	5・肥後国で**雷雨**・**地震**。八代・天草・葦北三郡の官舎、田二九〇余町、民家四七〇余区、一五二〇人余が水没、山崩れ二八〇余カ所、圧死者四〇人余。↓賑恤。〔続紀〕
天平一八（七四六）	10・5日向国で**風雨**、養蚕に損害。↓調庸を免。〔続紀〕
天平宝字三（七五九）	9・13大宰府が、8月29日に**南風**が大いに吹いて官舎及び百姓廬舎が壊れたと言上。〔続紀〕
天平宝字七（七六三）	4・10壱岐嶋で**疫**。↓賑給。〔続紀〕
天平宝字八（七六四）	12・鹿児島（桜島）で**噴火**、溶岩流出により新島出現、民家六二区・八〇人余が島に埋まり犠牲。二年後も地震が続き、民は流亡。↓賑恤。〔続紀〕
天平神護二（七六六）	6・3日向・大隅・薩摩の三国で**大風**、桑麻を損尽。↓柵戸の調庸を免。〔続紀〕
宝亀一（七七〇）	1・21大宰管内で**大風**、官舎及び百姓廬舎一〇三〇余口が壊。↓被災した百姓に賑給。〔続紀〕
宝亀三（七七二）	8・**大雨大風**。↓9・25覆損使を各道に派遣、西海道は大宰府に被害を調査させる。〔続紀〕 10・10大宰府が去年5月23日に豊後国速水郡にて**山崩れ**し土石流が発生、百姓四七人が漂没、家四三区が埋まったと言上。↓調庸を免、賑給〔続紀〕 ↓11・10風雨不調、頻年飢荒の禍を救うため諸国国分寺で吉祥悔過。〔続紀〕 ↓11・11　8月の**大風**のため産業損壊、全国の田租を免。〔続紀〕

宝亀六（七七五）	11・7大宰府が、日向・薩摩両国で**風雨**により桑麻が損尽と言上。↓全戸の今年の調庸を免。〔続紀〕
宝亀七（七七六）	閏8・28壱岐嶋で**風害**、苗子に損害。↓当年の調を免。〔続紀〕
延暦七（七八八）	7・4大宰府が3月4日に大隅国曽於郡曽乃峯（霧島山）が**噴火**したと言上。〔続紀〕
延暦一五（七九六）	7・22大宰府が肥後国阿蘇郡**神霊池の涸減**を言上。↓天下の鰥寡孤独不能自存に賑給、毎寺で斎戒・読経・悔過。〔後紀〕 8・7筑後国で**澇**。↓賑恤。〔後紀〕
大同一（八〇六）	11・6大宰府が管内諸国で**水旱疾疫**が相次ぎ百姓は疲弊、田園が荒廃したので田租免除を申請。↓筑前・肥前は二カ年、筑後・肥後・豊前・豊後・日向・大隅・薩摩・壱岐等は一カ年を免。〔類史〕
弘仁四（八一三）	10・筑後・肥前・豊前・薩摩・大隅で**風害**。↓租調を免。〔類史〕
弘仁一三（八二二）	3・26大宰府解、管内諸国で**疫病**流行、看護する人がいない。↓疾病の百姓を療養する者及び私物を出して飢民を養う者に対して出身・位階を賜う。〔三代格〕
天長二（八二五）	4・7諸国では**疫癘**やまず、大宰管内では肥後国阿蘇郡**神霊池が涸減**。↓寺では斎戒、鰥寡孤独不能自存に賑給、病人に給穀・投薬、弘仁13・14両年の調庸未進を免。〔類史〕↓閏7・4桓武陵へ遣使報告。〔紀略〕
天長七（八三〇）	4・26大宰府管内及び陸奥出羽で**疫癘**流行、夭死者多し。↓全国の国分寺にて金剛般若経を転読、殺生禁断。〔類史〕
承和五（八三八）	4・13筑前・筑後・肥前・豊後では頻年**疫**に遭い死亡者は半ばに達し、生存者は造船に疲弊している。↓貧窮者に復一年を給う。〔続後紀〕
承和七（八四〇）	9・21大宰府が肥後国阿蘇郡**神霊池の涸減**を言上。↓12・7伊勢神宮に遣使し祈禱。〔続後紀〕
承和八（八四一）	↓3・28神霊池の涸減は旱疫の予兆とし、毎寺斎戒、毎社奉幣、天下の雑徭を二〇日に限り、鰥寡孤独不能自存へ賑給、溜池の堤を修理。〔続後紀〕
仁寿三（八五三）	9・14大宰府管内で**疱瘡**↓大宰府に穀三万八七〇〇斛余を出し患者に賑給。〔文実〕
天安二（八五八）	6・20大宰府が、去る5月1日に**大風暴雨**のため官舎悉く破壊し青苗が朽失、九国二嶋も悉く損傷したと言上。〔文実〕
貞観二（八六〇）	9・14**大風**により観世音寺の造瓦屋が大破。〔観世音寺資財帳〕
貞観六（八六四）	12・26大宰府が去る10月3日夜に肥後国阿蘇郡**神霊池が震動**、池水が沸騰して空中へ噴出、巨石が一つ崩落、亀筮で水疫の災害の予兆と言上。〔三実〕
貞観七（八六五）	↓2・10神霊池の異変に対応し、五畿七道諸国に詔書、毎寺薫修・殺生禁断、毎社へ国司が奉幣、鰥寡孤独不能自存に賑恤、天安2年以往の租税未納を免。　2・14豊前国八幡大菩薩へ奉幣。　2・17天智・桓武・仁明・文徳陵へ奉幣し、神霊池の異変を告げ平安を祈願。〔三実〕

貞観八（八六六）	↓2・14神祇官は神霊池異変を阿蘇大神の怒気とし疫病と軍事の予兆とみる。国司に潔斎・奉幣、金剛般若経千巻・般若心経万巻を転読、大宰府には城山四王院にて両経を各三〇〇〇巻・三万巻を転読させる。〔三実〕
貞観九（八六七）	2・26大宰府が去る正月20日に豊後国速水郡鶴見山（伽藍岳）が**噴火**、三池の震動、硫黄臭、磐石の飛乱、昼の噴煙と夜間の火炎現象、温泉の流出、それに伴う道路不通と大量の魚の死、震動が三日間継続を言上。↓4・3豊後国にこの山の神々に鎮謝し、兼ねて大般若経を転読させる。 8・6 大宰府が、去る5月11日夜、阿蘇山で**噴火**、5月12日山崩れ発生を言上↓8・8大宰府に下知して国に神の山の崩れの怪を鎮謝させる。〔三実〕
貞観一一（八六九）	7・14肥後国で**大風雨**、官舎・民居が多く倒壊、人畜の圧死は数えきれず、六郡が水没して官物の過半を失い、田園数百里が海となる。↓10・23大宰府に命じて、肥後国の被災者に遠年の稲穀四〇〇〇斛を給し、倒壊物の下に残された遺体を埋収させる。 12・14伊勢大神宮への告文に肥後国に**地震風水**の災があり舎宅悉く顛倒・人民多く流亡とのべ、加護を祈念。〔三実〕
貞観一三（八七一）	8・13 前日からの**大風**のため観世音寺の五重塔・菩薩院・戒壇院・厨などが破損。〔観世音寺資財帳〕
貞観一六（八七四）	7・2大宰府が薩摩国開聞岳の**噴火**を言上。↓亀卜によると神が封戸を求めているというので二〇戸を奉じた。 7・29大宰府が、噴火は去る3月4日夜に始まり、作物は損なわれ、河水は濁り、死んだ魚を食べた人民が死んだり病になったりしたと言上。〔三実〕
元慶三（八七九）	9・**大風**のため観世音寺の厨、政所院の板倉等が破損。〔観世音寺資財帳〕
元慶四（八八〇）	8・8**大風**のために観世音寺の大門、政所院の板倉等が顛倒。〔観世音寺資財帳〕
元慶八（八八四）	5・1大宰府が春夏の**連雨**により養蚕が不調のため、年貢の綿一〇万屯のうち二万屯を絹で貢納することを申請。↓許可。〔三実〕
仁和一（八八五）	9・**大風**のため観世音寺の政所院の板倉の草葺が破損。〔観世音寺資財帳〕 10・9これより先に大宰府から、肥前国では6月より**雨が降らなかった**ので、7月11日に国司が諸神に奉幣し僧を延べて経を転読したところ、13日に砂石が降った後に降雨があったこと、薩摩国開聞岳では7月12日夜から砂石が降り、8月11日に爆発的**噴火**をしたため田野を埋め人民は騒動していると言上。↓神祇官と陰陽寮が卜占、両国の部内衆神に奉幣し冥助を祈る。〔三実〕

出典表記：〔書紀〕『日本書紀』、〔続紀〕『続日本紀』、〔後紀〕『日本後紀』、〔続後紀〕『続日本後紀』、〔文実〕『日本文徳天皇実録』、〔三実〕『日本三代実録』、〔類史〕『類聚国史』、〔紀略〕『日本紀略』、〔三代格〕『類聚三代格』、〔観世音寺資財帳〕『延喜五年筑紫国観世音寺資財帳』（平安遺文一―194）

二　地震

1　肥後国の地震と風水害

天平一六年（七四四）五月、肥後国で雷雨と地震が発生し、八代・天草・葦北の三郡では官舎・水田・民家そして人民一五二〇余人が水を被って漂没、また二八〇余カ所もの山崩れがあり、四〇余人に上る圧死者が出た。

肥後国雷雨地震、八代・天草・葦北三郡官舎、并田二百九十余町、民家四百七十余区、人千五百廿余口、被二水漂没一、山崩二百八十余所、有二圧死人卌余人一、並加二賑恤一。注2

ここで被災地域として挙げられている三郡の位置は、日奈久断層帯と重なっている。日奈久断層帯は、現在の益城町木山付近から芦北町を経て八代海南部に至る、おおむね北東から南西方向に延びる断層帯である。この雨と地震の被害状況は平城京の政府に報告され、被災者に対して賑恤を加えることになった。旧暦の五月は梅雨の季節にあたり、天平一六年の地震と水害の二重災害は、二〇一六年の状況に通じるものがある。

天平一六年の災害記事は右の一条が残るのみだが、貞観一一年（八六九）七月の災害については『日本三代実録』に四回にわたって触れられている。まず七月一四日庚午条に次のようにある。

風雨。是日、肥後国大風雨、飛レ瓦抜レ樹、官舎民居顛倒者多、人畜圧死不レ可二勝計一、潮水漲溢、漂二没六郡一、水退之後、捜二摭官物一、十失二五六一焉、自レ海至レ山、其間田園数百里、陥而為レ海。

七月一四日、平安京でも風雨があったが、肥後国では大風雨であったという。瓦が飛び樹木が抜け、官舎・民居が多く倒壊し、圧死した人や家畜は数えきれなかった。潮水があふれて六郡が漂没し、水が引いたあと過半の官物が失われていた。海から山に至る田園数百里が沈んで海になったとある。

七月という時期と強風のすさまじさからみて、台風が来襲したのであろう。「潮水漲溢」は高潮が起こったと考えられる。遠浅の有明海は高潮災害が発生しやすい地形であり、一四日という大潮の時期であったことも被害を大きくしたと推測される。六郡が没したとあるが、『和名抄』にみえる一四郡のなかで玉名・飽田・宇土・八代・天草・葦北の六郡が海に面していたと考えられるので、これら海岸部をもつ郡で高潮の災害があったのであろう。[注3]

同年一〇月、紫宸殿において三日間の大般若経転読を行った。この日の清和天皇の勅では、「如レ聞、肥後国迅雨成レ暴、坎徳為レ災、田園以レ之淹傷、里落由レ其蕩尽」となったことに対して徳政を施そうと、大宰府に命じて、被害が甚大な者に遠年の稲穀四千斛をもって遍く支給し、勉めて賑恤を加え、また壊れた垣や家屋の下に残る遺体を早く埋葬するよう指示している。[注4]死者の多かったことが窺われる。

この災害は同年一二月に伊勢神宮や石清水神社へ奉幣した際の告文のなかでも取りあげられている。そこでは新羅海賊来襲の危機とともに、肥後国で「地震風水」の災害があったとのべている。

遣下二使者於伊勢大神宮一奉幣上、告文曰（略）、去六月以来、大宰府度々言上〈多良久〉、（略）又肥後国〈尓〉地震風水〈乃〉灾有〈天〉舎宅悉仆顛〈利〉、人民多流亡〈多利〉、如レ此之灾〈比〉古来未レ聞〈止〉故

老等〈毛〉申〈止〉言上〈多利〉、然間〈尓〉陸奥国又異レ常〈奈留〉地震之灾言上〈多利〉（後略）[注5]

「風水」は台風と高潮災害のことと想定されるが、地震については他に記事がなく、残念ながら明らかでない。しかしこれらの災害のため、人民が多く「流亡」する事態になっていた。なお陸奥国において貞観地震が発生したのも同年のことである。右と同じ文言を含む告文が、同月の石清水神社への奉幣に際してものべられている。[注6]

2　筑紫地震

古代九州の大地震としてしばしば取り上げられてきているのは、次に掲げる『日本書紀』天武七年（六七八）一二月是月条にみえる筑紫地震である。これは発生年代と震源地が特定できる地震記録として日本最古のものであり、『理科年表』ではマグニチュード六・五〜七・五と推定されている。[注7]

是月、筑紫国大地動之。地裂広二丈、長三千余丈、百姓舎屋毎レ村多仆壊、是時百姓一家有二岡上一、当二于地動夕一、以岡崩処遷、然家既全、而無二破壊一、家人不レ知二岡崩家避一、但会明後知以大驚焉。

大地震で地面は幅約六メートル、長さ約一〇キロにわたって裂け、家屋が多く倒壊した。このとき岡の上にあった人家が、地震の夜に岡が崩れて移動したものの、家屋は壊れなかった。家の人は岡が崩れて家が動いたことに気づかず、夜が明けてから知って大いに驚いたという。

この地震は水縄断層帯の最新の活動によるものとみられている。[注8] 水縄断層帯は、北に筑後川を見下ろす耳納連山北麓の山すそに、おおよそ東西に延びる活断層で、福岡県うきは市から久留米市に至る約二六キロにおよび、南側が相対的に隆起する正断層である。

これまで福岡県久留米市教育委員会による発掘調査で、断層本体、地割れ跡、噴砂脈、樹木倒壊痕、土石流など地震の痕跡が確認されている。山川前田遺跡（現地は「水縄断層」の名称で国の天然記念物に指定）では地割れや噴砂が、神道遺跡では断層本体とともに幅約七メートルの地割れが発見され、『日本書紀』の記す地割れの幅と合致するものとして注目されている。また筑後国府跡では七世紀後半の東限大溝を貫く噴砂や、地割れ、活断層が検出されている。白村江敗戦後に設けられたと考えられている上津土塁跡では、版築の一部がずれ落ち、短期間のうちに修復されている。筑紫地震では、官衙や防衛施設については速やかな復旧がなされている。ほか庄屋野遺跡や東鳥遺跡で地割れ跡、城崎遺跡では数条の噴砂脈を検出している。[注9] 古墳も地震の被害を受けている。久留米市田主丸町の益生田古墳群第四次調査において、六世紀後半に築かれた四基の円墳の横穴式石室がみな北へむかって傾いており、筑紫地震による被害と報じられている。[注10]

ところで筑紫地震が発生した天武七年は戊寅年であるが、『豊後国風土記』日田郡五馬山条には、同年に大地震があったとみえる。

> 飛鳥浄御原御宇天皇御世、戊寅年、大有二地震一、山岡裂崩、此山一峡崩落、慍之泉、処々而出、湯気熾熱、炊レ飯早熟、但一処之湯、其穴似レ井、口径丈余、無レ知二深浅一、水色如レ紺、常不レ流、聞二人之声一、驚慍騰レ涅、一丈余計、今謂二慍湯一、是也。

天武天皇の戊寅年に大地震があり、山や岡が裂けて崩れた。五馬山のひとつの山あいが崩落したところでは所々で温泉が湧き出たという。現在の大分県日田市天ケ瀬町に五馬市などの遺称地があり、五馬市の北を流れる玖珠川沿いに天ケ瀬温泉が所在する。ここは別府—万年山断層帯の北西部に位置し、水縄断層の東端とは約二〇キロの距離がある。[注11]

二つの地震は同年であるものの、筑紫地震は沖積地、五馬山の地震は山間部で発生している。松村一良氏は、震源は「別個の地域で起きた地震を指す可能性」を指摘する。[注12]また白木守氏は「松山—伊万里構造線上に位置する点などを加味すれば、それぞれの活断層が連動して動いた可能性も考えられる」と述べる。[注13]二〇一六年熊本地震では、別府—万年山断層帯の活動が、水縄断層帯よりも遠い布田川断層帯の活動に誘発されたとみられていることを勘案すれば、筑紫地震と五馬山の地震は、離れた地域において地震活動が誘発された例のひとつと評価できる可能性があろう。

地震は原因別に、断層型地震、プレート境界型地震、火山性地震があるが、右の地震はいずれも断層型地震である。いっぽうプレート境界型である南海トラフ地震が、『日本書紀』天武一三年（六八四）一〇月壬辰条・同年一一月庚戌条に見え、土佐国で大きな津波被害のあったことが記されている。九州の東海岸にも津波が及んだと考えられるが、記録はなく、またそれと判断される遺跡もまだ確認されていない。

なお九州では、九世紀代に発生した地震による液状化跡が、鹿児島県指宿市中島ノ下遺跡と鹿児島県始良市始良町小倉畑遺跡において確認されている。中島ノ下遺跡の噴砂（礫を含む）は、後述する仁和元年（八八五）の開聞岳の噴火に関連した地震である可能性がある。小倉畑遺跡の液状化跡は、遺構から九世紀代の地震と考えられるが、文献史料に関連しそうな記録は残っていない。中島ノ下遺跡との中間に位置する鹿児島市内で同時期の液状

化の事例報告がないことから、両遺跡で液状化を起こした地震は別のものと判断されている。[注14]

六国史には、鹿児島県の桜島、開聞岳、大分県の伽藍岳、宮崎県と鹿児島県にまたがる霧島山、そして熊本県の阿蘇山の火山活動に関する記事がある。

三　火山活動

1　桜島天平宝字噴火と大穴持神

約二万九〇〇〇年前の姶良カルデラ噴火によって現在の鹿児島湾奥部が形成され、その後の約二万六〇〇〇年前、カルデラ南縁上に生じた火山が桜島である。山頂中央部に南岳があって現在も活発な活動を続けており、二〇一六年五月一日には昭和火口付近から噴煙が火口縁上四一〇〇メートルまであがる爆発的噴火を起こしている。

桜島南岳の噴火については、二つのタイプがあると指摘されている。一つは、現在も続いているタイプで、山頂火口もしくは昭和火口から連続的に火山灰を噴出する活動であり、時には爆発的な噴火をするがその規模は小さい。いま一つのタイプは、山腹に割れ目火道（マグマの通り道）をつくり、多量の軽石の放出に始まり火砕流を発生させ、溶岩の流出で終わる大噴火で、活動は一～数年間継続するが、いったん終息すると長期間穏やかな状態が続くものである。[注15]後者の大噴火は紀元後では、大正噴火（一九一四～一五年）、安永噴火（一七七九～八〇年）、文明噴火（一四七〇年代）、天平宝字噴火がある。[注16]天平宝字噴火は、『続日本紀』天平宝字八年（七六四）一二月是月条に次のように記されている。

西方有レ声、似レ雷非レ雷、時当二大隅薩摩両国堺一、烟雲晦冥、奔電去来、七日之後乃天晴、於二麑嶋信尓村之海一、沙石自聚、化成二三嶋一、炎気露見、有レ如二冶鋳之為一、形勢相連望似二四阿之屋一、為レ嶋被レ埋者、民家六十二区、口八十余人。

大隅・薩摩両国の堺では煙雲が立ち込めて暗く、雷電が起こったが、七日後にようやく晴れたところ、鹿児島信尓村の海に沙石が自ら聚まって三つの島が誕生しており、冶鋳のような炎気があがっていたという。この記述から、溶岩が流れ出て島を形成したことがわかる。島の生成のため、民家六二区と八〇人余が埋まって犠牲になった。

噴火活動に伴う火山性地震は一年半が経過しても終息しなかったようで、『続日本紀』天平神護二年（七六六）六月己丑条には、「大隅国神造新嶋、震動不レ息、以レ故民多流亡、仍加二賑恤一」と、新嶋の地震がやまないために居住地を離れて避難していた人々に対して、賑恤が加えられた。

さて、七日間噴煙がたちこめた後に出現した新島によって民家が埋まったというプロセスは、軽石放出の後に溶岩流出という桜島大噴火のプロセスに合致すると解されている。そして堆積物の層位とその分析値から、マグマ水蒸気爆発によって桜島の東側の、当時の海岸付近に鍋山の火砕丘が形成され、その基部から長崎鼻溶岩が流出したとみられている。鍋山以外の新島は溶岩の海中流入により生じたもので、その後に水没もしくは後の噴火活動により覆われたと推定されている。[注17] このように、天平宝字噴火による人的・物的被害は溶岩流出によるものが大きく、溶岩の流れた方向である桜島の東側に居住していた人々が犠牲になったと想像される。政府側の対応は、長期にわたる避難者への食料支給であった。

ここで新たに誕生した島は大穴持神が造ったと解釈され、宝亀九年（七七八）、官社に列せられた。[注18]これは『延喜式』（神祇）に載る大隅国の社のうち、官社となったことのわかるものとして最も早い社である。大穴持神は、『日本書紀』『古事記』の神代のなかで、少彦名神とともに国造りをして国土を完成させたと描かれる神であって、現地大隅の地主神ではない。九州南部の社会にとっては外来の、中央政権が国土創造神とする神の活動が大隅国での新島形成についてあてはめられたのである。[注19]なお神の名を大穴持神と解釈し早々に官社としたことは、職掌に「祠社」を含む大隅国守の働きと、大宰府を通した申請があったものと考えられる。

また火山学の分野からは、一〇世紀頃に桜島の大平溶岩が流出したと考えられているが、[注20]文献史料に噴火の記録は残っていない。

2　開聞岳の噴火と橋牟礼川遺跡

イタリアのポンペイ遺跡になぞらえられる火山噴出物に埋もれていた古代遺跡として、開聞岳の噴火による鹿児島県指宿市の橋牟礼川遺跡が知られている。開聞岳は約四〇〇〇年前に噴火を始めた比較的新しい火山で、最新の噴火である仁和元年（八八五）までの約二九〇〇年間に一二回の大噴火を起こした。[注21]古代には、七世紀後半期と仁和元年を含む九世紀後半期の、大きく二回の噴火があった。これらの火山噴出物に覆われた橋牟礼川遺跡・敷領遺跡・慶固遺跡などの調査が指宿市教育委員会を中心に進められ、火山災害遺跡としての研究成果が蓄積されている。[注22]

九世紀のほうは国史に記録があり、貞観一六年（八七四）と仁和元年（八八五）の噴火の様子が『日本三代実録』に詳しく記されている。このうち貞観一六年七月の二日と二九日の記事は、同じ三月の噴火に関するものである。[注23]

『日本三代実録』貞観一六年七月二日戊子条

大宰府言、薩摩国従四位上開聞神山頂、有レ火自焼、煙薫満レ天、灰沙如レ雨、震動之声聞二百余里一、近レ社百姓震恐失レ精、求二之蓍亀一、神願二封戸一、及汙二穢神社一、仍成二此祟一、勅、奉二封二十戸一。

『同』貞観一六年七月二九日乙卯条

大宰府言、去三月四日夜、雷霆発響、通宵震動、遅明天気陰蒙、昼暗如レ夜、于レ時雨レ沙、色如二聚墨一、終日不レ止、積地之厚、或処五寸、或処可二一寸余一、比レ及二昏暮一、沙変成レ雨、禾稼得レ之皆致二枯損一、河水和レ沙、更為二盧濁一、魚鼈死者無レ数、人民有下得食二死魚一者上、或死或病。

大宰府からの報告によると、貞観一六年三月四日（西暦八七四年三月二五日）の夜に、薩摩国の開聞山頂で火があがり、煙が天に満ちて灰が雨のように降り、噴火の音が五〇キロ以上離れたところでも聞こえた。神社の近くの百姓は震え恐れた。亀卜したところ、開聞神が封戸を求めて神社を汚すという祟りを成したと出たので、清和天皇は二〇戸を奉じた。七月二日は封戸を奉じる勅の出た日付けである。

七月二九日条によると、三月五日の朝になっても暗く、昼もまるで夜のようであった。墨色の沙が一日中降り続け、積もった厚さは五寸から一寸余り。夕方になって沙は雨に変わった。作物は損なわれ、河水は沙のため濁って多くの魚や水中生物が死に、また死んだ魚を食べた人々も死んだり病になったりしたという。火山灰の混じった河川で、火山ガスの成分である硫黄酸化物（二酸化硫黄）や硫化水素などのために魚類が死滅し、それを食べた人間にも影響が及んだというのが実態であろうか。なお、土石流が発生していたことは橋牟礼川遺跡の発掘調査などで判明している。

その一一年後の仁和元年（八八五）、大宰府が次の報告をしてきた。

先レ是、大宰府上言、管肥前国、自二六月一澍雨不レ降、七月十一日、国司奉二幣諸神一、延レ僧転レ経、十三日夜、陰雲晦合、聞如二雨声一、遅明、見下雨二粉土屑砂一交下中境内上、水陸苗稼、草木枝葉、皆悉焦枯、俄然降レ雨、洗二去塵砂一、枯苗更生。薩摩国言、同月十二日夜、晦冥、衆星不レ見、砂石如レ雨、検二之故実一、頴娃郡正四位下開聞明神発レ怒之時、有二如レ此事一、国宰潔斎奉幣、雨砂乃止。八月十一日震声如レ雷、焼炎甚熾、雨砂満レ地、昼而猶レ夜、十二日自レ辰至レ子雷電、砂降未レ止、砂石積レ地、或処一尺已下、或処五六寸已上、田野埋瘞、人民騒動、至レ是、神祇官卜云、粉土之恠、明春彼国当レ有二灾疫一、陰陽寮占云、府辺東南之神、当レ遷二去於隣国一、由レ是、蝅麻穀稼有レ致二損耗一、是以下二知府司一、令下二彼両国一、奉二幣部内衆神一、以祈中冥助上焉。[注24]

薩摩国では七月一二日夜に砂石が雨のように降ったので調べたところ、頴娃郡の開聞神が怒った時にこのことがあるとのことで、薩摩国司が潔斎奉幣し砂の雨が止んだという。しかし八月一一日には雷のような震声があって炎があがり、砂が降って地に満ち昼も夜のように暗かった。一二日は朝八時ころから深夜まで雷電と砂の降下がやまず、砂石は一尺近く積もったところや五六寸以上に積もったところがあり、田野を埋め尽くし、人民は騒動になっているとの報告であった。この火山噴出物は肥前国でも降下していた。神祇官の卜では来春の彼国での災疫が、また陰陽寮の占では農産業の損耗の発生というリスクが示されたので、政府は神の助けを得るために肥前・薩摩両国の国司に部内の神々へ奉幣させるよう、一〇月九日に大宰府へ指示した。ここに記されている中央政府の災害対策は、神が祟りを起こす原因を探ってそれに応じ、また今後の災厄を探ってその予防を神々に祈ることであった。これらの対策が災害を止め、予防する方法だと判断されていたのである。

さて、開聞岳から北東に約一〇キロの火山扇状地に立地する橋牟礼川遺跡では、貞観一六年の噴火により埋没した畠（畝の幅は六〇センチ～一メートル）、道路、土石流に埋まった河川、倒壊した掘立柱建物跡などが見つかっている。畠では植物珪酸体の分析によりイネやキビ属が検出され、陸稲と雑穀を栽培していたことがわかり、時期は春で、三月の噴火という文献史料と合致する。また倒壊建物跡では、建物内部に最初に降った火山礫がなく、火山灰が泥流となって流れ込んだ二次的堆積物のみが堆積していた。噴火開始時には屋根があったものが、土石流によって倒壊したプロセスを示している。橋牟礼川遺跡では貞観・仁和の火山噴出物（紫コラ）が厚いところで六〇～八〇センチも堆積し、ここで災害復旧を試みた痕跡は確認されていない。橋牟礼川遺跡から北北西約二キロの火山扇状地に立地する指宿市敷領遺跡では、噴出物の直下に水田、畠、土石流に埋まった建物跡が見つかっている。水田の畔は真北を向く規格性があり、条里制地割を窺わせる。牛の足跡が多く検出され、牛耕が行われていたことがわかる。噴火による埋没後、居住地の周囲で火山礫の除去を試みた復旧活動の痕跡があるが、結果的には農地を含めて一帯は放棄された。橋牟礼川遺跡を含め、建物内では完形品の出土遺物が極めて少なく、火山災害発生に伴い家財道具を持ち出して避難したと考えられている。また、開聞岳から東に約五キロに位置する慶固遺跡では、四メートル以上積もったと推定される紫コラの直下に、畠の畝状遺構を検出している。畝は幅一・五メートルから広いもので三メートルあり、橋牟礼川遺跡の畝の二倍の大きさがある。植物珪酸体の分析ではイネ科栽培植物は検出されず、イネ科植物以外の根菜類などであった可能性が考えられている。[注25]

このような貞観・仁和の火山災害後の人々の行動は、七世紀後半期の噴火後のそれとは異なるものであった。七世紀後半期の火山噴出物（青コラ）は、橋牟礼川遺跡では二〇センチメートル程度の堆積があり、生活全般に影響があったと考えられるものの、堆積以後も貝塚は継続し、また住居も同タイプのものが建てられている。したがって災害復旧がなされ、集落における生活の継続が図られていたと評価される。いっぽうで九世紀後半期の紫コラは三〇センチメートル以上堆積し、すべての遺構が被害を受けている。そして堆積以前の遺構の継続が認められないことから、使用不能となって住居・耕作地とも放棄が選択されたようである。次に生活の痕跡がみられるのは、一〇世紀後半以降のことである。[注26]

3　伽藍岳の噴火と土石流

東西に延びる別府地溝内には南北五キロにわたり溶岩ドーム群が連なっており、その南端が鶴見岳、北端が伽藍岳である。東山麓には、伽藍岳から鶴見岳にいたる火山群の開析によりもたらされた砂礫が堆積した別府扇状地が形成され、別府温泉群がある。火山ガスや温泉の噴出といった活動は現在も活発であるが、爆発的噴火が文献史料に記されているのは貞観九年（八六七）のみである。『日本三代実録』貞観九年二月二六日丙申条に次のように記されている。

大宰府言、従五位上火男神、従五位下火売神、二社在㆓豊後国速水郡鶴見山嶺㆒、山頂有㆓三池㆒、一池泥水色青、一池黒、一池赤、去正月廿日池震動、其声如レ雷、俄而臰如二流黄一、遍二満国内一、磐石飛乱、上下无レ数、石大者方丈、小者如レ甕、昼黒雲蒸、夜炎火熾、沙泥雪散、積二於数里一、池中元出二温泉一、泉水沸騰、自成二河流一、山脚道路、往還不レ通、温泉之水、入二於衆流一、魚酔死者无（千カ）万数、其震動之声経二歴三日一。

大宰府からの報告によると、鶴見山の山嶺には火男神・火売神の二神をまつる社があり、山頂に三つの池があったが、正月二〇日にこの池が震動し、雷のような音がした。にわかに硫黄臭が豊後国内に満ち、無数の岩石が飛び乱れた。大きなもので三〇センチ四方もあった。昼は黒雲で暗く、夜間には火炎現象がみられ、砂泥が雪のように数里に広がって積もった。池にはもともと温泉が出ていたが、泉水が沸騰してあふれ出て河の流れを形成したため山すその道は通行できなくなった。温泉水が流れ込んだ川では無数の魚が死んだ。この震動は三日間続いたという。この報告をうけ政府は四月三日、豊後国に対して、山嶺に祭っている二神に鎮謝し、兼ねて大般若経の転読を指示した。[注27]

この噴火活動は、火山灰の分布と直下の腐植土壌の年代測定（放射性炭素一四法）により、南の鶴見岳ではなく北の伽藍岳が水蒸気爆発を起こしたものと判断されている。伽藍岳1火山灰（T-Ga1）と称される粘土質火山灰が伽藍岳南部の限られた地域に堆積し、また伽藍岳の西麓では同層準に変質鉱物を含む土石流堆積物が沢沿いに堆積していることから、噴火に関連して土石流が発生したとみられている。[注28]

この地域では、ほかに紀元後と年代測定されている火山噴出物として、鶴見岳火山灰（T-Ts）と、伽藍岳2火山灰（T-Ga2）がある。前者の年代は一～四世紀の間、後者は五～九世紀の間の小規模な水蒸気爆発とみられ、後者については宝亀二年（七七一）の大規模な土石流災害が対応すると推定する説がある。[注29] この災害は『続日本紀』宝亀三年（七七二）一〇月丁丑条に載っている。

大宰府言上、去年五月廿三日、豊後国速水郡敵見郷、山崩塡レ澗、水為不レ流、積二十餘日一忽決、漂二没百姓卌七人一、被レ埋家卌三区。詔、免二其調庸一、加二之賑給一。

大宰府からの報告によると、宝亀二年五月二三日に、山が崩れて川を塞ぎ、一〇日余り後にそれが決壊して、百姓四七人が漂没し、四三区の家が埋まったという。そこで光仁天皇は調庸を免じ賑給を指示した。ここで災害発生後一年以上たってから大宰府が報告しているのは、表1に示したように宝亀三年九月に前月の風雨被害の調査を命じられ、大宰府が調査した際に昨年の被災状況を把握したことによるのであろう。

速水郡敵見郷は『和名抄』の郷名に朝見とあり、別府扇状地の南辺を東流する朝見川や、現在の別府市朝見が遺称地とみられる。伽藍岳2火山灰は伽藍岳南部および西麓で確認されているものの、東麓の扇状地については市街地化もあって調査研究が進んでおらず、また土石流も未確認である[注30]。朝見郷の範囲は明らかにしがたいが、伽藍岳の噴火活動との関連は現段階では想像であり、今後の調査研究の成果を待つ必要があろう。ちなみに現在大分県が公表している「鶴見岳・伽藍岳火山防災マップ」において、鶴見岳の噴火では朝見川での土石流が想定されているが、伽藍岳では朝見川よりひとつ北側を東流する境川以北の河川での土石流が想定されている[注31]。

4　霧島山

霧島山は約三〇万年余り前の加久藤カルデラの噴火後、その南縁部に生じた大小二〇あまりの火山からなる火山帯である。主要な峯としては北西から南東に、最高峰の韓国岳、獅子戸岳、新燃岳、中岳、高千穂峰が並ぶ。紀元後に噴火活動をしている火口は、高千穂峰山頂から西へ約一キロのところにある御鉢、新燃岳、そして韓国岳の北西約一・六キロにある硫黄山が主なものである。二〇一一年一月の新燃岳の爆発的噴火は記憶に新しく、また二〇一六年二月には硫黄山で火山性微動が発生している。『日本書紀』神代の天孫降臨段に「日向襲之高千穂峯」（第九段正文）などとみえる日向の襲の峯は、曽於に所在する霧島山をイメージしていたと考えられる。

さて古代の噴火活動として文献史料に記されているのは天平一四年（七四二）と延暦七年（七八八）の記事である。『続日本紀』天平一四年（七四二）一一月壬子（一一日）条には、「大隅国司言、従㆓今月廿三日未時㆒、至㆓廿八日㆒、空中有㆑声、如㆓大鼓㆒、野雉相驚、地大震動」とあり、大隅国司からの報告によると大きな爆発音と地震が六日間も続いたという。この「今月廿三日」は一〇月二三日であろうか。ここで大隅国司が直接政府へ報告しているのは、藤原広嗣の乱後、天平一四年正月から一時的に大宰府が廃されていたためである。[注32] 報告を受け、政府は大隅国へ検問と「神命」を聞くために使者を派遣した。[注33] 具体的な被害の記録は残されていない。

『続日本紀』延暦七年（七八八）七月己酉条には、大宰府が三月の噴火を報告している。

大宰府言、去三月四日戌時、当㆓大隅国贈於郡曽於乃峯上㆒、火炎大熾、響如㆓雷動㆒、及㆓亥時㆒、火光稍止唯見㆓黒烟㆒、然後雨㆑沙、峯下五六里、沙石委積可㆓二尺㆒、其色黒焉。

報告によると、三月四日の午後八時ごろ、大隅国曽於郡にある曽於峯の山上に火炎があがり、雷のような音がした。約二時間後に火は止んだものの黒煙が見え、そののち砂が降ってきて、峯のふもとから約三キロ付近まで黒い砂石が約六〇センチも積もったという。

霧島山のこれまでの火山灰（テフラ）研究では、御鉢の噴火による片添スコリア（KzS）が、この延暦七年噴火に対応するとみなされてきた。しかし近年、宮崎県高原町の宇津木遺跡など複数の遺跡において、片添スコリアの下位から九世紀後半〜一〇世紀前半の土器が出土している様相がみられ、同テフラは一〇世紀以降の年代である可能性が生じている。したがって延暦七年に霧島山のどの火山が噴火し、その火山灰はどのように分布したのか、再検討の必要性が指摘されている。注34 これら霧島山の奈良平安時代の噴火の際には人的被害の記録は残されておらず、また考古学的成果でも、現段階では対応する遺構・遺物は未確認である。

これまでみてきた火山災害をまとめると、火山噴出物およびその後の土石流による建物・田畑・道路等の埋没や、また火山噴出物が河川に流れ込んだことに伴う水生生物への被害があった。人的被害として、死亡者は溶岩流出や汚染された魚を食べたことによるケースが記録に残されており、また噴火後の土石流による死亡もあったと想像される。開聞岳噴火後については、七世紀後半期の噴火では集落の生活を復旧させたが、九世紀後半期の際は居住と耕作を放棄している。この違いには、火山噴出物の堆積の違いによる復旧の困難があったことが判明した。

政府は「流亡」した避難民に対する賑給を行っており、これは前章でみた地震被害への対応と同じである。また政府は、火山活動を山の神の働きと認識してこれを祭り、その神意を問うたり予兆の内容を占ったうえで、神が封戸を願う場合はそれを奉り、災疫が予告されれば神へ鎮謝し、冥助を得るための部内諸神への奉幣や攘災のための経典転読を現地の国に行わせている。これらの対応はいずれも現地においてなされたものであるのに対して、次に検討する阿蘇山については、やや様相が異なる。

5　阿蘇山と神霊池

阿蘇カルデラでは約九万年前の巨大噴火の後、カルデラ内に中岳や高岳などの中央火口丘群が形成されたが、紀元後に噴火しているのは中岳のみで、文献史料にみえる阿蘇の噴火活動の記録はみな中岳のものである。二〇一六年一〇月八日の噴火も中岳第一火口であり、マグマ水蒸気爆発の可能性が指摘されている。

表1によると、古代に阿蘇山の火山活動による人的被害や田畑等の被害の記録は見あたらないものの、政府は阿蘇の神霊池に強い関心を向けている。神霊池とは、中岳第一火口に形成される火口湖（湯だまり）であろう。そこでまず火山学の成果から、その仕組みを簡単に紹介しよう。

第一火口では、非噴火期を通じて高温の火山ガスが噴出している。火口の地下には帯水層（地下水）が確認されており、活動が静穏な時期に、現代の観測で水温七〇度前後、PH〇・四三という強酸性、直径約二〇〇メートルの、エメラルドグリーン色の湖が形成される。観測にもとづく推計では、湖底から供給される熱水は年間約三〇〇万立方メートルに達するが、降水の流入量は年間二二万立方メートル足らずで、湖水の大部分は湖底からの噴出によるとみられている。この火口湖は、噴火活動に先立って典型的な活動サイクルがある。すなわち、水温が上昇するとともに蒸発によって水位が低下し、湖水が消滅する。乾燥のため噴気孔周辺が赤熱し、噴気ガスとともに火道の土砂が巻き上げられ、日中は有色噴煙、夜間には火炎現象が認識され、周辺には少量の火山灰も降下する。そしてマグマ水蒸気爆発や、噴石などが数千メートルに達する噴火に至る。この噴火活動の衰退後、火口湖が再生されるというサイクルである。なお爆発手前の状態が継続し、大雨などを契機に火口湖の再生へ至ることもある。[注35]

国史には、神霊池の水位減少が延暦一五年（七九六）、天長二年（八二五）、承和七年（八四〇）の三回、神霊池の沸騰（小規模な噴火）が貞観六年（八六四）に、同じく小規模な噴火と地震が貞観九年（八六七）に記されている。まず、対応が後世に前例とされる、『日本後紀』延暦一五年（七九六）七月辛亥条を掲げよう。

詔曰、朕以二眇身一、忝承二司牧一、日旰忘レ食、憫二一物之向レ隅、昧爽求レ衣、懼二五行之紊レ序、比来大宰府言、肥後国阿蘇郡山上有レ沼、其名曰二神霊池一、水旱経レ年、未二嘗増減一、而今無レ故涸減二十余丈、考二之卜筮一、事主二旱疫一、民之無レ辜、恐レ蒙二其殃一、方欲二修レ徳施レ恵消レ妖拯レ民、其天下鰥寡惸独不レ能二自存一者、量加二賑給一、兼令二毎レ寺三日、斎戒・読経・悔過一、庶恤隠之感、格二於上天一、霊応之徴、被二於卒土一焉。

桓武天皇は詔で、自身の施政の是非についての懸念をのべたうえで、旱魃でも増減しない阿蘇山神霊池の水が故なく二〇丈余減少したという大宰府からの報告を受け、これを卜筮したところ旱疫と出た。そこで天皇は、罪のない民が災を被ることを恐れ徳政により妖兆を消し民を救いたいとして、天下の鰥寡孤独不能自存者への賑給と寺ごとに三日間の斎戒・読経・悔過を命じた。このときの予防的対応は、阿蘇山や肥後国に限ったものではなく全国を対象としている点が、これまでみてきた桜島の活動などへの対応と異なっている。[注36] 善政が上天を感応させることを期待した、いわゆる天人相関思想にもとづく対応であって、神霊池の異変を君主の施政と関連づけて解釈している。

延暦一五年の対応は後に踏襲されてゆく。『類聚国史』（疾疫）の天長二年（八二五）四月庚辰条によると、淳和天皇は諸国で疫癘がやまず、心を痛める状況下で、大宰府から神霊池の水量が二〇丈余り減少したという報告を受けた。天皇は、延暦年中に同様の怪があったとき卜に旱疫と出たこと、政治に問題があることを戒めているのではないかとして、「徳は必ず妖に勝ち善は克く患を除く」ので、攘災のため今回も寺での斎戒、また鰥寡孤独不能自存者への賑給、病人への食物と薬の支給、さらに弘仁一三（八二二）・一四年の二年間の未納の調庸の免除を行わせた。このときも全国を対象にしたと考えてよいだろう。さらに淳和天皇は、同年閏七月四日に桓武天皇陵へ神霊池の水位低下について遣使報告している。[注37]

承和七年（八四〇）には、「大宰府言、在二肥後国阿蘇郡一健磐龍命神灵池、洪水大旱未二嘗増減一、而涸渇卌丈[注38]」と、神霊池の水位が四〇丈も低下したとの報告があった。仁明天皇はこの異変に対して、一二月に伊勢神宮に遣使し「国異」として祈禱している。[注39]翌承和八年（八四一）三月の詔では、神霊池の水位減少を治政への咎と受け止め、亀卜で旱疫の予兆と出たため、前規にのっとり徳政を施して災を防ぐとして、全国を対象に、寺での斎戒・読経、神社への奉幣、今年の雑徭の軽減、社会的弱者への賑給などを命じ、さらに国司に灌漑池の堤防修理を勤めさせ、大宰府には不慮の事態への備えを命じている。[注40]

このように阿蘇山神霊池の水位の変化は日常的に観察されており、その異変は大宰府から中央政府へ報告されていた。異変は君主の施政への警告、また旱魃・疫病の予兆と解釈されて、全国的な徳政や神仏への祈願がなされた。神霊池の神は一地方神ではなく、より広範囲に影響を及ぼすという神威が認められていたようである。

神霊池に関する記事は延暦一五年が初見史料であるが、阿蘇山への中央政権の関心は、おそらく七世紀以前にさかのぼるものと思われる。『隋書』東夷伝倭国条に、「有二阿蘇山一、其石無レ故火起接レ天者、俗以為レ異、因行二禱祭一」と、阿蘇山が特記されているが、これは遣隋使が倭国の地誌として特に報告したためであろう。

さて、貞観六年（八六四）には小規模な噴火と思われる記事がある。

大宰府言、肥後国阿蘇郡正二位勲五等健磐龍命神神霊池、去十月三日夜、有レ声震動、池水沸二騰空中一、東南洒落、其落二東方一者、如布延縛、広十許町、水色如レ漿黏二着草木一、雖レ経二旬日一、不二消解一、又比売神嶺、元来有二三石神一、高四許丈、同夜二石神頽崩、府司等決二之亀筮一云、応レ有二水疫之災一。[注41]

大宰府が年末に報告してきたところによると、一〇月三日夜、神霊池は音をたてて震動し、池水が空中に沸きあがり東南方向に落ち、東へは一〇町ほどに広がった。水は粥のような状態で草木に付着したが、一〇日を経ても消えなかった。また比売神のほうでは、元来高さ四丈もの三つの巨石があったが、同夜にそのうち二石が崩れ落ちた。大宰府で亀筮したところ、水疫の災害の予兆と出たという。

翌貞観七年（八六五）正月四日には、去年に陰陽寮が明年に「兵疫之災」があると奏してきたこと、近日に天文博士が「兵事」に備えるべきと奏してきたことを受け、十五大寺はじめ寺で大般若経・金剛般若経の読経、全国の国分寺でも金剛般若経の転読が指示されている。[注42]そして二月一〇日、清和天皇が詔の中で次のように述べる。

詔曰（略）、去冬大宰府言上、在二肥後国阿蘇郡一神霊池、経二淫雨一而無レ増、在二亢陽一而不レ減、而今無レ故沸騰、衍二溢他県一、亀筮所レ告、兵疫為レ凶、朕之中腸、永谷最切、夫脩レ徳嫁レ禍、既有二前聞一、行レ善攘レ殃、非レ無二往鑑一、宜二毎寺薫修、毎社走幣一、頼二茲冥祐一、防二彼咎徴一、又鰥寡孤独不レ能二自存一者、量加二優賑一、使レ得二支済一、又天安二年以往租税未納、皆勿二詭責一、一従二蠲除一、所レ冀至精広被、消二霧露於無形一、潜衛傍通、静二風塵於未兆一、布二告遐迩一、俾レ知二朕意一。[注43]

ここでは亀筮により「兵疫」の危険性が示されている。同日、太政官が五畿七道に下した詔書では、「夫仏法所レ崇、尤在二誠信一、神明所レ感、寔資二潔清一」として、国分寺及び定額寺での金剛般若経の転読、正税を充当しての国内諸社への奉幣、救急義倉をもっての賑給、天安二年以降の租税未納は帳簿掲載分についてみな免じることなどを指示している。[注44] さらに四日後の二月一四日には豊前国宇佐八幡宮へ、また一七日には天智陵・桓武陵・仁明陵・文徳陵へ勅使を派遣し、神霊池の沸騰が卜で「兵疫」の予兆と出たこと、ほかにも物恠が多いことをのべ、天下の平安、兵疫不発、宝祚無動などを祈願した。[注45] このように阿蘇山神霊池は、九世紀後葉にかけての時期には一地方の山ではなく、天皇の施政に影響を及ぼす神威をもつものであった。

貞観九年（八六七）には火炎現象と火山性地震が記録されている。大宰府の報告によると、五月一一日夜に山頂で火炎現象がみられ、一二日朝には震動とともに山崩れが起こったという。[注46] このときの神霊池の水位については記録がなく、そのためであろうか、全国的な施策がとられた様相も確認できない。

四　台風と疫病――むすびにかえて――

本稿では自然災害のなかでも、おもに地震と火山災害を取りあげてきたが、九州は気象災害も少なくない。表1にみえる八月・九月あるいは秋の「大風」災害は台風によるものであろう。延喜五年（九〇五）の『筑前国観世音寺資財帳』には観世音寺の建物等を破損・倒壊させた規模の「大風」が、貞観二年（八六〇）、貞観一三年（八七一）、元慶三年（八七九）、同四年（八八〇）、仁和元年（八八五）にあったと見える。いずれも八月・九月であり、台風が来襲したのであろう。台風の被害は建物だけでなく農作物にもおよび、租や調の免除、家を失った百姓への賑給などの政策がとられたことが、表1からわかる。

疫病については、表1によると天平七年（七三五）、同九年（七三七）、弘仁一三年（八二二）から天長二年（八二五）の時期、天長七年（八三〇）、承和五年（八三八）、そして仁寿三年（八五三）に大きな流行がみられる。このうち藤原四子を死に至らしめた天平九年の疫病について、福原栄太郎氏は環境史の観点から天平諸国正税帳を分析し、その痕跡を検討している。九州について福原氏は「天平九年豊後国正税帳」の出挙稲の免・未納負稲率が五〜六割におよぶことなどから、天平九年の豊後国での人口減少率を五〇％前後と推算された。疫病は公出挙の赤字、免租を含めた収入の減少と賑給による正税総量の減少だけでなく、官人・百姓ともに人口の大幅な減少をもたらし、地方官衙の実務者不足など、地方行政にも支障をきたしたとみられたこと[注47]は注目される。

疫病による人口減少を示す記事として、天長七年に「夭死稍多」[注48]と、また承和五年には、筑前・筑後・肥前・豊後等五カ国で「死亡者半」とある[注49]。いずれも四月という食料の乏しい季節であることが罹患者を増やした可能性が考えられ、承和五年には九州北部で急激な人口減少を起こしたようであるが、これらの具体的な分析や社会への影響については本稿では検討できなかった。今後の課題としておきたい。

注

1　二〇一六年八月三一日に至っても、熊本市西区と宇城市で震度五弱の地震が発生している。また八月一九日、気象庁は大地震発生後の「余震」の表現を、防災上の観点から使わないと発表した。

2　『続日本紀』天平一六年五月庚戌（辰カ）条。なお『類聚国史』はこの記事を巻一七一災異五の「地震」に収めている。
3　ちなみに近年では、一九九九年九月二四日に熊本に上陸した台風一八号が、満潮のタイミングと重なったこともあり、高潮のため宇城市不知火町（当時は宇土郡不知火町）で一二人の死者を出す災害を起こした。このときの高潮は、満潮による潮位上昇とあわせて四メートルを越す高さとなって陸地へ押し寄せている（国土交通省ホームページ「我が国の主要な高潮災害」（http://www.mlit.go.jp/river/pamphlet_jirei/kaigan/kaigandukuri/takashio/3saigai/03-0.htm）二〇一六年五月一日閲覧）
4　『日本三代実録』貞観一一年一〇月二三日丁未条
5　『日本三代実録』貞観一一年一二月一四日丁酉条
6　『日本三代実録』貞観一一年一二月二九日壬子条
7　国立天文台編『理科年表　平成二八年　第八九冊』（丸善出版、二〇一五）七二四頁。なお天武七年一二月はユリウス暦で六七九年一月にあたるため、『理科年表』など自然科学系の集成では地震発生年を六七九年と記している。ただし本稿は『日本書紀』の年紀を主とするので、ここでは六七八年としておく。
8　松村一良「『日本書紀』天武七年条にみえる地震と上津土塁跡について」（『九州史学』九八号、一九九〇年）など。
9　白木守「水縄断層系の活動に伴う地震痕跡」（『古代学研究』一七五号、二〇〇六年）
10　久留米市市民文化部文化財保護課ホームページ　二〇一五年六月一一日のお知らせ（https://www.city.kurume.fukuoka.jp/1500soshiki/9125bunkazai/3010oshirase/2015-0514-1009-551.html）（二〇一六年五月一日閲覧）
なお高良山神籠石の崩壊が筑紫地震によるとの説もある（久留米市文化観光部文化財保護課・久留米市埋蔵文化財センター編『第三四回　久留米の考古資料展・展示解説図録　高良山神籠石と七世紀のくるめ』二〇〇九年、一八～一九頁）。
11　白木前掲注9論文　四七頁。
12　松村前掲注8論文、四頁。
13　白木前掲注9論文、四七頁。
14　成尾英仁「始良町小倉畑遺跡の液状化跡」（『鹿児島県地学会誌』八七号、二〇〇三年）、同「鹿児島県の地震と遺跡」（『古代学研究』一六六号、二〇〇四年）五二～五四頁。
15　小林哲夫「桜島火山の地質」（『日本火山学会講演予稿集』一九九〇（一）、一九九〇年）二二頁。

16 味喜大介・小林哲夫「桜島火山・南岳の形成過程――溶岩の古地磁気学的年代と噴出量の推定からの考察――」（『火山』六一巻一号、二〇一六年）。なお従来、大正噴火・安永噴火・文明噴火より天平宝字噴火は小規模とみなされてきたが（たとえば中央防災会議・災害教訓の継承に関する専門調査会『一九一四　桜島噴火　報告書』内閣府、二〇一一年、一五頁）、味喜・小林論文では文明噴火と総マグマ噴出量が同程度と推定され、「天平宝字噴火はこれまで推定されていたよりは噴火規模が大きかったと考えられる。」（二五一頁）と見直しがなされつつある。

17 小林哲夫「桜島火山の地質：これまでの研究の成果と今後の課題」（『火山』二七巻四号、一九八二年）。小林によると、安永噴火の際にもいったん九つの新島が出現したが、直後の合体と水没の結果、現在残っているのは四島である。また味喜・小林前掲注16論文によると、長崎鼻溶岩が海中に流入して形成された溶岩地形は周辺海底と約一〇〇メートルの落差をもち、長崎鼻溶岩の体積は〇・八四立方キロメートルと推定されている（二四一・二四六頁）。

18 『続日本紀』宝亀九年（七七八）一二月甲申条。現在、天降川左岸の鹿児島県霧島市国分広瀬に大穴持神社が鎮座している。

19 この噴火記事をもとに、大穴持神の「大穴」を火山の噴火口とみて、大穴持神の神格を大きな火口を持つ火山神とする説が国文学の分野で出され（益田勝実「火山列島の思想――日本的固有神の性格――」『火山列島の思想』筑摩書房、一九六八年、初発表一九六五年）、近年では日本史学でもこれに依る著作があるが（保立道久『歴史のなかの大地動乱――奈良・平安の地震と天皇――』岩波新書、二〇一二年、特にⅣ章）、疑問である。ここでは国文学の金光すず子氏による批判を引用しておきたい。

それでは火山のないところに大穴持信仰がないかと言えばそうではない。出雲、播磨国風土記のこの神は火山との関わりは何もなく、記紀を介して国土創造神として抽象化された結果、国土創造の一形態たる地震、火山の噴火による地殻変動もこの神の創造的神威に帰されたに過ぎず、この神の発展段階において付随してきた派生的側面であって、本来的内性とはし難い（金光すず子「「大己貴」「大穴牟遅」の訓と意義――その研究史的整理と展望――」『風土記研究』一五号、一九九二年、二七頁）。

20 味喜・小林前掲注16論文、二四一頁。

21 藤野直樹・小林哲夫「開聞岳火山の噴火史」（『火山』四二巻三号、一九九七年）

22 下山覚「考古学からみた隼人の生活――「隼人」問題と展望――」（新川登亀男編『古代王権と交流8　西海と南島の生活・文化』名著出版、一九九五年）、同「災害と復旧」（上原真人ほか編『列島の古代史2　暮らしと生業』岩波書店、二〇〇五年）、鎌田洋昭・中摩浩太郎・渡部徹也『橋牟礼川遺跡』（同成社、二〇〇九年）、渡部徹也・鎌田洋昭・鷹野光行・新田栄治「遺跡にみる貞観一六年の開聞岳噴火災害について」（『条里制・古代都市研究』第二八号、二〇一三年）など。

23 成尾英仁・永山修一・下山覚「開聞岳の古墳時代噴火と平安時代噴火による災害――遺跡発掘と史料からの検討――」（『月刊地球』一九巻四号、一九九七年）

24 『日本三代実録』仁和元年一〇月九日庚申条

25 前掲注22、および指宿市教育委員会『指宿市埋蔵文化財発掘調査報告書第四一集　平成一八年度市内遺跡確認調査報告書　敷領遺跡・慶固遺跡』（二〇〇七年）二九頁。

26 下山前掲注22「災害と復旧」論文、二六八頁。

27 『日本三代実録』貞観九年四月三日壬申条

28 藤沢康弘・奥野充・中村俊夫・小林哲夫「九州北東部、鶴見火山の最近三万年間の噴火活動」（『地質学雑誌』一〇八巻一号、二〇〇二年）五六頁。

29 小林哲夫「由布・鶴見火山の地質と最新の噴火活動」（『地質学論集』二四号、一九八四年）一〇五頁、保立前掲注19著書四六頁など。

30 藤沢ほか前掲注28論文、五六頁。

31 「鶴見岳・由布岳火山防災マップ」（http://www.pref.oita.jp/uploaded/attachment/1025193.pdf）（二〇一六年五月一日閲覧）なおこの土石流災害について、「現在の別府市南部の活断層である朝見断層線に沿って発生した地すべりか。」とする説もある（『新日本古典文学大系　続日本紀　四』岩波書店、一九九五年、三九〇頁の脚注）。

32 『続日本紀』天平一四年正月辛亥条

33 『続日本紀』天平一四年一一月丙寅条

34 大學康宏「古代から中世の霧島火山群の噴火年代――宮崎県内の「霧島高原スコリア」を中心として――」（『人類史研究』一四号、二〇〇八年）六六頁、桒畑光博「霧島火山群の主要テフラと考古学への応用」（『月刊地球』三七巻六号、二〇一五年）二四九頁。

35 寺田暁彦「阿蘇火山中岳の火口湖「湯だまり」の火山学的理解」（『月刊地球』三四巻一二号、二〇一二年）、吉田美由紀・寺田暁彦・岡野麻衣子・大西由紀・瀧川亜矢子・江口啓介・古澤知里・須藤靖明・吉川慎「湯だまりクッキング――阿蘇中岳第一火口「湯だまり」を楽しく理解するために――」（『日本火山学会講演予稿集』二〇〇九年、九二頁）など。

36 同じ延暦年間の富士山の噴火の際には、駿河・相模両国に鎮謝を加え読経するよう命じており、富士山についても現地での対応をとらせている（『日本紀略』延暦二一年正月乙丑条）。また貞観六年の富士山噴火の際には、「蓍亀」したところ浅間名神の禰宜・祝等が斎敬を勤めなかったためという結果が出、国司に鎮謝を指示している（『日本三代実録』貞観六年八月五日己未条）。

37 『日本紀略』天長二年閏七月乙亥条

38 『続日本後紀』承和七年九月癸巳条

39 『続日本後紀』承和七年一二月己酉条

40 『続日本後紀』承和八年三月己亥条

41 『日本三代実録』貞観六年一二月二六日己卯条

42 『日本三代実録』貞観七年正月四日丙戌条

43 『日本三代実録』貞観七年二月一〇日壬戌条

44 注43に同じ。

45 『日本三代実録』貞観七年二月一四日丙寅条、同一七日己巳条

46 『日本三代実録』貞観九年八月六日壬申条。なお新訂増補国史大系本及び朝日新聞社本の『日本三代実録』は、六日条につづく八月八日甲戌条を「下二知大宰府一、令下二豊後国一鎮中謝神山崩之恠上也焉」と、豊後国に山崩れの怪異を鎮謝させたとしている。阿蘇山は東側を豊後国と接しているものの、当該条は「肥後国」の誤りではなかろうか。豊後国では前述のとおり同年正月に伽藍岳の噴火があったが、すでに四月三日条に対応がとられている。

47 福原栄太郎「再び天平九年の疫病流行とその影響について」（橋本政良編著『環境歴史学の視座』岩田書院、二〇〇二年）

48 『類聚国史』（巻一七三災異七疾疫）天長七年四月己巳条

49 『続日本後紀』承和五年四月庚子条。ここに四カ国を示して「五」カ国とあることについて新訂増補国史大系本は、四の誤りか或いは一国を脱落しているかと頭注に記している。九州北部地域に広がった疫病とすると筑前と豊後に挟まれた豊前が入っていないことはやや疑問である。決め手はないものの、豊前の脱落の可能性を指摘しておきたい。

中世都市鎌倉の災害と疾病

赤澤　春彦

はじめに

この二〇数年の間に日本列島は大地震や火山の噴火、あるいは酷暑や冷夏、大型台風といった異常気象に相次いで見舞われている。その中で歴史学では近年ようやく災害史の重要性を共有するようになってきた。日本中世史では磯貝富士男が一九七〇年代後半より精力的に研究を進めてきたが、[注1]あまり取り上げられず自然決定論として流される傾向にあったという。[注2]しかし、様々な災害の体験は研究者の認識を大きく改め、災害史を単なる事件史としてではなく、社会全体を解明する手段の一つとして重視すべきとの提言が盛んになされている。[注3]その一人である藤木久志は一九九三年の冷夏による大凶作を直接の契機として災害史に正面から取り組むことを決意し、史料収集を始めたという。[注4]その成果によれば、中世では前半（源平合戦～応仁の乱）は三～五年に一回の割合で、後半（応仁の乱～関ヶ原合戦）は二年に一回の割合で飢饉や疫病が発生していた。鎌倉・室町期は一〇年から五〇年の間隔で大飢饉が集中して起きたが、戦国期になるとこうした突発的な大規模災害よりもむしろ慢性的な飢饉や疫病に悩まされるようになったと指摘する。

このような突発的、慢性的な被災状況に対して社会はいかなる対策を講じてきたのであろうか。中世の災害史を概観する水野章二は中世の災害対応を、①宗教的、②工学的、③農学的、④社会的の四つにまとめる。[注5]①は国家から民衆にいたる重層的な祈禱が行われ、特に祈雨・止雨の祈禱が多かった。②は築堤、河川の改修、堀溝の開削、都市火災に対する瓦葺や土蔵の造作などを指す。③は複数の品種を作付けすることで収穫時期をずらして損耗を回避し、あるいは漁業など複数の生業を兼業して農業偏重から抜け出そうとする動向がみられるという。④は家、村落、村落連合、地域権力、国家といった様々なレベルでの社会集団による組織的対応を指す。このように中世はまさに被災の時代といえるほど戦争や災害が頻発していたが、中世前期における日本の主要都市の一つである鎌倉ではどのような災害や疾病が発生し、いかに対処されていたかを検討するのが本稿の課題である。

一　鎌倉の都市研究と災害史

1　都市研究の中の災害史

中世前期の都市研究は、とりわけ京と鎌倉について文献史学・考古学から盛んに進められ、双方の研究者によるシンポジウムも幾度となく開催されている。本稿の主題である災害、疾病についても政治、経済、宗教、生活などに多大な影響を与えることから早くから関心が持たれてきたが、概して都市研究の一部として扱われてきたように思う。[注6]鎌倉における災害の概説は、比較的早いものとして一九八一年に刊行された『神奈川県史』が「鎌倉の災害」を立項している。[注7] これによれば鎌倉は地震、洪水など種々の災害を被り、史料的には火災、地震、兵乱に関わるものが主であるという。また、大三輪龍彦も特に大きな被害をもたらした災害として地震と火災を挙げ、とりわけ後者については発掘調査における痕跡の多さを指摘する。[注8] 大三輪や河野眞知郎のように中世考古学からは都市構造の解明につながる重要な提言が出されてきたが、歴史学では先述の災害史に対する距離感からか、一九八〇年代は深く掘り下げた分析はそう多くはない。

しかし、一九九〇年代以降、災害の視点から都市鎌倉の特質について考察する重要な論考が発表されはじめる。鎌倉における火災を分析した盛本昌広や、永仁元年（一二九三）に発生した関東大地震と平禅門の乱の関係を論じる峰岸純夫らである。[注9] また、近年の都市鎌倉と災害にかかる基本的かつ重要な研究として福島金治と高橋慎一朗の論文を挙げておかなければならない。[注10] 福島は古老らの記憶が鎌倉の災害を記録する基盤となっていたこと、地震や洪水が山崩れの多発を誘引し復興には多量の土砂の処理を要したこと、火災では寺社の重宝や幕府記録の焼失が特に問題視されたこと、幕府は類焼を防ぐため家屋破壊を積極的に行ったこと、災害復興には陰陽師や密教僧が濃密に関与していたことなどを指摘する。高橋は文献史学・考古学のこれまでの成果を整理しつつ、都市における災害の特質を人為的要素と災害への対処の視点から読み解き、都市化は必然的に災害をもたらすこと、幕府は防災を主導したものの限定的であったことなどを指摘する。これら近年の成果では災害復興や都市災害の特質という視点から読み解かれ、鎌倉における災害の具体像やその対策が明らかになってきている。

2　鎌倉の火災と水害

火災については盛本昌広が『吾妻鏡』にみえる火災の日時・場所・風向き・出火原因を分析し、鎌倉での火災の特徴について、火災が深夜に集中していること、原因は火の不始末と推測されることを指摘する。[注11] 寺社の仏前に捧げる灯火や武家屋敷の宿直の灯火が倒れて燃え広がり、また冬に火災が多いことから暖房器具の不始末も主な火元であったという。高橋慎一朗は盛本や藤木の成果を参考に一二世紀末から一五世紀中頃までの鎌倉の火災略年表を作成し、一四八件の記事を挙げる。このうち幕府滅亡後は二〇件と、そのほとんどは鎌倉に幕府が置かれていた時代のものである。記事数による単純な比較は断定を避けなければならないが、高橋が指摘するように放火や合戦といった政権都市固有の要件が整う鎌倉期の鎌倉は火災が頻発し、時には大規模な被害を人々にもたらした。幕府は家屋を破壊して延焼を防ぎ、予防として防解火災祭などの陰陽道祭祀を行った。また、鎌倉の保奉行人と都市整備に関する史料として著名な延応二年（一二四〇）二月や寛元三年（一二四五）四月の法令にみえる、「小路を狭く成す事」、「宅の檐を路に差し出す事」、「町屋を作り漸々に路を狭むる事」、「小家を溝の上に造り懸くる事」などの禁令は、火災の拡大の原因となる建物の密集を防ぐための対策でもあったと考えられる。[注12] また、鎌倉でよく見られる方形竪穴建築址という半地下式の建物遺構は火災から財産をまもるためであったという指摘もある。[注13] このように鎌倉における火災は自然災害というよりは人為性の高い人災としての側面が強調され、そこに都市としての特質を見る点でこれらの研究は共通する。

次に大雨や洪水による水害についてまとめよう。中世では旱魃より長雨・洪水の方が多く、飢饉や疫病の原因となっていた。[注14] そもそも鎌倉は地形の性質上、主要河川である滑川の河口がふさがれやすく、洪水が発生しやすい条件下にあったという。[注15] また高橋は鎌倉の水害を考察するにあたって多数の溝の存在に注目する。すなわち鎌倉には住宅周囲の雨落溝、土地境界の区画溝、道路の側溝など無数の溝が引かれ、これらは都市において不可欠な設備であったが、水害を引き起こす原因ともなっていたという。とするならば、鎌倉における建物の密集化は火災の拡大を招く原因となっていただけでなく、水害を引き起こす遠因ともなっていたのである。建物の増加や密集は生活排水の増加や雨水浸透面の減少を招く。溝の上に小家が建てられていたことは先に挙げた寛元三年の法令から明らかであるが、こうした造作の拡張や過度な生活排水によって溝を詰まらせたことも想定される。高橋はこうした都市施設の諸条件による水害を「都市型水害」に近いものとして、人が集住する都市特有の災害として理解している。こうした都市に発生する水害は施設管理が非常に重要であり、都市管理を担う存在として注目されてきた保奉行人の活動も災害対策の視点から位置づけ直すこともできよう。

このように鎌倉の災害史研究は火災と水害を中心に、都市研究と密接に関連しながら災害の様相や原因が具体的に明らかになってきている。かかる研究状況を受けて、本稿では具体的に以下の二点について考察を試みたい。一つは従来の研究の中であまり論じられてこなかった風害の実態と幕府の対策を検討し、災害に対する認識について考えたい。もう一点は疾病に注目してみたい。高橋は鎌倉の災害にかかる課題として都市の問題に限定して論じるだけでなく周辺地域との関係を視野に入れて論じる必要性を説いているが、この課題を考える一つの視角として疾病を取り上げて検討する。

二　鎌倉の風害と風伯祭

1　大風による被害と風伯祭

風害は台風などの暴風と辻風（旋風）に大別される。[注16] 種々の災害のうち風害はあまり注目されてこなかったが、高橋慎一朗は鎌倉の災害史の中で風害を立項し、鎌倉では風害が頻繁に見られたこと、風害の予防として幕府は陰陽師に風伯祭を執行させたこと、風水害の迅速な復旧をめぐる議論が幕府で話し合われていたことなどを指摘する。

高橋は文治二年（一一八六）から天文九年（一五四〇）までの鎌倉風害略年表を作成し三七件を挙げる。月別では正月と一二月を除く全ての月でみられるが、このうち八月が一六件、九月が七件（うち六件が初旬）と六割以上を占め、台風シーズンに被害が集中している。史料には御所や武家屋敷、あるいは鶴岡八幡宮などの寺社が倒壊した記事が散見されるが、一般家屋の被害も顕著である。『吾妻鏡』から鎌倉全体が被災した風害を抜き出すと、建仁元年（一二〇一）八月一一日の大風で鶴岡八幡宮以下の仏閣塔廟が転倒し、「万家一宇無㆓全所㆒」という大きな被害を与えている。この他、建保五年（一二一七）九月四日条では「鎌倉中舎屋大略顚倒」、承久二年（一二二〇）七月三〇日条では「鎌倉中人家、或為㆑風顚倒、或依㆑水流失」、寛喜二年（一二三〇）九月八日条では「御所中已下人家、多以破損顚倒」、嘉禎四年（一二三八）三月二三日条では「人屋皆破損」、宝治元年（一二四七）九月一日条では「仏閣人家多以顚倒破損」、文応元年（一二六〇）八月五日条では「人屋多以破損」、弘長三年（一二六三）八月一四日条では「民屋大略無㆓全所㆒」などがみられ、嘉禎四年を除けばおおむね台風によるものと考えてよいだろう。特に弘長三年の大型台風によって由比浦で数十艘の船が破損、沈没した。また、建長六年（一二五四）七月一日の大風は「古老云廿年以来無㆓如㆑此大風㆒云々」とあり、火災、洪水、兵乱と同様に風害も人々の記憶される重大な災害であった。[注17]加えて風害の記事には「損亡五穀」（建仁元年八月二三日条）、「稼穀皆損亡」（寛喜二年八月八日条）、「諸国田園悉以損亡」（正嘉二年八月一日条）など、作柄に関する記述が併記されることが多く、旱魃や長雨などの自然災害と同様にその年の作柄に多大な影響を与えた。また、都市における風害は単に家屋を倒壊・破損させるだけでなく、大雨を伴う暴風は洪水を引き起こし、辻風は火災を拡大させる原因ともなっていた。特に火災については烈しい南風が火災の原因となり、被害を拡大させる要因となっていたことが指摘されている。注18 このように都市災害において風害は二次災害を誘引する特質を有していたのである。

これらの風害への対処として幕府が陰陽師に行わせたのが風伯祭である（表1）。

表1　風伯祭（鎌倉）一覧

No.	年月日	内容	理由・目的	執行陰陽師
1	寛喜三（一二三一）六・一五、六・一六	15日戌刻、由比浦鳥居前で安倍泰貞が風伯祭を行う。翌日風が治まり泰貞に剣を下賜。関東の初例【史料1】	「自去月中旬比、南風頻吹、日夜不休止、為彼御祈」	安倍泰貞
2	仁治一（一二四〇）七・二七	入夜、由比浦にて「寛喜之例」に任せて風伯祭を安倍泰貞が執行	「是今年天下旱魃之間、兼為攘風難所被行也」	安倍泰貞
3	寛元一（一二四三）七・一六	戌刻、由比浦にて安倍泰貞が風伯祭を行う		安倍泰貞
4	建長三（一二五一）七・三〇、八・一	7／30に風伯祭の沙汰があり、8／1夕方由比浦にて安倍国継・安倍為親が執行	「凡此間風雨渉日、攘風災為令有西収豊稔」	安倍国継 安倍為親
5	建長八（一二五六）七・二六	天変の祈禱として安倍晴茂が雷公祭を、安倍為親が風伯祭を主張するが評定の結果、いずれも行わず【史料3】	「度度変異等事、可被行御祈禱」	（安倍為親）
6	正嘉一（一二五七）七・一三	入夜、前浜鳥居辺にて「寛喜之例」に任せて風伯祭を安倍為親が行う	「是為天下豊稔御祈禱也」	安倍為親
7	文応一（一二六〇）六・一九	浜鳥居辺にて安倍為親が風伯祭を行う。将軍宗尊の命により旧祭文を使用		安倍為親
8	弘長三（一二六三）七・一〇	前浜にて安倍宣賢が風伯祭を行う		安倍宣賢

＊出典はすべて『吾妻鏡』

【史料1】『吾妻鏡』寛喜三年（一二三一）六月一五、一六日条

十五日庚午、晴、戌剋、於二由比浦鳥居前一、被レ行二風伯祭一、前大膳亮泰貞朝臣奉二仕之一、祭文者法橋円全奉レ仰草レ之、①是於二関東一、雖レ無二其例一、自二去月中旬比一、南風頻吹、日夜不二休止一、為二彼御祈一、②武州令二申一行一給之、将軍家御使色部進平内云々、武州御使神山弥三郎義茂也、③今年於二京都一、被レ行二此御祭一之由、有二其聞一、在親朝臣勤行云々

十六日辛未、霽、今日風静、去夜風伯祭効験之由、有二其沙汰一、泰貞朝臣賜二御剣等一云々

寛喜三年五月中旬頃から鎌倉では頻繁に南風が吹いていたため、六月一五日の戌刻に由比ヶ浜に建つ鶴岡八幡宮の鳥居前で安倍泰貞が風伯祭を執行した。風伯祭は関東では勤修の例はなかったが、同じ年に京都で賀茂在親が行ったとの情報があり、執権北条泰時がこの祭祀を命じ泰貞が執行することになった（史料1傍線部①〜③）。その結果、翌一六日に風は静まり、風伯祭の功験が認められ泰貞には剣が下賜された。これが鎌倉における風伯祭の初見であり、以後この「寛喜之例」を先例として鎌倉に定着することとなる（表1―2、6）。また、祭祀の時刻は夕方もしくは夜とし、祭場は由比ヶ浜鳥居前で行うのが先例となった。由比ヶ浜では風伯祭以外にも七座百怪祭や霊所七瀬祓、霊気祭などの祭祀が行われたように[注19]、ここは鎌倉の南の境界に定められており、ここに結界を張ることで南風から鎌倉を護ることを意図したのであろう。加えて、執行陰陽師は主に安倍泰貞・為親父子であったことから泰貞流陰陽師が相伝する祭祀であったと考えられる。

2　風伯祭の登場

そもそも風伯祭とはいかなる祭祀なのか。鎌倉後期に編纂された陰陽道書『文肝抄』から祭儀をみてみよう。

【史料2】『文肝抄』

∴雷公百三　於二北野社右近馬場一勤コ仕之一、斎籠第三日夕祭レ之

　魚味　　撫物　鏡近例也

　五座　霹靂《イカツチノ名也》時幷為二天下豊饒一被レ行レ之、斎籠・御撫物・御祭文・用途等同二属星一

∴風伯百四　一名風神　甲子日　風伯死月日歟也不レ可レ被レ行レ之

　魚味　　撫物　無鏡　　有賞

　九座　　牛一頭　白鶏一羽

①大風幷為二天下豊饒一祭レ之、但御撫物幷斎籠・祭庭・用途等同前

同三ヶ夜斎籠也、御撫物事或記云雷公用レ鏡風伯御衣云々、②而寛喜三年辛卯被レ行之時、雖レ申下無二御撫物一之由上被レ渡之間、申二子細一用二御撫物一勤コ仕之一、斎籠御祭間過二暇日数一ノ者不レ可レ憚云々、月水可レ有レ憚也

『文肝抄』は京都府立総合資料館が所蔵する「若杉家文書」に収められる陰陽道書である。すでに『陰陽道基礎史料集成』[注20]に写真が掲載され知られている。同書所収の村山修一による解説によれば、『文肝抄』は一四九種

にわたる陰陽道祭の修法や作法儀礼の指南書であり、本来は数巻からなるが、現存するのは第四巻目のみで、九七番の五帝四海神祭から一四九番の身固作法までが列記されている。奥書はないが文中の文言から一三世紀末を遡らない時期に賀茂在親の後裔にあたる在材によって編纂されたという。また近年、『文肝抄』の編者について検討を加えた室田辰雄は編纂の背景として、鎌倉後期に衰退してゆく在親流陰陽師が賀茂氏内での存在を主張する意図を込めていたことを推定している。[注21]

『文肝抄』によれば、風伯祭は風神を祀り、風神の忌日である甲子日には行わないこと、大風や天下豊穣に対する祭祀であること、撫物は鏡を用いるが近年では御衣に替えていること、祭庭は雷公祭と同様に北野社の右近馬場で行うこと、三日間参籠し三日目の夕方に執行することなどが定められていた。京では雷公祭と併せて行うことが多く、鎌倉では風伯祭のみを行うことから高橋慎一朗は鎌倉の風伯祭を関東流と推定している。

風伯祭は京でも寛喜三年以前には確認できない祭祀である（表2）。初見は寛喜三年でこれは『文肝抄』からも確認できる（史料2傍線部②）。『民経記』によれば翌貞永元年（一二三二）三月と四月に風伯祭用途の功による除目が行われており、これを裏付けている（表2―3、4）。寛喜三年に風伯祭が行われたのは同年一月から三月にかけて京を襲った深刻な風害に起因する。『民経記』に「抑自二今年正月一日一至二今日一、頗風声荒、是如何、風以レ不レ鳴レ枝為二豊年一、而閑日頗稀」（暦記二月一五日条）、また『明月記』にも「大風猛烈」（正月一日条）、「通夜大風雨降、荒屋破壊（中略）、連日大風摧二折花樹一、破二壊墻垣一、未後大風弥猛烈、匪直也事、極以怖異」（三月二日条）など風害の被害が目立ち、これら長期にわたる風害に対する祈禱として行われたのであろう。古記録類にはこれ以降、風害の記事がみられないことから風伯祭の功験の評判が高まり、その風聞が鎌倉に達し、採用されたのではないだろうか。

小坂眞二によれば陰陽道祭祀は十世紀までは四〇件程度であったのが鎌倉期には六、七〇件まで増えるという。[注22]『文肝抄』にも一四九件が掲げられているように鎌倉後期には多種多様の陰陽道祭祀が存在していた。また、この時期は賀茂氏・安倍氏ともに多数の系統が林立し、賀茂・安倍の対立だけでなく氏族間でも激しい競合が展開された時代であった。[注23]風伯祭はこうした動向の中で新たに加えられた祭祀であったと考えられる。

表2　風伯祭（京）一覧表

No.	年月日	内容	執行陰陽師	出典
1	寛喜三（一二三一）六・一五	今年京で賀茂在親が風伯祭を執行したとの風聞あり【史料1】	賀茂在親	吾妻鏡
2	寛喜三（一二三一）	京にて風伯祭が行われる【史料2】		文肝抄
3	寛喜四（一二三二）三・二四	臨時除目、風伯祭用途の功をもって平某が刑部丞に任官		民経記
4	貞永一（一二三二）四・一一	臨時除目、風伯祭用途の功をもって藤原家綱が左兵衛尉に任官		民経記
5	貞永一（一二三二）四・一五	右近馬場にて「雷公風伯祭」が執行される		民経記
6	正元一（一二五九）一一・二一	朔旦叙位、父在清「雷公風伯祭」の賞の譲りをもって賀茂在雄が正五位下に叙任	賀茂在清	民経記
7	文永四（一二六七）八・三	今夜「雷公風伯祭」を賀茂在清が修す、用途三〇〇〇疋、諸国公事用途を充てる	賀茂在清	民経記
8	文永四（一二六七）八・二九	臨時除目、「雷公風伯祭」の賞による補任あり（人名は不明）		民経記
9	文永一〇（一二七三）八月	賀茂某申文。文永一〇年八月に修した「雷公風伯祭」の功をもって子息在幸の加階を申請（『鎌倉遺文』一〇・一五〇九九）	賀茂在幸父	兼仲卿記弘安七年三月巻紙背文書
10	弘安九（一二八六）八・五	雷公祭を賀茂在言、風伯祭を賀茂在秀が勤修	賀茂在言 賀茂在秀	勘仲記

＊賀茂在幸は諸系図で確認できないが在親系か在継系の陰陽師と推測される。

3　鎌倉における風伯祭導入の経緯

寛喜以降、京で行われた風伯祭を概観すると、執行者は賀茂氏嫡流の在親・在継兄弟の系統に限られ、同系統が相伝する祭祀であったとみてよい（表2）。そもそも祭祀は陰陽師であれば誰でもすべてを執行できたわけではない。祭儀が不明なものはたとえ安倍氏の有力陰陽師であっても勤修できなかった。例えば、元仁元年（一二二四）の幕府評定で二階堂行西が炎旱の祈禱として五龍祭を推した時、「於二此境一未無二勤行例一」として天地災変祭・属星祭・水曜祭に変更された。[注24] 五龍祭は平安期以来、請雨の祈禱として神泉苑で行われたが、一一世紀末から一四世紀にかけて賀茂氏の上臈陰陽師のみが勤め、安倍氏には祭儀が途絶えていたと考えられる。[注25] それでは鎌倉に定住し、かつ安倍氏庶流である泰貞はどのようにして風伯祭の祭儀を知り得たのだろうか。経緯の一端が次の史料にみてとれる。

【史料3】『吾妻鏡』建長八年（一二五六）七月二六日条

廿六日甲寅、晴、度々変異等事、可レ被レ行二御祈禱一之旨、可二計申一之由、為二和泉前司行方・清左衛門尉満定等奉行一、被レ仰二諸道一、仍陰陽師等群参、前陰陽権大允晴茂朝臣可レ被レ行二雷公祭一之由申レ之、天文博士為親朝臣申云、此祭、公家之外不レ聞二被レ行之例一、去寛喜三年、①依二前武州禅室之仰一、亡父泰貞行二風伯祭一、翌日風休止、任二其例一可レ被レ行二此祭一歟云々、晴茂朝臣重申云、如二諸国受領行之例一、進二覧親職自筆状一、行方披露之処、難レ被二決断一之間、被レ問二右京権大夫茂範朝臣・参河守教隆等一、茂範朝臣申云、去寛喜三年、被レ興二行彼祭一之時、被レ尋二安賀両家一之処、安家者不二覚悟一之由申レ之、陰陽頭賀茂在親朝臣勤仕

之例以後俊憲朝臣奉二仕之一、其外例不レ存二知之一云々、教隆真人申云、凡人勤仕之例、更以無二所見一云々、
依レ之、不レ可レ被レ行之由被レ定レ之云々

寛喜の風伯祭より二五年後の建長八年、東国は二月から六月にかけてたびたび大雨・洪水の被害を受けていた。[注26]幕府で祈禱の実施に関する評定が開かれ、安倍晴茂は雷公祭を主張し、安倍為親は亡父泰貞による寛喜三年の先例をもとに風伯祭を推した。議論の応酬の末、決着がつかず藤原茂範・清原教隆に意見を求めたところ、茂範は寛喜三年に風伯祭を行うとき、安賀両家（この時期に賀茂氏の鎌倉下向は確認できないので実質的には安倍氏を中心とする鎌倉陰陽師）に執行を打診したところ、安倍氏は祭儀を知らないとの回答であった。さらに教隆は凡人が行う祭祀ではないと断じ、結局風伯祭は行われなかった。すなわち幕府の記憶では寛喜三年の段階で鎌倉には風伯祭を執行できる陰陽師はいなかったことになる。

まず想定されるのは賀茂在親から安倍泰貞に伝授された可能性だが、両者の交流を直接示す史料はない。むしろ注目したいのは「武州令申行給之」（史料1傍線部②）、「依前武州禅室之仰」（史料3傍線部①）の文言で、ここから北条泰時の風伯祭執行に対する強い意志が看取される。その背景には寛喜の飢饉が想定されよう。寛喜元年より続く天候不順とそれに伴う大飢饉に対して幕府は幾度となく祈禱や祭祀を執行させたが効果は薄かった。その最中、泰時は京で行われた風伯祭の風聞を耳にし、鎌倉陰陽師に執行を命じたのではないだろうか。通常であれば陰陽師が家伝の祭祀次第を教えることは考え難いが、寛喜の飢饉という未曾有の災害を理由にする泰時の要請に賀茂在親が伝授を承引した可能性はあろう。祭祀次第は六波羅を経由して鎌倉に伝わったか、あるいは賀茂在親が九条家に私的に奉仕する陰陽師であること、五月四日に道家から鎌倉の頼経のもとに京で流行する疾病

除けの封が到来していることから、道家から頼経のルートで伝わった可能性も考えられる。[注27]
風伯祭の執行を一度は断った鎌倉陰陽師であるが、泰時の要請に応えた泰貞が功験を顕し、その結果、風伯祭は「寛喜之例」として定着する。史料3の幕府評定では「凡人勤仕之例、更以無所見」と一蹴されたが、早くもその翌年には「寛喜之例」に任せて安倍為親が執行しており（表1—6）、風伯祭が幕府にとっても鎌倉陰陽師にとっても重視された祭祀であったことがうかがえる。

4　天下豊穣の祈禱としての風伯祭

これまでの先行研究では風伯祭の目的は主に風害対策と理解されてきた。[注28]しかし、『吾妻鏡』をよく読むともう一つの目的があったことがわかる。表1から鎌倉で行われた風伯祭の目的をみると、明らかに風害を避けることを目的としたものは寛喜三年、仁治元年、建長三年のみである。ただし、仁治元年は「今年は世の中が旱魃なので、あらかじめ風難を攘うため」に行ったとあり、建長三年も「風災を攘い秋の収穫が豊かに稔るよう」祈願している点が注意される。つまり、強風による建物の倒壊や堰の決壊などへの予防というよりは、この時期の強風が秋の凶作を招くとの認識から凶作予防に重点が置かれていたのである。ここで幕府の念頭にあったのはやはり寛喜の飢饉であろう。さらに時代が下り正嘉元年には「攘二風難一」の文言が消え、単に「為二天下豊稔御祈禱一」のみ記されるようになる。このころには風伯祭の主な目的が天下豊稔の祈願に定着したと思われる。文応元年、弘長三年は特に理由は明記されていないが、前者は長雨（五月一六日条）や暴風雨（六月一日条）、後者は「自二昨日一、冷気如二秋天一、諸人纏二綿衣一」（六月一七日条）と冷夏による飢饉の前兆がみられ、これに対する天下豊穣の祈願であったと考えてよいだろう。

そもそも風伯祭には天下豊穣の功験が備えられていた。先に挙げた『文肝抄』には「大風幷為㆓天下豊饒㆒祭㆑之」（史料2傍線部①）と明記されており、風伯祭とセットで行われることの多い雷公祭にも「霹靂時幷為㆓天下豊饒㆒被㆑行㆑之」と同様の功験が示されている。風・雷と農事は古くから深い関係があるが、寛喜の飢饉発生時に功験を顕したことが、風伯祭の目的をこのように規定したのではないだろうか。

一方、京でも風伯祭は重要祭祀として扱われていた。風伯祭の用途額をみると、文永四年（一二六七）に賀茂在清が雷公祭・風伯祭を勤修した時、三千疋（三〇貫文）が諸国公事用途をもって充てられた（表2―7）。当時、朝廷で行われた祭祀の最高額である四角四境祭の五〇貫文には及ばないが、院庁で行われた天地災変祭が二〇貫文、女院平産の祈禱（天曹地府祭、泰山府君祭、三座呪詛祭、霊気道断祭）の二五貫文より額が大きく、朝廷が雷公祭・風伯祭を重要な国家祭祀の一つとして位置づけていたことがうかがえる。[注29]

このように鎌倉中～後期に京・鎌倉で凶作予防の重要祭祀として執行された雷公祭・風伯祭であるが、弘安九年（一二八六）を最後に公家・武家ともに行った形跡はなく、一三世紀の約五〇年間に限定した祭祀であった。

三　鎌倉の疾病

1　疱瘡・赤斑瘡・咳病

鎌倉時代の医学史には服部敏良、新村拓の大著があるが、必ずしも都市の視角から検討しているわけではない。[注30]というのも、人々が集住する都市に疾病が流行するのは当然のことであり、改めて強調する必要がないと判断されたからだろう。本稿では都市という視角から改めて鎌倉で発生した疾病について整理し、京と比較することで都市鎌倉における疾病の特質について考える。また、鎌倉の疾病は京から流入したことは容易に想定できるが、鎌倉が疾病の発症源となることはあったのかについても気になるところである。

服部、藤木の成果をもとに鎌倉における疾病の記録をまとめたものが表3である。まず、文治四年（一一八八）に窟堂の聖阿弥陀仏房なる者が路上で急死したことに関連して世上で多くの人々が急死する状況を伝える。建久三年（一一九二）一二月には万寿（のちの頼家）が疱瘡にかかるが、当時京で大流行したものが鎌倉に達したのであろう。これ以降、鎌倉には疾病が度々流行し、特に疱瘡、赤斑瘡、咳病が顕著である。

疱瘡（天然痘）は当時、最も恐れられた伝染病の一つである。強い感染力と高い致死率で一九八〇年にWHOが根絶を宣言するまで世界中で恐れられた。京をはじめ全国各地に蔓延し、多くの天皇が侵され、時には改元の理由となった。鎌倉では建久三年の次に承元二年（一二〇八）二月に将軍実朝が罹患して重体に陥り、近国の御家人が参集する事態となった。三度目は嘉禎元年（一二三五）一二月から翌年にかけて将軍頼経が発症した。これに対して幕府は大々的な祈禱を行い、加えて全国の本宮（伊勢・石清水・賀茂・春日・日吉・祇園・大原野・吉田・北野・六条若宮・熱田・熊野三社）に大般若経の転読と神楽を行うよう使者を遣わしている。[注31] 祈禱と医師丹波良基の治療により、翌年正月には快復したが、後遺症で股と膝に「押領使」という腫れ物が出たという。[注32] これら三回の流行はいずれも京で流行したものが鎌倉に及んだとみてよい。特に嘉禎元年の疱瘡は頼経や幕府にとって危機的な状況を生じ、治療にあたった丹波良基が翌二年に典薬頭和気清成を超越して正四位上という医師の最高官位に叙せられており、ことの重大さをあらわしている。[注33]

赤斑瘡（麻疹）は平安時代から流行し、当時は小児だけでなく大人もかかる病気であった。[注34] 鎌倉では嘉禄三年（一二二七）と建長八年（一二五六）に流行した。嘉禄三年は一〇月一三日に京で確認された後、翌月には「死亡

表3　鎌倉疾病一覧

年月日	記事	出典
文治四（一一八八）一〇・一〇	凡此間、人庶多以有頓死云々	吾妻鏡
建久三（一一九二）一二・二三	若公万寿、此一両日御不例、今日疱瘡出現給、此事都鄙殊盛、尊卑遍煩云々	吾妻鏡
建永二（一二〇七）六・一六	涼気不似例年、頗如三四月、世上貴賤多以病悩	吾妻鏡
承元二（一二〇八）二・三	鶴岡宮御神楽如例、将軍家依御疱瘡無御出	吾妻鏡
承元二（一二〇八）二・一〇	将軍家御疱瘡、頗令悩心神御、依之近国御家人等群参	吾妻鏡
元仁一（一二二四）一二・二六	此間、疫癘流布、武州殊令驚給之処、被行四角四境鬼気祭、可治対之由、陰陽権助国道申行之、謂四境者、東六浦、南小壺、西稲村、北山内云々	吾妻鏡
嘉禄一（一二二五）五・一	二品以行西被仰出云、当時世上病死之者及数千、為攘其災、心経尊勝陀羅尼各万巻可被書写供養、且可為何様哉、可計申云々	吾妻鏡
嘉禄一（一二二五）五・二二	於鶴岡八幡宮而千二百口僧供養有之（中略）、天下疫気流布、又炎旱渉旬之間、為彼御祈、勧諸御家人、及此作善	吾妻鏡
嘉禄三（一二二七）四・一六	近日世上頓死之類甚多、依之或春餅、或煮粥食、所々有此事	吾妻鏡
嘉禄三（一二二七）一一・一五	日来天変地夭相続、幷赤斑瘡流布之間、今日御祈等被始行之	吾妻鏡
嘉禄三（一二二七）一一・二三	将軍家赤斑瘡出現給（中略）、凡自去月下旬之比、赤斑瘡流布、貴賤不免、上下皆煩之、京都同前云々、今月八日、主上有此御悩云々	吾妻鏡
安貞一（一二二七）一二・二五	六波羅飛脚到来、持参改元詔書、去十日、改嘉禄三年、為安貞元年云々、今年三合相当之上、赤斑瘡流布、人庶多以病死之間、及此儀云々	吾妻鏡
安貞二（一二二八）九・二三	将軍家有御咳病気、近日此事流布、都鄙貴賤不遁云々	吾妻鏡
寛喜三（一二三一）五・四	去月之比、或僧称祇園示現、注夢記披露洛中、仍自殿下被送進于将軍家、仮令人別充銭五文若三文、可読誦心経、於即巽方、可修鬼気祭、然者今年世上云疾疫云餓死可被除也、疫癘事、五月以後六月十八日以前可蜂起也云々	吾妻鏡

寛喜三（一二三一）五・一七	武州御不例云々、又此間炎旱渉旬、疾疫満国、仍為天下泰平国土豊稔、今日、於鶴岡八幡宮、令供僧已下三十口之僧、読誦大般若経、又十ヶ日之程、可修問答講之由被定仰	吾妻鏡
寛喜三（一二三一）	天下大飢饉、疾病	関東評定伝
寛喜三年（一二三一）	天下大飢饉、疾病	武家年代記
貞永一（一二三二）五・一五	日中以後、将軍家御不例、此間世上咳病盛也、上下無遁者、世称之三日病云々	吾妻鏡
嘉禎一（一二三五）一二・一八	将軍家御不例事、御疱瘡有出現気之由、良基朝臣申之、今夜又始行御祈禱等	吾妻鏡
嘉禎二（一二三六）一・一七	将軍家依御疱瘡余気、御股御膝腫物〈号押領使〉廿余ヶ処令出給、今日、女房石山局召良基朝臣、可為何様御事哉之由被仰合、不可有殊御事云々、聊奉加療治	吾妻鏡
延応二（一二四〇）六・二五	御不例者御痢病也、仍今夜、為前武州御沙汰、於御所可被行痢病祭	吾妻鏡
寛元一（一二四三）五・二八	晩景、将軍家赤痢病気御座、時長・広長等朝臣為御療治祗候	吾妻鏡
寛元二（一二四四）四・二六	今夜被行四角四堺鬼気祭、是近日咳病温気流布、貴賤上下無免之間、将軍家幷公達以下御祈禱也、両若君有此御患、今若君于今無御平減云々	吾妻鏡
寛元二（一二四四）五・一八	前大納言家幷新将軍御不例（中略）、凡近日毎人此病事、俗号之三日病云々	吾妻鏡
建長八（一二五六）六・二七	奥州禅門息女〈宇都宮七郎経綱妻〉卒去、去比流産、其後煩赤痢病云々	吾妻鏡
建長八（一二五六）九・一	将軍家御悩、赤斑瘡也（中略）、此事当時流布、諸人不免之	吾妻鏡
正元二（一二六〇）四・六	自去季冬之比、時行流布之間、可被祈請之由、被仰于諸寺云々	吾妻鏡
文応一（一二六〇）六・一二	為人庶疾疫対治、可致祈禱之由、今日、被仰諸国守護人云々	吾妻鏡
文応一（一二六〇）八・七	将軍家煩赤痢病御	吾妻鏡
文永一（一二六四）八月	安房・上総に疫癘流行	本国寺年譜
文永七（一二七〇）一二月	房総諸国に疫癘流行	本国寺年譜
弘安一（一二七八）	去ぬる弘安元年、坂東に疫癘おびただしくして、病死、数知らず侍りき	沙石集

＊疾病の流行が確認されるもの、もしくは想定されるものを抽出した。

不レ知レ数」「河原死人如二雨脚一」と大流行した。[注35] 鎌倉でも赤斑瘡流行の対策として一一月・五・一六日に大々的に祈禱を行ったが、一八日から将軍頼経が床に伏し二三日に赤斑瘡の症状が現れ大騒動となる。幕府は三社奉幣、鶴岡八幡宮の供僧による五壇法、陰陽師による祭祀などを行わせ、医師丹波良基の投薬などの対応をとり、二九日に快方に向かった。[注36] この一連の騒動は幕府に強い危機感を与え、将軍護持僧・護持陰陽師の結番制度を定めて将軍護持の体制を強化することになる。[注37] 建長八年の流行は九月一日に将軍宗尊親王が赤斑瘡を発症し、薬師護摩や泰山府君祭、霊所祓などが勤修された。しかし、執権北条時頼やその娘、北條長時の嫡男（のちの義宗）、金沢実時の妻など有力御家人の周辺へ罹患が拡散する。[注38] 結局、時頼の娘は死去し、今度は一一月三日には時頼が赤痢にかかり、執権を辞し出家することになる。

咳病について服部は鎌倉期に流行する疾病として特筆する。病状から現在の百日咳や流行性感冒と推定するが、鎌倉では貞永元年（一二三二）五月に頼経が罹患し、鎌倉中で流行した。世上では「三日病」と称していたように短期間で治癒する流行性疾患であったと思われる。寛元二年（一二四四）四～五月にも頼経が咳病を煩い、鎌倉中で流行したが、このときも「三日病」と称されており、貞永元年と同様の病が再び流行したと考えられる。[注39]

2　疾病の流布——京・鎌倉・関東——

疱瘡や赤斑瘡といった感染力の強い疾病はどのように広まるのだろうか。疱瘡（天然痘）は飛沫感染あるいは接触感染で広まり、一～二週間の潜伏期間を経て発症する。赤斑瘡（麻疹）は飛沫感染、接触感染に加え空気感染でも広まり潜伏期間は疱瘡と同様に一～二週間程度である。単純に考えれば人口の多い京から伝染したのだろうが、改めて感染に至る経緯を確認しよう。京と鎌倉の病の流行を比較するため、『吾妻鏡』の時期（治承四年

〜文永三年）を対象に疾病の初見をまとめたものが表4である。これをみると京では頻繁に流行していることが見て取れる。病種も疱瘡、咳病、赤斑瘡の他に入梅病、一心房病、瘧病、へなもなど多様な病がみられる。[注40] このうち、疱瘡、赤斑瘡、咳病の発症例が多く、京ではこれらの疾病が一定の周期で流行していたと理解できよう。

一方、鎌倉は京と比較すると意外と多くはない。また、京で流行した疾病が必ずしも鎌倉で流行するわけでもなかった。疱瘡は京で一〇回流行しているが、鎌倉に達したのは先に挙げた三回のみである。これに対して赤斑瘡は京で四回流行が確認できるが、このうち二回鎌倉に達し、伝染する確率が高かったようである。これは当該期の人々にとって疱瘡は危険な病であるとの認識があり、伝染を防ぐため外出や遠行を控えたのに対し、赤斑瘡は感染力は強いが致死率は疱瘡ほどではなかったため、人々の自己規制が緩まったことが想定される。

表4　鎌倉期（一一八〇〜一二六六）流行病一覧表

病名	京での初見	鎌倉での初見	出典（京）
疱瘡	治承四（一一八〇）八・二一		玉葉
入梅病	寿永四（一一八五）五・二八		玉葉
咳病	文治二（一一八六）九・一七		玉葉
疱瘡	文治四（一一八八）五・五		玉葉
疱瘡	建久三（一一九二）一一・一六	建久三（一一九二）一二・二三	百錬抄
一心房病	建久八（一一九七）五月		一代要録
瘧病	正治一（一一九九）七・一一		明月記
咳病	正治一（一一九九）八・二四		明月記
へなも	正治二（一二〇〇）三・二一		明月記
疱瘡	元久三（一二〇六）一・二三		百錬抄
赤斑瘡	元久三（一二〇六）一・二四		赦事詔書官符事
疱瘡	建永二（一二〇七）八・二〇	承元二年（一二〇八）二・三	猪隈関白記
瘧病	建保五（一二一七）七・一〇		吾妻鏡
疱瘡	建保六（一二一八）一一・一一		百錬抄

疾疫	承久一（一二一九）六・七		百錬抄
赤斑瘡	貞応三（一二二四）四・二七		百錬抄
疾疫／疫癘	元仁一（一二二四）一一・二〇	元仁一（一二二四）一二・二六	公卿補任
疱瘡	嘉禄一（一二二五）四・二〇		一代要記
赤斑瘡	嘉禄三（一二二七）一〇・一三	嘉禄三（一二二七）一一・一五	明月記
咳病		安貞二（一二二八）九・二三	
咳病（三日病）		貞永一（一二三二）五・一五	
咳病（夷病）	貞永二（一二三三）二・一七		明月記
疱瘡	嘉禎一（一二三五）一〇・二三	嘉禎一（一二三五）一二・一八	明月記
咳病	仁治三（一二四二）一二・一二		平戸記
疱瘡	寛元一（一二四三）五・九		百錬抄
咳病（三日病）	寛元二（一二四四）四・二五	寛元二（一二四四）四・二六	平戸記
赤斑瘡	建長八（一二五六）八・二七	建長八（一二五六）九・一	百錬抄
時行（疫病）		正元二（一二六〇）四・六	
疱瘡	弘長二（一二六二）一〇・一		座王秘記
咳病	文永一（一二六四）七・二〇		続史愚抄

＊鎌倉の出典はすべて『吾妻鏡』

また、京では多種多様な疾病が確認できるのに対して鎌倉では主に疱瘡、赤斑瘡、咳病が占めるが、これはこれらの疾病が特に高い感染力を有していたからだろう。

また、時期別にみると、一二世紀末から一三世紀初頭はほとんど鎌倉には病が至らなかったようである。ところが一二二〇年代には京で発症した一〜二ヶ月後に鎌倉で発症が確認されるようになる。むろん、史料上の初見が必ずしも発症の初発を示すわけではないが、京の流行病がタイムラグを経て鎌倉へ伝染したとみてよいだろう。興味深いのは、さらに時代が下った寛元二年（一二四四）の咳病の流行と建長八年（一二五六）の赤斑瘡の流行は京と鎌倉でほぼ同時期に発症がみられることである。赤斑瘡が人を媒介として感染することを考えれば、一三世紀中頃における京—鎌倉間の活発な人やモノの往来が疾病発症のタイムラグを短縮させたと理解できよう。また、正元二年には疫病が鎌倉でのみ流行し、文永年間には房総諸国に疫癘が流行、弘安元年にも関東で疫癘が大流行しているように（表3）、一三世紀後半になると、鎌倉を発症源とする疫病が関東に拡散するようになる。人口の増加や居住範囲の拡張といった都市の発展や人やモノの往来が増すにつれ、鎌倉も京と同じく疾病のサイクルを産み出す源となってゆくのである。

おわりに

以上、中世都市鎌倉における災害について風害と疾病を中心に検討した。本稿で明らかにした点をまとめておこう。鎌倉の災害は従来検討されてきた火災、水害、地震、兵乱の他に風害もまた鎌倉の人々を悩ます災害であった。風害は単に建物を倒壊させるだけでなく、時には水害を引き起こし、火災を拡大させるなどの二次災害を誘引した。そもそも都市における災害は大風雨による洪水や山崩れ、地震や大風による火災の発生・拡大、これらによるインフラの破壊にともなう疫病の流布など、一つの災害が様々な災害を誘発することがよく見られる。高橋慎一朗は鎌倉の災害の特質として人為性の高い「都市型災害」に近い点を挙げるが、これに付け加えるならば、災害が連鎖的・複合的に発生・拡大しやすい点も都市災害の特質として挙げることができよう。

風害に対して幕府がとった措置が陰陽師による風伯祭の勤修である。風伯祭は寛喜年間に京の陰陽師賀茂在親によって始められた新しい祭祀で風害緩和と五穀豊穣祈願という二つの功験を持っていた。鎌倉への導入は執権北条泰時の強い要請によって伝授されたものと推測される。以後、鎌倉では初めて勤修した風伯祭を「寛喜之例」として先例化するが、風伯祭の本来の功験のうち風害緩和は徐々に薄れ、専ら五穀豊穣の祈禱として行われるようになる。その背景にあるのが列島各地に甚大な被害もたらした寛喜の飢饉である。寛喜以降の風伯祭執行にみられる「寛喜之例」とは、単に寛喜三年に安倍泰貞が風伯祭を成功させたというだけでなく、寛喜の飢饉という危機的状況に対して泰時の命によって行われた祭祀という点こそが重要であった。換言すれば寛喜の飢饉の苦い記憶と風伯祭の成功体験が以後の風伯祭の性格（五穀豊穣祈願）を規定したのである。

疾病については特に鎌倉と京との関係を中心に考察した結果、①京で流行した疾病が必ずしも鎌倉に届いたわけではないこと、②ただし、一二二〇年代になると京の流行病が一〜二ヶ月のタイムラグを経て鎌倉に至るようになること、③一二四〇年代以降は京と鎌倉の発症時間差が極端に短くなること、④京からもたらされた疾病は疱瘡や赤斑瘡といった感染力の強い疾病が主であったことなどを指摘した。これらの現象は一三世紀以降、鎌倉が都市として成熟し、かつ京との往来が活発になる社会状況と関連して理解することができよう。また、一三世紀後半になると鎌倉を発症源とした疾病が関東に広まってゆくことも想定した。このように疾病の流行現象は都市の成熟・発展や人やモノの往来を示す指標ととらえることもできよう。なお、疾病の流行に対して幕府がとった措置は諸社奉幣や仏教祈禱、陰陽道祭祀の執行であり、朝廷の対処と大過ない。京では疾病の対策として四角四堺祭が行われたが鎌倉でも同祭が導入されている。[注41]ここで設定された六浦、稲村、小坪、山内を実際の境界とみるか観念的な境界とみるか議論がわかれるが、災害・疾病の視点や周辺地域との関係を視野に入れて改めて考えてみる必要もあろう。[注42]また、鎌倉には多数の官人医師が京から下向していたことは新村拓や細川涼一、赤澤らの研究に明らかであるが、これらの官人医師たちが有力者の治療の他に都市住民の疾病に積極的に応対した痕跡はうかがえない。[注43]京には平安期頃から民間医が活動し、とりわけ歯科医・眼科医が多くみられるという。[注44]鎌倉にもこうした民間医が存在したことは想定されるが、その実態については後考を期したい。

注

1 磯貝富士男は一九七七年の歴史学研究会大会で「百姓身分の特質と奴隷への転落をめぐって」を報告して以降、中世社会・権力と災害にかかる論考を発表してきた。代表的な著作として『中世の農業と気候――水田二毛作の展開』（吉川弘文館、二〇〇二年）、『武家政権成立史――気候変動と歴史学』（吉川弘文館、二〇一三年）を挙げておく。

2 峰岸純夫『中世　災害・戦乱の社会史』吉川弘文館、二〇〇一年。

3 笹本正治「災害史研究の視点」（同『災害文化史の研究』高志書院、二〇〇三年、初出一九九五年）。同『中世の災害予兆――あの世からのメッセージ』吉川弘文館、一九九六年。前掲注2峰岸著書など。

4 藤木久志『飢餓と戦争の戦国を行く』朝日新聞社、二〇〇一年。藤木の災害関係史料の収集は同書以降も続き、『日本中世気象災害史年表稿』（高志書院、二〇〇七年）としてまとめられた。

5 水野章二「中世の災害」（北原糸子編『日本災害史』吉川弘文館、二〇〇六年）。

6 例えば、石井進「文献から探る人口」（『よみがえる中世3 武士の都鎌倉』平凡社、一九八九年）では鎌倉の人口を推定する根拠として地震や大火の史料が用いられている。

7 『神奈川県史 通史編1』一九八一年、三浦勝男執筆。

8 大三輪龍彦「鎌倉を襲った災害」（『よみがえる中世3 武士の都鎌倉』）。

9 盛本昌広「鎌倉の明かり」（『神奈川地域史研究』一二号、一九九四年）。前掲注2峰岸著書。なお、峰岸は関東大地震における世情不安の中で平禅門の乱が偶発的に引き起こされたとするが、福島金治は内乱発生の予防的措置として発生した可能性を指摘している（福島「災害より見た中世鎌倉の町」『国立歴史民俗博物館研究報告』第一一八集、二〇〇四年）。

10 前掲注9福島論文。高橋慎一朗「鎌倉と災害」（五味文彦・小野正敏編『開発と災害――中世都市研究14』新人物往来社、二〇〇八年）。

11 前掲注9盛本論文。

12 延応二年二月二日付「鎌倉中保々奉行可存知条々」、寛元三年四月二十二日付「保司奉行人可存知条々」。いずれも佐藤進一・池内義資編『中世法制史料集 第一巻』（岩波書店、一九五五年）に所収。

13 斎木秀雄「方形竪穴建築址の構造」「庶民の建物――方形竪穴建築址の性格」（『よみがえる中世3 武士の都鎌倉』）。河野眞知郎

「武家屋敷と町屋――中世都市鎌倉の展開」（鎌倉考古学研究所編『中世都市鎌倉を掘る』日本エディタースクール出版部、一九九四年）。同『中世都市鎌倉 遺跡が語る武士の都』講談社、一九九五年。
14 前掲注4藤木『飢餓と戦争の戦国を行く』。
15 南出眞助「鎌倉滑川河道の再検討」（『国立歴史民俗博物館研究報告』第一一八集、二〇〇四年）。
16 前掲注5水野論文。
17 前掲注9福島論文。
18 前掲注9盛本論文。
19 『吾妻鏡』貞応元年四月二六日条、貞応三年六月六日条、文永二年八月一六日条など。
20 村山修一編著『陰陽道基礎史料集成』東京美術、一九八七年。
21 室田辰雄「『文肝抄』編者についての検討」（『仏教大学大学院研究紀要 文学研究科篇』三七、二〇〇九年）。
22 小坂眞二「陰陽道の成立と展開」（『古代史研究の最前線 第四巻』雄山閣出版、一九八七年）。
23 赤澤春彦『鎌倉期官人陰陽師の研究』吉川弘文館、二〇一一年。
24 『吾妻鏡』元仁元年五月一八日条。
25 前掲注23赤澤著書。なお、五龍祭は平安期には安倍晴明の子息吉平が執行しているが、年を経て安倍氏には執行ができなくなったのであろう。
26 『吾妻鏡』二月二日条、六月七日条。
27 『吾妻鏡』寛喜三年五月四日条。また九条家と賀茂在親の関係については前掲注23赤澤著書を参照されたい。
28 村山修一『日本陰陽道史総説』塙書房、一九八一年など。
29 『玉葉』文治三年五月二一日条。『民経記』天福元年五月一一日条。『公衡公記』乾元二年五月九日条。
30 服部敏良『鎌倉時代医学史の研究』吉川弘文館、一九六四年。新村拓『古代医療官人制の研究』法政大学出版局、一九八三年。同『日本医療社会史の研究』法政大学出版局、一九八五年。これらは鎌倉時代の医学史全般を扱ったものである。なお、鎌倉の医師の専論としては赤澤春彦「「関東御医師」考――鎌倉幕府に仕えた医師の基礎的考察――」（『中央史学』二九、二〇〇六年）、細川涼一「鎌倉幕府の医師」（京都橘大学女性歴史文化研究所編『医療の社会史――生・老・病・死』思文閣出版、二〇一三年）がある。

31 『吾妻鏡』嘉禎元年一二月二四日条。

32 なお服部は「押領使」をフルンクロージス（癤腫症）と推定している（前掲注30服部著書）。

33 『吾妻鏡』嘉禎二年一二月二六日条。

34 前掲注30服部著書。

35 『明月記』嘉禄三年一〇月一三日条、一一月一三日条。『民経記』同年一一月一四日条。

36 『吾妻鏡』嘉禄三年一一月二四、二五、二八、二九日条。

37 『吾妻鏡』嘉禄三年一二月一三日条。護持僧・護持陰陽師結番の経緯について詳しくは前掲注23赤澤著書を参照されたい。

38 『吾妻鏡』建長八年九月一五日、一六日、一九日、二八日条。

39 京では三日病を「内竹房」とも称していたようである（『百錬抄』寛元二年五月六日条）。

40 前掲注30服部著書では入梅病をインフルエンザ、へなもを水痘と推定する。一心房病は不明である。

41 『吾妻鏡』元仁元年一二月二六日条、嘉禎元年一二月二〇日条。また、四角四堺祭については、宮崎真由「陰陽道祭祀の一考察――鬼気祭・四角四堺祭を中心に――」（『皇學館論叢』二六六、二〇一二年）に詳しい。

42 松尾剛次『中世都市鎌倉の風景』吉川弘文館、一九九三年。奥富敬之「鎌倉の四境について」（『本郷』四八、二〇〇三年）。

43 前掲注30新村著書、赤澤論文、細川論文。

44 前掲注30新村『古代医療官人制の研究』。

V 自然災害・疾病と絵画

記憶の表象

――災害の記憶と「伴大納言絵巻」「信貴山縁起絵巻」の制作――

稲本　万里子

はじめに

未曾有の被害をもたらした東日本大震災から五年。震災の被害と復興への道程は、マスメディアによる報道だけではなく、文学の世界にも影響を及ぼした。[注1]遡って平安時代初期の貞観年間（八五九〜八七七）は、東日本大震災と同じ東北地方太平洋沖を震源として発生した貞観十一年の貞観地震や、貞観六年から八年にかけての富士山噴火（貞観大噴火）など、巨大地震と噴火が相継いだ時代であった。このときの富士山噴火が契機となって成立したのが、『竹取物語』であるともいわれている。同じく貞観年間に起きた応天門の変[注2]を題材にした絵巻が、後白河院政期に制作された「伴大納言絵巻」である。この絵巻が制作されたときもまた、安元の大火、治承の辻風、養和の飢饉、元暦大地震と災害が続いた時代であった。災害の記憶は、当時のメディアである絵巻のなかに、どのようなかたちでとどめられているのだろうか。

一 「伴大納言絵巻」と安元の大火

「伴大納言絵巻」の概要

「伴大納言絵巻」は、貞観八年に起きた応天門の変を題材にした伴大納言説話を絵画化した作品である。現在三巻に分かれている（上巻、中巻、下巻と称されている）が、もとは一巻の長い絵巻であったことが上野憲示氏によって論証されている。[注3] 中世以来、若狭国新八幡宮に伝わり、[注4] 江戸時代に小浜藩主酒井家の所有になり、[注5] 現在、出光美術館に所蔵されている。なお、国指定文化財としての名称は「伴大納言絵詞」であるが、絵詞とは厳密には絵巻の詞書を指すことから、ここでは「伴大納言絵巻」と称す。絵巻は、詞書冒頭部を欠失しているが、絵巻の元になったと思われるテクストと同種の説話が『宇治拾遺物語』に「伴大納言焼応天門事」として採録されており、それによって詞書の欠失部分が「今は昔、水の尾の御門の御時に、応天門やけぬ。人のつけたるになんありける」であったことを知ることができる。

上巻の絵は、出動する検非違使の一行から始まる。松明を掲げて進むふたりの火長の前には、激しい突風に煽られながらも、前へ前へと走る人びとがいる。風のなか、馬を駈る公卿、今にも吹き飛ばされそうな僧侶を横目に、なおも進むと朱雀門である。基壇をよじ登ろうとする男、階段を駈けあがる老人、子どもの手を引き走る人、我先にと門をくぐると、そこでは大勢の群衆が何事かと空を見あげている。この画面に突然、上空から真っ黒な煙が現れる。降りかかる火の粉のしたで、人びとは扇や袖をかざして右往左往している。黒煙は画面いっぱいに広がり、紅蓮の炎が応天門の屋根を包み込む（挿図1）。風上に集まった群衆は、熱さに頬を赤く染め、激

挿図１　「伴大納言絵巻」応天門の火災

しい炎を見あげている。絵巻を巻き進めると、後ろ姿の人物が現れる。応天門のあたりをじっと見つめているかのような、この謎の人物については後述する。清涼殿では、藤原良房が清和天皇に源信の無実を訴えている。

　中巻は、源信が許されたという詞書から始まる。赦免の使者が源信邸へと走ると、源信は、庭に粗薦を敷き、無実を天道に訴えている。女房たちは、逮捕の検非遺使到着かと恐れおののくが、赦免の使者と知って歓喜の涙にくれる。ところで応天門の火災は、伴善男とその子中庸、雑色とよ清の放火であった。この事件の真相は詞書によってのみあらわされる。そしてこの真相は、伴大納言家の出納の子どもと、放火を目撃した舎人の子どもの喧嘩から、計らずも暴かれることになる。取っ組み合いをする子どもたちのもとに出納が駈けつけ、自分の子をかばい舎人の子を足蹴にする。怒った舎人夫婦は、道行く人びとに伴善男の悪事を指摘し、噂は人びとの口から口へと伝わるのである。

　下巻では、公に拘引された舎人が詰問され、ついに真相を暴露する。検非遺使の一行が緊張した面持ちで伴善男邸へと向かい、先頭に立つ看督長は、次のシーンでは伴大納言家の老家司に主人の逮捕を告げている。邸内では、北の方が衾を被り嘆き悲しみ、女房たちも、ある者は身を屈め、ある者は天を仰ぎ、またある者は主人の行く手を呆然と見つめ、悲しみを表現し、門のところでは、主人を見送った家人たちが涙にくれている。捕縛を終えた検非遺使の一行の前を伴善男を乗せた牛車が進んでいく（挿図２）。

挿図２　「伴大納言絵巻」伴善男の逮捕

技法と表現法の特徴としては、柔らかく的確な線で人物の表情や動作を描いている点があげられる。彩色は、最初に引いた輪郭線を消さないように、色鮮やかな絵の具が厚く塗られている。また、この絵巻では、対象を捉える視点は常に一定であり、視点は画面から一定の視覚的距離を保って、左へと展開していく。このような通常の時間表現のなかに、一ヶ所だけ異なる時間を同一画面上にあらわす、いわゆる異時同図法[注6]で描かれた場面がある。それが子どもの喧嘩の場面である。また、流線型のすやり霞は、ひとまとまりの樹木とともに、場面の展開をうながし、場所の移動や時間の変化をスムーズにしている。さらに、ストーリーの中心となる伴善男や清和天皇、藤原良房、源信、伴大納言家の出納、舎人などの人物以外に、脇役として、火事場の野次馬や市井の人びとなどが大勢描かれているところが特徴的である。これらの群衆とともに、観者は事件の推移を見守り、絵巻の世界へと引き込まれていくのである。

　それでは、「伴大納言絵巻」の絵師と注文主については、どのように考えられてきたのだろうか。「年中行事絵巻」の模本（原本は焼失）が「伴大納言絵巻」と近似することは、古くから指摘されており、[注7]後白河院に重用された常磐光長が「年中行事絵巻」を描いた絵師のひとりであったとも論じられていた。[注8]近年、黒田泰三氏は、「年中行事絵巻」の模本のなかでも、特に「朝覲行幸」と「中宮大饗」の画面構成と人物表現が「伴大納言絵巻」と近似することから、両者を常磐光長によるものとし、さらに、保延二年

（一一三六）に宮廷絵師藤原宗弘らによって内山永久寺真言堂に描かれた「真言八祖行状図」と「伴大納言絵巻」の人物と樹木の表現を比較検討することで、「伴大納言絵巻」を十二世紀の宮廷絵所様式と位置づけた。[注9] 黒田氏の詳細な様式研究によって、「伴大納言絵巻」と「年中行事絵巻」模本の近縁性が明らかになり、「伴大納言絵巻」は「年中行事絵巻」の主要な絵師であった常盤光長によって描かれた絵巻であり、両作品はともに後白河院の命によるものであるとの言説が、いわば定説になっている。[注10]

上巻第十三紙に描かれた謎の人物にかんしては、第十四紙に描かれた東廂に控える束帯姿の男と同一人物だという前提のもと、帝に讒言するために参内する伴善男、帝の宣旨を待ち、源信のもとへ向かう頭中将藤原基経、藤原良房に伴われて嘆願に来た源信、応天門の火災を見つめ、事の真相に思いを致す藤原良房などの諸説があったが、上野氏は、このふたりが別の人物であり、清和天皇に讒言して退出する伴善男と、天皇の宣旨を待つ頭中将であるとの見解を示した。[注11] その後、この絵巻が一九八三年に出光美術館に所蔵されたのを機に精査がおこなわれたところ、第十三紙と第十四紙のあいだが不連続であり、その間に詞書が挿入されていた可能性があることが明らかになった。[注12] 従って、第十三紙に描かれた後ろ姿の人物は、第十四紙の東廂に控える男性とは別の人物であり、この謎の人物が、応天門の火災を眺めているかのように意味ありげに立ちつくしているところから、事件の犯人である伴善男に比定する山根氏の見解が定説となっている。[注13]

第十三紙と第十四紙が連続していなかったとすると、絵巻は、長々と描かれた応天門の火災の場面の次に、藤原良房が帝に諫言する短い場面と源信の赦免の場面が続き、真相を語る詞書を挟んで、子どもの喧嘩の場面と舎人が詰問される短い場面の次に、伴善男が逮捕される場面が長々と続く。すなわち、絵巻の前半部と後半部は、詞書を挟んで対称的に構成されていることと、この絵巻のなかで最も力が注がれているのは、応天門の火災と伴善男の逮捕の場面であることが明らかになる。

応天門の火災と安元の大火の記憶

応天門の火災から三百年後、「伴大納言絵巻」が制作された頃の火災といえば、安元の大火である。安元三年(一一七七)四月二十八日、樋口富小路から出火した火災は、東南の風に煽られ瞬く間に燃え広がり、大極殿をはじめ内裏、八省の諸官庁、公卿の邸宅十四家、民家二万余戸が焼失した。死者数千人、牛馬の焼けたのは数知れずという。[注14]これがいわゆる安元の大火である。この年の六月一日、鹿ヶ谷でおこなわれた平家討伐の密議が発覚し、謀議に加わった後白河院の近臣が捕えられた。院の寵臣権大納言藤原成親は、備中国に流される途中で殺された。鹿ヶ谷の謀議発覚である。伴善男の逮捕からは、鹿ヶ谷の謀議発覚が想起されるだろう。絵巻のなかで情熱をもって描かれたのは、応天門の火災と伴善男の逮捕の場面であった。ここが、宮廷絵師常磐光長が最も描きたかった場面であり、パトロンである後白河院が最も描かせたかった場面であったのだろう。伴善男、藤原良房、源信が後ろ姿で描かれているのは、女絵における引目鉤鼻と同様、特定の人物でありながら誰にでも当てはまる普遍性をもたせる表現と見なすことができる。

安元の大火が「伴大納言絵巻」制作の原動力になったと初めて論じたのは、源豊宗氏であった。[注15]筆者もかつて、絵画化の様相を検討した結果、物語に反して長々と描かれた応天門の火災と伴善男の逮捕の場面から、安元の大火による大内裏の焼失と、鹿ヶ谷の謀議発覚による寵臣藤原成親の流刑が、絵巻制作の契機になったと論じたことがある。[注16]その後、後白河院によって強化された新制度のひとつに検非違使制度があったという歴史学の成果[注17]に鑑み、応天門の火災現場に駈けつける検非違使、放火の目撃者を拘引する検非違使、伴善男の逮捕に向かう検非違使など、検非違使の強権を描いた「伴大納言絵巻」は、後白河院の確立した権力をあらわしていると考えた。[注18]「保元相撲図」「保元城南寺競馬絵」「仁安大嘗会御禊行幸絵」「承安五節絵」などの個別の行事絵と、行事の集大成である「年中行事絵巻」は、後白河院によって復興された年中行事を絵画化した絵巻群であり、天皇家の規範を整えるために視覚化された皇権の表象であったと解釈できるが、詞書を超えて検非違使の強権を描いた「伴大納言絵巻」もまた、天皇家の武力を示すために視覚化された皇権の表象であったと考えている。後白河院がこの絵巻を描かせたのは、安元の大火と寵臣の流刑によって、応天門の火災と伴善男の逮捕の記憶が喚起されたからであったのだろう。

二　「信貴山縁起絵巻」と治承の辻風

「信貴山縁起絵巻」の概要

「信貴山縁起絵巻」は、十世紀初め、大和と河内の境にある信貴山の山中に庵をひらいた修行僧命蓮の奇蹟と、姉の尼公との再会を描いた三巻（飛倉巻、延喜加持巻、尼公巻）の絵巻である。信貴山山腹にある朝護孫子寺に所蔵されているが、制作当初はどこにあったのか、朝護孫子寺にはいつごろ入ったのか、当初からこの名称であったのかは不明である。

飛倉巻は、巻頭の詞書を失っており、いきなり絵から始まっている。『古本説話集』や『宇治拾遺物語』に採録された「信濃国聖事」によれば、信濃の国から出てきた命蓮は、東大寺で戒を受けたのち、信貴山に籠もって修行をしていた。命蓮は、山の麓の「下種徳人」の家に鉢を飛ばして、食べ物を入れてもらってくるという暮らしをしていた。いつものように物乞いに来た鉢は、校倉のなかに投げ込まれたまま忘れられてしまう。するとしばらくして、倉がゆさゆさと揺れだしたかと思うと、地面から一尺ほど浮きあがった。現状の絵はここから始まる。

長者の家では、人びとが驚き騒ぐなか、倉から鉢が転がり出る。倉を挟んで次の場面に描かれているのは、裏門へと雪崩れ込むように駈け出す人びとや、慌てて馬に乗ろうとする長者の姿である。裏門の外は、蕩々と流れる川（あるいは海）になっており、その上空を鉢に乗った倉が浮かび、男と女と僧が伸びあがって倉にすがろうとしている（挿図3）。通りがかりの旅人が、蓑を煽られながら驚いた表情で空を見あげているのも、倉が激しい風を巻き起こしながら飛んでいくようすを強調している。

挿図3　「信貴山縁起絵巻」飛倉巻

画面はすやり霞によってかき消され、霞のなかから現れるのは、倉を追って山道を進む長者の一行である。長者の一行は、紅葉の山中へと分け入っていく。霞による場面転換のあとに現れるのが、命蓮の庵である。画面には、懸崖に建てられた命蓮の庵が描かれ、庵のなかでは命蓮と長者が対面している。小坊主が蒲葵扇で指し示す先には、信貴山山中に落ちた倉が見える。山を隔てた倉の傍らでは、命蓮が指示を出しているかのようである。鉢に乗った米俵を先頭に、残りの米俵も倉から出て、左上へと飛んでいく。長者の家では、信貴山から戻った従者が、事の次第を報告していると、家のなかの倉の跡地に、米俵が次々に降りてくる。台所では、驚いた女が手にした椀から水をこぼしている。

延喜加持巻の絵は、信貴山に向かう勅使の一行が、宮中を出るシーンから始まる。勅使と入れ替わりに、帝の病平癒の祈禱のため、宮中へ入っていく僧侶の一行もいる。画面上方には噂話に興じる男たち、路上には参内した主人を待ち首や腕を搔く従者たち、という詞書に記されない人びとの姿が描き出されている。勅使の一行は、馬に乗り込み出発する。画面下方には、そのようすを見て、噂話に花を咲かせる京雀たちも描かれている。すやり霞によって場面がかわり、山道を見え隠れしながら勅使の一行が進む。命蓮と勅使は、畳を敷いた廂に向かい合って坐している。

山と霞によって画面がかき消され、次に現れるのは清涼殿である。東廂には直衣姿の貴族と束帯姿のふたりの貴族が控え、勅使の報告を聞いている。詞書第二段を挟んで、再び清涼殿が描かれるが、東廂には束帯姿の貴族がひとり控えるばかりである。そこに、帝の夢に現れた剣の護法が檜皮葺の屋根を越えて現れる。剣の護法は、信貴山から輪宝を回し、虚空を疾走しながらやってきたのであった（挿図４）。眼下には、女たちが菜を摘む光景が広がっている。霞による場面転換を経て、勅使の一行は、再び命蓮の庵へと向かう。庵の右側は、立派な懸崖造になっており、廂で対面していた勅使と命蓮も、ここでは室内で対面している。

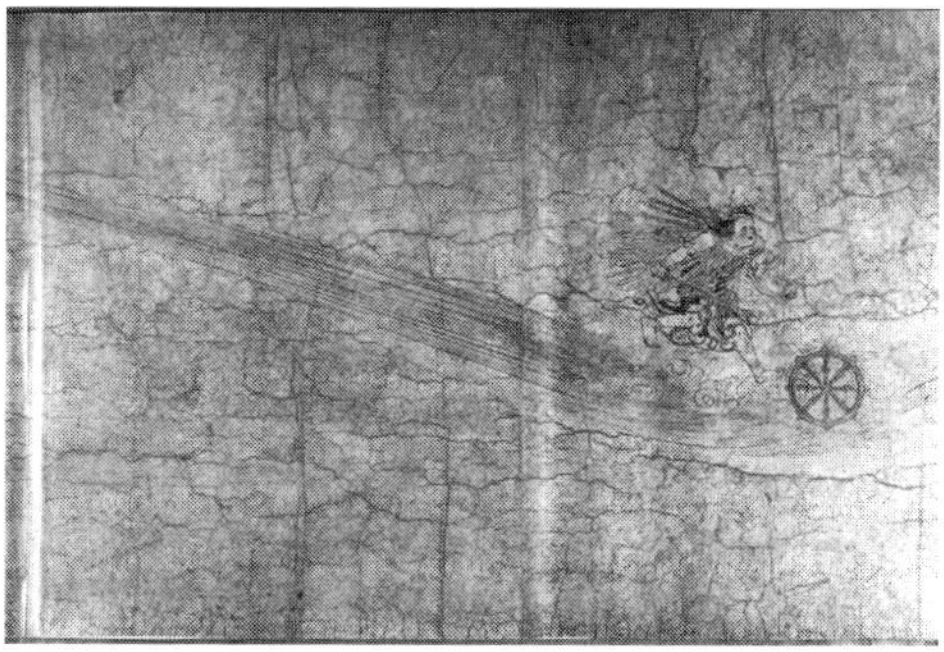

挿図４　「信貴山縁起絵巻」延喜加持巻

尼公巻は、命蓮を探して信濃からやってくる尼公の一行から始まる。山あいの急流に沿った小道をくだる尼公は、市女笠に虫の垂衣をつけた旅姿で馬に乗り、ふたりの従者を連れている。急な流れが蕩々と流れる川になり、霞にかき消される。霞のなかから現れたのは、建物のなかに腰を降ろす尼公の姿である。奥に須弥壇が見えることから、どうやら仏堂のようである。尼公は沓を脱ぎ、従者は馬から鞍を降ろそうとしている。もうひとりの従者は、左手を指差し、進むべき方向を示している。

霞のなかから現れた次の場面は、村里の光景である。村の入り口近くにある家からは、年老いた男女と胸をはだけ赤子に乳を含ませている女、飯茶碗をもったままの子どもが出てきて、尼公と老人がなにやら話をしているようである。尼公の一行は、すでに馬もなく、従者もひとりに減っており、仏堂での休息から時間が経っていることがあらわされている。村の奥では、井戸から水を汲む女や、胸元をはだけて乳房も露わに洗濯をする女、菜を摘む女など、詞書には記されない村人のようすが細やかに描き出されている。命蓮の行方を尋ねる尼公の相手をしているのも、詞書にはない糸を紡ぐ女である。

霞によって場面がかわり、坂道を登る尼公と従者が見える。再びすやり霞にかき消され、次に現れるのは、東大寺の大仏殿である。大仏殿には、いわゆる異時同図法によって、参籠し夢告を得る尼公が小さく何度も描かれている。大仏殿をあとにした尼公は、信貴山を目指して霞のなかを歩いていく。そして、左方に大きく立ち現れるのが信貴山の全貌である。詞書第二段を挟み、命蓮の庵が現れる。庵の入り口で声をかける尼公と顔を出す命蓮。この命蓮の庵は、山を隔ててもう一度描かれる。懸崖造の庵の室内は、一部を壁で仕切っており、そこでは、命蓮に衲《たい》を渡す尼公、経机を挟んで語りあう命蓮と尼公、読経する命蓮と閼伽棚に供物を供える尼公、という命蓮と尼公の再会とその後の暮らしを三つの時相に分けてあらわしている。絵巻は、命蓮の庵の奥、倉の屋根が見える信貴山山中で終わっており、創立記と利生記にあたる部分は、詞書のみであらわされ、絵画化されてはいない。

以上、三巻を見てきたが、技法と表現法の特徴としては、抑揚のある線で人物の表情や動作を生き生きと描いている点があげられる。彩色は、「伴大納言絵巻」同様、最初に引いた輪郭線を消さないように塗られている。流線型のすやり霞が場面の展開をうながしている点も同様である。しかし、「伴大納言絵巻」とは異なり、対象を捉える視点は、近づいたり遠のいたり、さまざまに変化する。さらに、左へと展開する通常の時間表現のほか、左手から米俵や剣の護法があらわれるシーンには時間逆行[注19]、尼公が東大寺の大仏殿に参籠するシーンと命蓮と尼公が再会するシーンには、いわゆる異時同図法の手法が取り入れられている。また、主人公以外の人物や動植物の描写が充実している点もあげられる。

制作年代については、景観年代から長らく保元二年（一一五七）以降治承四年（一一八〇）といわれ、風俗史から嘉応年間（一一六九～一一七一）から治承四年まで[注20]、絵の様式から一一六〇年代[注21]とされてきた。これに対して、景観年代と制作年代は別との反論が提出され[注22]、その後、「真言八祖行状図」との近似から十二世紀前半説[注23]が提示されたものの、「伴大納言絵巻」と近似する「真言八祖行状図」は広く十二世紀の絵所様式であるとの反論も提出され[注24]、混迷を極めたが、現在では、絵の様式から十二世紀後半、詞書の書風から十二世紀中頃[注25]と見解が分かれている。

絵の筆者は、かつては鳥羽僧正覚猷との伝承があったものの、白描図像との近似から絵仏師説、「年中行事絵巻」との近似、貴族の引目鉤鼻風の顔貌表現から絵所絵師説があり、こちらも意見が分かれていた。しかし、筆者にかんする論争は、制作の場が明らかになることで終止符が打たれた。かつては、信貴山内部説、信貴山を含む南都説があったものの、延喜加持巻詞書第一段の「やまと」は「かうち」の書き直しであるという笠島忠幸氏の発見により[注26]、京都文化圏内で制作されたことが論証された。したがって、絵の筆者も、京都文化圏内で作画活動をしていた絵所絵師であったことになる。

「信貴山縁起絵巻」にかんしては、このように制作年代も定まらなければ、制作主体も京都文化圏内というだけで、これ以上のことは不明のままである。さらに、絵巻の主題にかんしては、命蓮の法力を可能とした信貴山の超越的力や、目指される地としての信貴山をあらわすとする説[注27]や、あるいは、尼公と命蓮が僧房で暮らす信貴山を浄土に見立て、信貴山に入る尼公から女人往生をあらわすとする説[注28]、制作目的にかんしては、命蓮の法力、毘沙門天の霊験、南都仏教の優越性を示した説話的な縁起絵巻[注29]、観音、毘沙門、大仏の霊験譚をあらわした縁起絵巻[注30]、などの諸説に分かれた状況である。

そこで筆者は、視覚表象から制作主体を読み解くという方法を用いて検討したところ、以下の結論を導き出すことができた[注31]。まず、同一パターンで描かれ、「年中行事絵巻」と近似する清涼殿の描写法から、制作主体は「年中行事絵巻」と粉本を共有する工房、すなわち絵所絵師に制作を依頼した人物であったことがわかる。それに対して、五回描かれた命蓮の庵は、大きさや構造が微妙に異なり、普遍的な僧の庵としてあらわされている。また制作主体は、命蓮と長者の身分の違いを示そうとしたり、働く貴族の男性と働く〈庶民〉の女性の性別役割分業をあらわそうとする人物である。これらのことから、この絵巻の制作主体のクラスとジェンダーは、貴族階級に属する男性だということが明らかになる。引目鉤鼻風の貴族の顔貌表現が、貴族の実態ではなく自画像であったように、個性的な〈庶民〉の姿は、当時の〈庶民〉の実像ではなく、制作主体が考える〈庶民〉像であったことになる。さらに、長者の邸に居候しているかのような僧侶や加持祈禱に向かう高僧など、詞書にはないさまざまな階層の僧侶を描き、無欲な命蓮と対比させることで、俗世に染まった僧侶を批判しているかのようである。これらのことから、この絵巻は、実在した僧侶を命蓮に準え顕彰したのではなく、命蓮を描くことで当時の仏教界を批判しようとしたと考えられる。

治承の辻風の記憶

「伴大納言絵巻」の制作は、安元の火災がきっかけであったと推定される。筆者はまた、治承二年の言仁親王（のちの安徳天皇）誕生が、「彦火々出見尊絵巻」制作の契機になったとも考えている。[注32] 絵巻が、制作時の現実との葛藤を解消する役割を担っていたものであるならば、[注33]「伴大納言絵巻」や「彦火々出見尊絵巻」の制作もまた、現実世界との葛藤に起因するはずである。このように考えると、「信貴山縁起絵巻」には、制作の契機となるような出来事はなかったのだろうか。二百年以上も昔の修行僧の物語を描くには、それなりの理由があったはずである。過去を描くのは、現在の出来事を過去の出来事に準えてあらわすためである。

「伴大納言絵巻」のなかで情熱をもって描かれたのは、応天門の火災と伴善男の逮捕、検非違使の権力であった。では、「信貴山縁起絵巻」のなかで情熱をもって描かれたのは、どの場面だったのだろうか。それは、長者の邸から命蓮の庵に向かい、長者の邸へと戻っていく飛倉、命蓮の飛ばした剣の護法、信濃国を出立し、東大寺大仏殿に参籠し、信貴山へと向かう尼公の旅である。米倉が空を飛び、剣の護法が飛来するとき、巻き起こるのは風である。

この時代、風といって思い起こされるのは、治承四年四月二十九日に発生した治承の辻風である。『方丈記』には、次のように記されている。[注34]

また、治承四年卯月のころ、中御門京極のほどより、大きなる辻風おこりて、六条わたりまで吹ける事侍りき。三四町を吹きまくるあひだに、こもれる家ども、大きなるも、小さきも、ひとつとして破れざるはなし。さながら平に倒れたるもあり、桁柱ばかり残れるもあり、門を吹き放ちて四五町がほかに置き、また垣を吹きはらひて隣とひとつになせり。いはむや、家のうちの資材、数を尽して空にあり。檜皮、葺板のたぐひ、冬の木の葉の風に乱るるがごとし。塵を煙のごとく吹き立てたれば、すべて目も見えず。おびただしく鳴りとよむほどに、もの言ふ声も聞えず。かの地獄の業の風なりとも、かばかりにこそはとぞおぼゆる。家の損亡せるのみにあらず、これを取り繕ふあひだに、身を損ひ、片輪づける人、数も知らず。この風、未の方に移りゆきて、多くの人の嘆きなせり。辻風はつねに吹くものなれど、かかる事やある。ただ事にあらず、さるべきもののさとしかなどぞ、疑ひ侍りし。

この辻風により、家は壊れ、門が四、五町飛ばされ、家財は空に舞いあがったという。また、『玉葉』の同年四月二十九日条には、廻飄《つむじかぜ》と同時に落雷があり、降雹もあったと記されている。[注35]『平家物語』巻第三「颵《つじかぜ》」によれば、「仏法王法共に傾いて、兵革相続すべし」と神祇官、陰陽寮がともに占ったという。[注36]この記述をもって、「信貴山縁起絵巻」の制作を後白河院の仏教信仰と救済に結びつけるのは早計であろうが、倉を持ちあげる風、剣の護法を飛ばす風が描かれたのは、治承の辻風が契機になったからではないだろうか。

では、尼公の旅を描くことで、絵巻は観者に何を訴えているのだろうか。詞書に記されていないにもかかわらず、絵に描かれていたのは、尼公が旅の途中で出会った人びとと命蓮との暮らしであった。果物を器に盛る女性、赤子に乳を与える女性、井戸から水を汲む女性、足踏み洗濯をする女性、菜を摘む女性、糸を紡ぐ女性、閼伽棚に供え物をする尼公。そこに描かれているのは、長者の邸や宮中でいかなる風が吹こうが、よく働く女たちがいる豊穣な土地、つまりは男性とっての理想郷のような世界である。無欲な命蓮と対比させることで、俗世に染まった僧侶を批判していたように、理想郷のような世界を描きだすことで、時代の風に翻弄される現実世界を批判しているのではないだろうか。「信貴山縁起絵巻」は、命蓮を描くことによって、当時の仏教界を批判し、理想郷を描くことによって、現実世界を批判するために制作されたと考えられる。そして、「伴大納言絵巻」と同様に考えるならば、信貴山に向かって倉が飛び、宮中に向かって剣の護法が飛来する風の記憶が、治承の辻風によって喚起されたと想像されるのである。

おわりに

「信貴山縁起絵巻」の制作背景については、かつて大串純夫氏が、承安二〜三年（一一七二〜七三）多武峰を中心とする興福寺と延暦寺の紛争が勃発、石清水が興福寺に味方せず、後白河院が南都の仏餉燈油料を国司から進めることにしたため、興福寺は打撃を被ったという事件に絡め、長者を山崎の油商人のように描かせたのは、藤原基房か基房周辺の人物であるとの卓見を述べた[注37]。大串氏は、飛倉の木片を請い受けて毘沙門天像を造った人がそれに添えるべき縁起絵としてこの絵巻を作らせたとする仮説を立て、明雲が失脚し、後白河院の異母弟覚快が代わって天台座主になった治承元年か翌年頃に制作年代をおいている。また最近、谷口耕生氏は、安元二年九月、後白河院が信貴山に参詣しているところから、同じく安元二年の蓮華王院小千手堂本尊造立と『粉河寺縁起絵巻』制作同様、持仏堂建立と絵巻制作がセットでおこなわれた可能性を指摘している[注38]。

現在の絵巻研究では、「信貴山縁起絵巻」の制作年代は十二世紀後半、あるいはもう少し遡って十二世紀中頃と推定されている。治承の辻風よりもあとに位置づけるのは、いささか遅すぎるのかもしれない。しかし、「信貴山縁起絵巻」と「伴大納言絵巻」の様式の違いを制作年代の差、それも「信貴山縁起絵巻」が先ではなく後にすることで、説明することが可能になるだろう。さらに、「信貴山縁起絵巻」詞書と奈良博本「地獄草紙」詞書の近似も、「信貴山縁起絵巻」の制作年代を十二世紀末におく根拠になりえるだろう。[注39]

谷口氏によれば、後白河院は、四天王寺から東大寺に向かう途中、信貴山において食事と御堂参拝をおこなっており、その差配を興福寺別当に命じたという。[注40]東大寺に至る尼公の旅は、後白河院と近臣の旅でもあったのだろう。かつて、「彦火々出見尊絵巻」において、兄を服従させ、陸地と海を支配する尊に、後白河院が自らを準えたように、彼らは、逆順ではあるものの、東大寺に参籠し、信貴山に登って命蓮に再会する尼公に自らを準えたのではないだろうか。

絵巻は、昔むかしの物語を描いているように見えるが、決してそれだけではない。今ここで起きた出来事を描くために、過去の出来事が引用されているのである。池田忍氏は、「平治物語絵巻」に取材した明治時代の合戦図や武士像を例に、「過去を美しく描くことの動機や背景には、過去のイメージの中から必要なものを引き出し、それを現在のために利用しようとするこの時代の判断があった」と述べる。[注41]「伴大納言絵巻」や「信貴山縁起絵巻」もまた、伴大納言説話や命蓮説話のなかから必要なものを引き出し、現在のために利用しているのである。その契機となったのが、安元の大火や鹿ヶ谷の謀議発覚であり、治承の辻風であったのだろう。ひとつの出来事が起きるとき、過去の記憶が蘇る。過去の記憶を描きとどめることで、現在の出来事が想起され、刻々と流れる時間のなかで、現在の出来事もまた記憶のなかにとどめられる。過去の記憶と現在の記憶。絵巻とは、記憶の表象なのである。

注

1 木村朗子『震災後文学論——あたらしい日本文学のために』(青土社、二〇一三年十一月)参照。

2 『日本三代実録』貞観八年閏三月十日、八月三日、二十九日、三十日条(『新訂増補国史大系』)吉川弘文館、一九七一年四月。

3 上野憲示『伴大納言絵巻』(『双書 美術の泉』三八)岩崎美術社、一九七八年十一月。

4 『看聞日記』嘉吉元年(一四四一)四月二十六日条「仰若州松永庄新八幡宮ニ有繪云々。浄喜申之間。社家へ被仰て被借召。今日到來。有四巻。彦火々出見尊繪二巻。吉備大臣繪一巻。伴大納言繪一局金岡筆云々。詞之端破損不見。古弊繪也。然而殊勝也。禁裏爲入見參有召上了」『続群書類従』補遺二、群書類従刊行会、一九三〇年十月。

5 酒井家家臣武久内蔵允庄兵衛より当家に献上された。

6 いわゆる異時同図法をめぐる議論については、稲本万里子「家族の情景——「伴大納言絵巻」に描かれた妻の役割」(鈴木杜幾子・馬渕明子・池田忍・金惠信編著『交差する視線——美術とジェンダー22』ブリュッケ、二〇〇五年十一月)註11参照。

7 瀧精一(無外子)「伝藤原光長筆 伴大納言画巻」『國華』一七六、一九〇五年一月。

8 福井利吉郎「伴大納言絵と常盤光長」『絵巻物概説』下(『岩波講座日本文学』)岩波書店、一九三三年四月、『福井利吉郎美術史論集』中所収、中央公論美術出版、一九九九年二月。

9 黒田泰三『伴大納言絵巻』(『新編名宝日本の美術』一二)小学館、一九九一年四月。

10 ただし、後白河院と「伴大納言絵巻」のミッシングリンクについては、稲本万里子「「伴大納言絵巻」と後白河院」(浅井和春監修、稲本万里子・池上英洋編著『イメージとパトロン——美術史を学ぶための23章』ブリュッケ、二〇〇九年六月)参照。

11 上野憲示前掲書(注3)参照。

12 山根有三「伴大納言絵巻覚書——その演出と謎の人物について」『出光美術館蔵品図録 やまと絵』月報、平凡社、一九八六年十月。

13 謎の人物とされる後ろ姿の公卿を伴善男に比定する山根有三氏の論考が発表されて以来、美術史研究においては、山根氏の見解が定説となっている。黒田日出男氏は、日本文学研究者と中世史研究者による異説を取りあげ、あえて謎解きと称し、これに検討を加えているが、結論としては山根説を支持するものになっている。黒田日出男『謎解き 伴大納言絵巻』小学館、二〇〇二年七月。最近、黒田日出男説に触発されて、謎の人物を再検討する論考が発表されたが、これはすでに一九八六年に決着がついた問題である。

14 『玉葉』安元三年四月二十八日条（『玉葉』二、名著刊行会、一九七九年三月）ほか、『愚昧記』安元三年四月二十八日条（『大日本古記録』岩波書店、二〇一三年三月）、『方丈記』（『新編日本古典文学全集』四四、小学館、一九九五年三月）、『平家物語』巻第一「内裏炎上」（『新編日本古典文学全集』四五、小学館、一九九四年六月）。

15 源豊宗「伴大納言絵詞に就て」上『史林』二四―二、一九三九年四月、増補して『大和絵の研究』所収、角川書店、一九七六年十二月、『源豊宗著作集 日本美術史論究』四に再録、思文閣出版、一九八二年十月。

16 稲本万里子「テクストの換用――「伴大納言絵巻」の場合」古筆学研究所編『古筆と絵巻』（『古筆学叢林』四）八木書店、一九九四年三月。

17 棚橋光男『後白河法皇』講談社、一九九五年十二月。

18 稲本万里子「描かれた出産――「彦火々出見尊絵巻」の制作意図を読み解く」服藤早苗・小嶋菜温子編『生育儀礼の歴史と文化――子どもとジェンダー――』（『叢書 文化学の越境』九）森話社、二〇〇三年三月。なお、「伴大納言絵巻」の主題と目的については、御霊信仰、言霊の力、後白河院の文化的覇権、純粋な鑑賞のため、王権の危機意識をコントロール可能な状況に読み替えた作品、徳治と法治の調和という律令制の理想、火宅の比喩など諸説がある。稲本万里子「「伴大納言絵巻」と後白河院」（注10）の他、山本聡美「「伴大納言絵巻」における経説の利用――伴善男邸に描かれた破戒のモチーフ」（佐野みどり・加須屋誠・藤原重雄編『中世絵画のマトリックスⅡ』青簡舎、二〇一四年二月）参照。さらに、詞書に反して描かれた源信と伴善男の妻の造形から、京に住む人びとを身分や階層、性別の違いによって異なる共同体として表象し、掌握することを目論んだ絵巻とも解釈できる。稲本万里子「家族の情景――「伴大納言絵巻」に描かれた妻の役割」（注6）参照。

19 時間逆行については、佐野みどり「説話画の文法――信貴山縁起絵巻に見る叙述の論理――」（『日本絵画史の研究』吉川弘文館、一九八九年十月、『風流 造形 物語 日本美術の構造と様態』所収、スカイドア、一九九七年二月）参照。

20 鈴木敬三『初期絵巻物の風俗史的研究』吉川弘文館、一九六〇年四月。

21 秋山光和「信貴山縁起絵巻の様式的系譜」『仏教芸術』二八、一九五六年一月、「信貴山縁起絵巻における伝統と創造」と改稿され、『平安時代世俗画の研究』所収、吉川弘文館、一九六四年三月。

22 千野香織『信貴山縁起絵巻』（『名宝日本の美術』一一）小学館、一九八二年四月、（『新編名宝日本の美術』一一）小学館、一九九一年三月。

23 柳澤孝「真言八祖行状図と廃寺永久寺真言堂障子絵」一～五『美術研究』三〇〇、三〇二、三〇四、三三二、三三七、一九七六年一、三月、一九七七年三月、一九八五年六月、一九八七年二月、『柳澤孝仏教絵画史論集』所収、中央公論美術出版、二〇〇六年五月。

24 黒田泰三前掲書（注9）参照。

25 笠嶋忠幸「「信貴山縁起絵巻」についての新知見――詞書に記された「やまと」の再検討――」『国華』一一九〇、一九九五年一月。

26 笠嶋忠幸前掲論文（注25）参照。

27 佐野みどり「信貴山縁起」『研究発表と座談会 絵巻の諸問題』（『仏教美術研究上野記念財団助成研究会報告書』一七）一九八八年三月。同「説話画の文法――信貴山縁起絵巻に見る叙述の論理――」（注19）参照。

28 亀井若菜「「信貴山縁起絵巻」の尼公の表象――女人往生のイメージ――」藤本勝義編『王朝文学と仏教・神道・陰陽道』（日向一雅監修『王朝文学と隣接諸学』二）竹林舎、二〇〇七年五月、『語りだす絵巻――「粉河寺縁起絵巻」「信貴山縁起絵巻」「掃墨物語絵巻」論』所収、ブリュッケ、二〇一五年六月。

29 並木誠士「縁起としての信貴山縁起絵巻」『京都工芸繊維大学工芸学部研究報告人文』四五、一九九六年三月。

30 梶谷亮治「信貴山縁起絵巻とその制作背景」『国宝信貴山縁起絵巻』北國新聞社、石川県立美術館、信貴山総本山朝護孫子寺、二〇〇六年九月。

31 稲本万里子「「信貴山縁起絵巻」の視覚表象から制作主体を探る」加須屋誠編『図像解釈学――権力と他者』（西川杏太郎監修、林温編『仏教美術論集』四）竹林舎、二〇一三年四月。

32 稲本万里子「描かれた出産――「彦火々出見尊絵巻」の制作意図を読み解く」（注18）参照。絵巻が取材した物語が『日本書紀』か否かではなく、龍王の娘が人の姿で出産し、尊が帝になるという絵巻が、なぜこの時期に制作されたのかが争点になるだろう。

33 池田忍「王権と美術 絵巻の時代を考える」五味文彦編『京・鎌倉の王権』（『日本の時代史』八）吉川弘文館、二〇〇三年一月。

34 『方丈記』（注14）参照。

35　『玉葉』（注14）参照。
36　『平家物語』巻第三（注14）参照。
37　大串純夫「信貴山縁起絵巻の成立をめぐる歴史的諸条件――同絵巻研究の序説として――」『美術研究』一七七、一九五五年二月。
38　谷口耕生「総説　信貴山縁起絵巻と朝護孫子寺の毘沙門天信仰」『特別展　国宝　信貴山縁起絵巻――朝護孫子寺と毘沙門天信仰の至宝――』奈良国立博物館、二〇一六年四月。
39　この問題については、稿を改めて論じる。
40　谷口耕生前掲論文（注38）参照。
41　池田忍「「平治物語絵巻」に見る理想の武士像」『美術史』一三八、一九九五年三月。

「粉河寺縁起絵巻」と経説

――描かれた罪業・病・救済――

山本　聡美

はじめに

仏典をひもとくと、疾病を、因果応報、つまり前世や現世における悪行や悪縁の結果とみなす記述が散見される。たとえば『法華経』譬喩品には、経を軽んじる罪と病との因果関係が次のように説明されている。[注1]

この経を謗るが故に、罪を獲ることかくの如し。若し人となることを得れば、諸根は暗鈍にして矬陋《せひくく》・攣《ひきつり》・躄《いざり》・盲・聾・背傴《せむし》とならん。言説《ごんぜつ》する所有るも、人は信受せず、口気《くけ》は常に臭くして、鬼魅《おにがみ》に著《じゃく》せられ、貧窮下賤《びんぐげせん》にして、人のために使われ、多くの病ありて、痟《やつ》れ痩《や》せ、依怙《えこ》する所無く、人に親附《しんふ》すと雖も、人は意に在《お》かざらん。若し所得有らば、尋《つ》いでまた忘失せん。若し医道を修め、方に順じて病を治せば、更に他の病を増し、あるいはまた死を致さん。若し自ら病有らば、人の救療《くりょう》するもの無く、設《たと》い、良薬を服するとも、しかも、また劇《いた》みを増さん。

（『大正蔵』九、一五c）

『法華経』を誹謗した者は、たとえ地獄や餓鬼の世界に転生することをまぬがれ人間に生まれたとしても、背が低く、体がひきつり、いざり歩き、盲目や聾唖、背傴となる云々と説く。病や障碍に対する蔑視を誘発することのような考え方は、今日の医学や倫理観とは大きく異なるが、前近代の日本における疾病への向き合い方は、多かれ少なかれここに見るような経説を前提にしたものであった。病気平癒のための加持祈禱、延命を目的とした写経や造仏、これらは全て病の原因となっている悪業や悪縁を取り除き、善根を積むためになされたのである。

中世に多数制作された寺社縁起絵巻においても、何らかの罪業のしるしとして、また神仏の利益を最も雄弁に物語るエピソードとして、病やそこからの回復場面がしばしば盛り込まれている。本稿では、中世寺社縁起絵巻の初期作例である「粉河寺縁起絵巻」（全一巻、粉河寺蔵）を取り上げ、本作に表された病と仏教的な罪業観、そして救済の思想との関係について考察する。[注2]

この絵巻が伝来する粉河寺（和歌山県紀の川市）は、南に紀の川を臨む和泉山脈の麓に位置する。八世紀に遡るとみられる創建以来、観音霊場として信仰を集めた。特に十一世紀以降、公家社会において高野山や熊野など畿内周辺地域への巡礼が流行することに伴い、粉河寺参詣の記録も散見されるようになる。[注3]『枕草子』『新猿楽記』『梁塵秘抄』『宝物集』にもその名が記されるなど、霊験あらたかな寺として喧伝された。

本作の制作年代に関しては、詞書の書風や用語の分析を通じて、一一七〇年代～一二〇〇年頃のことと推定され、[注4]該当時期の寺勢興隆とも符合する。ただし、梅津次郎氏らによって、現存するこの絵巻が模本である可能性も指摘されており、[注5]本稿ではこれも視野に入れつつ考察を行う。

また、本作の制作背景についても諸説ある。特に制作の主体について、京都の公家社会、なかんずく後白河院（一一二七〜九二）周辺で制作されたとする説[注6]と、粉河寺及び同寺を管掌する在地勢力による制作と見る説に二分される。前者の立場からは、本作に、後白河院による信仰上の、あるいは文化的な関心をよみこむ議論へと展開し[注7]、後者の立場からは、寺院経営と絵巻制作が関連付けられ、特に近年では、寺領に関する紛争解決の手段として本作が成立したとの説も示されている[注8]。

そこで本稿では、まず詞書と画面の内容を精査し、この絵巻（あるいはその原本）が後白河院周辺で成立した蓋然性が高いことについて改めて論じる。さらに、先に掲げた『法華経』ほか、『大般涅槃経』『千手経』『往生要集』など、院政期に広く知られていた仏典や仏書からの影響を指摘し、この絵巻の骨子が、殺生と蓄財への罪業観によって形作られていることを明らかにする。その上で、本作後半の主題である長者の娘の病が意味するところを、過剰な蓄財に対する罪の意識からよみとき、病の治癒という出来事によって表象される、罪と救済の説話構造を浮き彫りにする。

一　「粉河寺縁起絵巻」の内容

1　絵巻の現状と第一段に関する復元案

「粉河寺縁起絵巻」は全五段からなり、第一話として猟師の発願による粉河寺創建譚（第一・二段）、第二話として本尊千手観音像の功徳で長者の娘の病が平癒するという利生譚（第三〜五段）を組み合わせた、二部構成となっている。

周知のように、本作は伝来過程で焼損を被っており、[注9]特に巻頭第一段の被害が甚だしい。詞書が完全に失われているほか画面の欠損や錯簡もあり、現装では不連続の断片十二枚を含む合計十六枚の断片を貼り合せた状態となっている。さらに、第二段に貼り込まれている第二十一断片も前後の場面と連続しておらず、元来第一段にあるべき部分が誤って貼り込まれたものと思われる。本作の内容を考察する際に、まずはその復元についての見解を明らかにしておく必要がある。

後述するように、現存する複数の縁起文を参照して、第一段の内容をある程度復元することが可能である。しかしながら、焼失をのがれた第二段以降の詞書は、いずれの縁起文とも細部が相違しており、詞書の直接の典拠と位置付けられる縁起文は見出されていない。そのため第一段に関しても、厳密には絵巻そのものの精査を通じて復元を試みるしかない。先行研究においても、画面分析に基づく復元案が検討されてきた。

推定復元図作成へ先鞭をつけた清水義明氏は、本絵巻の特徴である同一場面の反復に着眼し、第一段の冒頭部分にあたる、第二・三断片（狩猟の場面）、続く第四～七断片（童行者の来訪と猟師一家の食事場面）の復元に取り組んだ（なお、第一断片は白紙のため考察から除外）。[注10]一紙あたりの長さの平均値も考慮しつつ、焼損の少ない第二段以降の各場面を手掛かりに焼失したモチーフを推定することで、上記二場面の復元案を示した。さらに、先述した第二十一断片が他箇所からの混入であることを指摘し、第二段についてはこれを除いた構図が適当であることを明らかにした。

続いて塩出貴美子氏が、清水氏が示した方法と復元案を踏襲しつつ、特に錯簡が甚だしい第一段後半部分について以下のような復元案を示している。[注11]まず第七断片（猟師一家の食事場面の末尾）の後には、粉河への風景の導入部として、第十・十一・九断片がこの順序で続く。次に、観音像を安置するための庵、あるいはその建築場面が描かれていたものと推定しこれを一片分の焼失断片Yと仮定する。続いて、庵の左側を構成する背景として、第二段から引き抜いた第二十一断片を置きこれと遠景の樹木が連続する第八断片をつなぐ。さらに第八断片には、本作において必ず庵の右方に構図される踞木《きょぼく》（狩猟のために木の股などに設置する足場）が描かれていることから、この後に再び庵が連続していたものと判断し、ここに一片分の焼失断片Xがあったものと推定する。最後に、残る第十二断片をXにつなげることで庵左側の背景が完成することとなる。第十二断片には、第一段各場面において必ず庵の左方に描かれる、建築時の余材と思しき丸太の描写があることがその根拠となる。

以上の、清水、塩出両氏による復元案に基づいて、第一段の内容を整理すると以下のようになる。なお、焼失断片上に描かれていたと推定されるモチーフを【　】内に記した。

Ａ　梍木を渡した樹上から鹿を狙う猟師（第二・三断片）

Ｂ　童行者の来訪／猟師一家の食事（第四～七断片）

Ｃ　【霊地の発見】（第十・十一・九・焼失Y・二十一断片）

Ｄ　【庵の建立】（第八・焼失X・十二断片）

Ｅ　庵に参籠する童行者（扉を閉めた庵）と、家路につく猟師一行（第十三～十六断片）

この復元案は、断片どうしのつながりや物語の展開において破綻がなく、画面の分析を通じて考え得る最も合理的な配列となる。まずはこの復元案を妥当なものと見なし、これを起点として以下の考察を進めることとする。

2　縁起文との関係

粉河寺に関する各種の縁起文のうち[注12]、特に、奥書に天喜二年（一〇五四）二月十七日の年記と勧進僧の良秀・仁範・松好の名を記す「粉河寺大率塔婆建立縁起」（醍醐寺本『諸寺縁起集』所収、以下では仁範本と呼ぶ[注13]）が、絵巻制作に先立つ縁起文として注目されてきた。編者のうち良秀については伝記不詳、松好に関しても縁起の本文中に「普賢行者沙門」と記される以外の足跡は不詳であるが、仁範については、和泉国山本浮免田庄に関する延久四年（一〇七二）九月五日付太政官牒[注14]にその名が見えるなど、和泉国や紀伊国周辺で勧進僧として活動していた人物のようである。[注15]すなわち仁範本は、粉河寺及びその周辺地域との強い結びつきのもとで編纂されたものと思われる。

また、仁範本とは別に、漢文縁起と三十三段の和文縁起の組み合わせで構成された「粉河寺縁起[注16]」がある。そのうちの漢文縁起は、成立時期不詳であるものの内容は仁範本と同系統である（ただし字句の異同が多く、直接の転写関係にはない）。一方、和文縁起の方は、漢文縁起とは異なる内容で、同寺創建以来の霊験や利益、貴顕による信仰、別当や勧進僧らの活躍などを集成して三十三段とする。こちらも成立時期不詳であるが、収録縁起中、第二十二段に見える天福二年（一二三四）が最も時代の降る年記であるので、これを成立の上限と見なすことができる。また、数多くの史実を編年して縁起として集成する形式は、鎌倉時代に成立した「春日権現験記絵巻」や「石山寺縁起絵巻」にも通じ、この和文縁起の成立も同時代のことと見ておきたい。[注17]

特筆すべきは、和文縁起第二十一段「後白河法皇御願千手堂中尊因縁」に、安元二年（一一七六）四月二日、後白河院が法住寺殿の東南山上に小千手堂を建立した際[注18]の願文（藤原俊経起草）が含まれていることである。この願文中には、「粉河寺縁起絵巻」第一話（第一・二段）に相当する縁起が漢文で付記されている（以下では、この漢文縁起を俊経本と呼ぶ)。これを収録する和文縁起そのものの編纂地については確証を得ることができないが、少なくとも俊経本漢文縁起に関しては、後白河院周辺で受容されていた縁起文であったといえる。

仁範本と俊経本の内容を比較すると、異同も多く、特に童行者の出現場面において顕著な違いがある。仁範本を粉河寺側で、俊経本を後白河院周辺で記録されたものと位置づけるならば、双方と絵巻の内容とを比較することで、絵巻制作環境を絞り込む手掛かりとなる。まずは両縁起文を意訳しつつ、内容を見ておく。

仁範本は以下の順序で展開する。①紀伊国那賀郡の一猟師である大伴吼子古が山林をすみかとなし、狩猟を業としていた。②柜木にまたがり、夜な夜な猪鹿を待ち伏せしていると、大笠ほどの大きさの光明が見えた。③そのようなことが三、四日続いたので、吼子古は放光の場所の草を除き清め、柴庵を造立した。④この庵に仏像を安置したいと願っていたところ、童行者が現れ、吼子古の宿願があれば助成しようと申し出る。⑤吼子古は法界衆生のため、また奥州に下向している息子の無事帰還を祈念するために仏像を作りたいと答える。⑥童行者は七日で仏像を作ると約束し、柴庵に入り扉を閉じた。⑦吼子古が八日目の早朝に柴庵の扉を開けると、金色の千手観音像が出現し童行者の姿は無かった。⑧歓悦のあまり永遠に殺生を断った吼子古は仏法に帰依し、他人には知らせず独り精勤して菩提を祈った。

これに対して俊経本では、以下の順序となっている。①猟徒が霊童(仁範本の童行者に相当)と出会う。②霊童が猟徒に造像を教示する。③霊童の教えに従った猟徒は、山中にて光耀く木を発見し、その下に方丈の庵を結ぶ。④霊童がその庵に籠り扉を閉め七日間で仏像を彫った。⑤七日が過ぎて猟徒が扉を開くと、仏像のみがあり、霊童の姿は消えていた。⑥霊木の残りが寺には伝わり、後の人もこれを用いて千手観音や二十八部衆の像を作った。

ここで両縁起文の内容を比較すると、注目すべき相違点として以下の六点があげられる。

第一に、仁範本では猟師の名を「大伴吼子古」と記すのに対して、俊経本では単に「猟徒」とのみ記す。

第二に、仁範本では粉河寺創建の由緒を「光明赫奕之所」とし、地面から放光する霊地の発見譚として記すのに対し、俊経本では「光耀之木」と、霊木の発見譚として記す。

第三に、仁範本では猟師による霊地の発見が先行し童行者は庵完成後に登場するのに対して、俊経本では霊童が先に登場し、その教えに従って猟師が霊木を発見し庵を結ぶという順序である。

第四に、仁範本では吼子古の宿願が語られるのに対して、俊経本にはこの要素がない。

第五に、庵について仁範本では「柴庵」と記し、俊経本では「方丈之庵」と記す。

第六に、観音の出現について仁範本では他人には秘したとあるのに対して、俊経本では霊木の残余を後の人が用いたとして信仰の広がりを示す。

以上の相違点を手掛かりに、先行研究においても、本作が俊経本に近しい内容で構成されていることが既に指摘されている。[注19] そこで本稿では、これまであまり問題とされてこなかった、第二に掲げる霊地か霊木かという相違点に関する検討を追加し、この説を補強しておく。[注20]

第一段の該当場面が激しく焼損しているので、ここに描かれていたのが光る霊地かあるいは霊木かについて確認することができない。ただし、先に掲げた復元案C・D・Eの場面で繰り返し描かれる庵の左方に、必ず数本の木材が置かれていることに意味を求めるならば、これを霊木の残余と解釈することは妥当であろう。さらに、この解釈を押し進めると、塩出氏の復元案にて焼失断片Yと推定されている部分には光を放つ霊木が、また焼失断片Xと推定されている部分には、霊木を切り倒し、そこに庵を建築する場面が描かれていた可能性が浮かび上がってくる。本作第五段詞書に「白檀の千手観音きらきらとたちたまひたり」と、本尊千手観音像が白檀像であると強調されていることからも、第一話における観音像造立を霊木譚として語る必然性は首肯されよう。

そこで本稿では、先に整理した推定復元図に傍線部の変更を加えることを提案し（挿図1）、絵巻には、俊経本に記されている物語の展開が忠実に再現されていたものと推定しておきたい。

A 椐木を渡した樹上から鹿を狙う猟師（第二・三断片）
B 童行者の来訪／猟師一家の食事（第四〜七断片）
C 【霊木の発見】（第十・十一・九・焼失Y・二十一断片）
D 【霊木の伐採と庵の建立】（第八・焼失X・十二断片）
E 庵に参篭する童行者（扉を閉めた庵）と、家路につく猟師一行（第十三〜十六断片）

そして、C・D・Eに繰り返し描かれている丸太を霊木の残余と捉えるならば、本作は、俊経本の末尾⑥に後世の人々が霊木の残余で千手観音や二十八部衆の像を作ったと記されていることにも対応している。加えて「後白河法皇御願千手堂中尊因縁」の和文縁起本文中に、後白河院による安元二年の小千手堂建立に際して、粉河寺本尊の余材を用いたと記していることとの関連も想起される。後白河院による粉河寺の余材使用については、他の史料で確認できず史実かどうかを見極めがたい。しかしながら、和文縁起及び俊経本漢文縁起、そして「粉河寺縁起絵巻」制作環境において、粉河寺の創建の契機を霊木の発見に求めるという認識が共有されていたとするならば、これらのテキストとイメージが、近い環境で成立した蓋然性はやはり高いと言えよう。

また、そのように見たときに、本作が原本であるか否かという問題について、後白河院周辺で成立したと見られる他の絵巻作例との比較を通じて再検討する必要がある。本作に繰り返し描かれる樹木の形態は「伴大納言絵

挿図１　「粉河寺縁起絵巻」第１段　推定復元図

A（第二・三断片）

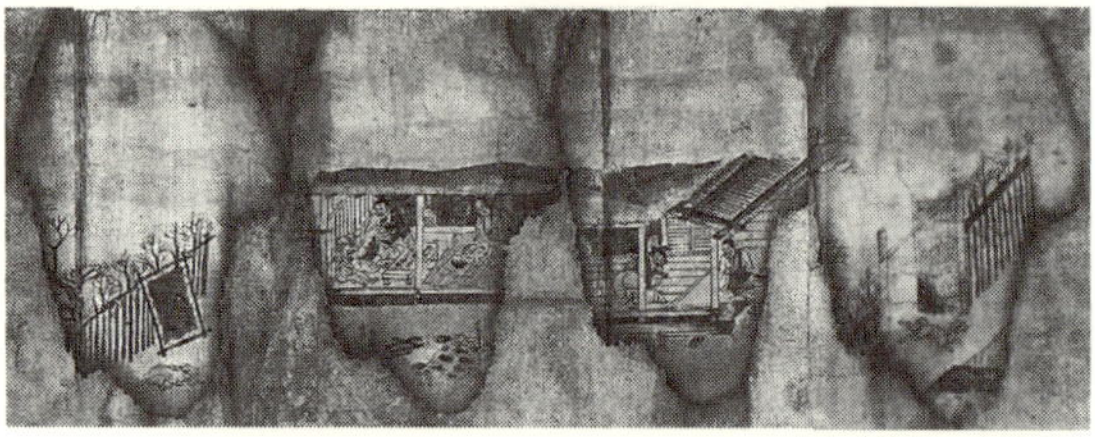

B（第四～七断片）

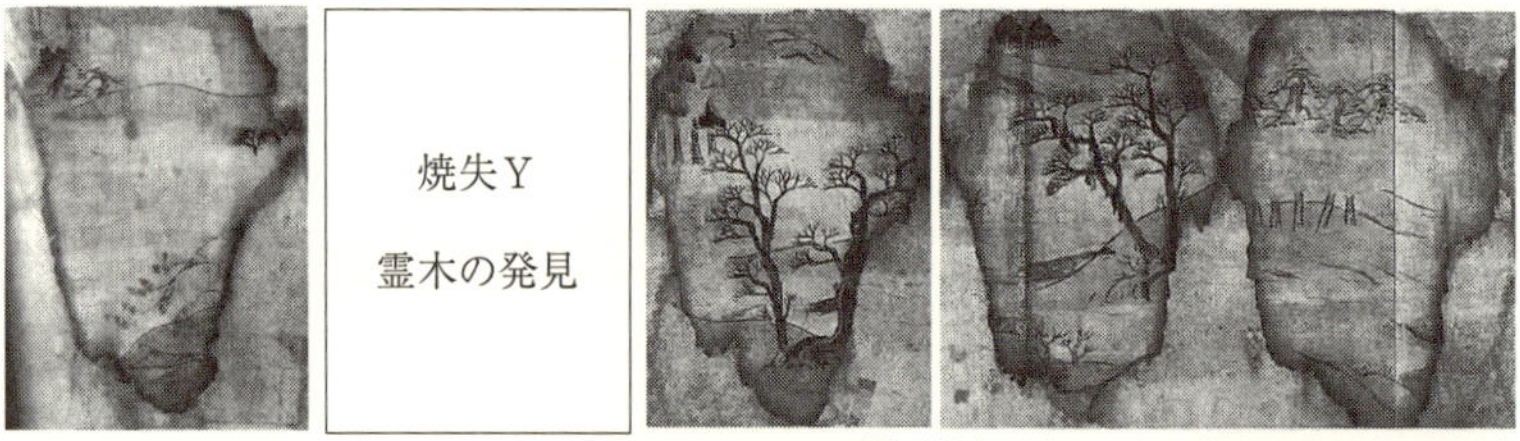

C（第十・十一・九・焼失Ｙ・二十一断片）

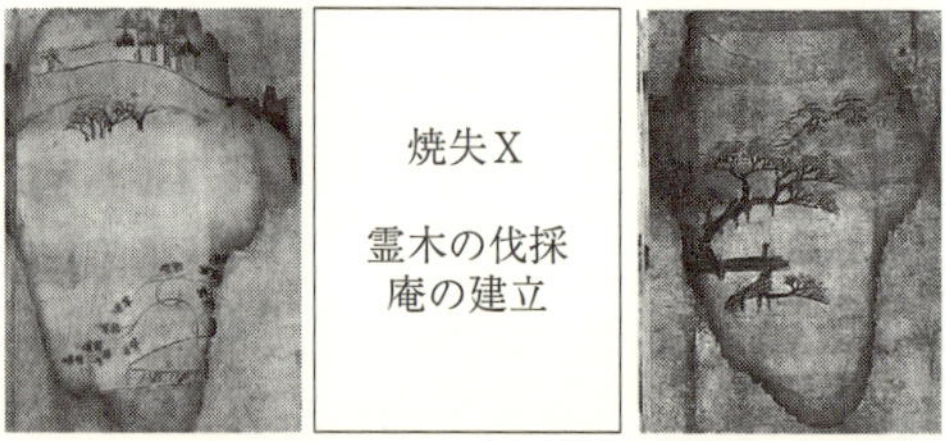

D（第八・焼失Ｘ・十二断片）

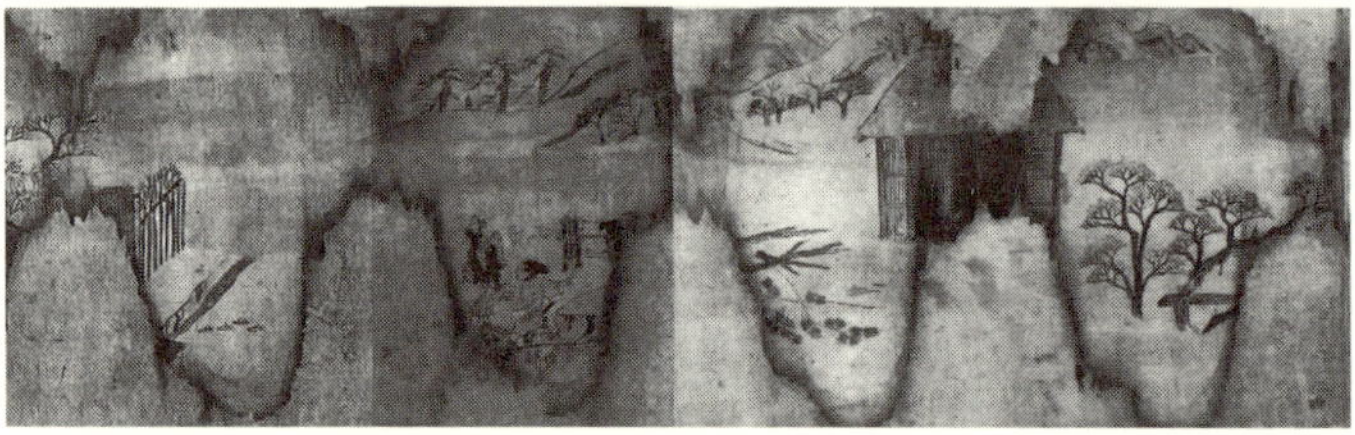

E（第十三～十六断片）

巻」（出光美術館蔵）や「吉備大臣入唐絵巻」（ボストン美術館蔵）、「餓鬼草紙」（京都国立博物館蔵）諸場面のうち『盂蘭盆経』に基づく第三～七段と近しい。特に「餓鬼草紙」とは、水平方向から見た場面が繰り返される単純でやや古様な画面構成にも共通点を指摘することができる。先行研究において指摘されてきたように、本作の画面構成や形式的な特徴は、後白河院政期の作例と見て差支えない。

しかし一方で、詞書と絵が随所で一紙上に表され部分的に重なり合っている形態、描線に粗さが看取される点は、やはり模本ならではの特質のように思われる。描線においては、「伴大納言絵巻」に見られる、洗練された勢いには遠く及ばない。かつて梅津次郎氏によって示された、本作を後白河院周辺で制作された原本に基づく、副本のような位置に置くという見方が最も妥当なのではないだろうか。

3　第二～五段の内容

続けて、第二段以降の内容を詞書に沿って概観しておく。同じく焼損を被ってはいるものの、詞書は文意を理解するのに十分な残存状況で、料紙も、先に見た第二十一断片以外は概ね連続しており、現状の配列が当初からのものと考えて差し支えない。

第二段、Ａ七日目に庵の扉を開くと等身の千手観音が現れ、猟師はこれを伏し拝む。Ｂ猟師がこの奇瑞を妻や家族、近隣の者に告げる。Ｃ猟師の一家をはじめ近隣の者たちが庵に集まり、千手観音を礼拝する。

第三段、Ａ長者の館の門前。貢納物を運ぶ男たちに交じり、童行者が館を訪れ警護の男と話す。Ｂ長者の館の庭。次々と運び込まれる貢納物とその目録に目を通す家司。Ｃ館の中で長者と対面し、病気の娘のために祈禱することを申し出る童行者。Ｄ病に苦しむ娘の枕元で、童行者が千手陀羅尼を祈禱する。

第四段、Ⓐ童行者の祈禱によって、娘の病は次第に癒え、七日目の朝には完全に治癒した。長者は蔵を開いて七珍万宝を礼物として差し出すが、童行者は受け取らなかった。ただ娘が差し出した提鞘と紅の袴のみを受け取り、「我は紀伊国なんがのこほりに粉河といふ所にはべるなり」と言い残し、姿が消えた。Ⓑ蔵から多くの宝物を取り出し、Ⓐの場面へ運び込む長者の下僕たち。

第五段、Ⓐ翌年春、童行者の居所を探して粉河へ旅立つ長者の一家。Ⓑ旅の途上の風景。画面を斜めに横切る大河があり、詞書に「こ（粉）をすりていれたるやうなる河」とある。Ⓒ一行は、さらに河上に向かって訪ね歩き、とうとう方丈の庵を発見する。Ⓓ庵の扉を開くと、等身の輝く千手観音が現れた。その手には長者の娘が童行者に贈った提鞘と紅の袴が下がっていた。Ⓔ先の童行者が千手観音の化身であったことを知った長者一家は、娘をはじめ皆、観音の御前にて出家を遂げた。

このように、第二段以降の内容は、詞書によって正確に理解することができる。ただし、画中に描かれたモチーフを精査していくと、詞書の単純な絵画化にとどまらない要素も見受けられる。次章では、画面内容について、詞書や縁起文をいったん離れ、絵巻制作時期の宗教的コンテクストを踏まえて、経説や仏教説話を通じた図像解釈を試みる。

二　罪業と病

1　猟師の発心

第一話（第一・二段）では、猟師とその家族による肉食の場面が丹念に描かれている（挿図2）。一家の生活の

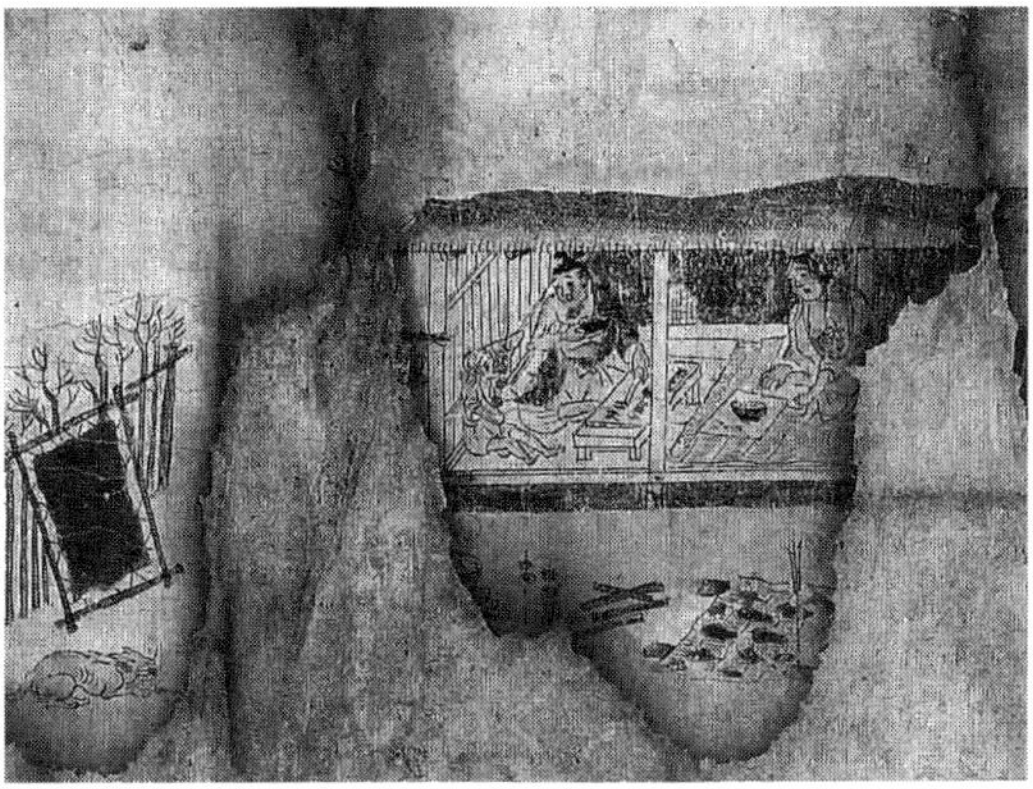

挿図2　「粉河寺縁起絵巻」第1段　猟師一家の肉食

詳細については、いずれの縁起文においても記されておらず、先に見た仁範本では、猟師の日常について「畋猟為業、山林為栖」とのみ記し、俊経本でも「猟徒」という呼称でその生業を示すにとどまっている。つまり、肉食の情景はこの絵巻で増補されたイメージである可能性が高い。

肉食、あるいは一家の庭先に描かれた鹿革のモチーフに、猟師一家が不殺生戒を破る日常を送っていることを強調する意味があることは、先行研究でもしばしば指摘されてきた。不殺生戒とは、仏教において出家者だけでなく在家者も順守せねばならない五戒（不殺生戒、不偸盗戒、不邪淫戒、不妄語戒、不飲酒戒）のうちのひとつで、破れば地獄や餓鬼などの悪道に輪廻転生する因縁が生じることとなる。第一段の詞書を欠くので、そこに肉食や鹿革についての記述があったか否かは検証できないが、後述する第二話の場合を参照すると、このような悪縁に結びつくモチーフは画面のみに表現されたものである可能性が高い。ともあれ、肉食場面や鹿革を描きこむことによって、悪縁を抱えて生きる者が観音の功徳で発心し、仏像建立という善行へ導かれるという教導的な説話の構造が明示されることとなる。

2　長者の娘の病と阿闍世王説話

一方、第二話（第三～五段）の主題は、河内国讃良郡に住む長者の娘の病である。第三段の詞書には、娘の病について「身のうちうみ柿のごとくはれて、汁流れ出でて臭さ限りなかりければ」と記され[注21]、同段の画面では、病床にある娘の身体が腫れあがり、随所で皮膚が破れ疵口からは赤い膿や血が流れ出る様子が描かれている（挿図3）。顔は苦痛に歪み、胸や手足がはだけ、髪も乱れるあられもない姿である。看病する侍女たちが、袖で鼻を押さえ顔をそむけており、このような描写を通じて、娘の周囲に充満する堪えがたい悪臭が可視化されている。

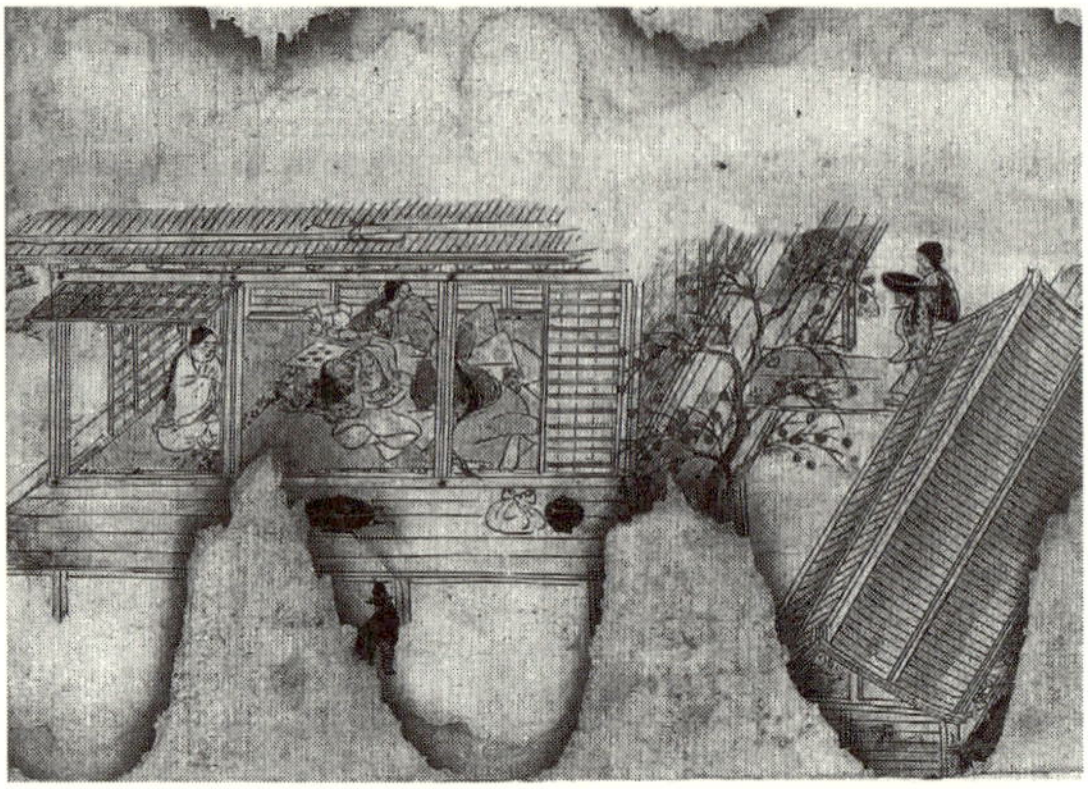

挿図3　「粉河寺縁起絵巻」第3段　長者の娘の病

娘の症状には、かつて不治の病として恐れられた癩（ハンセン病）のイメージが重ねられていることが、既に多くの論者によって指摘されている。加えて本稿では、全身の瘡（かさ／できもの／きず）と悪臭という症状が、多数の仏典において罪の報いとして記述される病に通じることに注目したい。例えば『法華経』に再び目を向けると、普賢菩薩勧発品に次のような一節がある。

（法華経を書写する者を軽んじ笑う者は）当に世世に牙・歯は疎《す》き欠げ、醜き唇、平《ひら》める鼻ありて、手脚は繚《もつ》れ戻《まが》り、眼目は角睞《すが》み、身体は臭く穢く、悪しき瘡の膿血あり、水腹《すいふく》・短気《たんけ》、諸の悪しき重病あるべし。

（『大正蔵』九、六二a）

『法華経』書写を軽んじた者はその報いとして種々の病に苦しむと説

き、特に傍線部では、臭穢、悪瘡、膿血という、「粉河寺縁起絵巻」第三段の詞書や画面に表された長者の娘の病を彷彿とする症状が列記されている。

このような、身体表面に現れる瘡や膿を罪の報いと捉える観念が一層明瞭に語られるのが、父王を殺害して国を奪った阿闍世王の説話である。数多くの仏典や仏書に載り、日本でも広く知られた説話であるが、特に『大般涅槃経』梵行品[注22]では、阿闍世王が悔悛し菩提心へと至る過程が詳しく説かれている。そこには、病に関連して以下の興味深い内容が含まれている。

摩訶陀国の首都である王舎城に王子として生まれた阿闍世の性格は極悪で、乱暴・悪口・貪欲・怒り・愚痴を備えた人物であった。現在のみにとらわれ未来を見通すことができず、現世の欲に執着するあまり、父王を殺害し国を奪ってしまう。ところがその直後から悔悛のために熱を生じ、全身に瘡ができ近づきがたいほどの悪臭に苦しむこととなる。最初に六人の大臣（邪見六臣）がやってきて、外法を説いて阿闍世王には罪のないことと慰めるが彼の心身は癒えない。次に釈迦に帰依する医師である耆婆が現れ、慚愧する心こそが救済につながると諭した。耆婆の勧めに応じて釈迦のもとを訪れた阿闍世王に対し、釈迦は月愛三昧《がつあいざんまい》という瞑想に入り、大きな光明で阿闍世王を包み込む。するとたちまち全身の瘡が癒え、菩提心が生じた。

ここで注目したいのは、阿闍世王が発心に至る過程で体中に瘡が生じ、二度も重体に陥っていることである。一度目は、父王が死に至った直後から慚愧の念にさいなまれ全身の瘡に苦しむ阿闍世王を、母の韋提希夫人が看病すると、かえって症状が悪化するという以下の場面である。

　父を害《そこな》い已《おわ》るに因りて、心に悔ゆる熱を生じ、身より瓔珞を脱《はず》し、妓楽も御《もち》いず。①心の悔ゆる熱の故に遍《からだ》体《じゅう》に瘡を生ず。其の瘡は臭き穢なれば、近附《ちか》づく可からず。尋《つ》いで自ら念じて言わく、「我れは今、此の身に、已に花やかな報を受けども、地獄の果報が将に近づかんとすること遠からじ」と。爾《そ》の時に、其の母にして字は韋提希《いだいけ》なるが、種種の薬を以て而《しこう》して之を塗ら為《し》むるも、其の瘡は遂に増して降《くだ》し損《へ》ること有ること無し。王は即《ただ》ちに母に白《い》わく、「②是《か》くの如き瘡は心より生じ、四大《しだい》より起こるに非ず（後略）」と。

（『大正蔵』十二、七一七a）

傍線部①では、まず皮膚に生じた瘡は悔恨の念で高まった熱が原因であると記す。さらに、この瘡は自ら犯した罪の報いであるので地獄に堕ちることもそう遠くない、と阿闍世王が堕地獄の恐怖を感じていることも吐露される。そして後半の傍線部②で阿闍世王は母に対して、この瘡が心より生じたもので四大（身体を構成する、地・水・火・風）が原因ではないと説明している。すなわちこの引用個所では、阿闍世王の身体に生じた瘡が彼自身の罪悪感や悔悛の念の現れで、その先に待ち受ける堕地獄の可能性をも暗示するものと位置付けられているのである。

そして二度目は、自ら死に追いやった父王の声が虚空より届く以下の場面である。

「吾れは是、汝の父の頻婆娑羅《ひんばしゃら》なり。汝は今、当に耆婆《ぎば》の所説に随うべし。邪見の六臣の言《ことば》に随うこと莫《なか》れ」と。時に王は、聞き已《おわ》りて、悶絶《もだ》えて地に躄《たお》れ、身の瘡は増《ますま》す劇《はげ》しく臭穢《しゅうえ》は前に倍す。冷薬を以て塗り之を治《いや》すと雖も、瘡は烝《も》れ毒は熱く、但だ増すのみにして損《へ》ること無し。

（大正蔵十二、七二三b）

自分を殺害した息子に対して父王の声は、邪《よこしま》な考えを持つ六人の大臣ではなく、耆婆の説くところに従うべきと諭し、阿闍世王を発心へと導く。これを聞いた阿闍世王は悶絶して地に倒れ、次いで全身の瘡が増々はげしくなり、臭さや穢さも倍増した。

ここに掲げた二つの場面では、父母の慈悲に触れた阿闍世王が取り返しのつかない大罪を自覚し慚愧の念が高まることで、病状がますます重篤なものとなる。父殺しは仏教でいう五逆罪（殺父、殺母、殺阿羅漢、破和合僧、出仏身血）のひとつで、先に見た五戒を破ることと並ぶ重罪に位置付けられる。瘡と臭穢は、まさに「罪の証」として阿闍世王の身体に刻印され、病に苦しむ王は、さらに堕地獄の恐怖にもおののくこととなるのである。

以上のような経説を踏まえつつ、改めて「粉河寺縁起絵巻」第三段を見ると、同時代の鑑賞者たちが長者の娘の病に何らかの罪業のしるしを読み取っていたであろうことは容易に想像できる。では、この娘が一身に引き受けねばならなかった罪とはいかなるものであったのか。その点について、詞書には何も記されていない。以下では引き続き画面内容に基づく分析を試みる。

3　蓄財の罪

第二話の冒頭、第三・四段にまたがって長者の一家の繁栄ぶりが様々な財物によって表されている（挿図4）。各々の段には詞書もあるが、長者の豊かさに関する具体的記述はなく、種々の財物という要素は画面のみに見られる。

第三段の画面では、長者の館の門前から庭にかけて、なめした皮の束、鳥籠、魚・果実・壺（酒瓶か）を載せた箱、山海の珍味を入れた長櫃、枝に刺した雉、その他数々の品物が運び込まれている。庭には厩と、大量の米

挿図4　「粉河寺縁起絵巻」第3段　長者の館に運び込まれる財物

俵を運び込む網代垣で囲われた空間もある。また館の縁では、長者に仕える家司と思しき男が、届けられた品々の目録に目を通している。続く邸内では長者と童行者が対面しており、その左方に双六盤のある部屋をはさんで渡廊が続き、さらにその先の部屋に病の娘が横たわっている。娘の枕元には祈禱する童行者が再び描かれる。

第四段は、詞書に「七珍万宝」とある財物を童行者に差し出す場面で、蔵の扉が開かれ、砂金や巻絹、壺、長櫃などが運び出されている。ただし童行者はこれらの贈物を受け取らず、娘が差し出した提鞘と紅の袴のみを手に館を去るのである。

両段に描かれた財物の数々は、第一義的には長者の豊かさを表しており、当然そこに描かれるべきモチーフである。しかしながら、単純な状況説明とするには画面全体に占める割合が極めて大きい。このことに関連して、平安時代から鎌倉時代にかけて制作された絵画において、集積する富の図像がしばしば否定的な意味を帯びて描かれていることに注意を向けたい。[注23]

後白河院周辺での制作が推定されている「伴大納言絵巻」（出光美術館蔵）に、その一例を見ることができる。応天門の火事をめぐって、無実の罪で告発されるが後に赦免される源信《みなもとのまこと》と、放火の罪が暴かれ伊豆へ流罪となる伴善男《とものよしお》の邸宅内の描写がある。前者の室内には硯箱が描かれているだけであるのに対して（挿図5）、後者

挿図5　「伴大納言絵巻」中巻第1段
源信邸

挿図6　「伴大納言絵巻」下巻
第2段　伴善男邸

では、夫婦の寝室の枕、枕頭に置かれた刀、鏡箱、櫛、整髪用の泔《ゆする》坏《つき》、塗盆に載せた皿、高坏の上の食物、酒器など実に様々な品物が丹念に描き込まれている（挿図6）。無辜の登場人物である源信の邸内と、罪人である伴善男の邸内で、調度の数や種類が意図的に描き分けられていることは明らかで、これらの調度品が、状況説明以上の意味を担っていることがうかがわれる。特に、伴善男邸に描かれた酒器は、先に見た五戒のうち不飲酒戒にも抵触し、仏教的な罪業観とも結びつく。

また、鎌倉時代から室町時代にかけて十数本の作例が残る「二河白道図」にも、関連する図像を見出すことができる。「二河白道図」とは、中国初唐期に浄土教を体系化した善導の著作『観無量寿仏経疏』に説かれた「二河白道の譬喩」に基づく掛幅画で、浄土系の各宗派で用いられた。ここでは、香雪美術館所蔵の十三世紀の作例を通じて、画面内容を見ておく（挿図7）。画面の下方が穢れと苦しみに満ちた現世、上方が極楽浄土で、その間に火の河と水の河、そしてそれを跨ぐ一本の白い道が描かれている。火の河は怒りを象徴し、水の河は愛欲の象徴である。そして、中央の白い道が、怒りや愛欲といった煩悩を断ち、仏の世界へたどり着く唯一の方法としての「念仏」を象徴している。

火の河の中には、怒りのために他人と争いその命まで奪っている者の姿が描かれている。また、水の河の中には、男女と子供、そして彼らを取り巻く巻絹、大きなつづら、米俵、刀、砂金などの財宝が描かれている。これら、水の河に描かれたモチーフは、先に見た「伴大納言絵巻」における伴善男邸内とも通じ、「粉河寺縁起絵巻」第三・四段に描かれた品々とも良く似た内容で構成されている。

「二河白道図」の直接の典拠である『観無量寿仏経疏』には、火の河と水の河の具体的様相までは記述されていない。その一方で、怒りを人と人との争いで、愛欲を家族や財物に対する執着として具体的に説いた経典として『仏説無量寿経』があることを、既に加須屋誠氏が明らかにしており、[注24] 同経の以下の経文が図像解釈の手掛かりとなる。

挿図７　「二河白道図」全図、部分（水の河）

愛欲に癡惑《ちわく》せられて道徳に達せず、瞋怒《しんぬ》に迷没《めいもつ》して財色を貪狼《とんろう》す。これによりて道をえず、まさに悪趣の苦しみに更《かえ》りて生死の窮まりやむことなかるべし。哀れなるかな、甚だ傷むべし。ある時は、室家《しつけ》の父子、兄弟、夫婦、一は死し一は生きて、たがいにあい哀愍《あいみん》し、恩愛思慕して、憂念《うねん》もて結縛《けつばく》し、心意痛著《つうじゃく》してたがいにあい顧恋《これん》す。

（『大正蔵』十二、二七五a）

財産や家族への執着をいさめるこのような経説は、他にも『大宝積経』や『大方大集経』に見え、いずれも『往生要集』に引用されている。以下に『往生要集』（大文第一「厭離穢土」第七、惣じて厭相を結ぶ）における『大宝積経』の引用個所を掲げておく。

宝積経の偈に云く、種々の悪業もて財物を求め、妻子を養育して歓娯すと謂へども、命終の時に臨んで、苦、身に逼り、妻子も能く相救ふ者なし。かの三途の怖畏の中に於ては、妻子及び親識を見ず。車馬・財宝も他の人に属し、苦を受くるに誰か能く共に分つ者あらん。父母・兄弟及び妻子も、朋友・僮僕ならびに珍財も、死し去らんには一として来り相親しむものなし。ただ黒業のみありて常に随逐す。

（大正蔵八四、三九c）

ここには、不正・非法な手段で集めた財物で妻子を養育したとしても、死に臨んでは何ら助けにならず、むしろ悪い因果を生じるだけであることが、繰り返し説かれている。財宝とともに「車馬」の語も見え、これは「粉河寺縁起絵巻」において長者の館に厩が描かれていたこととも符合する。

以上のように見てくると、財物を、執着に値しない無価値なもの、それどころか業因でさえあると捉える観念が、浄土教の流行とともに普及していたものと考えられる。また、過剰な富に対するこのような罪業観の背景には、院政期特有の経済構造も影を落とす。

応徳三年（一〇八六）十一月二十六日、八歳の善仁親王（堀河天皇）に譲位し上皇となった白河（一〇五三～一一二九）は、幼帝を後見して院政を開始した。人事権を独占し、特に、国司の最高責任者である受領の人事を掌握することで、諸国の富を上皇のもとに集中させ、院政の経済的基盤を確立した。地方の富が吸い上げられて京都に集積し、白河院周辺での日常的な消費のみならず、六勝寺の造営に代表される大規模な造寺・造仏や過差美麗を尽くした法会を通じて蕩尽されていく。このような経済構造は、次世代の上皇たちにも継承され、鳥羽院（一一〇三～五六）による鳥羽離宮の拡充、後白河院による洛東地域の開発など、都市空間の拡大さえ促す経済的基盤ともなった。[注25]

経済的繁栄を謳歌する一方で、その渦中にある為政者たちの中には、過剰な蓄財への罪悪感、あるいは批判的な意識が徐々に形成されていったのではないだろうか。このような時代背景と、現世の煩悩を否定し死後の浄土往生を希求する浄土教の流行とは、表裏一体の現象である。

『往生要集』が後白河院周辺でも講読されていたことは、九条兼実（一一四九～一二〇七）の日記『玉葉』文治三年（一一八七）四月九日条より明らかである。同年三月下旬より、瘧《おこり》を病んで一時は重体に陥っていた同院が、天台僧の澄憲（一一二六～一二〇三）による『往生要集』談義を聴聞したという記録で、「また近日、往生要集談義あり、澄憲法印已下五人の学生、其の事に預る、云々」と記す。重病によって死も覚悟した後白河院が、安居院流唱導の名手であった澄憲を招じ、自らの臨終に備えた様子が浮かび上がってくる。

ただし、兼実は続けて「法皇、年来、曾《かつ》て法文の行方を知らず、況や義理論議に於いてをや。而して比の卸悩の時に臨み、忽然として此の議あり、奇と為すに足る。是れ又物狂か」と、日頃『往生要集』を読んだこともない後白河院が、自らの危急の事態に慌ててその所説を学ぼうとする有様に、冷ややかなまなざしを向けてもいる。兼実の批判が真実を伝えるものか、日頃から意見の対立しがちな後白河院に対する行き過ぎた皮肉かはさておき、重病を得て死を予感した同院が、急遽『往生要集』談義の聴講を所望したことは紛れもない事実であろう。

この時の後白河院の行動には、享楽的日常を謳歌する一方で死後の世界への不安におびえる、相反する思想を抱えて生きるこの時代の為政者たちの典型的なメンタリティを垣間見ることができよう。この時の後白河院にとって、浄土往生を確かなものとするために、『往生要集』の説く別時念仏（臨終行儀についての解説が含まれる）を学ぶことが、聴講の主たる目的であったことは想像に難くないが、現世の諸欲を断つことが往生の必須条件であることもまた、同院の心に深く刻まれたものであろう。

以上見てきたような、浄土教を中心とした仏教上のコンテクストを前提にすると、「粉河寺縁起絵巻」に表された長者の娘の病を、その父親の過度の蓄財が業因となって生じたものと見なすことはごく自然な解釈となる。このことはまた、続く第五段で、童行者を慕って粉河まで赴きそれが千手観音の化身であったと知るや仏前で出家を遂げるのが、娘だけでないことにも表れる。詞書には「おのおの出家しおりにけり」と複数人の出家であったことが示され、画面上では、観音像の前で髪をおろす娘を中心に、父母をはじめとする家族がともに剃髪する姿が描かれている。

一家の出家場面で締めくくられる第二話において、真の救済は娘の病気平癒にあったのではない。それを契機に、長者は蔵を開きそこに蓄積されていた富の全てを童行者に差し出そうとしている。一家が過剰な富への執着を捨て、千手観音の功徳によって発心出家に導かれることこそが、この縁起の到達点なのである。あるいは一歩踏み込んだ見方をするならば、過剰な富を寺社への寄進によって消費し尽くすことへの教理的な正当性を、この絵巻では縁起の形をとって主張しているのかもしれない。

三　治癒と救済

1　千手陀羅尼の功徳

ここで、再び娘の病に目を向けよう。病を得て三年の間いかなる祈禱も効果のなかった娘の病は、童行者が千手陀羅尼を唱えると七日目の朝に快癒した。第三・四段の詞書には、病平癒の過程が次のように記されている。まず第三段に「このわらは、まくらがみにゐて、千手陀羅尼を満て丶、ひまなく祈る」、続けて第四段に「いのるにしたがひて、うみ血流れ出で、痛みやみもてゆく。七日といふ早朝、もとのごとくさわ〳〵となりて、うち起きて居たり。」とある。

童行者が唱える千手陀羅尼とは、七世紀半ばに伽梵達磨《かぼんだるま》が漢訳した『千手千眼観世音菩薩広大円満無礙大悲心《せんじゅせんげんかんぜおんぼさつこうだいえんまんむげだいひしん》陀羅尼経《だらにきょう》』（『千手経』）に含まれる祈禱のための呪文を指す。『千手経』そのものが、この陀羅尼の効験を解説するための経典で、あらゆる功徳を備えた千手陀羅尼は、鎮護国家から個人の宿願成就まで幅広い目的で修された。とりわけ病気平癒に絶大なる力があると信仰され、唐代から宋代にかけて成立した仏教説話には、千手陀羅尼による病気平癒譚が数多く含まれている。[注26] 日本へも八世紀までには請来され書写を重ねるとともに、古代・中

世を通じて、同経に基づく和歌や説話、そして寺社縁起へと多様な展開を遂げたことが知られている。[注27]

『千手経』と「粉河寺縁起絵巻」の内容には、いくつかの注目すべき一致点がある。第一に、『千手経』では、千手陀羅尼を唱えるために次のいずれかの方法で四方を結界して清浄なる場を作らなくてはならないと説く。

刀を取りて呪すること二十一遍して、地を劃《かく》して界と為し、或いは浄水を取りて呪すること二十一遍して、四方に散着《さんちゃく》して界と為し、或いは白芥子《びゃくけし》を取りて呪すること二十一遍して、四方に擲着《ちゃくちゃく》して界と為し、或いは想の到る処を以て界と為し、或いは浄灰《じょうかい》を取りて呪すること二十一遍して界と為し、或いは五色線《ごしきせん》を呪すること二十一遍して、四辺を囲繞して界を為すも、皆な得たり。

（『大正蔵』二〇、一〇九b）

挿図８　「粉河寺縁起絵巻」第２段
千手観音像の出現

四方を結界するという行為が、「粉河寺縁起絵巻」においては、千手観音像の出現に先立って猟師が作った庵に結びつく。第五段の詞書では「方丈なる庵室」という表現で、四方を区画した空間であることが明示され、画面にも繰り返しこの庵が描かれることで、観音像が出現する清浄なる場が絵巻の鑑賞者に印象付けられる。

第二に、ここに掲げた経文には、結界の方法として刀・浄水・白芥子・想・浄灰・五色線のいずれかを用いるとある。本作において観音像が出現する第二段の画面（挿図

8）では、庵の中に柄杓を入れた檜桶が二つと、湯釜を載せた五徳、薪が描かれている。加えて、庵の外には植物の葉を束ねたものが三つある。これらのモチーフについて、神事に用いる湯立釜《ゆだてがま》とその儀式用の杉か笹の束と見る五来重氏の指摘がある。[注28] 同氏は、そこに山岳宗教者の行う呪術や託宣との関わりを指摘するのであるが、神意を占う儀式に由来する湯立は清めや祓いの目的でも行われた。この場面では、観音像が出現する庵が、浄水によって清められ結界された場であることを示すためのモチーフと理解すべきであろう。

第三に、上述のように結界した後に千手陀羅尼を唱える方法について、『千手経』では次のように説く。

若し国土有って災難起こる時、是の土の国王、若し正法を以て国を治めて、人物を寛縦《かんじゅう》し、衆生を枉《しいたげ》げずして、諸もろの過ち有るを赦し、七日七夜、身心精進して、是くの如き大悲心《だいひしん》陀羅《だら》尼《に》神呪《じんしゅ》を誦持《じゅじ》せば、彼の国土の一切の災難をして悉く皆な除滅せしめ、五穀豊登、万姓安楽ならん。（『大正蔵』二〇、一〇九c）

ここでは、千手陀羅尼による功徳を得るために、七日七夜の誦持が必要であると説かれている。この引用箇所以外にも、同経では、七日七夜千手陀羅尼を唱えることで万事に絶大なる功徳が得られることを繰り返し説いている。

そして、「粉河寺縁起絵巻」においても七日という日数が重視されており、詞書で度々触れている。最初は、童行者が庵に参籠した第二段の詞書に「さて七日といふに、くだんの所にゆきてみれば、すこしぶんもたがわず、あけたるところもなし。さて、あけてみれば、等人におはします千手観音一躰きら〳〵として立たせたまへり。」とあり、千手観音像の出現が七日の参籠後であったことが記されている。さらに第二話においても、まず第三段の詞書で、長者の家に現れた童行者が「さらば、七日ばかり祈りまいらせむ。」と、七日間の祈禱を申し出る。そして、第四段の詞書では約束通り「七日といふ早朝、もとのごとくさわ〳〵となりて、うち起きて居たり。」と、七日目の朝に娘の病が平癒するのである。

以上見てきたように、「粉河寺縁起絵巻」における千手観音の功徳の現れ方は、明らかに『千手経』の経説を踏まえている。しかも、結界や七日間の誦持など、実際の千手陀羅尼修法への正確な理解が前提になっている。本作からは、同経に対する真摯な信仰態度が看取され、あたかも粉河の地を舞台に、この経典の説く世界を顕現させようとするかのようである。本作に看取される熱烈なる千手観音信仰は、その制作背景とも深く結びついているはずである。

2　千手観音化身としての後白河院

日本における千手観音信仰の歴史は、八世紀以降衰えることなく中世に至り、各地に千手観音の霊場が形成されてゆく。そして、院政期においてそれを牽引していたのが、他でもない後白河院である。長寛二年（一一六四）十二月の、千体千手観音を安置した蓮華王院建立を頂点とする諸仏事において、千手観音信仰は同院の身辺に色濃く痕跡を残す。

後白河院の千手観音信仰について、澄憲と息子の聖覚による唱導を集成した『転法輪鈔』にいくつかの記録を見出すことができる。そのうち、文治二年（一一八六）「御逆修結願表白」「五七日表白」に付記された「本尊由来」によって、同院の千手観音信仰が十代の頃より始まるものであると知ることができる。[注29]

我君ハ、久安元年八月二十二日母儀待賢一院御没後中陰五十日以後、三井寺僧都道覚号隆明僧正、本尊也ト千手観音井二十八部衆像一鋪進上之、彼歳御行年十九歳ノ御年也、自彼歳為御本尊御行法子今無退転毎月御所作、十八日千手経三十三巻同陀羅尼千反（後略）

久安元年（一一四五）、十九歳であった雅仁親王（後白河天皇）は、母である待賢門院逝去に際して、園城寺（三井寺）の僧より、千手観音と二十八部衆の絵像を授けられた。先の表白には、これ以降、毎月十八日に、彼が『千手経』三十三巻と千手陀羅尼千回の行法を欠かさなかったことが記されている。長じて、天皇となり上皇となった後も、後白河院の千手観音信仰が途絶えることはなかった。このことは、同院自身が編纂した『梁塵秘抄』口伝集巻第十に、鮮やかに書きとどめられている。

応保二年（一一六二）正月二十七日、当時三十六歳の後白河院は、生涯二度目となる熊野参詣に出立した。各所で『千手経』千巻を転読しながら、三山（本宮・新宮・那智）に各々三日ずつ参籠し、二月十二日には新宮に至った。ここでも夜通しの転読を終えた早暁、神前にて後白河院自ら「万《よろづ》の仏の願よりも、千手の誓ひぞ頼もしき、枯れたる草木も忽ちに、花咲き実生《な》ると説い給ふ」の今様を繰り返し、夜が明けきるまで謡った。すると、この時先達として同行していた園城寺僧の覚讃が、神前の松の樹上から「心解けたる只今かな」と謡う神の声を聞いたとの報告をもたらした。『千手経』転読の効験が、今様という聖俗を媒介する歌謡の力も呼び込みつつ、院と神仏との交感の場を出現させたのである。そしてこの出来事は、同年六月に覚讃が再び遭遇した夢記へと展開する。『転法輪鈔』に、覚讃が見た夢について記す次のような表白が収録されている。

応保二年六月八日如法千手護摩三七箇之間、如法懸幡燃燈、令勤行御間、不起御本尊護摩壇前転読千手陀羅尼経一千巻、臨結願之時、故大僧正覚讃夢見ラク、院生身千手観音ヲハシマス、何今マテ参テ不奉拝哉語人アリ、即夢中参法住寺殿南面〔長火爐御所〕、法皇御白衣ニテ着御小袖、知許出会、御仰云、彼ハ何事令参タル哉、令尋、御答申云、御所生身千手観音御之由人語候、仍為奉拝所参也、令咲御、覚讃欲退出之時、褰御小袖奉見奉、御手以外長令見、御奉拝如シ本御衣引塞奉了、仰云、ユヽシク有宿縁ケル者カナ、海岸へ往カム時ハ必可相具也、云々。

『千手経』一千巻転読結願の時、覚讃は後白河院が生身千手観音であるとの夢告を得、さらに夢中にて白衣の院に対面するとその手が思いのほか長かったとの霊夢の記録である。先の熊野参詣に引き続き、『千手経』の効験が後白河院自身の聖性として顕現し、近侍する僧侶による目撃談や夢記として語られることで、確かな輪郭を獲得する。このような出来事の帰着として、長寛二年（一一六四）には、千体の千手観音像を安置した未曾有の仏堂、蓮華王院が出現する。

そして、その延長線上に、安元二年（一一七六）の後白河院による小千手堂建立を位置付け、和文縁起第二十一段「後白河法皇御願千手堂中尊因縁」に語られる、粉河寺千手観音像の予材を用いたとの伝承を再び顧みるならば、「粉河寺縁起絵巻」の成立もまた後白河院周辺での出来事と考えるのが自然である。

絵巻に描かれる白衣の童行者は、千手観音の化身として数々の奇跡を起こす。第五段の詞書には、長者の一家が庵の扉を開いた場面が「等人の白檀の千手観音きらきらと立ち給ひたり」と記され、粉河寺本尊が生身仏として信仰されていたことを物語る。そして、絵巻の中の千手観音が、発願者であり、後世にも「千手の行者」として語り継がれた[注30]後白河院と重なりあうことを、この絵巻は目指していたのではないだろうか。

先に掲げた『千手経』の一説に「若し国土有って災難起こる時、是の土の国王、若し正法を以て国を治めて、人物を寛縦し、衆生を枉げずして、諸もろの過ち有るを赦し、七日七夜、身心精進して、是くの如き大悲心陀羅尼神呪を誦持せば、彼の国土の一切の災難をして悉く皆な除滅せしめ、五穀豊登、万姓安楽ならん」とあるように、王権主宰者による千手陀羅尼の読誦は、無限の救済と福徳を約束する力を秘めていた。千手観音のごとき慈悲と救済の力をそなえた王、後白河院の目指した理想の王権の姿を、この絵巻に見出すことができるのである。

3　寺院経営と絵巻制作

創建当時の粉河寺が、在地の豪族である大伴氏の氏寺として建立されたことは、諸縁起文等などから明らかで、十二世紀の半ば頃までは同寺の別当職が大伴氏によって相承されていたことが、先に見た和文縁起によっても知られる。ただし、大伴氏がその本貫を京都に改め中央官人化していく九世紀後半以降、粉河寺への実質的な影響力を次第に失っていったようである。[注31]十一世紀には、大伴氏に代わって多くの勧進僧が寺院経営に関わるようになり、天喜二年（一〇五四）に「粉河寺大卒都婆縁起」を編纂した仁範らの活動が知られる。

さらに和文縁起第十一段「錦織僧正験問池中霊地」では、小一条院（敦明親王、九九四～一〇五一）の子で、園城寺に入って僧となった錦織僧正行観（一〇一三～七三）が、康平年間（一〇五八～六五）に粉河寺で参籠した際に夢告を得たことが記される。これ以降、同縁起に園城寺系の僧侶の霊験譚が頻出することからうかがわれるように、粉河寺は次第に園城寺の末寺としての性格を強めていった。

先に見たように、後白河院周辺にて千手観音信仰を鼓舞したのは、いずれも園城寺僧であった。寛治四年

（一〇九〇）に、白河院の熊野参詣先達をつとめた増誉以来、歴代の園城寺僧が熊野三山検校職を任ぜられ、以後、鳥羽院、後白河院の時代にも引き続き熊野参詣を主導した。園城寺にとっても、京都から熊野への途上にある粉河寺を管掌することは、不可欠な寺院経営戦略であったものと思われる。これらのことを勘案するならば、「粉河寺縁起絵巻」制作の背景にも彼らの協力があった可能性を想定することができよう。

おわりに

ちかごろ七条わたりにかしあげする女あり、いゑとみ食ゆたかなるがゆへに身こえしゝあまりて行歩たやすからず、まかたちのおんなあひたすくといへども、あせをながしてあえだく、とてもかくてもくるしみつきぬものなり

「病草紙」肥満の女（福岡市美術館蔵）の詞書である。病や奇形に苦しむ者の姿を集成した同絵巻もまた、後白河院周辺で成立したと目されている。ここに掲げた詞書からも、蓄財をめぐる同時代の鑑賞者の複雑な感情を読みとくことができる。

しかしながら、七条付近で貸しあげ（金融業）を営み、家が富み食が過ぎて肥満し、一人で歩くこともままならなくなってしまった女のもとには、「粉河寺縁起絵巻」と異なり、神仏による救済は訪れない。両絵巻における病への向き合い方には大きな違いがある。

「粉河寺縁起絵巻」では、罪業を抱えて生きる人々の営みが、無限の慈悲で救済にあたる千手観音、そしてそ

れを体現する王権のもとで、再び宗教的な秩序へと還元されていた。ところが「肥満の女」では、現世において完結する因果律の中で病の原因が捉えられ、貸しあげする肥満の女には、その生業に起因する当然の報いとして冷ややかな視線が投げかけられているのである。

両絵巻に見られる、蓄財と病をめぐる説話構造の違い、病者に対するまなざしの振幅には、人間と神仏との距離のゆらぎを見て取ることができよう。これは、注文主と目される後白河院、そして古代・中世移行期の社会における価値観のゆらぎそのものでもある。病、災害、戦乱など、次々に勃発する問題に対して、一方では仏法を頼み、他方では台頭する武家をも含む現実的な力と結ぶことで乗り越えようとする、後白河院政に顕著な二面性を、この二つの絵巻に描かれた病という主題が浮き彫りにする。

注

1 本稿における仏典や仏書の引用は『大正新脩大蔵経』（出典を、『大正蔵』巻、頁、段〈a・b・c〉と表記）に基づき、読み下し文にて掲載した。なお、読み下すに際して『法華経』『仏説無量寿経』『往生要集』に関しては岩波文庫版を、『大般涅槃経』に関しては塚本啓祥・磯田熙文校註『大般涅槃経（南本）Ⅱ』（『新国訳大蔵経涅槃部』二、大蔵出版、二〇〇八年）を、『千手経』については野口善敬『ナムカラタンノーの世界――『千手経』と「大悲呪」の研究』（禅文化研究所、一九九九年）を参照した。

2 病をめぐる罪業意識について、拙稿「「病草紙」の典拠――『正法念処経』身念処品と現存二十一場面との対応関係――」（『日本美術史の杜』竹林舎、二〇〇八年）、同「『正法念処経』経意絵としての「地獄草紙」「餓鬼草紙」「病草紙」」（『金城日本語日本文化』八五、二〇〇九年）、同「『正法念処経』から「病草紙」へ――経説の変容と絵巻の生成――」（『國華』一三七一、二〇一〇年）においても論じている。

3 寛仁元年（一〇一七）十月、藤原教通が長谷寺と粉河寺の両寺を巡礼（『小右記』）、永保元年（一〇八一）二月十一日、藤原師実が高野山と粉河寺を巡礼（『扶桑略記』）など。

4 詞書の書風について、松原茂「「粉河寺縁起」の詞書書風について」（『日本絵巻大成』五、中央公論社、一九七七年）では、治承四～五年（一一八〇～八一）頃に書写された寂蓮筆「一品経和歌懐紙」との類似を指摘し、一一七〇～八〇年頃の書風と位置付ける。また、片野達郎「「粉河寺縁起絵巻」絵詞の研究――絵詞の文芸性について――」（『文芸研究』二八、一九五八年、同『日本文芸と絵画の相関性の研究』、笠間書院、一九七五年に収録）では、詞書に用いられている用語や仮名遣いの特徴から、その制作年代について「一二〇〇年を遠くさかのぼるものではない」との指標を示す。

5 梅津次郎「粉河寺縁起絵と吉備大臣入唐絵」（『日本絵巻物全集』五、角川書店、一九六二年）。

6 大串純夫「粉河寺縁起」（『美術研究』一七一、一九五三年）。

7 山本陽子「「粉河寺縁起絵巻」の長者の娘の出家について――縁起絵巻と説話――」（高橋亨編『王朝文学と隣接諸学一〇 王朝文学と物語絵』、竹林舎、二〇一〇年）、永井久美子「『粉河寺縁起絵巻』制作目的考――後白河院小千手堂建立との関係を中心に」（『明月記研究』一一、二〇〇七年）。

8 亀井若菜「ジェンダーの視点が拓く「粉河寺縁起絵巻論」――高野山に対抗する自己表象としての絵巻」（『ジェンダー史学』一、二〇〇五年）、同「粉河寺縁起絵巻論」（同著『語りだす絵巻』ブリュッケ、二〇一五年）において、高野山との寺領紛争が持ち上がる一二四〇年代に粉河寺側の主張を盛り込んだ裁判資料として制作されたとの見方が示されている。また、國賀由美子「仏心に目覚めるとき――《粉河寺縁起絵巻》の説話をめぐって」（『美術フォーラム21』三三、二〇一六年）では、十二世紀後半における、粉河寺領来栖庄に関する紛争を契機として、同庄と所縁の深いニウズヒメ祭祀を取り込む粉河寺側の必要性から本作が制作されたと指摘する。

9 粉河寺が火災に見舞われた記録として、寺内史料である『粉河寺旧記』及び『粉河寺旧記控』によると、応仁元年（一四六七）、天正十三年（一五八五）、元和二年（一六一六）の三度がある。このうち、豊臣秀吉の根来寺焼き討ちに連動した天正十三年の被害が最も大きく、絵巻の焼損もこの時である可能性が高い。

10 清水義明「「粉河寺縁起」復元への一考察」（『仏教芸術』八六、一九七二年）。

11 塩出貴美子「粉河寺縁起絵巻考――巻頭部の復元をめぐって――」（『文化財学報』二、一九八三年）。なお、河原由雄「国宝粉河寺縁起」（『寺社縁起絵』、角川書店、一九七五年）及び同「「粉河寺縁起」の成立とその解釈をめぐる諸問題」（『日本絵巻大成』五、中央公論社、一九七七年）においても、異なる二種の復元案が示されているが、本稿では清水・塩出両氏による復元案を支持する。

12 中世以前に成立した粉河寺の縁起文として、以下のものが知られている。
①正暦二年十一月二八日「太政官符案」（『平安遺文』三五三）
②正暦五年十二月二八日「太政官符案」（『平安遺文』四九〇九）
③天喜二年（一〇五四）奥付、仁範編「粉河寺大率塔婆建立縁起」（醍醐寺本『諸寺縁起集』所収）
④平安時代末期「粉河寺」（『伊呂波字類抄』本朝文集所収）
⑤鎌倉時代「粉河寺縁起」（漢文縁起、『続群書類従』釈家部八一九所収）
⑥鎌倉時代「粉河寺縁起」（和文縁起、『続群書類従』釈家部八一九所収）
⑦鎌倉時代「粉河寺」（『阿娑縛抄』諸寺略記上所収）
⑧鎌倉時代「粉川観音四郎奉成施薬賜事」（『撰集抄』所収）
⑨元亨二年（一三二二）頃成立「粉河寺」（『元亨釈書』二十八所収）
⑩永享三年（一四三一）頃成立「粉河寺観音本縁事」（『三国伝記』二所収）
⑪宝徳四年（一四五二）書写「粉河寺縁起」（宮内庁書陵部所蔵伏見宮家旧蔵本、上記⑤及び⑥と同内容の写本）

13 前掲注12の③。本文は、『大日本仏教全書』八七、及び『校刊美術史料　寺院編』上巻（中央公論美術出版、一九七二年）を参照した。

14 『平安遺文』一〇八三（「石清水田中家文書」）。

15 仁範の活動及び伝承については、追塩千尋「古代・中世の家原寺について」（『北海学園大学人文論集』四二、二〇〇九年）、土橋由佳子「『粉河寺縁起』の行基と仁範――粉河寺縁起三「仁範聖人興隆寺家第九」から――」（『巡礼記研究』七、二〇一〇年）参照。

16 二種の写本が伝わっており、一種は前掲注12の⑤⑥。本文は、桜井徳太郎・萩原龍夫・宮田登校注『寺社縁起』（『日本思想大系』二〇、岩波書店、一九七五年）を参照した。別の一種は前掲注12の⑪、本文は『諸寺縁起集』（宮内庁書陵部、一九七〇年所収）を参照した。

17 亀田孜「粉河寺縁起絵巻綜考」（『大和文華』二七、一九五八年）参照。

18 『吉記』安元二年（一一七六）四月二日条、及び『玉葉』同日条。

19 第五に関して絵巻では「方丈なる庵室」と記しており、この点も俊経本に近い。第六に関して、猟師による放光の発見と童行者訪問の前後関係については、既に、亀田孜氏が絵巻と両縁起文との比較を行い、現装の順序に従うならば絵巻は俊経本の内容に近いことを指摘している。その上で「そう見るとこの絵巻が後白河院の粉河信仰と結びついて、その関係に於て絵巻化されたという傍証を与えることになる」との見方を示す（前掲注17論文）。本作詞書において猟師の名に関する関心が希薄であることについて、永井久美子前掲注7論文では、粉河寺創建者の属性を、大伴氏であることよりも猟師という職能に重点を置いた結果であると解釈している。

20 なお、説話文学会の二〇一一年十二月例会で、「〈解釈〉される経典・経文――その動態と創造性――」と題したシンポジウムが開催された。その際、平田英夫氏による「千手経から生成・創造される作品群をめぐって――枯木に咲く花のモチーフを中心に――」との報告において、「粉河寺縁起絵巻」を霊木譚として解釈する見方が提示され、本稿においても多くの示唆を得ている。同報告の梗概は『説話文学研究』四八、二〇一三年に掲載。

21 以下本稿において詞書を引用する際、適宜漢字に改め釈文として記す。なお、詞書の欠損箇所を粉河寺に伝来する元禄十六年（一七〇三）書写の『紀州粉河寺縁起』（『日本絵巻物全集』五、角川書店、一九六二年）に基づき補い、［　］内に記示した。

22 『大般涅槃経』には北涼の曇無讖が訳出した「北本」（大正蔵№三七四）と、これに基づき劉宋の慧厳らが修正した「南本」（大正蔵№三七五）の二種があり、本稿では後者を用いた。両者には品数や巻数といった構成上の違いがあるものの、本稿で問題とする「梵行品」の内容そのものには大きな異同はない。

23 この点については、拙稿「「伴大納言絵巻」における経説の利用――伴善男邸に描かれた破戒のモチーフ」（佐野みどり・加須屋誠・藤原重雄編『中世絵画のマトリックスⅡ』青簡舎、二〇一四年）において既に論じた。また、池田忍「霊験の証としての富み栄える邸宅の表象――「石山寺縁起絵巻」第五巻第一段の読解と端緒として」（上村清雄編『千葉大学大学院人文科学研究科研究プロジェクト報告書第二五九集　空間と表象』、二〇一三年）も参照。

24 加須屋誠「二河白道図試論――その教理的背景と図像構成の問題――」（『美術史』一二七、一九九〇年、同『仏教説話画の構造

と機能』中央公論美術出版、二〇〇三年所収）。

25 院政期の経済史について、本郷恵子『蕩尽する中世』（新潮社、二〇一二年）より示唆を得た。

26 本多道隆「「大悲呪」攷――中国近世における受容の諸相」（『臨済宗妙心寺派教学研究紀要』六、二〇〇八年）参照。

27 小林太市郎「奈良朝の千手観音」（『仏教芸術』二五、一九五五年）、同「千手信仰の民間的潮流」（『仏教芸術』三六、一九五八年）参照。いずれも同『小林太市郎著作集七　仏教藝術の研究』（淡交社、一九七四年）所収。

28 五来重『絵巻物と民俗』（角川書店、一九八一年）。

29 永井義憲・清水宥聖編『安居院唱導集』上巻（角川書店、一九七二年）所収。

30 例えば無住（一二二七～一三一二）編『沙石集』において「後白川《ママ》の法皇は、千手の侍者にして」と呼ばれているように、鎌倉時代の仏教説話集においてはしばしば千手の行者としての後白河院が登場する。

31 西口順子「紀伊国粉河寺とその縁起」（『史窓』二一、一九六二年）参照。

〔図版出典一覧〕

挿図1『日本の美術』二九八（至文堂、一九九一年）及び『絵巻物の鑑賞基礎知識』（至文堂、一九九五年）

挿図2～4『日本の美術』二九八（至文堂、一九九一年）

挿図5・6『国宝　伴大納言絵巻』（中央公論美術出版、二〇〇九年）

挿図7『絵解きってなあに?』（龍谷ミュージアム、二〇一二年）

挿図8『日本の絵巻』五（中央公論社、一九八七年）

ら

わ

ま

や

な

は

た

さ

用語索引

あ

か

執筆者一覧

赤澤　春彦	日本中世史	摂南大学講師
稲本万里子	日本美術史	恵泉女学園大学教授
内田美由紀	平安朝文学	帝塚山大学非常勤講師
大江　　篤	日本古代史	園田学園女子大学教授
太田　敦子	日本中古文学	湘南工科大学特別講師
小村　宏史	日本上代文学	沼津工業高等専門学校准教授
京樂真帆子	日本古代史	滋賀県立大学教授
小林　健彦	災害対処文化史	新潟産業大学教授
柴田　博子	日本古代史	宮崎産業経営大学教授
芝波田好弘	日本中世文学	大東文化大学非常勤講師
中西　康裕	日本古代史	関西学院大学教授
中村　直人	日本中世史	関西学院大学准教授
渕原　智幸	日本古代史	京都大学非常勤講師
細井　浩志	日本古代史	活水女子大学教授
丸山裕美子	日本古代史	愛知県立大学教授
安田　政彦	日本古代史	帝塚山学院大学教授
山本　聡美	日本中世絵画史	共立女子大学教授
若井　敏明	日本古代史	関西大学等非常勤講師

自然災害と疾病　〈生活と文化の歴史学８〉

2017年3月10日　発行

編　者　安田　政彦

発行者　黒澤　廣

発行所　竹林舎
112-0013
東京都文京区音羽1-15-12-411
電話 03(5977)8871　FAX03(5977)8879

印刷　シナノ書籍印刷株式会社

ISBN 978-4-902084-28-3